乡村旅游视角下传统村落文化保护与生态旅游可持续发展

蒋兴国 高丹·著

上海社会科学院出版社

前　言

乡村是中国传统文化的根基,是我们民族的精神家园。传统村落作为乡村的重要组成部分,不仅保存着独特的民族文化、传统习俗和建筑风貌,还拥有着丰富的自然资源和生态环境。传统村落文化是村落文化的根基和源头,传统村落的振兴对于保护和传承民族文化具有至关重要的意义。乡村旅游是以各种类型的乡村为背景,以乡村田园风光、乡村生活和乡村文化为旅游吸引物,以农业和农村特色资源为基础开发旅游产品,吸引游客前来观光游览、休闲度假、考察学习、参与体验的旅游活动。生态旅游强调对自然环境和当地文化的尊重和保护,鼓励旅游者参与到环境保护和社区发展中。作为一个拥有悠久农耕文明史的国家,中国广袤的国土上遍布着众多形态各异、独具风情、历史悠久的传统村落。习近平总书记在党的二十大报告中指出:"中华优秀传统文化源远流长、博大精深,是中华文明的智慧结晶。"[①]习近平总书记的话告诉我们,源远流长的农耕文明就是承载中华文明生生不息的基因密码,是中华优秀传统文化的根。

传统村落拥有丰富的文化与自然资源,自 2012 年起,我国就实施了传统村落保护工程。截至目前,53.9 万栋历史建筑和传统民居得到保护,4 789 项省级以上非物质文化遗产得到传承和发展。到 2023 年,一共发布了 6 批中国传统村落名录村落名单,现在中国传统村落总数有 8 155 个。这些传统村落被称为"活着的文物、有生命的历史",一砖一瓦诉说历史,一石一木承载乡愁。比如,秋色最美的村落——新疆喀纳斯、图瓦村落,真正的大地艺术家——云南元阳、哈尼族村落,半山腰上的原生态藏族村落——四川丹巴甲居藏寨,能看到大山深处万家灯火——贵州西江千户苗寨,画中的乡村——安徽西递宏村,春季颇美的村

---

① 习近平:《高举中国特色社会主义伟大旗帜　为全面建设社会主义现代化国家而团结奋斗——在中国共产党第二十次全国代表大会上的报告(2022 年 10 月 22 日)》,《求是》2022 年第 21 期。

落——江西婺源。如没有这花团锦簇般各族各地根性的传统村落,中华文化的灿烂从何而言?①

翻一翻唐诗宋词,从中我们可以看到,千百年前人们在这些古老的村落里,春种秋收,一边辛勤劳作,一边深情歌咏的生动场景。"借问酒家何处有?牧童遥指杏花村"是唐代诗人杜牧在清明佳节踏春时的凄美画卷;"开轩面场圃,把酒话桑麻"是唐代诗人孟浩然在襄阳城外亲自体验过的乡村生活;"独出前门望野田,月明荞麦花如雪"是唐代诗人白居易眼里的乡村水墨夜景画;"稻花香里说丰年,听取蛙声一片"是南宋词人辛弃疾侧耳聆听过的乡村音乐会;"昼出耘田夜绩麻,村庄儿女各当家"是南宋诗人范成大笔下乡村农民的生活劳作图景;"茅檐长扫净无苔,花木成畦手自栽"是北宋诗人王安石告老还乡时的乡村闲适生活;等等。这样的诗句,数之不尽;这样的村庄,在中国大地上真可谓"一去二三里,烟村四五家"。这些感动了中国人千百年的古诗词,让我们深深感受到,传统村落承载着中华民族的历史记忆,寄托着中华各族儿女浓浓的乡愁。在漫长的农耕文明进程中,至今仍然存留着的传统村落,就如同一颗颗璀璨的明珠散落在山间水畔,铭刻了我们的文化记忆。

新时代,实现中华民族伟大复兴,要把根留住,就必须要将传统村落的风貌保留下来。可随着时代的发展,现代人们虽然有着"切切故乡情",但是许许多多的现代人,却已经是"望极天涯不见家"。"日暮乡关何处是?""家在梦中何日到?"家在哪里?我们发出灵魂拷问。一个个传统村落,承载着人们绵长的情思乡愁。习近平总书记指出:"要深入挖掘、继承、创新优秀传统乡土文化。"②因此,我们要因地制宜、因势利导,把传统村落改造好、保护好,我们才能有家可归,才能"青春作伴好还乡"。

本书深入探究乡村旅游视角下传统村落文化保护与生态旅游的可持续发展之路。笔者从传统村落文化理论基础介绍入手,剖析传统村落文化的内涵与价值;对乡村旅游视域下传统村落文化载体建设进行分析;对旅游开发背景下传统村落文化变迁、传统村落文化旅游保护性开发及旅游产品开发做了一定研究,指

---

① 冯骥才:《传统村落的困境与出路——兼谈传统村落是另一类文化遗产》,《民间文化论坛》2013年第1期。
② 《习近平著作选读》第2卷,人民出版社2023年版,第92页。

出传统村落文化传承与发展的路径。并对张掖乡村文旅特色优势,其因地制宜挖掘农耕文化、田园风光、村落遗迹、民俗风情等特色资源而培育形成的"一县一品牌、一镇一特色、一村一风韵"的乡村旅游发展格局做了介绍,使人们意识到守护文化遗产的必要性和重要性。最后对生态旅游规划、生态旅游体系构建及生态旅游可持续发展的方法、管理及策略做了简要分析,使大家认识到生态旅游是可持续的旅游发展理念,它远非只关注环境保护这一面,而是渗透到旅游业的方方面面,旨在实现经济、生态、社会综合效益的最大化。

  乡村旅游的兴起,为传统村落的发展带来了新曙光。它不仅是一场经济变革,更是文化传承与生态保护的契机。可持续发展是时代的使命,传统村落文化传承保护是乡村振兴的文化根基。传统村落承载着独特的民俗风情、传统技艺等文化元素,保护好这些文化有助于保留乡村特色,增强乡村居民的文化认同感和归属感。传统村落文化利用在乡村旅游开发的过程中还存在一定困境,传统村落文化与生态一旦被破坏,便难以复原。合理开发乡村旅游资源,在保护生态环境的前提下开展旅游活动,可以促进乡村经济增长,创造就业机会。笔者认为,保护性开发可以更好地平衡传统村落文化变迁与旅游开发的关系。要以长远眼光谋划发展,让传统村落既能迎接现代游客,又能守住文化与生态的根基。同时,生态旅游可持续发展也可以为传统村落文化传承保护提供经济支撑和展示平台。而传统村落文化的传承与保护又能够丰富生态旅游的内涵,吸引更多游客,推动生态旅游的可持续发展。本书为乡村旅游和传统村落文化保护传承的理论研究提供了新的视角和方向,丰富了乡村旅游理论研究的内容体系,为后续的学术研究提供了重要的理论基础和参考依据。望本书能够成为乡村旅游发展的指南,为传统村落的未来点亮一盏明灯。让我们携手共进,在乡村旅游的浪潮中,守护好传统村落文化与生态的瑰宝,让古老的村落焕发出新的活力,为子孙后代留下无尽的精神财富与绿水青山。

目　录

前　言 ··· 001

第一章　传统村落文化理论基础 ··· 001
　　第一节　传统村落定义及其分布 ··· 001
　　第二节　传统村落文化概述 ·· 005
　　第三节　传统民族村落文化发展的缘由 ··································· 016
　　第四节　传统村落文化的旅游价值 ·· 024
　　第五节　乡村振兴视域下传统村落文化的传承 ······················· 027

第二章　乡村旅游视角下传统村落文化载体建设 ··················· 032
　　第一节　乡村聚落旅游景观建设 ·· 032
　　第二节　乡村农业旅游景观建设 ·· 037
　　第三节　乡村民俗旅游文化建设 ·· 043
　　第四节　乡村旅游形象建设 ·· 049

第三章　旅游开发下传统村落文化变迁 ··································· 065
　　第一节　旅游开发下传统村落物质文化变迁 ·························· 065
　　第二节　旅游开发中传统村落制度文化变迁 ·························· 077
　　第三节　旅游开发中传统村落精神文化变迁 ·························· 084
　　第四节　旅游开发下传统村落文化变迁的特征 ······················· 089

第四章　传统村落文化旅游保护性开发 094

　第一节　传统村落文化旅游保护性开发的界定 094
　第二节　传统村落文化旅游保护性开发的原则 097
　第三节　传统村落文化旅游保护性开发管理模式 104
　第四节　传统村落文化旅游保护性开发策略 120

第五章　传统村落文化旅游产品开发 131

　第一节　传统村落文化旅游产品的构成 131
　第二节　传统村落文化旅游产品开发现状 136
　第三节　甘肃天水街亭村的保护与发展 155
　第四节　甘肃景泰县永泰村的旅游开发 164

第六章　张掖村落文化的现状与保护 168

　第一节　张掖村落文化的种类 168
　第二节　张掖传统村落的保护与利用 213
　第三节　张掖乡村振兴与乡村旅游融合发展 234

第七章　生态旅游规划 249

　第一节　生态旅游规划的意义与制定依据 249
　第二节　生态旅游规划的技术体系 257
　第三节　生态旅游规划的支持和保障体系 265
　第四节　生态旅游规划的编制 275

第八章　生态旅游体系构建 282

　第一节　生态旅游者 282
　第二节　生态旅游市场 289
　第三节　生态旅游资源 296
　第四节　生态旅游资源开发 308

第九章 生态旅游与可持续发展 … 316
第一节 生态旅游可持续发展核心要义 … 316
第二节 生态旅游可持续发展研究方法 … 321
第三节 生态旅游可持续发展管理 … 329
第四节 生态旅游可持续发展策略 … 342

参考文献 … 356

后　记 … 365

第一章 传统村落文化理论基础

传统村落是历史长河中沉淀下来的文化瑰宝,承载着中华民族数千年的记忆与智慧。在农民长期的农业生产生活中,传统村落文化不仅保存了个体的"过去",而且在很多层面上反映了整个民族的"过去"。[①] 在探索传统村落文化的征程中,建立坚实的理论基础至关重要。这一理论基础是深入理解传统村落文化内涵、结构和演变规律的关键所在。它涉及历史学、民俗学、建筑学、人类学等多学科的交织与融合,为我们剖析传统村落中物质文化与非物质文化的复杂关系提供依据,帮助我们解读每一座古民居、每一项传统技艺、每一个民俗活动背后的文化密码,从而为传统村落文化的保护、传承与发展筑牢根基。

第一节 传统村落定义及其分布

传统村落承载着数代人甚至数十代人的生活记忆与文化传承。这些村落不仅是简单的人类聚居地,更是一部部活着的史书,用一砖一瓦、一草一木诉说着古老的故事。从北方的古朴厚重到南方的婉约灵秀,传统村落分布广泛且各具特色。它们或隐匿在深山之中,与自然山水相依相偎,保持着原始的宁静;或坐落于广袤平原,在田园风光的映衬下彰显出独特的韵味。

一、传统村落的定义

在漫长的农耕文明进程中,传统村落成为中华民族悠久历史的载体,如同一

---

① 费孝通:《乡土中国》,北京大学出版社2012年版,第31页。

颗颗璀璨的明珠散落在山间水畔,铭刻了文化记忆,也寄托了浓厚乡愁。[①] 北方人看到黑土地和大平原,想到了乡愁;江南人看到小桥、流水、人家,想到了乡愁。说到底,"乡愁"就是内心深处一种对家乡、对曾经生活的地方的记忆、怀念与向往,是内心深处最柔软的情感,是一种精神追求。[②] 传统村落又称古村落,是指村落形成较早,拥有较丰富的文化与自然资源,具有一定历史、文化、科学、艺术、经济、社会价值,应予以保护的村落。传统村落中蕴藏着丰富的历史信息和文化景观,是中国农耕文明留下的最大遗产,是民族的宝贵遗产,也是不可再生的、潜在的旅游资源。传统村落是维持传统农业循环经济特征的关键,是发展乡村旅游、创新农村农业发展道路的基础。传统中国多半是在农耕经济基础上形成的乡土社会,其基本单位是村落,聚村而居的农民是它的基本成员。一个村(自然村落),必然包括物质、社会关系、精神、艺术、语言符号、风俗习惯等文化的各个子系统。因而,在这个最小的中国乡村地域中,却浓缩了中国乡村的方方面面,折射出中国乡村的特点。

在中国,除了北方的游牧民族之外,其他大部分民族都以固定的村落、村寨作为主要生活空间。传统村落是在一定人口聚居的自然村、行政村地域内,共同生活的有组织的自然人和法人,他们有共同的生活服务设施、共同的文化、共同的风俗、共同的利益和共同关心的问题。村落是一个由物质文化遗产和非物质文化遗产构成的组织严密的社会文化有机体。村落居民既是旅游资源的利用主体,又是传统文化的活态载体,居民本身也是乡村旅游资源的重要组成部分。村落是民族文化赖以传承的生活空间,村落文化则是民族文化的基本单元,不仅充当着村落的精神纽带和内聚核心,而且具有鲜明的民族性、差异性、和容性、未分化性等特征,是一个自成体系且不断发展建构的动态范畴。另外,由于不同的地理自然环境,南方山区民族多住竹楼、木楼等干栏式住宅。因此,南方一般习惯把村叫作村寨,而北方农村多住的是以泥土或砖夯起的庄廓,一般都把村叫作村落,实际上村落和村寨都是对自然村的叫法,只是南方和北方对它的叫法不同而已。

---

① 李晓、王斯敏、成亚倩:《保护传统村落,守护乡土文化之根》,《光明日报》2019年7月9日。
② 刘沛林:《新型城镇化建设中"留住乡愁"的理论与实践探索》,《地理研究》2015年第7期。

二、传统村落的分布

中国大部分传统村落分布于中国西部少数民族省区(自治区)。按照少数民族人口占总人口比重(>10%)来定义少数民族省区,西部少数民族省份包括宁夏回族自治区、青海省、新疆维吾尔自治区、西藏自治区、云南省、贵州省、广西壮族自治区和内蒙古自治区等。

贵州是多民族聚居的省份,传统村落数量众多。黔东南苗族侗族自治州是主要的少数民族传统村落聚集区。黔东南苗族侗族自治州也简称为黔东南州,位于贵州省东南面,它是中国30个自治州中总人口和少数民族人口最多的自治州,在3万多平方千米的土地上和谐生活着34个民族。黔东南州由于历史及地域因素长期以来处于相对封闭状态,各民族原生的文化特色保存比较完整。黔东南州的传统村落分布较为集中,尤其是少数民族人口较多的苗、侗族主要分布在黔东南的东部与南部,其中东部集中半数以上的传统村落。这里有全国最大的苗寨——雷山西江,木质吊脚楼建筑层层叠叠,苗族的歌舞、服饰、节日等文化元素丰富多彩。全国最大的侗寨——黎平肇兴,侗族的鼓楼、风雨桥等建筑别具一格,侗族大歌更是闻名遐迩。这里有独具特色、原汁原味的民族传统文化,对国内外的游客有极强的吸引力,而这些村寨近年来也相继开展旅游活动。

广西境内居住着汉、壮、瑶、侗、仡佬、苗、毛南、回、京、水、彝等10多个民族。广西总面积约24万平方千米,少数民族居住地区约占60%。汉族大多居住在广西东部、南部及东南部,少数民族大多居住在广西中部、西部、西南部、西北部。广西民族村寨旅游资源较为丰富。按照各民族分布的地理范围,广西的少数民族主要分布在桂北、桂中、桂西北等地。若以桂林—柳州—南宁一线为界,这条线以西是广西主要的少数民族聚居地,少数民族人口较多的苗、瑶、侗、壮族基本上分布于此,因此,传统村落分布较为集中为各民族融合小聚居。由于地理位置及经济发展等因素,这些传统村落仍保留有丰富多彩、文化深厚的少数民族文化,增添了广西旅游的吸引力,是开展传统村落旅游的重要场所。龙胜各族自治县的龙脊梯田附近有不少壮族和瑶族的传统村落,其建筑与当地的山水环境相融合,民族风情浓郁。此外,金秀瑶族自治县的瑶族村落也具有较高的历史文化价值。

云南是全国民族最多的省份，共有52个民族，人口6 000以上的世居少数民族有25个，其中云南独有的少数民族有15个：白族、哈尼族、傣族、傈僳族、拉祜族、佤族、纳西族、景颇族、布朗族、普米族、阿昌族、怒族、基诺族、德昂族、独龙族。在各省级行政区中，它的少数民族总人口，仅次于广西。少数民族占总人口的比重约1/3。云南拥有丰富多样的民族文化和传统村落。比如红河哈尼族彝族自治州的哈尼族村落，元阳县的哈尼梯田周边就分布着许多保存完好、具有浓郁哈尼族特色的传统村落，其独特的蘑菇房建筑、梯田农耕文化等都极具特色。还有丽江的纳西族村落，如束河古镇等，建筑风格独特，民族文化底蕴深厚。独特的地理环境和多彩的民族文化，深深吸引着世人的目光。近几年，云南旅游业发展飞速，成为全国旅游大省之一，尤其是民族特色村寨旅游的开发，推动了云南经济的发展。

四川是一个多民族的大省，有藏族、彝族、羌族等少数民族。甘孜藏族自治州、阿坝藏族羌族自治州等地有许多藏族和羌族的传统村落。这些村落的建筑风格独特，如藏族的碉楼、羌族的石砌建筑等，反映了各民族的独特文化和生活方式。

湖南有土家族、苗族、侗族等少数民族。湘西土家族苗族自治州的凤凰古城周边有许多土家族和苗族的传统村落，建筑具有鲜明的民族特色，民族文化活动丰富多彩。此外，怀化等地的侗族村落也保存较好。

山西有部分传统村落具有鲜明的民族特色，虽然汉族村落占比较大，但也有一些少数民族聚居或具有少数民族文化影响的村落。例如大同、朔州等北部地区有一些受历史上民族融合影响的传统村落，其建筑风格和文化习俗具有一定的独特性。

甘肃有回族、东乡族、裕固族等少数民族，在一些地区也有具有民族特色的传统村落。例如临夏回族自治州的一些回族村落，具有独特的建筑风格和宗教文化特色。

另外，青海、新疆、西藏等省份也是少数民族聚居地区，这些地区分布着较多的少数民族和传统村落，它们拥有得天独厚的地理环境和独具特色的民族文化，在现代旅游浪潮的推动下，相继开展民族文化旅游，吸引了国内外游客的目光。许多少数民族特色村寨依托优美的自然风光和独特的民族风情发展旅游，旅游事业蒸蒸日上。

第二节 传统村落文化概述

传统村落承载着丰富的文化内涵,是中华民族传统文化的重要源泉。传统村落文化是历史变迁的见证者,是民俗风情的展览馆,是乡村智慧的结晶地。从错落有致的古老建筑到世代相传的民间技艺,从独具韵味的节庆习俗到口口相传的古老传说,每一个元素都勾勒出传统村落文化绚丽多彩而又深邃迷人的画卷,值得人们深入探寻与珍视。

一、传统村落文化的定义

传统村落文化是指那些历史悠久、保存完好的古代村落所承载的独特建筑风貌、生态环境和人文特色。在中国,传统文化,特别是少数民族文化,在村落文化中有显著体现。可以说,传统村落文化是一种历史现象,每一时代都有着与之相适应的文化,并随着社会物质生产的发展而发展。传统村落文化又是一种地域现象,不同区域的民族文化,都有着各自的特征,而且与其他文化相互交融和渗透。传统村落文化还是一种规约现象,在特定区域内村民经世代沿袭并渐次积累,大家共同遵守而约定俗成。村民在所聚居区域(村落)创造、传承、使用的能体现本民族特色的文化,它有明确的对象(民族)、空间(村落)和内容(文化)。传统村落文化包括传统村落的物质文化、精神文化和制度文化等层面,具体如村落语言、饮食、服饰、建筑、婚丧、歌舞、节日、信仰,以及禁忌、规约、观念、价值取向等。这些文化从村落村民的日常生活中具体、生动、鲜活地表现着,被村落世世代代的人们传承延续。因此,"'乡情牌''乡愁牌'打好了,积极性调动起来了,渠道疏通了,对乡村振兴将会产生很大作用"[①]。

二、传统村落文化的构成及特征

我们对一个村落的印象,往往始于传统建筑和自然风貌,这些有形的物质载

---
① 《习近平著作选读》第2卷,人民出版社2023年版,第82页。

体是最直观的村落历史文化。进一步看,有形的构架包含着相应的人文风情、历史智慧。比如,宗祠、戏台等古建筑,包含着开放的精神空间;古驿道、商业街等往往形成传统的轴线,包含着更多生长性的内容。民居建筑具有居住、商贸、交往、祭祀等多重功能,形制特色鲜明丰富。正是传统村落让我们在今天的语境中感受历史,在古今并置的时空界面里体会深层的文化意味。[①]

(一) 传统村落文化的构成

1. 原生的自然景观

(1) 山水景观。中国西部拥有丰富的山水景观,气候及地形的多变造就了西部多样的自然风光。全国23%的名山、较大的沙漠、世界最大的喀斯特地貌都分布在西部。许多湖泊也分布在西部,不仅具有观赏价值,还具有疗养价值。秀美的山水景观使西部成为旅游开发热点区域。依托奇特的山水景观,传统村落旅游可以开发形式多样的旅游项目。

(2) 生物资源。中国西部是中国生物景观最丰富的地区,生物资源的门类繁多,分布面积较大。据统计,中国西部的森林木材蓄积量约47亿立方米,占全国森林木材蓄积量46%以上。其中西南地区森林蓄积量约25亿立方米,占全国森林蓄积量25%以上,为中国第二大林区。另外,还有众多的兽类、鸟类、鱼类都分布在西部地区。丰富多样的生物资源利于开展森林旅游、生态旅游,利于传统村落为旅游开发招徕游客,发展村落旅游。

2. 独特的人文景观

(1) 服饰。服饰对各民族来说,是作为一种生活模式和文化传统而存在的。民族服饰积淀着历史、社会、习俗、文化等诸多生活内涵。由于地理环境、历史文化的差异,经过长期发展,形成了多姿多彩、特色鲜明的民族服饰。汉族服饰种类丰富,传统的汉服主要有衣裳制、深衣制和襦裙制等类型。衣裳制中,上衣称为"衣",下衣称为"裳",像冕服就是典型的衣裳制,是古代帝王等用于祭祀等隆重场合的礼服。深衣是把上衣和下裳缝合在一起,且有曲裾深衣和直裾深衣之分。曲裾深衣的特点是衣服的绕襟层数较多,下摆呈喇叭状,行不露足,在汉代较为流行;直裾深衣相对简洁,衣襟为直形,穿着更为方便。襦裙是汉族女子的

[①] 李晓、王斯敏、成亚倩:《保护传统村落,守护乡土文化之根》,《光明日报》2019年7月9日。

常服,上身是短襦,下身是长裙。按裙腰的高低可分为齐腰襦裙和高腰襦裙。齐腰襦裙较为常见,裙摆飘逸,给人灵动的感觉;高腰襦裙能修饰身材比例,凸显女子的婀娜。近现代以来,汉族日常穿着主要是改良后的旗袍和中山装。旗袍凸显女性身材曲线,有高领、短袖或长袖等多种样式,能展现女性的优雅。中山装是男性普遍穿着的服饰,有立领、对称的口袋等,体现出男性庄重、干练的气质。少数民族服饰各有特色,比如:① 蒙古族。蒙古服主要包括长袍、腰带、靴子、首饰等。长袍宽大,袖长,下端左右一般不开衩,颜色多为红、黄、深蓝等;腰带是重要配饰,有的用丝绸制作,上面会有精美的刺绣;靴子一般是皮靴,结实耐用。男子多戴帽子,女子的头饰非常华丽,如"鄂尔多斯"头饰,用珍珠、珊瑚等制作。② 藏族。藏服的基本特点是长袖、宽腰、大襟。藏袍通常没有扣子,穿的时候把衣服往上提,系上腰带,使衣服自然形成一个兜,方便携带物品。藏袍的颜色鲜艳,有红、绿、蓝等,且不同地区的藏袍在细节和图案上有所差异。藏族同胞还会佩戴各种首饰,像用绿松石、珊瑚等制成的项链、耳环等。③ 维吾尔族。男子穿"袷袢",这是一种对襟长袍,无领无扣,用长方巾扎腰。女子服饰色彩艳丽,连衣裙"艾得莱斯"绸很有代表性,绸面上有彩色的条纹或图案,通过扎染等工艺制作而成;女子还会戴面纱,有只遮脸部的,也有从头遮到脚的;头上的装饰有花帽,花帽图案精美,用金银线绣成。④ 朝鲜族。女子的服装包括短上衣和长裙。上衣短,斜襟,以长带在右肩下打蝴蝶结。裙子一般是高腰长裙,有褶裙和筒裙之分,颜色多为柔和的色调,如淡粉色、草绿色等。男子的服装主要是短上衣和长裤,上衣斜襟,用布带打结,颜色较为沉稳。⑤ 傣族。女子一般穿紧身短上衣和筒裙;上衣领口比较小,多为浅色,如白色、淡粉色等;筒裙长及脚面,颜色鲜艳,图案丰富,有花卉图案、几何图案等,通常是用丝绸或棉布制作。男子一般穿无领对襟或大襟小袖短衫,下着长管裤,冷的时候会披上毯子。尤其是在节庆礼仪或仪式等重大场合穿着的民族服装绮丽多彩、风格迥异,少数民族魅力的民族服饰,具有很高的审美价值,颇具开发价值。

(2)建筑。居所是人类物质和精神文化的凝聚地,是人类的固态文化。居所是受自然环境制约最为直接的,不同的地域环境中会形成风格各异的建筑风格。汉族的住所因地域、环境等因素而多种多样。在北方,常见的是四合院。四合院一般是四面建有房屋,将庭院合围在中间;正房通常坐北朝南,是家中长辈居住的地方,东西两侧是厢房,供晚辈居住,南房用于堆放杂物或供仆人居住等。这种建筑形式有利于冬季避风保暖,同时也体现了长幼有序的传统家庭观念。在南方,较为常见的建筑风格有四种:一是徽派建筑。其以白墙黑瓦、马头墙为主要特征;建筑注重与自然环境相融合,比如在村落布局上会考虑山水的走向;房屋内部木雕、砖雕、石雕精美,天井能起到通风采光的作用,而且雨天时雨水落入天井,也有"肥水不流外人田"的寓意。二是福建土楼。多为圆形或方形,是一种大型群居性建筑;土楼内部房间众多,中间是公用的庭院,在抵御外敌和适应山区环境方面有很好的表现,同时体现了家族团结的理念。三是江南水乡民居。其一般依水而建,前门临街,后门临河;房屋建筑多为两层,上层住人,下层可以用来停靠船只或堆放杂物,枕河而居的形式很有特色。四是南方山区民族的竹楼、木楼等干栏式住宅。如青藏高原上的帐篷、草原上的蒙古包,侗族的吊脚楼、傣族的竹楼、白族的"三坊一照壁"、纳西族的四方街、摩梭人的木楞房、回族的清真寺、藏族的佛寺等,这些都是民族建筑的优秀代表。

(3) 歌舞。歌舞是在地理环境、社会生活、风俗习惯以及经济、社会文化不同的条件下发展形成的,具有浓郁的民族和地域特色。北方的民族歌曲豪放而粗犷,如汉族的秧歌泼辣、热情,腰鼓气势磅礴,号子雄浑有力,小调流畅婉转;蒙古族的长调,哈萨克族、柯尔克孜族的牧歌,曲调缓慢而悠长。南方山区民族多深居山中,以山歌抒发感情,曲调高亢明亮,自由奔放。在舞蹈方面,中国西南地区许多民族保留着多种歌舞习俗,用以颂赞祖先、教育后代、欢庆婚嫁、哀悼亡灵。国内著名舞蹈艺术家中也不乏有许多民族舞蹈艺术家,现如今,许多民族歌舞或舞剧等优秀节目深受观众的喜爱。

(4) 饮食。常言道,民以食为天。由此可见,饮食在人类生活中占有十分重要的地位,不同的民族有着不同的饮食结构。如汉族饮食丰富多样。主食方面,北方以小麦面食为主,像馒头、包子、饺子、烙饼等。其中,馒头是常见的主食,白白软软;饺子有各种各样的馅料,如韭菜鸡蛋、猪肉大葱等。南方则多以稻米制作食物,如米饭、米粉等。米粉可以做成汤粉、炒粉,口感爽滑。菜肴上,有鲁菜、川菜、粤菜、苏菜、闽菜、浙菜、湘菜、徽菜八大菜系。鲁菜讲究原料质地优良,以盐提鲜,以汤壮鲜,调味讲求咸鲜纯正;川菜以善用三椒(辣椒、花椒、胡椒)和鲜姜而著称,口味多样,有鱼香肉丝等;粤菜选料精细,口味清淡,追求鲜、嫩、滑、爽、香、脆,如白切鸡就很有名;苏菜擅长炖、焖、蒸、炒,重视调汤,保持原汁,如松鼠鳜鱼;闽菜追求清淡、鲜嫩、醇和,善用汤提鲜,有佛跳墙这一经典菜肴;浙菜菜品小巧玲珑,清俊逸秀,鲜嫩滑软,香醇绵糯,西湖醋鱼是其代表;湘菜口味多变,注重酸辣、咸香、清香、浓鲜,有剁椒鱼头。徽菜擅长烧、炖、蒸,讲究火候的掌握,臭鳜鱼是特色菜肴。小吃也有很多,如凉皮、肉夹馍、糖葫芦、汤圆等。凉皮酸辣可口,肉夹馍外皮酥脆、内馅软糯,糖葫芦酸甜开胃,汤圆软糯香甜。蒙古族奶茶、烤全羊、马奶酒;维吾尔族抓饭、馕;哈萨克族那仁、马奶子;藏族糌粑、酥油茶、青稞酒;回族馓子;裕固族支果干、肉肠;仡佬族包谷饭、酸菜等,这些民族饮食风格迥异、味道独特,体现了民族独特、多彩的传统文化,对旅游者也有极大的吸引力。

（5）节庆。节庆是民族文化的重要内容之一,不同民族有着不同的民族节庆活动,各民族节庆活动丰富多彩、名目繁多。例如,汉族的春节、元宵节、端午节、中秋节,蒙古族的那达慕大会,藏族的雪顿节、望果节、藏历新年,壮族等民族的三月三,侗族的侗年,彝族的开年节,瑶族的盘王节,苗族的芦笙节以及信仰伊斯兰教诸族的古尔邦节、开斋节等都具有浓郁的民族风韵。这些民族节庆活动别具一格,盛行于民间,生活气息浓郁,是生动且参与性颇强的民族旅游资源,对旅游者有着极强的吸引力。

（6）工艺。汉族有许多精美的工艺品：① 青花瓷。这是一种在瓷胎上用钴料着色,然后施透明釉,在高温下一次烧成的釉下彩瓷器,其上图案有花卉、人物、山水等诸多题材。例如,元青花鬼谷子下山图罐,其绘画精美,人物形象生动,在拍卖市场上价格极高。② 唐三彩。主要以黄、绿、白三色为主的低温釉陶器。造型丰富,有马、骆驼、人物等多种形象。这些工艺品色彩艳丽,如三彩骆驼载乐俑,骆驼造型生动,背上的乐俑姿态各异,展现出唐朝的盛世风采。③ 苏绣。起源于苏州,其特点是图案秀丽、针法丰富、绣工精细。能绣出极为逼真的花鸟、人物等图案。双面绣是苏绣的绝技。例如,双面绣《猫》,从正反两面看,猫的形象都栩栩如生。④ 湘绣。以湖南长沙为中心的湘绣风格豪放,针法多变。常以中国画为蓝本,绣品色彩鲜明。如湘绣狮虎,绣出的动物毛发根根分明,极具质感。⑤ 剪纸。这是一种用剪刀或刻刀在纸上创造图案的艺术。题材广泛,包括花鸟、人物、吉祥符号等。比如春节期间的窗花剪纸,各种造型的窗花寓意着对新年的美好祝福,有象征团圆的团花,还有寓意多子多福的石榴花剪纸。
⑥玉雕。中国玉雕历史悠久,汉族工匠技艺精湛,玉雕作品题材多样,如人物、花鸟、瑞兽等。从精美的玉佩,到大型的玉雕摆件皆有。如翡翠白菜,利用玉石的天然色泽和纹理,将白菜雕刻得鲜活逼真,是玉雕中的珍品。少数民族能工巧匠辈出,工艺精湛,其作品以独具民族特色、品质优良而著称。比如,蒙古族的马头琴、藏族的唐卡、藏毯等。总之,工艺是各民族智慧及创造力的结晶,是民族文化商品在物件上的体现。民族工艺品是旅游者喜欢购买及收藏的商品,是传统村落旅游开发的创收项目。

传统村落奇特的自然景观和独特的人文景观为开发村落旅游业提供了优质的旅游资源,为进一步开发旅游业打下了良好基础。

(二)传统村落文化的特征

1. 历史性

传统村落文化是由历代村民在长期的生产、生活实践中创造的,并已得到广大村民认可,可代代传承的文化。传统村落往往有着数百年甚至上千年的历史,历经多个朝代的变迁和发展,保留了不同时期的历史痕迹和文化元素。例如,山西平遥的一些传统村落,其建筑风格、街道布局等都能反映明清时期的商业繁荣和城市规划。

今天可见的各种生产生活民俗,事实上是几百年、几千年前早就形成的事项。例如,人类在最初的时候与动物一样,对火是害怕的,后来逐渐利用火烹煮食物、驱赶和围歼野兽,火在人类生活中有着不可替代的作用。火的应用,使人类较早地认识了它的功用以及其与自身的利害关系,从而对火产生了敬畏之心,并当作神物加以崇拜。在中国许多民族中就有祭火、拜火的习俗,蒙古族在每年农历腊月二十三或二十四日拜火,并成为一项重要活动。西南彝族、白族、纳西族、哈尼族、傈僳族、拉祜族、基诺族等一年一度隆重举行的火把节,就与各民族对火的原生崇拜有着直接的联系。

2. 自然性

传统村落文化是群众在适应自然环境中所构建的,是自然呈现出来的文化形态。为了生存和适应自然环境,人们必须向自然获取资源,是自然资源为村民的生存提供了保障。而对于自然资源的获取就是在土地上耕作,长期在一块土地上劳作,使村民的希望和情感都有了寄托,使他们与土地的关系成为养育与被养育的关系,村民融合于自然之中,融合于土地之中。

3. 乡土性

"村落是当今农民最为基础性的社会组织,在这一基本生活空间里,中国的大多数人口以地缘血缘为纽带集合成一定的社会群体,世代繁衍生息,并创造、形成了包括语言、价值观念、风俗习惯、社会心理等。"[1]村落是农业文明的标志,是乡土中国的缩影。费孝通先生指出:"乡土社会是安土重迁的,生于斯、长于斯、死于斯的社会。"[2]传统村落整体环境静寂安闲,接近自然、田园,以农田、道路、河流、山林以及牌坊、宗祠、碑刻、寺庙、戏楼、水井、水车、木屋等生产、生活风景为主。对于聚族而居的村民,村落是他们的生产场所,他们靠耕种一定范围的土地获取生存资源,并且围绕耕种的特点和季节性进行劳作。广大村民在男耕女织、自给自足的生产生活方式基础上形成了具有"乡土性"特征的乡村生活规范和价值观念,遵纪守法、勤劳节俭、互帮互助、诚实守信等传统美德世代相传。传统村落优美的田园风光和原始古朴的民族文化使得现代旅游者向往。树木郁葱、鸟声清脆、流水潺潺;村民们热情好客、善良淳朴,处处充满乡土的气息,使得到来的旅游者流连忘返,产生返璞归真的心理感受。旅游者还可以参与村民的农事生产活动,体验一回跟土壤的真实接触,感受村民辛勤劳动和从土地中获取的丰硕果实。

4. 民间性

传统村落文化产生于乡土,自然产生于民间。

(1) 传统村落文化产生于乡村,产生于乡村的农耕生活。农民生活于乡村,在土地上生产和创造资源,长期以来贴近自然,融合土地之中,呈现一种乡村的、自然的民间生活形态。传统村落的选址通常充分考虑自然环境因素,多选择在地形适宜、水源充足、气候条件较好的地方。比如,山区的村落多位于山间谷地或山坡上,便于取水和耕种;河流沿岸的村落则利用水资源发展渔业和水运。村落中的建筑布局和设计与周围的自然环境相协调,形成了和谐共生的生态系统。

---

[1] 任映红:《现代化进程中的村落文化——当代温州村落文化研究》,黑龙江人民出版社2005年版,第1页。
[2] 费孝通:《乡土中国》,商务印书馆2019年版,第54页。

建筑材料多就地取材,如用石头、木材、泥土等建造房屋,既节省了成本,又与自然环境相融合。同时,村落中的水系、道路等基础设施也与自然景观相互呼应。

(2)传统村落文化是村落里的所有村民共同参与创造的文化形态,是村落群众的共同的生活方式。村民之间相互帮助、团结协作,共同维护村落的生产生活秩序。在农业生产、建筑修建、防御外敌等方面,村民们形成了紧密的合作关系,这种社区凝聚力使得传统村落能够在长期的发展中保持稳定。传统村落中有着自己的道德规范和行为准则,如尊老爱幼、勤劳善良、诚实守信等。这些道德观念通过家训、族规、民间故事等形式在村民中传承,约束着人们的行为,维护着村落的社会秩序。在中国,大部分的乡村都是建立在血缘和父权关系基础上的。这种建立在血脉上的父权制,是古代社会安定发展的基本保障,而中国人尊老爱幼、家国天下的思想,则保持着他们内心深处的"自制力"与"敬畏感"。在很多传统村落中,宗族文化占据重要地位。村落中往往以一个或几个姓氏的家族为主体,形成了严密的宗族组织和宗族制度。宗族祠堂是村落的重要建筑,用于祭祀祖先、举办宗族活动等,体现了家族的凝聚力和传承。

(3)传统村落文化是活在民间的一种有生命的形式,它是村落农民代代相传的活的形式,是一种活在村落民间的原生态文化。村内的习俗、传统技艺、信仰等文化元素在长期的发展过程中得以延续和传承。一些村落中的传统手工艺,如陶瓷、木雕、刺绣等,通过师徒传承、家族传承等方式代代相传,保留了古老的技艺和文化内涵。所以,要"加快推进农业农村现代化,走中国特色社会主义乡村振兴道路,让农业成为有奔头的产业,让农民成为有吸引力的职业,让农村成为安居乐业的美丽家园"[①]。另外,传统节日的庆祝方式、婚丧嫁娶的习俗等也都保持着相对稳定的传承。

5. 民族性

传统村落文化是人类适应生存环境的社会成果,其表现具有民族性。村落文化的传承不是单个人的自我行为,而是有着极强的群体性和整合性。在一个村落,往往生活着一个民族或几个民族群体,各民族通过群体语言、仪式与行为维系着群体感情和群体关系。人的文化习得行为主要在民族群体内部完成,所

---

① 《习近平著作选读》第2卷,人民出版社2023年版,第81页。

习得的也主要是本民族的文化,这种文化的适应和认同是同步的。当然,在部分杂居型的村落,各民族间相互交往频繁,由各民族间长期的相互交往而形成的文化认同感使杂居型村落呈现出多元的文化特征,在语言、信仰、习俗礼仪、民族节日等方面都具有多民族参与或汇合的特点,这种现象在西南地区较为普遍。传统村落中常常存在着各种宗教信仰,如佛教、道教、民间信仰等。寺庙、道观、土地庙等宗教建筑是村民们精神寄托的场所,宗教信仰对村民的生活方式、价值观和道德观念产生了深远影响。

6. 地域性

俗话说"十里不同风,百里不同俗"。中国是一个文明传统悠久深厚的国度,村落文化既有时代差异,又有地区差异。村落文化的地域性存在表明村落文化自有渊源于其自身环境、人群和传统的特定历史。在中国北方平原地区,村落的规模一般较大,多呈团聚型、棋盘式的格局,聚居的人口较多。在南方地形复杂的丘陵地区和山区,村落的规模较小,空间分布较为分散,聚居的人口也比较少;在草原地区,各民族创造了一种与草原生态环境相适应的文化,以草原民族的游牧文化为主体,村落组织较为松散,规模也不大。传统村落文化是一定自然与文化环境的产物,只有在特定的地域环境中才能平稳传衍,因此传统村落文化带有鲜明的民族和地域烙印。不同地域的民族有着不同文化,比如,民族服饰、民族语言、民族节庆、民族工艺品等,地域的差异性使得每个民族文化表现得独具风格、多姿多彩,正是这种独特性和多样性,才使得民族文化产生强大的吸引力。

三、传统村落文化建设的类型

(一) 生态博物馆

生态博物馆的主要功能在于收藏和保护,旅游只是一个辅助的功能。生态博物馆的理论和概念产生于 1970 年代的法国。对于生态博物馆的研究国内学者最初是从博物馆建设的角度进行研究,并不是与旅游开发结合在一起的,但随着旅游的发展,生态博物馆的作用不单单是为了文化保护,还成为村落旅游发展的载体。生态博物馆是将整个社区作为博物馆空间,以期对社区的自然遗产和文化遗产进行整体保护,以各种方式记载、保护和传播社区的文化精华并推动社区向前发展。生态博物馆须具备三个必要条件:第一,生态博物馆是在原有自然环境及设施基础上通过简单改建而成的博物馆;第二,生态博物馆是一种把人与自然紧密结合起来的博物馆;第三,生态博物馆应融入其周边的文化氛围中。

比如:(1)梭戛苗族生态博物馆,其位于贵州省六盘水市六枝特区与织金县的交界处的梭戛乡,是亚洲第一座民族文化生态博物馆。这里海拔1 400—2 200米,面积120平方千米,有12个自然村寨,总人口5 000余人。该馆由原生状态的梭戛12个村寨及建在陇戛寨脚的资料信息中心组成,主要展示独特的苗族文化,其妇女头顶上戴有形似长角的大木梳,两角高于头顶两侧,角上绕有沉重的头发,这种独特的头饰成为该支苗族的文化符号。这里还保留着原始的平等、民主风尚,以及丰富的婚恋、丧葬和祭祀礼仪,还有别具风格的音乐舞蹈和精美的刺绣蜡染艺术。(2)广西南丹县里湖白裤瑶生态博物馆,坐落在广西河池市南丹县里湖乡怀里村,是广西第一家少数民族生态博物馆。该馆对白裤瑶自然村寨的原状进行保护,并展示瑶族多姿多彩的民族文化。白裤瑶是瑶族的一个支系,有着独特的服饰、舞蹈、习俗等,例如白裤瑶男子的白色裤装、女子的传统服饰图案等都极具特色,该博物馆为人们了解白裤瑶文化提供了重要的窗口。(3)三江侗族生态博物馆,位于广西柳州市三江侗族自治县,于2004年11月建成并对外开放。它以县城"三江侗族博物馆"为展示与资料收集中心,辐射到独峒镇孟江上游沿岸15千米内的座龙、八协、平流、华练、岜团、独峒、牙寨、高定、林略9个侗族村寨。这里有保存十分完整的侗族村寨、壮观的鼓楼风雨桥群、多姿多彩的侗家风情。沿途共有风雨桥13座,鼓楼26座,其中被世人称为木结构立交桥的岜团桥是全国重点文物保护单位,是宝贵的侗族文化遗产。生态保护区内的侗族文化依然丰富多彩,"月也"、斗牛、"月堆瓦"、过侗年等传统习俗纯朴浓郁,"多耶"大歌、芦笙踩堂等歌舞传承不衰。

实际上,生态博物馆就是由一个或多个原生态的民族村寨或村落组成,以保护及展现民族文化为目的的一种展览场馆。传统村落在旅游发展过程中,不仅应重视对自然环境的保护,还应重视保护民族文化,这样才能促进村落旅游的全面、和谐发展。

(二)文化生态村

文化生态村最早是在云南提出并开始进行相关的建设和发展。文化生态村,就是在人与自然和谐的原生民族村落(村寨)直接接待旅游者的模式,是以现时社会中具有深厚文化积淀和浓郁文化色彩的典型民族(村落)村寨社区或乡村为对象,把村落(村寨)看作现实存在的或文化与孕育产生次文化的生态环境的结合体,是一种把文化保护和经济发展相结合的旅游开发模式。

从开发内容来看,文化生态村建设的重点就是以文化环境为村落生态的重要内容,把文化资源作为村落发展的重要条件,把文化产业作为村落建设的重要方面。总的来说,首先应注重文化的创新与发展;其次应注重传统文化的保护与传承,不同于普通的"旅游开发区";最后应注重文化的原生环境,不同于人造的"民族村"。

从开发效益来看,文化生态村建设最终达到经济效益、社会文化效益和生态环境效益的协调发展。比如:(1)位于云南省红河哈尼族彝族自治州元江县曼来镇的云南元江大槟榔园民族文化生态旅游村,是一个以花腰傣文化为主题的民族文化旅游村。村寨被酸角树、杧果树、荔枝树和攀枝花树围绕,村民住房多为土掌房。这里的村民主要为花腰傣傣洒支系,保留着传统的"男耕女织"的生活方式,有着织锦、刺绣、染齿、文身等传统技艺。游客还能看到舂碓、石磨、水碓、水碾、水磨、水解板、牛榨糖等古老的民间劳动工具。据传,这里的花腰傣居民是滇王国的后代,其服装风格反映了古代滇国王室的风貌。(2)坐落于贵州省六盘水市水城区花戛苗族布依族彝族乡东北部的天门村,是一个布依族聚居的传统村寨,分为6个自然寨,人口过千。这里至今仍保存着178栋木瓦结构建筑,沿用刺绣、织布、牛耕等生产方式。原生态的村落风貌和传统的民俗活动是村子的一大特色,2014年被列入第三批中国传统村落名录,2019年被命名为第三批"中国少数民族特色村寨",2021年入选"全国生态文化村"。

总之,建设文化生态村具有多维价值,能够满足旅游者"原汁原味"的文化需求,使当地居民的经济利益得到提高,使传统文化得到保护和传承,对于传统村落发展旅游具有重要的参考依据。

(三)博物馆

博物馆的对象是文物,是为保护文化而建立的,它是各民族文化遗产的守护者和传承者。博物馆最基本的职能就是文物收藏,即抢救、收藏那些快要濒临消亡或遗失的重要的文物,如服饰、工艺品、生产和生活工具、文献史料等。博物馆把这些具有价值的文物收集、保存起来,并陈列展示给公众,让社会各界人士在看到物品的同时,感受到各民族文化的博大、精深,以及各民族的聪明才智。随着传统村落旅游的快速发展,多地的传统村落建立了博物馆,并将其作为旅游开发的一个新模式。

传统村落博物馆建设实际上是由政府主导、社区广泛参与的文化保护工程。比如,贵州省雷山县西江镇的控拜村。该村是典型的苗族聚居村落,由于自然环境封闭,这里的民族文化丰富、多样,保存得比较完整,为了延续和传承苗族传统文化,由贵州省文物局支持、贵州师范大学实施,在控拜村建立民族博物馆,控拜村村民对村落集体文化充满了自信心和自豪感。博物馆不仅呈现各民族独特的物品,而且对旅游者具有文化传播教育功用,通过对旅游者进行宣传教育,让旅游者更多去关注面临消亡的民族文化,增强旅游者尊重和保护民族文化的意识。

第三节 传统民族村落文化发展的缘由

传统民族村落文化是中华民族文化宝库中极为独特且珍贵的部分,承载着各民族的智慧、情感与记忆。我国传统民族村落文化之所以能够不断发展,有其深刻而多元的缘由,这些缘由犹如涓涓细流,汇聚成推动文化发展的磅礴力量,是民族发展历程的生动见证,也是人类文明多样性的精彩诠释。

一、现代化进程在民族地区的推进

改革开放以来,民族地区经济、社会发展与全国一样,取得了举世瞩目的成就。党和国家始终坚持把加快少数民族和民族地区经济社会发展作为解决民族问题的根本途径,坚持国家帮助、发达地区支援、民族地区自力更生相结合,实现了民族地区经济发展和社会进步,各领域现代化进程明显加快。但由于地理位置和历史缘故,中国民族地区经济发展还相对落后于东部发达地区。

随着民族地区现代化进程的推进,第三产业也取得了可喜成绩。民族地区旅游资源丰富,发展旅游业具有广阔的空间和巨大的经济潜力,近几年来,民族地区依托优美的自然风光和独特的民族文化发展旅游。尤其是传统村落旅游作为乡村旅游的一种新形式日渐成为国内外市场上极具特色的旅游产品。优美的自然环境、浓郁的民族风情深受旅游者的青睐，吸引了大批的旅游者前往。发展传统村落旅游不仅给当地村民带去了经济效益，同时也促进了农村基础设施的改进，在很大程度上推动了传统村落现代化的进程。在开发旅游业之前，一些山区、牧区的生活环境、卫生条件较差，交通和通信十分不便利。由于传统村落旅游的发展，各级政府加大了对基础设施建设投资的力度，使传统村落的道路、通信、供电、供水、卫生条件、电视接收等基础设施发生了明显改善，促进了传统村落的经济发展。

二、民族地区经济发展

（一）旅游业促进当地经济发展

旅游业的发展，可直接增加地方财政收入，带动地方经济发展。发展民族地区旅游业，不仅可为区域经济发展注入强大活力，推动经济健康快速发展，而且可提高贫困人口收入，促进脱贫致富。比如，湘西十八洞村，作为"精准扶贫"首倡地，注重发挥自然与人文旅游资源优势，围绕产旅结合、农旅融合、文旅配合，大力发展红色、绿色、民俗文化旅游，探索出一条可复制、可推广的文旅赋能乡村振兴之路。村民人均年收入，从2013年的1 668元增加至2023年的25 456元。2023年累计接待游客83.8万人次，实现旅游收入近2 000万元。[①] 可见，乡村旅游的高质量发展，为发展地方"三农"注入了新动力，较好地助力"三农问题"的解决。

（二）旅游业带动相关行业发展

旅游业本身是一个涵盖行、住、食、游、购、娱等多种要素，产业关联度高的综合性产业。近年来，旅游业在民族地区的兴起与发展，无不显示出它作为该区新的经济增长点而具有的产业关联带动作用。发展旅游业，能带动旅游地多种相关行业，包括交通运输业、建筑业、轻工业、农副业、旅馆餐饮业、娱乐业、商业、邮电通信、工艺美术以及手工业等的发展，为旅游地经济发展注入新的活力。

（三）旅游业加快民族地区城镇化建设进程

习近平总书记指出："我们一定要认识到，城镇和乡村是互促互进、共生共

---

① 杨元崇：湘西州十八洞村入选"全国十佳"，载湖南省人民政府门户网站 www.hunan.gov.cn，2024年4月5日。

存的。要坚持以工补农、以城带乡,推动形成工农互促、城乡互补、全面融合、共同繁荣的新型工农城乡关系。"①以旅游业为先导的第三产业在民族地区的蓬勃发展,将区域各生产要素相对集聚在一个经济中心,形成"极化效应"。同时,该经济中心实力日渐增强,更将资金、技术、人才、信息等向外扩散,产生经济辐射作用,形成"扩散效应"。两种效应最直接的结果便是城镇的成长,最终对周围乡村腹地产生较大的拉动力,促进城乡一体化,加快了城镇化的发展。

三、旅游业促进民族地区社会事业的发展

旅游业的发展可以提供大量就业机会,有效转移民族地区农村剩余劳动力,减少贫困人口。因为旅游业是劳动密集型产业,不仅其本身的发展需要大量的直接从业者,如管理人员、导游、票务人员等,而且由于旅游业具有包括"行、游、住、吃、购、娱"六大要素的特性,还会刺激相关产业特别是第三产业的发展,提供许多间接的就业机会。通常,旅游业每增加1个直接就业人员,社会就会增加5个就业机会,而且就业成本比其他产业低30%左右,是一业兴百业旺的朝阳产业,对于创造就业岗位、吸纳剩余劳动力,具有其他行业无可比拟的优势。可见,在乡村旅游开发中,资本、技术、信息等要素投入到乡村旅游建设,会极大地改善乡村基础设施建设,提升乡村的公共服务。

近年来,中国许多传统民族村落依托原生态的自然和民族文化发展旅游,走上了脱离贫困的道路。以歌舞表演、节庆活动以及手工艺品制作销售、餐饮和家庭旅馆等为特点的旅游开发需要大量的服务人员参与,于是,许多闲散人员纷纷投入旅游发展中。因此,旅游业不仅给当地少数民族提供了前所未有的发展机会,而且增加了农民收入。"精准扶贫"首倡地——湘西十八洞村,2023年1—11月,实现旅游收入1 895.29万元,带动周边3万余人就业。②

2018年11月,文化和旅游部同相关部门共同制定了《关于促进乡村旅游可持续发展的指导意见》,提出要积极"引导村集体和村民利用好资金、技术、土地、

---

① 《习近平著作选读》第2卷,人民出版社2023年版,第82页。
② 张颐佳、黄馨怡:《携手共进,走好乡村振兴之路——十八洞村带动周边7个村共同发展》,《湖南日报》2023年12月25日。

林地、房屋以及农村集体资产等入股乡村旅游合作社、旅游企业获得收益,鼓励企业实行保底分红。"①

四、民族地区教育科技的进步

新中国成立前,由于历史、地理、政治、经济、文化等诸多因素的影响,大部分少数民族生产力发展水平不高,民族地区的教育和科技事业教育状况不佳。新中国成立后,国家非常重视发展民族教育,在坚持各民族教育平等的基础上,根据少数民族和民族地区的实际,切实制定并采取了一系列政策及措施,发展民族教育事业,取得了巨大成就。

基础教育快速发展,办学条件明显改善。近年来,党和政府采取了许多政策和措施,促进了民族教育事业进一步发展。许多偏远的民族地区学校从马背小学、帐篷小学、隔日制小学、半日制小学、早晚班和巡回讲学以及牧读小学等多形式的简易办学模式,逐步进入比较规范的全日制寄宿制学校模式,提高了义务教育普及水平,规范了民族地区办学体制,逐步满足了农牧民对正规学校教育的需要。多年来,各民族地区政府积极争取国家项目、国际援助项目的支持,加大教育投入,极大地改善了民族地区的办学条件。

民族师资队伍不断发展壮大,结构不断优化。党和政府非常重视民族地区基础教育师资队伍的建设,采取了一系列加强民族地区教师队伍建设的措施,民族教育师资队伍在发展中不断壮大,教师学历和教育水平不断提高,教师结构逐渐趋于完善。

新中国成立后,科技事业得到了大力发展,各民族地区有了自己的研究所或其他研究机构,全国性的民族研究团体也纷纷成立,在少数民族中已不断涌现出有成就、有贡献的科学研究人才。

五、少数民族传统文化的复兴与发展

长期以来,人们一直在探索保护少数民族传统文化传承和激励少数民族传统文化创新发展的路径,而传统村落旅游的发展为人们找到了方法。在旅游开

---

① 文化和旅游部等 17 部门关于印发《关于促进乡村旅游可持续发展的指导意见》的通知,载文化和旅游部网站,2018 年 11 月 18 日。

发之前,少数民族未意识到本民族传统文化的优秀价值,并且部分少数民族文化即将面临消亡。随着传统村落旅游的开发,成千上万的游客不断涌入,带来了多方面尤其是对当地少数民族传统文化的需求,使部分濒临消亡或已经消亡的少数民族传统文化得以复兴,旅游业的发展促进了当地经济的发展,增加了居民收入;当地居民不仅享受到旅游业带来的前所未有的经济效益,而且发现本民族传统文化的独特性和优秀性,从而逐渐消除了过去对本民族传统文化的自卑感,越来越珍视自己民族的传统文化。由于本民族的旅游产品深受外来游客的喜爱,当地少数民族的凝聚力、自信心和自豪感也不断增强,从而使少数民族传统文化得以保护和传承。同时,地方政府和企业也将村落旅游带来的收入,返还于传统文化的保护、抢救和整理上,从而进一步推动和促进了民族传统文化的保护与发展。

六、传统民族村落文化保护和传承的现实困境

在现代旅游活动中,传统民族村落旅游越来越成为一种具有特别价值的项目和形式,传统民族村落以古老原始的民族建筑、丰富多彩的民族文化、原汁原味的民风民俗深深吸引着现代都市人,大量的外来游客纷至沓来。现今,由于外来游客的进入、各民族间交流的机会越来越多及现代化进程日益迅速等,不少古朴的少数民族文化面临着生存发展的危机,处在被现代文化不断消解和同化之中。

(一)民族语言面临生存危机

语言是一种交际工具,更是一个民族文化的重要标志,代表着该民族人士解释世界的独特方式,是人类特有的精神产物,有着丰厚的文化价值。任何一种语言的消失,都有可能带走千百年留存下来的文学、哲学和民间智慧,一个民族的记忆会就此消失。语言是自身的身份,也是民族的文化身份。作为民族文化重要标志的少数民族语言面临着的生存危机。许多少数民族,尤其是非聚居地的或者年龄偏小的少数民族同胞,早已不太掌握,甚至不愿意学习本民族语言文字。另外,现代媒体、网络、通信等民族地区的全面覆盖及汉族人的大量进入,汉语自然成为一种主流语言。

(二) 民族文化价值观念退化

虽然各民族文化价值观的差异很大,但各民族仍然有着共同珍视的价值取向。少数民族一向有热情好客、忠诚朴实、重义不重利等共同的价值观。随着民族旅游的开发,受外来风气影响,一些地区素朴美好的民族文化价值观念出现了明显的退化,给人一种民风日下的印象。比如,只要游客提出与当地居民合影留念,他们就会不分时间场合一律收取费用。并且,在一些民族村家庭宾馆中,他们除了收取住宿费外,还以各种理由收取其他费用,引起游客强烈不满。某些民族村甚至出现敲诈勒索、抢劫游客财物的案件,这在一定程度上影响了游客对民族价值观的评价。

(三) 传统的民族服饰被放弃

民族服饰被视为一种民族文化的符号。随着旅游的开发,大量游客不断涌入村里,游客的那些现代、色彩艳丽、新颖的服装受到了当地群众的喜爱,尤其是少数民族青年男女,他们跟随潮流,追求时尚,放弃原来传统的民族服饰,基本上都穿戴上了时尚、美观、大方的现代服饰。

(四) 民族文化被中断或被扭曲

发展传统民族村落文化旅游,虽然可以使当地的民族脱离贫困,增加经济收益,然而,一些民族村为了迎合旅游者的猎奇口味,致使民族文化在发展过程中被中断或被扭曲,又被不正当的舞台化、商品化进而庸俗化。例如,一些当地的村民把自己的家庭旅馆和民族风味餐馆转让给外地人经营,外来经营者模仿当地人也给游客展示"民族特色",如让服务员给游客表演歌舞等。但是,这些外来经营者们并不能真正了解当地民族的文化内涵,为了应付游客,一些代表民族文化特色的东西被任意改头换面或胡乱仿造,出现了一个个专为迎合旅游者而被篡改的所谓"民族服饰""民族歌舞""民族婚礼"等。虽然给游客展示的是当地民族特色,但已经不再是原汁原味,而是已经失去原真性的民族文化,游客们体验不出那种古朴原始的当地特有的民族文化了。这在很大程度上失去了原有的意义和价值,否定了传统文化的传承性。

七、更好促进传统民族村落文化保护和传承

促进传统民族村落文化保护和传承就是"让有形的乡村文化留得住,充分挖掘具有农耕特质、民族特色、地域特点的物质文化遗产,加大对古镇、古村落、古建筑、

民族村寨、文物古迹、农业遗迹的保护力度"[1]。为此，要做好以下几方面工作。

（一）加强文化记录与研究

1. 全面普查与记录

组织专业的文化工作者、人类学家和摄影师等队伍，深入民族村落，对村落的语言、歌舞、传说、仪式、手工艺等文化内容进行全方位普查。利用文字、影像、音频等多种方式记录这些文化元素，建立系统的文化数据库。对于濒临消失的文化遗产，要优先进行抢救性记录，比如一些只有少数老人会唱的古老歌谣，要尽快录制下来，并记录相关背景和含义。

2. 深入研究文化内涵

鼓励高校、科研机构与少数民族村落合作，开展文化研究项目。研究少数民族村落文化的历史渊源、发展脉络、核心价值观以及与周边文化的相互影响等内容。例如，研究少数民族服饰图案的象征意义，挖掘其中蕴含的宗教信仰、家族观念等内涵，为文化的深度理解和传承提供理论支持。

（二）保护村落物质文化遗产

1. 传统建筑保护

对民族村落中的传统建筑，如鼓楼、风雨桥、吊脚楼等，进行全面评估，制定个性化的保护方案。采用传统工艺和材料进行修缮和维护，确保建筑的原真性和完整性。设立传统建筑保护专项资金，资金来源可以包括政府拨款、社会捐赠和村民自筹等。同时，培养当地的建筑工匠，传承传统建筑技艺。

2. 村落空间布局保护

尊重民族村落原有的空间布局，保护村落的山水格局、街巷肌理和公共空间。禁止在村落核心区域进行不符合村落风貌的建设活动。对村落周边的自然环境进行保护，因为自然环境往往与村落文化紧密相连，如一些少数民族的祭祀活动与周边的山川河流密切相关。

（三）传承非物质文化遗产

1. 培养传承人

建立非物质文化遗产传承人认定机制，对技艺精湛、积极传承的民间艺人给

---

[1] 《习近平著作选读》第2卷，人民出版社2023年版，第93页。

予认定和荣誉称号,并提供生活补贴和传承资金。鼓励传承人开展师徒传承、家族传承等活动。例如,对于少数民族的刺绣技艺传承人,支持他们举办刺绣培训班,传授刺绣针法和图案设计等知识。

2. 融入教育体系

将民族村落文化纳入当地学校教育体系,编写乡土教材,开设特色课程,如少数民族语言、舞蹈、手工艺制作等课程。定期邀请民间艺人走进校园,开展讲座和实践教学活动,让青少年从小接触和学习本民族的文化,培养传承文化的新生力量。

(四)推动文化产业发展

1. 文化旅游开发

以民族村落文化为依托,开发特色旅游产品和线路,如推出民俗体验游、传统节庆游、手工艺研学游等项目,让游客深度体验民族文化。加强旅游基础设施建设,包括改善交通、住宿、餐饮等条件,同时规范旅游市场秩序,提升旅游服务质量。例如,湘西土家族苗族自治州,"2023—2025年在全省支持建设100个乡村旅游精品民宿聚集区、100个乡村旅游精品营地、100个乡村旅游精品村、100个乡村旅游精品廊道。培育出湘西优质的乡村旅游项目,推出更多有基础、有内涵、有特色的乡村旅游产品、线路和品牌"[1]。

2. 文化创意产品开发

挖掘民族村落文化元素,开发文化创意产品。如以民族服饰、神话传说为灵感,设计制作服饰、饰品、手工艺品、文创纪念品等。利用电商平台和线下文创商店等渠道,推广销售文化创意产品,提高民族村落文化的经济价值,以产业发展反哺文化保护。

(五)提高村民文化保护意识

1. 宣传教育活动

在民族村落开展文化保护宣传教育活动,通过举办文化展览、播放宣传片、发放宣传手册等方式,向村民宣传文化保护的重要性和紧迫性。定期组织村民参加文化培训,让他们了解自己民族文化的价值和保护方法,增强文化自豪感和

---

[1] 湘西土家族苗族自治州文旅广电局:关于州政协十三届二次会议第24号提案的答复,载湘西土家族苗族自治州人民政府网 www.zxxxx.gov.cn,2024年2月4日。

责任感。

2. 建立参与机制

建立村民参与文化保护与传承的机制，鼓励村民参与文化普查、传统建筑保护、文化活动组织等工作。设立村民文化保护奖励制度，对在文化保护工作中表现突出的村民给予物质和精神奖励，激发村民的积极性和主动性。

第四节 传统村落文化的旅游价值

传统村落不仅仅是古老建筑的集合体，更是岁月沉淀下来的文化瑰宝，承载着丰富的历史、民俗、艺术等价值，为旅游发展注入了独特的灵魂。村落文化中，独特的建筑风格和精湛的工艺，对游客有着强烈的视觉吸引力；世代相传的民俗活动则是一场场生动的文化盛宴；从热闹非凡的传统节庆到神秘庄重的祭祀仪式，让游客沉浸其中，感受传统文化的独特魅力；精美的手工艺品和传承千年的制作技艺，为游客带来独一无二的体验。传统村落文化以其深厚的底蕴和丰富的内涵，正成为旅游价值的新高地，吸引着无数游客踏上探寻之旅。

一、传统村落文化的层次要素

(一) 生态环境

生态环境是传统村落文化形成的基础。中国大部分传统村落分布在海拔较高、交通基础设施欠发达、受城镇化辐射影响较小的偏远地区，因而自然环境与生态资源基础是其主要发展优势之一。[①] 由于中国传统村落分布广泛，各地区生态环境差异较大，自然景观异彩纷呈。西北地区气候干旱，植被稀少，地域广阔，有沟壑纵横的黄土高原、古朴粗犷的荒漠景观、气势雄浑的雪山、水草丰美的草原。青藏地区气候寒冷，海拔高，有"世界屋脊"的称号，冰川广布，雪山连绵，草原辽阔。内蒙古地区深处内陆，气候干燥，草原、沙漠、戈壁广布，是中国历代各民族从事畜牧、狩猎以及农业生产的场所。东北地区四季分明，夏季温热多

---

① 康璟瑶、章锦河、胡欢等：《中国传统村落空间分布特征分析》，《地理科学进展》2016年第7期。

雨,冬季寒冷干燥,水绕山环,沃野千里,林茂粮丰。中南山区气候温和,森林茂盛,山势峻峭,风景秀丽。西南地区岩溶地貌发育完美,四季水绿山青、田野翠碧,横断山区景观呈垂直变化,当地人常以"一山有四季,十里不同天"来形容高山峡谷气候和景观的变化。村落作为人类活动烙在区域生态环境上的文化产物之一,它的生产方式、生活方式都受地形、气候、土壤、植被、生物等因素的影响。以西南地区为例,采用地理类型分类法和区域文化分类法,可以把西南传统村落分为山地、高原、丘陵、台地、谷底、山顶、山腰、山麓、坝区、水域、湖海、跨境传统村落和横断山区、六江流域、六山六水等不同的村落。这些村落在空间布局以及与自然环境的融合上往往构思巧妙,经历很长时期的传承,包含着人类与自然和谐相处的历史智慧。

(二) 生产文化

生产文化是在生产过程中形成的人与自然界之间和人与人之间的相互关系的文化体系,包括生产关系、交换关系和分配关系等。受降水、气温、地形等因素的影响,各地区生产文化表现出了不同的特点。在北方地区,旱作农业占了较大比例,在河、湖沿岸和山麓地带等局部地区有灌溉农业。南方地区农业发展条件相对优越,河湖密布,水源充足,灌溉便利,以稻作农业为主。在农业生产中,水是最重要的影响因素,各地农民在利用水资源的过程中创造了诸多先进的农业水利技术,如吐鲁番的坎儿井、元阳与龙脊的梯田等。在游牧生活中,草原和家畜是许多古老民族生存繁荣发展的物质和文化源泉。草食动物有寻觅水草的生物学本能,人类跟在草食动物群的后面,进行所谓的"放牧"。游移放牧的完整规范,可以保持草原自我更新的再生机制,保障人类的生存和发展。在漫长的历史进程中,人类的放牧技术经历了原始放牧、粗放放牧到集约化放牧三个发展阶段。划区放牧是现阶段集约型放牧最高水平的体现。捕鱼、狩猎作为一种古老的生产方式,起初在我们的先民生活中占据主导地位,随后因生产力的发展,退居次位,但至今仍为村民的物质生产补充,在个别地区甚至还相当重要。

(三) 生活文化

生活文化是一个社会居民日常、非日常生活的整体面貌。它包括人们的衣、食、住、行、劳动工作、休息娱乐、社会交往、待人接物等物质生活和精神生活的价值观、道德观、审美观等。地理环境、文化传统等多种因素影响着生活文化的具体特征。以居住为例,南方湿热地区的村落选择使用干栏式房屋,北方干旱少雨地区的部分村落选择使用窑洞式房屋,而在草原生活的游牧民族为了适应环境和生产方式,选择使用易于搭建和搬迁的帐篷。无论选择何种建筑风格,都是各民族在长期的生产生活实践中经验与智慧的结晶,也是各民族文明进程的标志。人生成长发育的不同阶段,都有与之相适应的礼仪,它既是村落物质生活状况的反映,又表现为一个民族的心理状态。生活在美丽泸沽湖畔的摩梭人至今都保留着"男不婚、女不嫁、结合自愿、离散自由"的母系氏族"走婚制"。[①] 在位于怒江边的保山市隆阳区潞江镇丙闷村里,每逢节庆假日,当地傣家人都会在千年榕树林里摆上长桌宴招待远方来的客人们。

二、传统村落文化的旅游价值

(一) 审美价值

审美价值是传统村落文化最核心、最基本的旅游价值,也是传统村落文化旅游产品最核心的功能。由于传统村落分布广泛,地形地貌复杂,气候类型多样,自然景观资源类型丰富,品质极高,旅游者通过感知器官可以充分领略大自然的原生态美景和不同于城市的田园风光。此外,传统村落存有悠久的历史文化资源和鲜活的现代生活场景。历史文化资源是旅游资源构成中极其重要的组成部分,其范围十分广泛,包括作为文化载体的民族建筑、民族服饰、民族工艺、寺庙观庵以及节庆艺术等,类型丰富,异彩纷呈。各民族生活和劳动中的场景独具特色,构成了充满生活气息而又形象各异的民族风情画卷。通过观赏和体验历史文化景观与现代生活场景,不仅可以深入了解各民族社会的进步状态,还可以在旅游活动中满足精神享受的需求。

(二) 娱乐价值

娱乐是人们最早使用的愉悦身心的方法之一,也是最主要的旅游体验之一。在参与传统村落文化旅游的过程中,不仅可以直接参与农耕、放牧狩猎、捕鱼等活动,还可以观赏和参与各种民俗艺术表演、游乐活动和体育竞技活动。旅游者通过属于自己的娱乐经历,使自己在工作中造成的紧张神经得以松弛,用会心微

---

① 揭秘泸沽湖畔的摩梭人 至今仍然保留着走婚制,载深圳新闻 www.sznews.com,2020 年 1 月 14 日。

笑或开怀大笑来抚慰心灵的种种不快,从而达到愉悦身心、放松自我的目的。

(三)教育价值

旅游者在旅游中见所未见、闻所未闻、尝所未尝,每一次旅游都会有新的收获。传统村落大多拥有悠久的历史,是中华民族文明发展的有形见证。传统村落中存在着珍贵的历史遗存,每件文物、每处古迹都在叙说着历史的故事,是历代社会政治、经济、日常生活方式的缩影,折射出了特定历史时期人与社会的关系,正是这些赋予了传统村落文化独具魅力的历史教育价值。深厚的文化底蕴、悠久的历史传统、高超的建筑艺术总会使旅游者耳目一新,民族文化也因此融入旅游的全过程中。此外,通过参加各式各样的农业活动和民俗活动,旅游者可以了解不同地区的农业文化,学习农业技能,领略各式各样的风土人情,既开阔了旅游者的眼界,丰富其生活阅历,也能增长见识,达到悦神益智的效果。

(四)市场价值

旅游是人们离开自己的常住地,离开自己日常的生活环境,到各地去体味另一种有别于日常生活的生活。传统村落以其丰富的历史遗存、和谐的规划布局、特殊的乡土建筑特色和浓郁的乡土文化氛围以及风景优美的田园风光和自然山水,吸引着众多的游人,满足了他们寻求补偿和解脱的心理需求,因此成为一种具有垄断性和可创新性的人类生态文化旅游资源。近年来,随着民族文化旅游的快速发展,越来越多的民族特色村落引起了旅游者的兴趣和旅游投资者的重视,地方政府也将传统村落旅游开发作为扶贫的重要途径,在基础设施建设、招商引资方面给予很多照顾和支持。继民族文化大省云南、贵州传统的民族聚落石林五棵树彝族村、西江千户苗寨、泸沽湖摩梭村等之外,中国西北、东北等地区的一些传统村落也得到了旅游者的青睐,如新疆喀纳斯村、延吉朝鲜族村等。

第五节 乡村振兴视域下传统村落文化的传承

在乡村振兴战略背景下,传统村落文化承载着中华民族文化传承与发展的重要使命。传统村落文化涵盖了建筑、民俗、技艺、传说等丰富内涵,它们是乡独特的标识。在乡村振兴的征程中,传承传统村落文化不仅是对历史的尊重,更是为乡村发展注入新的活力源泉。传承传统村落文化关乎乡村社会的和谐稳定,关乎乡村经济发展模式的创新,关乎乡村精神文明建设的高度。

一、传统村落文化在乡村振兴战略中所起的作用

实施乡村振兴战略,是党的十九大作出的重大决策部署,是新时代做好"三农"工作的总抓手。乡村振兴战略的实施不仅关系到亿万农民的生存和发展,还关系到乡村和民族的振兴。文化振兴能够为乡村全面振兴提供哺育和支撑,是乡村振兴的力量之"根"、发展之"魂"和应有之义。[①] 传统村落文化作为中国传统文化的重要组成部分,保护好传统村落、传承好村落文化是尤为重要的。

(一)传统村落文化是彰显乡村地域特色的符号

传统村落文化具有物质和非物质的特点,也可以相互联系和可识别。无论是传统的民俗文化活动,还是具体的农业生产方式和建筑特色,都具有该地区的地域特色和风俗。以广西富川瑶族自治县岔山村为例,那里的传统村落就是岔山村的一个显著特点,建筑上依旧是红砖素瓦,没有太多的装饰,根据当地的地域特点来选择建筑结构,依潇贺古道两旁而建,青砖素瓦古朴厚重,石板路、古民居、古祠堂、兴隆桥,这些当地的传统特色文化都体现得淋漓尽致,是彰显当地乡村地域特色的符号,是岔山古村落的一个耀眼光环。这些独特的传统村落文化元素不仅是最能反映乡村振兴战略实施中地方文化特征的物质和精神载体,也是保护和传承传统村庄特色和风格的重要核心,是新时期推进中国特色社会主义国家提升文化软实力进而建设文化强国的基础。

(二)传统村落文化是构建和美乡村的基础

在长期的历史发展过程中,不同历史时期、不同文化背景的传统村落形态各异。但是,它们都包含许多文化元素,如自然观、价值观、传统道德规范等,并在诸多的文化元素中反映出村规民约及邻里之间的相处之道。各个地区由于具有不同的文化特色,以及特定的传统节日、服饰等,它们通过标准仪式在村庄固定地点的特定空间内进行宣传和传承,或者它们通过当地的服饰文化、乡村风俗和

---

① 宋小霞、王婷婷:《文化振兴是乡村振兴的"根"与"魂"——乡村文化振兴的重要性分析及现状和对策研究》,《山东社会科学》2019年第4期。

民俗风情进行宣传和传承。这些传统村落文化元素是当地村落文化的具体承载形式,也是社会和谐发展的内在动力。特别是在民族地区,这一特征体现得更为明显,因为其具有独特的地域差异以及具有特色的民族传统等,这些蕴含在其中的传统文化元素是民风民俗及村风村规等的综合表现形式,这些文化元素乃是构建美丽乡村的源泉。

(三)传统村落文化的传承保护是树立社会主义文化自信的重要要求

没有高度的文化自信,没有文化的繁荣兴盛,就没有中华民族伟大复兴。这一真理同样适用于乡村振兴。中国特色社会主义文化,源自中华民族五千多年文明历史所孕育的中华优秀传统文化,熔铸于中国共产党领导人民在革命、建设、改革中创造的革命文化和社会主义先进文化,植根于中国特色社会主义伟大实践。传统村落文化是矗立在中华民族传统文化中的一颗璀璨的明珠。习近平总书记指出:"坚持教育引导、实践养成、制度保障三管齐下,以农民群众喜闻乐见的方式,深化中国特色社会主义和中国梦宣传教育,弘扬民族精神和时代精神,加强爱国主义、集体主义、社会主义教育。"[1]传统村落文化的传承与发展关乎中华民族优秀传统文化的繁荣发展,是中华民族优秀传统文化传承与保护的重要组成部分,也是树立社会主义文化自信的重要要求。

二、乡村振兴视域下传统村落文化的传承路径

(一)增强农民的乡土文化认同感

我国有56个民族,56种民族文化,最终谱写一曲中华民族优秀传统文化之歌。各民族优秀的地方文化是中华民族文化的重要来源,农民的乡土认同和乡土情感在传统村落这片沃土得到了培育,传统村落文化以当地社会文化功能为基础,具有本土化、生活化、归属化等特点。当地文化旨在培养农民的价值认同感,突出农村社会多元文化的融合。而当地文化受到工业文明和城市文化的影响,带来了地方文化认同的危机,也造成了城市文化与农村文化不相协调。因此,在乡村振兴过程中,为了进一步发展地方文化,必须通过各种形式的地方文化教育来激发农民的地域认同感和文化归属感,培养农民在农村建设中的责任

---

[1] 《习近平著作选读》第2卷,人民出版社2023年版,第92页。

感和使命感,提高农民的民族认同感。这需要深入发展地方文化和教育,将优秀的地方文化融入农村学校教育,使学生逐步知悉当地社会生产生活和当地文化,了解其起源、形成过程、自身特点和发展趋势。培养学生强烈的地方情感和地方意识,促进学生深厚的地方认同感和地方归属感,推动优秀地方文化得到有效传承和有序发展。

(二)培养农村传统文化传承的精英

伴随着城市化的迅速推进,村落人口尤其是青壮年劳动力不断外流,出现"人走房空"现象,并由人口空心化逐渐演化为人口、土地、产业和基础设施整体空心化。① 农村人口大量外流,特别是农村的各类人才大量外流,导致传统村落文化的传承陷入困境。习近平总书记指出:"要培育挖掘乡土文化人才,开展文化结对帮扶,制定政策引导企业家、文化工作者、科普工作者、退休人员、文化志愿者等投身乡村文化建设,形成一股新的农村文化建设力量。"② 对此,一是要保护现存的各类民间艺人。当前,虽然农村文化发展滞后,但农村地区蕴藏着丰富的文化资源,如山歌、手工、杂技等民间传统艺术,深受群众喜爱,具有强大的生命力。因此,应建立健全乡土文化人才体系,落实好他们在经济、政策上支持的制度体系,对民间艺术文化传承方式进行创造性转化、创新性发展。二是要大力培育乡土文化能人。地方文化的发展离不开乡土文化"能人"。政府应积极鼓励乡土文化"能人"积极发扬乡土文化、积极创造乡土文学艺术作品,让其在乡土文化这块大地上发光发热,提高和培养农民保护地方文化的意识。三是要抓住教育,积极利用有关资源。提升教育质量,优质的师资力量向农村地区倾斜,是培养乡土精英的核心要素。同时,要整合各种现有的教育资源,开展各种形式的地方文化培训活动。

(三)构建传统村落文化传承制度体系

传统村落本身就处在比较闭塞、原生态的环境,其传承工作需要村民及村干部一起发力。此外,还需要发挥好政府"领头羊"的作用,政府应重视优秀传统村落文化的传承工作,在一定程度上加强所需基础设施建设,完善传统村落文化传承发展基金平台建设,建立健全传统村落文化传承的制度体系。既重视增强人

---

① 刘军民、庄袁俊琦:《传统村落文化脱域与保护传承研究》,《城市发展研究》2017年第11期。
② 《习近平著作选读》第2卷,人民出版社2023年版,第92页。

民群众的保护意识,贯彻落实"绿水青山就是金山银山"的生态理念;也要贯彻保护优秀传统文化就是金山银山的理念,强化村民重视优秀传统文化传承的思想,从根本上解决问题。

然而,有些古老的传统性建筑被拆毁、绿色生态文明被破坏,大肆兴建房屋,不仅没有做到习近平总书记谈到的绿色生态发展理念,没有站在历史唯物主义的高度,把价值的基点放在人民群众的根本利益上,坚持人民至上,[①]更没有将文化同生态文明发展结合起来,没有意识到这些传统中所蕴含的绿色、顺应自然、人与自然和谐发展等文化元素。总之,要做好传承传统村落文化的工作,不是政府做一些表面工作就能把文化传承工作做好,而是需要政府构建完善的传统村落文化传承制度体系来做好传统村落传统文化的传承工作。

---

① 顾世春:《习近平生态文明思想对生态中心主义的四重超越》,《理论导刊》2022年第1期。

第二章　乡村旅游视角下传统村落文化载体建设

乡村旅游是指以乡村地区为活动场所,利用乡村独特的自然环境、田园景观、生产经营形态、民俗文化等资源,通过科学规划、开发设计,为游客提供观光、休闲、度假、体验、娱乐等多种需求的旅游经营活动。乡村旅游的特点包括:依托乡村自然人文资源,具有鲜明的地域特色;融合农业、生态、文化等多领域元素,具有综合性;注重休闲体验,强调人与自然的和谐共生;活动多在农村或欠发达地区进行,对当地经济发展具有积极促进作用。传统村落作为历史文化的活化石,承载着中华民族千年传承的文化精髓,它们是农耕文明的见证者,是民俗风情的守护者,是传统技艺的宝库。然而,在现代文明的冲击下,这些珍贵的文化财富面临着被侵蚀的风险。从乡村旅游视域出发,传统村落文化载体建设成为关键所在。这一建设过程不仅是对村落中物质文化遗产如古老建筑、特色街巷的修复与保护,也是对非物质文化遗产如民间传说、传统节日等传承方式的创新。

第一节　乡村聚落旅游景观建设

在乡村大地,乡村聚落旅游景观承载着乡村历史、民俗与自然之美,古老民居、乡间小径、田园风光、村边溪流等景观元素,交织出游客心中的田园梦想。它是乡村文化的外在体现和连接游客与乡村生活的纽带。在乡村旅游发展的当下,建设乡村聚落旅游景观关乎乡村经济发展、文化遗产保护和满足旅游需求,是开启乡村旅游魅力之门的关键,值得我们用心打造。

一、乡村聚落景观的旅游人类学价值

乡村聚落景观是一个空间组织体系,是由聚落空间、经济空间、社会空间和文化空间共同组成的有机整体。乡村聚落景观的旅游文化价值主要体现在聚落的空间结构功能、聚落的经济功能、聚落的社会功能和聚落的文化功能上。

(一) 空间价值

乡村聚落空间分布结构是乡村聚落景观体系中的核心部分。[①] 我国乡村聚落在结构、形式上存在着较大差异,从本质上说,是人地关系和地域文化影响的结果。我国国土面积大,南北东西跨度大,自然地理环境复杂,地带性差异明显,人地关系复杂,地域文化丰富多样。仅就南北乡村聚落来看,在结构、形式上就有很大差别。例如,华北乡村聚落以四合院、三合院为主,聚落的规模大、密度稀,这与华北地区地势开阔及农耕方式有关。华北主要是旱作物,作物受到的管理照料要比水稻田少得多,村庄可以远离耕地,并集中聚居;而江南丘陵地区的乡村聚落则规模小、分布散,主要是因为丘陵地区地表破碎,广大山区耕地分散,为了种植的便利,形成许多分散的小聚落,仅在一些河流冲积平原和盆地有较大村落分布。

可见,自然环境对聚落的分布产生了直接影响。同时,乡村聚落的差别也是地域文化影响的结果。例如,江苏乡村聚落独特的"小桥流水人家"景观,不仅得益于江苏水乡泽国的地理环境,也是吴文化"儒雅、小巧、精致"的建筑理念的真实写照。正是这些风格各异、结构功能差异巨大的乡村聚落,造就了我国丰富多样的乡村旅游资源,成为乡村旅游产品中的亮点和看点,从而使乡村旅游市场得到蓬勃发展。

(二) 经济价值

经济活动是乡村居民的主要活动形式,以特殊的方式、方法和表现形态参与到乡村聚落景观体系中,构成乡村特有的经济空间。从旅游开发的角度分析,乡村经济空间的旅游价值表现在两个方面:一是农事活动的参与性。农事活动是

[①] 梁发超、刘诗苑、刘黎明:《基于分形理论的乡村聚落景观空间特征及演变——以厦门市为例》,《应用生态学报》2017 年第 8 期。

一种比较松散、悠闲的自然型生产活动，很适合城市人的放松需求，旅游者参与到耕锄、种植、采撷、捕捞等农事活动中，获得一种轻松、愉悦的旅游经历。二是经营景观的观赏性。乡村经营景观是生产活动成果的形态表现，如水稻梯田、莲田、麦地、果园、花卉园、水产养殖地、牧草地等，这些都是农民长期劳动耕作的成果，对乡村聚落起着非常重要的景观再塑造作用。它的特点是规模大，景观的季相变化明显，观赏性强，既是乡村聚落景观体系中不可缺少的组成部分，也是乡村聚落的重要背景资源。我国以经营性景观为主要资源开发的乡村旅游类型有观光农业、观光果园、观光花卉园和休闲渔业等。

（三）社会价值

社交活动是人与人相互联系、相互交往的一种重要手段，其形式有以群体为单位的社交活动和以个体为单位的社交活动。这些社交活动以某种表现形态参与到乡村景观中来，如：传统聚落中的宗祠就是宗族成员活动、交往的场所；乡村戏台是居民逢年过节、迎神赛会时进行交往和看戏的地方，形式多为宗祠戏台和庙宇戏台；还有农村集市和街区，是乡村居民以商品买卖活动为形式的一种社会交往场所。这些社交活动以各种形式渗透于聚落的每个地方，成为乡村聚落景观体系中最具活力的要素。例如，江苏周庄，尽管人们对它的商业活动颇有看法，但是不得不承认，这些繁荣的商业气氛对这座古镇历史风貌的烘托和再现起到了一定的作用。因为商业活动的繁盛原本就是江南六大水乡古镇——周庄、同里、甪直、南浔、乌镇、西塘的特色。

（四）文化价值

文化是乡村聚落景观体系中的灵魂思想，是乡村旅游特色产品创造的源泉。它以有形或无形的方式融入乡村聚落、经济、社会等各个部分，形成特有的文化地域。其旅游学价值概括起来有两个方面：首先，聚落文化，是指凝结于聚落建筑中的文化，包括建筑理念、布局思想、艺术装饰、文学作品等，是聚落建筑旅游观赏的主要凭借。比如，北方蒙古包聚落，广泛流行于蒙古、哈萨克、柯尔克孜、塔吉克等民族中，聚落的形态、结构和内部装饰等都反映游牧民族逐水草而居的游牧文化；其次，农耕文化，农业生产虽然是一种经济活动，但其中蕴涵着丰富的文化内涵，如南方的水稻梯田，反映了南方农民精耕细作的耕作文化，以及对丘陵山地土地资源充分利用的经营思想。

二、当前乡村聚落景观的变迁

随着工业化、城镇化、旅游化的进程不断加快,近些年我国乡村聚落景观存在较大变迁,主要表现在以下几个方面。

(一)乡村景观整体缺乏活力

景观的研发与经营水平不足,管理水平也不高,是制约中国旅游行业可持续发展的一个关键因素。[①] 随着城镇化的加速推进,大批人才涌入城市。传统的生态旅游地区通常偏远,基础设施薄弱,青壮年大量流失,乡村地区老龄化严重,导致缺乏高素质管理和服务人才,运营与管理存在许多问题。缺乏专业管理人员,管理人员素质有限,旅游品牌意识淡薄,推广意识薄弱难以形成品牌效应。[②] 民俗传承后继无人,地方文化景观加速消亡。例如,赫哲族村落中熟悉鱼皮艺术的老人逐渐离世,其艺术品制作和伊玛堪说唱艺术则难以传承;[③] 黑河市新生村,鄂伦春族传统的狍皮制作和斜仁柱技艺都仅有一位传承人,也面临失传问题。[④] 总之,乡村生态旅游人才市场尚不成熟,从业人员整体素质和专业技能有待提升,行业内领军人物和专业人才匮乏,这些问题很大程度上限制了乡村生态旅游业的进一步发展。[⑤]

(二)乡村聚落整体布局形态向过境道路两侧延伸变化

中国传统乡村聚落为水道所环绕、沿水而筑、自然生长的格局被改变。部分少数民族舍弃了原始的传统聚居点与聚居方式,村庄的空间风貌特征发生了颠覆性的变化。[⑥] 乡村聚落的发展更依赖于现代道路交通的便利,因此村落新建房屋开始沿原有村落外围的国道、省道等过境道路而分布,原有的旧宅院逐步被废弃。长此以往,乡村住区中心空废、环境恶化、整体形态结构松散,形成所谓空心村现象。

[①] 赵娜、宋娟:《乡村振兴背景下生态旅游发展现状及对策研究》,《农村经济与科技》2023年第16期。
[②] 唐玮杰:《基于SWOT分析的江苏如东乡村旅游转型升级研究》,《江苏商论》2022年第12期。
[③] 杨天宇:《赫哲族传统工艺鱼皮艺术现代化发展研究》,《绿色包装》2022年第4期。
[④] 秦琪:《黑龙江省传统村落乡村景观研究》,东北林业大学博士学位论文,2020年。
[⑤] 詹伟鹏、蔡晨璐:《乡村振兴背景下乡村生态旅游发展对策研究:以福建平潭青观顶村为例》,《农学学报》2023年第3期。
[⑥] 王翼飞:《黑龙江省乡村聚落形态基因研究》,哈尔滨工业大学博士学位论文,2021年。

(三) 乡村自宅建设缺乏有效规划,新建房屋外观风格取向不明

乡村地区青壮年劳动力大多常年在外务工经商,其收入往往用于自宅的建设。乡村自宅的建设分为拆除旧建筑原址重建和在批准划拨建设用地上进行新建。前者置于乡村聚落的大环境中看,是一个有机更新的过程;而后者,当乡村对新建住宅用地的批准划拨缺乏有效规划时,呈现的景象就是沿着过境道路两侧排布着房屋,一座挨着一座,相互之间只留下滴水缝的空隙,密不透风。

(四) 乡村新区建设呈现城市住区化趋势

一方面,村镇对新建住宅用地的批准划拨缺乏有效规划;另一方面,有些村镇采取统一划拨集中住宅建设用地的方式,对原有乡村聚落进行整体搬迁。较之自发无序的自宅建设,这一类村镇实现了居住、生产的功能分区,其新区建设往往会由专业的设计单位进行规划,在基础设施建设方面亦会有明显的提升。不过,有学者对这一类乡村新区进行研究后指出,有的新区建设照搬城市住区规划,不符合乡村居民日常行为活动的特征,而兵营式的建筑排布使单体房屋缺乏可识别性,公共活动空间利用率低。此外,有的新区往往缺少配套服务设施。

三、乡村聚落景观建设原则

(一) 保护自然生态的原则

保护自然生态是乡村聚落景观建设的基本原则。我们对乡村景观进行改造设计的最终目的是对自然环境的顺应和运用,并不是人为的创造和颠覆,是希望通过设计使环境更加舒适,生态更和谐。

(二) 元素统一性原则

中国建筑风格因地域辽阔而丰富多变,每个地区都有自己的建筑风格和固有元素。福建有土楼,敦厚圆润,展现出大家族生活的团结繁荣;北京有红墙琉璃瓦的故宫、富有生活气息的民居四合院;苗族有依山靠河的木质建筑吊脚楼,古香古色,因此,在进行乡村聚落景观建设时,要与当地所处大环境的聚落元素保持统一。

(三) 地方性原则

一是要传承当地的历史文化。一个场所的设计是否有灵魂,取决于它是否有自己的历史、是否传承了本地文化和地方特色。二是要选用当地材料。因为

本地材料不仅适应当地的自然特征,而且易于管理和维护,选择本地材料能够更好地凸显当地特色,贯彻地方性原则。三是要选择本土生物。设计过程中涉及的植物、水体、土壤、光照等元素,多用本地植物更适宜生态发展。

(四)功能性原则

乡村聚落景观的构建旨在为村民在习以为常的生活习惯中,增加更多的便利和舒适感,所以要遵循功能性原则,保持原有的农业生产区域,如农田、鱼塘等。村民常走的道路多为乡间小径,不必刻意修改交通路线,造成村民生活不便。在保障村民使用功能的前提下,对乡村聚落景观进行设计。

(五)技术可行性原则

乡村旅游景观设计和大都市里的商业设计有所不同,讲求经济、实用,以最少的投入获得最大的自然化的回报。因此,要充分考虑技术可行性原则,多考察实地情况,在设计时要多采用当地易获取的材料和已掌握的施工技术,具体的设计细节要以现场的实际情况来决定,及时和地方政府沟通设计方案,不能将设计停留在图纸上,要实际解决乡村聚落景观建设中出现的问题。

第二节　乡村农业旅游景观建设

目前,全球乡村旅游市场呈现快速增长的趋势。据统计,2019年全球乡村旅游市场规模达到3 300亿美元,预计到2025年将达5 000亿美元。我国的乡村旅游也得到了越来越多的关注和支持,近年来国家出台了一系列政策措施,鼓励发展乡村旅游,推动农村产业升级和乡村振兴。乡村农业旅游景观是乡村与农业、自然与人文交织而成的艺术品。广袤田野里,五彩斑斓的农作物构成大地画卷;古朴农舍点缀其中,诉说着岁月故事。果园中,果实累累,充满生机;鱼塘边,水光潋滟,别具韵味。乡村农业旅游景观不仅展现乡村独特魅力,还承载着农业文化传承的使命。建设好它,能为乡村振兴助力,满足人们对田园之美的向往。

一、乡村农业景观的旅游人类学价值

乡村农业景观资源是人类生产、生活后改造的自然、文化综合景观,其最初形成是以生产和生活为目的。在漫长的农耕历史文化发展进程中，田园、牧场、渔场等农业景观融合并顺应其自然环境逐步发展，与周围自然环境融合在一起，表现出人与自然和谐共处的形态，体现了生产、生态与审美的合一，具有重要的地域文化和历史价值，甚至还代表了一个国家或一个地区的国土景观，形成一种大地艺术。我国自古就有保护自然的优良传统，并在长期的农业实践中积累了朴素而丰富的经验，数千年的农耕文化历史，加上不同地区自然与人文的巨大差异，形成了种类繁多、特色明显的农业景观资源，如都江堰水利工程、坎儿井、砂石田、间作套种、淤地坝、桑基鱼塘、梯田耕作、农林复合、稻田养鱼等。

（一）农业景观的乡村振兴功能

农业景观是人们为适应环境所形成的直接结果，是社会与文化的直接载体，讲述着人与土地、人与人以及人与社会的关系。它记载着一个地方的历史，富含着地域发展的历史信息，也是在乡村地域的地理、气候、土壤、水文等自然环境特征基础上，与当地的历史、社会、经济、文化等人文地理特征综合叠加的土地形态。数千年来，"农本思想"成为中国古代社会的主导思潮，贯穿中国社会生活的各个方面，历代统治者都以农业为基本治国方略。统治者在祭祀时举行的"社稷"大礼，是对土神、谷神的顶礼膜拜。许多农业生产机械、器具，驰名中外的农学典籍，数以千万计的农事诗和农谚；千姿百态的农业民俗风情，都是极具开发利用价值、珍贵的农业文化遗产。

农业景观的特质性既体现了人类和乡村社会所独有的多样性生存智慧，也折射了人类和自然协调一致的内在联系，是自然和农业文化有机结合的结晶和见证，其蕴含的自然和文化多样性是乡村旅游开发的活力源泉。乡村旅游的发展极大地改变了乡村原有状态，可以驱动"乡村产业定位、空间规划、人文素养、治理主体、经济效益等各项发展状态进行调整，达成产业兴旺、生态宜居、乡风文明、治理有效、生活富裕的目标"[①]，以此推进乡村的全面振兴。合理的保护、开发和利用农业景观特质性，对发展乡村旅游产业和乡村振兴具有重要意义。

（二）农业景观的"三生"功能

农业景观从发展阶段来看，可分为传统农业景观和现代农业景观。传统农

---

① 辛本禄、刘莉莉：《乡村旅游赋能乡村振兴的作用机制研究》，《学习与探索》2022年第1期。

业景观是建立在一个自给自足、自我维持和人地矛盾不突出的农业生产系统基础上的；而现代农业景观是建立在新品种、新技术、新设施、新管理农业生产系统基础上的，其景观格局变化更为频繁，景观异质性更趋复杂。无论是传统农业景观还是现代农业景观，均具"三生"功能特质性，即生产、生活和生态。首先，生产。农业景观的形成源自农业生产，是农业生产过程中的自然和农业文化有机结合的结晶和见证。其次，生活。农业景观包含农业生产者生活居所村落建筑以及长期生活形成的非物质文化遗产农耕文化，这是通过长期积淀和发展形成的，具有鲜活生命力的生活形态。最后，生态。农业景观的生态是整体、协调、循环、再生思想体现的人工生产生态系统，代表一个区域或者国家千百年来对土地的实用形态，甚至是永续利用的生态形态。

农业景观是具有"三生"功能（生产、生态、生活）的有机景观体系，"三生"功能有机融合，而不是简单叠加。例如，云南元阳哈尼梯田，不仅仅是游客"凝视"的壮美景观，在这农业景观中，蕴含着深刻的生态、人文特性。森林-村寨-梯田-江河构成完整的生态系统，山上的森林是梯田的水库，山下方的梯田便于引水灌溉，其内在生态机理紧密联系，生物物质流循环保持了梯田千百年肥力不减退。在这样的环境下，哈尼梯田中的传统水稻品种种植百年遗传特性不变，生物多样性非常显著。在长期的梯田历史发展中，形成了特色哈尼村寨、分水制度、丰富的农耕节庆等。这就是一个农业景观系统特质性的综合表现，若其中某一环节被破坏，就有可能发生系统崩溃。

(三) 农业景观的教育功能

旅游者在农业旅游过程中，不仅能领略田园风光，而且能直接参与农耕活动，亲身体验农业生产过程，体味农村生活。垂钓、躬耕、牧养、采菊、摘果，都是都市旅游者倍感兴趣的旅游项目，也是旅游者融入自然、体验生活乐趣的轻松旅游方式。

旅游者通过参与农业生产活动，既能体验到田园生活之闲情逸趣，也能陶冶情操、净化灵魂，体会中国传统文化中反映乡村生活之艰辛的艺术作品，更加珍视农民的劳动成果。在现代的生活环境下，都市人更加希望到农村用身临其境的方式教育后代，促其健康成长。

二、农业景观的旅游开发模式

农业景观旅游在乡村旅游开发形式中,起步早,发展速度快。总体而言,农业景观旅游发展形式从简单到复杂,科技含量从低到高,投资额从小到大,从最早的果园到现代的生态农园,从田园风光到高科技农业园。目前,农业景观建设的模式主要有以下几种模式。

(一)高科技农业园

高科技农业园是农业生产力和科学技术水平发展到一定阶段的产物,是农业产业化经营机制的重要创新,是农旅结合的平台,它打破了传统农业低效封闭的格局,对于转变农业增长方式、实现农业现代化具有重要的推动作用。

(二)生态农业园

生态农业园是目前一种较普遍的农业旅游模式。园区具有原始自然的植被、完美的自然山水、形象的地形地貌、众多的石景、多种野生动物资源,是自然风光与田园风光完美结合的产物。生态农业园景观具有自然性、高品位性、靠近大城市等特点,如无锡生态农业旅游模式,其依托无锡丰富的自然山水和农业物种资源优势,建设集生态、文化、教育、休闲等功能于一体的多功能特色农业休闲基地。

(三)主题农业园

主题农业园是从主题公园延伸而来的。主题农业园作为农业旅游的模式之一,它所展示的是农业景观之美。与生态农业旅游区相比,一般不需要具有很好的自然景观和丰富的自然资源。它以人造景观为特色,把农林牧副渔、东西南北中的特色农业,以一个个主题园的形式,展示农业生产方式和形式,供游人参观。因此,它是一部鲜活的农业教科书,如苏州丹桂苑主题公园。

(四)参与体验农业园

参与体验农业园是以农业生产为主、旅游为辅,内容包括林场、农场、牧场、果园、茶园、渔场等。景观展示以农林产品为主体,寓旅游景点于其中,让游客在观光中了解农业和农业生产,体验农业生产和农村生活,品尝农村的风味食品,领略农村田园风光之美。这种模式的主要特点是在农业产业功能区合理布局的前提下,穿插"小品"景点作为点缀,以增强可观赏性,同时供游人休息,如上海三林现代化农场。

(五) 农业文化遗产

农业文化遗产是人类在进行农业生产并使自身适应环境的改变而逐渐产生的一种独特的遗产类型,它见证了遗产地人民辛勤劳动的成果,代表了杰出的地域文化,体现了"天人合一"的哲学思想。21世纪初,联合国粮农组织、联合国开发计划署、全球环境基金等国际组织联合启动"全球重要农业文化遗产"(GIAHS)行动,在世界范围内掀起了一股农业文化遗产保护与申报的热潮。

三、乡村农业旅游景观建设原则

(一) 核心资源的原则

农业景观的旅游开发,要以核心资源为基础。所谓核心资源,是指居于核心主导地位、能形成核心吸引力和卖点的客观物质条件,如花乡旅游资源、渔乡旅游资源等。

作为核心资源,能有力地吸引两部分人:一部分是投资商,吸引他们投资兴办旅游度假设施;另一部分是旅游者。只有充分利用核心资源,把其转化为核心引力,才能赢得市场。因此,农业景观旅游开发,不能一哄而起,搞"家家点火,村村冒烟",只能在具备核心资源的乡村进行。

(二) 突出主题的原则

中国农业有五千年的文明史,从刀耕火种、种子培育、家禽养殖、野兽驯养一直到现在的基因技术,内容丰富多彩。农业景观的旅游开发,要突出一个主题,并附之以魂。通过主题来打造独特的品牌,突出个性优势,才能在市场竞争中争得理想的份额。

农业旅游资源种类多样,依农业结构分为旅游种植业资源、旅游林业资源、旅游畜牧业资源、旅游渔业资源、旅游生态农业资源、旅游农副产品资源等6种,每一类型的农业资源品种多,地区差异大。若按农业旅游服务方式,农业旅游资源又可分为观赏型、品尝型、购物型、务农型、娱乐型、疗养型和度假型等类型。

(三) 原汁原味的原则

在"游"的方面,围绕周围原始生态农业,让旅游者体验原住民的生活实际,如参与茶叶采摘、竹工艺品编制。[1]"现如今,乡村不再是单一从事农业的地方,还有重要的生态涵养功能,令人向往的休闲观光功能,独具魅力的文化体验功能。'暖暖远人村,依依墟里烟。狗吠深巷中,鸡鸣桑树颠。'乡村越来越成为人们养生养老、创新创业、生活居住的新空间。人们向往田园风光、诗意山水、乡土文化、民俗风情、农家美食,追求与自然和谐相处的乡村慢生活成为一种时尚。"[2]所以,农业旅游除具有农业的一般特点外,还要求具有旅游环境的清洁美观性。许多农业旅游依托自然、半自然的农业环境,农产品达到"绿色食品"质量标准,但过分强调环境的清洁,使乡村生活城市化,失去了农村文化环境氛围,导致旅游吸引力下降。

由此,农业旅游要保持传统乡村住户、乡村环境和乡村文化的本来面貌,成为吸引游客的内在力量的源泉。即通过传统农具和农家用具展示,游客吃住农家,和农民一起种地、锄草、采摘,以最"土"的方式,把原汁原味的乡村文化呈现在城里人面前。事实证明,这样的农业旅游地是备受城里人青睐的。

(四)主客交流的原则

农业旅游活动的重要特色,就是游客与村民之间的交流沟通和交友。因此,农业景观的旅游开发,要注重情境空间的打造,创造主体和客体互动的环境,让旅游者和当地村民进行接触和交流,实现一种精神层面的感情诉求与亲和。

(五)体验参与的原则

参与是体验的载体,体验是参与的结果。农业旅游是体验旅游,只要把参与项目搞得丰富多彩,就能收到理想的体验效果。把农事活动安排得丰富多彩,使游客通过民居、民饰、民艺、民食、民事、民庆等诸多内容,感受村民感情的纯真,体验乡村的民俗风情,学习新知识,进行生理、心理、智力极限的考验和锻炼,从而使旅游过程集知识性、趣味性、游乐性于一体,收到启迪智慧、愉悦身心的效果。

---

[1] 唐娇、刘怿、寻轶:《基于文化寻绎的古村落保护与旅游开发研究——以广东从化份田古村为例》,《城市建筑》2021年第20期。
[2] 《习近平著作选读》第2卷,人民出版社2023年版,第89页。

第三节 乡村民俗旅游文化建设

据统计,2023年,中国乡村旅游人数达14.7亿人次,同比增长了12%。在旅游的多元化舞台上,乡村民俗旅游文化闪耀着独特光芒。从热闹非凡的传统节日,到代代相传的民间技艺;从别具一格的婚丧嫁娶习俗,到神秘有趣的民间信仰和祭祀仪式,乡村民俗文化丰富多彩。这些元素构成了乡村民俗旅游文化的基石,它不仅是乡村魅力的生动展现,更是连接古今、沟通游客与乡村情感的桥梁。所以"要让活态的乡土文化传下去,深入挖掘民间艺术、戏曲曲艺、手工技艺、民族服饰、民俗活动等非物质文化遗产"[①]。建设乡村民俗旅游文化,能为乡村发展注入新活力,让乡村在新时代绽放别样光彩。

一、乡村民俗文化的旅游人类学价值

民俗文化作为重要的旅游资源,已逐渐发展成为乡村旅游的重要依托。民俗文化即民间风俗文化,它是由一个国家或者地区、民族的广大民众创造出来,用于人们日常生活需要和传承的文化,涉及的物质方面主要包括生产模式、生活习惯、民俗组织等,精神方面主要包括民俗节日、民俗信仰、民俗语言、民俗艺术以及娱乐活动等。要提升国家文化软实力,展示中华文化独特魅力;要系统梳理传统文化资源,让收藏在禁宫里的文物、陈列在大地上的遗产、书写在古籍里的文字都活起来。存活在各地民众生活、生产活动中的民俗文化就是中国传统文化资源的重要部分,文物、遗产、文字经过民俗文化的衬托和渲染才能更加生动。深入研究、挖掘乡村民俗文化蕴含的优秀思想观念、人文精神、道德规范,充分发挥其教化民风、凝聚人心、有效减贫的重要作用,对于树立民俗文化品牌、实现乡村振兴大有裨益。

(一)教化民风,焕发乡风文明新气象

法律规范用"铁拳"约束人们的行为,而民俗文化则用"和风细雨"在潜移默

---

① 《习近平著作选读》第2卷,人民出版社2023年版,第93页。

化中改造、规范人们的思想。美国学者本尼迪克特在《文化模式》中指出："个体生活历史首先是适应由他的社区代代相传下来的生活模式和标准。从他出生之时起,他生于其中的风俗就在塑造着他的经验与行为。"民俗文化是一个约定俗成的道德规范,其教化功能体现在人们生活的方方面面。一些人们耳熟能详的民间故事用通俗的语言、曲折的情节传达出知恩必报、勤俭节约、孝顺父母、诚实守信等美好品德。传统戏剧中也有《辕门斩子》《程婴救孤》《清风亭》等剧目,把忠、义、孝这些理念糅进精彩的戏剧表演中,能起到教化人心的作用。要建设"乡风文明"的现代化新农村,就必须移风易俗,剔除传统民俗文化中的迷信糟粕,摒弃风俗习惯中的封建陋俗,让民俗文化在现代社会去伪存真、去粗存精,重新建立起健康积极的生活方式。民俗文化能够以贴近民众的方式弘扬践行社会主义核心价值观,传承具有"正能量"的优秀民俗文化,最终达到培育文明乡风、良好家风、淳朴民风的总目标。

（二）凝聚人心,营造乡村振兴良好氛围

民俗文化具有强烈的地域色彩。俗话说"十里不同风,百里不同俗"。即使在同一个县域内,不同的村落之间也有着不同的民俗文化。拥有共同民俗文化的民众之间形成共同的心理素质,从而拥有强烈的文化认同感,并在此基础上产生民族凝聚力。民俗文化承载着独具特色的地方传统文化,并随着时代变化而不断变迁,持续发挥着影响力,起到凝聚人心、提升自信的功效。民俗文化是凝聚力的核心所在,如传统春节民俗,通过贴春联、吃饺子、打扫房子等具有仪式感的活动来营造节日氛围,同时加强了民众间的社会交往,在外打工的人、出嫁的姑娘都要回家团聚,亲戚好友间互相拜访,都是民俗文化凝聚力的体现。

（三）巩固脱贫成果,增强村落群众获得感

民俗文化资源具有鲜明的民族性、地方性、艺术性,可以与当地的自然环境、人文景观、生产活动结合起来,科学设计民俗旅游线路,发展民俗旅游,实现文化和经济的双重价值。民俗文化是一种无形的资本,通过合理的利用就能够形成巨大的经济效益。各种民俗消费活动均建立在民众文化认同感的基础之上,如婚丧嫁娶消费、节日消费等,通过合理规划引导,就可以形成比较有规模的民俗经济。近年来,我国贫困治理重心已从"单向输血"转变为"自主造血",大力鼓励利用自身资源优势转化为经济优势,以提高当地经济效益与居民收入。① 因此,开发民俗文化资源的综合潜力,整合民俗文化和旅游产业,带动村落民众的积极性,通过旅游业的带动实现经济收入水平的大幅提升,可以为村落脱贫成果的巩固奠定坚实的基础。

二、乡村民俗旅游景观开发模式

乡村民俗旅游属专项旅游,乡村民俗旅游资源开发属专门旅游资源开发,因而,在开发的内容上,既要照顾面,又应强调专。乡村民俗旅游景观开发是乡村民俗旅游开发的中心工作,是旅游地形成接待力的基础。

(一) 农家乐

农家乐以其距市区近、耗时少、消费低、环境清幽、轻松闲适的特点适应了城市居民消闲度假的需求,很快就在各地得以迅速发展壮大起来。以"吃农家饭、品农家菜、住农家院、干农家活、娱农家乐、购农家品"为特色的成都农家乐闻名海内外。但是,农家乐是一种简易的旅游接待模式,它消费低廉,接待档次较低,虽有一定民俗文化元素,但缺乏挖掘与提升的空间。它之所以能一度兴盛,是因为当时厌烦了喧嚣的广大城市人群急于寻找一份宁静,而它恰好能及时提供,且消费价位又能为普通市民所接受。

(二) 乡村酒店

乡村酒店,在西班牙以古城堡为依托,叫城堡旅游;澳大利亚以林园为依托,叫绿色旅游;法国以老式庄园为依托,叫庄园旅游;中国台湾地区以具一定规模、品位的民居建筑为依托,叫民宿旅游。这种乡村酒店所处的位置在乡村,有供游客进行乡村旅游活动体验的特色乡村景点;有反映乡村文化特色的旅游活动;有供游客进行乡村生活体验的活动场地,并提供相应的服务。能够以天为时间单位,向客人提供配有餐饮、组合休闲活动、住宿及相关服务的酒店、度假村、俱乐部等,称为乡村酒店。

乡村酒店具有独特的文化个性,有着其特殊的文化符号,在旅游接待上注入了人文内容,而且主客共同参与这些文化活动。乡村酒店具有鲜明的人文性、主

---

① 周超、樊虎:《多维视角下民族地区规模性返贫风险的表征、缘由及对策》,《民族学刊》2022年第8期。

体性、独立性和主动性。其中,有的是以庄园文化、古堡文化见长,满足旅客怀古寻旧的愿望;有的是以收藏古玩见长,主客共享鉴赏珍品的乐趣;有的是以花卉园艺取胜;有的是以私家菜吸引客源;等等。

(三)民俗文化村

民俗文化村落是在原有的古老村落基础上改造而成,此类度假村的住宿环境均为古厝所整修,以古建筑的式样为设计蓝图,或搭配古董家具,或展示古老的农具、古意盎然的景观环境及古朴陈旧的家居设计。它通过信息搜集、整理、建设、再现,让游客了解过去的民俗文化。比如,向游客表演用方形的扁担挑水、用原始农具耕作、用独轮车运输等古老的传统习俗,以及各种民间舞蹈。这种模式的优点是可以令时光"倒流",满足游客原本不能实现的愿望。

三、旅游介入下乡村民俗文化的消融与流失

(一)旅游开发带来民俗文化的商业化与趋同化

虽然大多数传统村落都尝试发展农村旅游业,但同质化严重,并没有发掘本村落特色,民族的传统文化更是变成了旅游商品,原本重大的庆典和祭祀活动,现在可为游客随时表演。所以说,旅游产品同质化问题严重影响了农村旅游产业的发展,很多乡村旅游景点没有充分考虑自身定位,所提供的活动和体验项目缺乏特色,盲目照搬其他景点成功案例,大大降低了对游客的吸引力。[①]

民俗旅游的开发,在一定程度上增强了本地民众对于自身文化的自信心和自豪感,但是在商业利益的驱动下,更多人选择一些利润回报丰厚而投入较少的旅游产品。在商业活动中,民俗文化被现代舞台艺术、表演程序所包裹,失去了原本的"泥土味"。

游客走在不同的村落中,却看到同样的民俗文化产品。民俗文化向商业化靠拢,旅游产品向趋同化发展,甚至一些地方为了吸引游客,不惜胡编乱造本不存在的民俗,与地方文化显得格格不入。这些"伪民俗"的混入,给"真民俗"带来了错误的引导,最终将导致民俗的质变。另外,一些村落的景观小品要素混杂,形式随意,缺乏当地特色。[②]

[①] 李小敏、杨义:《乡村振兴背景下农村旅游产业发展路径的探讨》,《市场周刊》2024年第1期。
[②] 李可:《黑龙江流域村落文化景观研究》,东北林业大学博士学位论文,2021年。

(二) 人口流动带来民俗传承的断层与消融

农村人口流动是制约民俗传承的重要因素。一方面,改革开放以来,城市的"高大上"吸引着农村人口不断流入;另一方面,走出农村成为脱离贫困的同义词,进城务工人员成为农村人口流动的主要力量,农村成为城市的劳动力后备基地。新生代劳动力的流动导致大量"空心村"出现,留守老人和儿童成为村落的常住居民。中老年人群转而成为农业生产的主力,乡村游艺民俗不仅失去了创新的最有生力量,也面临着后继乏人、难以传承的窘境。村落民俗传承的主体是村民,主要传承方式是代际传承、生活习得。乡村经济生活方式的变化和乡村人口流动性的增强,打破了传统意义上的民俗代际传承机制,代际传承链条出现了裂纹。珍贵的民俗记忆与知识无人传承,"传承链"断裂,民俗终将消失于历史的舞台。

四、乡村民俗文化旅游开发原则

(一) 开发与保护协调原则

乡村民俗旅游项目设计过程中,要将保护工作放在首要地位,切实加强保护措施,既要保护乡村旅游区域的自然环境,尽量减少对周围环境的污染,又要保护建筑文化和民俗文化,突出乡村特色,而保护的成果又会增加乡村民俗旅游的吸引力。开发乡村民俗旅游时如果不注意保护,开发超过社会和环境承受的限度,就会造成环境质量下降、资源破坏、社会治安混乱等负面影响,从而影响乡村民俗旅游的可持续发展。

(二) 差异性与特色性原则

鲜明的特色是旅游资源的生命力所在,拥有特色,才会吸引游客的注意力。旅游经济本身就是注意力经济,要注意各个乡村民俗旅游设计项目之间的差异性,体现"人无我有"的特色。城乡文化的差异,不同地区、不同民族文化的差异是乡村旅游的重要吸引物,其差异越大,吸引力也就越大。在开发建设乡村民俗旅游项目时,一定要结合当地实际,突出特色文化,用"特色"这块招牌树立形象。

(三) 以市场需求为本原则

必须研究旅游市场,适应旅游需求,认真分析研究旅游群体的构成情况、消费层次以及兴趣爱好等,对旅游产品进行调整,开发适销对路、有质量、有特色的乡村民俗旅游产品,并提供优质服务。乡村民俗旅游活动的设计要以兴趣为先导,以参与体验为中心,有适当的知识渗透。一般来自城市的游客中都有体验农家生产生活的潜在需求,在产品设计中要适当引导,利用游客对乡村民俗旅游已有的兴趣,激活潜在的兴奋点,吸引更多游客。在突出各自主题或重点的前提下,开发具有浓郁文化内涵的乡村民俗旅游项目,追求形式的多样化,提高游客参与程度,以满足不同年龄、不同层次游客的需求,保持乡村民俗旅游旺盛的生命力。

(四)增强参与性原则

乡村民俗文化旅游资源开发中的参与性体现在两个方面。一方面,就开发者而言,民俗是种大众文化。人民大众既是民俗文化的创造者,又是民俗文化的载体,他们在现实生活中的一举一动,大多反映和体现着一个地区或民族的民俗文化。民俗旅游开发实质上就是将民众言行所表现的民俗旅游资源转化为民俗旅游产品。在民俗旅游资源的开发中,专家、学者的指导、设计固然很重要,但决定性的构成要件是民俗的载体——民众。如果当中有人配合不到位、投入不够,或者干脆中途退出,小则影响质量,大则项目失败。因此,民俗旅游资源开发不可能像自然资源、历史文化资源开发那样由专业人员独立进行,它必须由专业人员与当地民众共同参与才能完成。甚至可以这样认为,民众的参与是影响民俗旅游资源开发成功与否的关键因素。另一方面,就旅游者的需求而言,目前大多数乡村民俗旅游主要停留在吃、玩、住等较低层次的休闲娱乐阶段,游客的参与性不足,减少了很多体验农家生活的乐趣。而作为休闲旅游来说,游客在其旅游过程中参与的愿望正变得越来越强烈。

因此,在乡村民俗旅游活动中增强参与性,是吸引游客的有效途径。同时,乡村民俗旅游的参与体验活动不应该是单方面的,而应是一种宾主间的相互作用。主人把乡村民俗传达给宾客,宾客再把对乡村民俗文化的理解、情感体验等信息以自身的表情、动作等行为方式反馈给主人,形成良性交流。因此,乡村民俗旅游要通过对项目活动过程的设计、组织、控制、引导,使游客积极参与各种活动和实践探索,从中感受快乐。

第四节 乡村旅游形象建设

乡村有着清新的空气、宁静的田园、古朴的村落和热情好客的村民。乡村是自然与人文交织的画卷,是传统与现代融合的诗篇。传统村落承载浓缩了地域一定历史时期的文化精髓和空间记忆,对其价值认知和活态保护工作尤其重要。[1]乡村旅游形象建设旨在塑造乡村的独特标识,使其在旅游市场中脱颖而出,让游客在乡村中找到心灵的归宿,为乡村振兴注入新的活力,开启乡村旅游的新征程。

一、乡村旅游形象的概念与内涵

(一)乡村旅游形象的概念与分类

1. 乡村旅游形象的含义

乡村旅游是以乡村社区为活动场所,以独特的乡村文化景观、优美的农业生态环境、参与性较强的农事活动和传统的民族习俗等为旅游资源,以城市居民为主要客源市场,融观赏、考察、学习、餐饮、娱乐、购物、休闲、度假为一体的旅游活动。因此,乡村旅游形象,一方面是通过大众传播媒体呈现的媒介形象和公众形象;另一方面是旅游者对乡村旅游目的地的认识与评价,即乡村旅游目的地在旅游者头脑中的总体印象。乡村旅游形象是某个乡村旅游目的地的旅游资源以旅游产品的形式呈现在游客和公众面前,是社会对乡村旅游目的地特点的概括和总体评价,也是相关公众对该地的识别标志。

2. 乡村旅游形象分类

(1)乡村旅游景观形象。乡村旅游景观不同于城市旅游,主要包括各种自然景观、人文景观、乡村布局、乡村标志等,是乡村旅游的主导吸引因素。不同的主题呈现出来的景观形象差异较大,如以观光农业为主的种植景观,以休闲生态为主的休闲农业旅游。

---

[1] 李彦雪、许大为、宋杰夫等:《全面推进乡村振兴背景下黑龙江省美丽乡村建设分类》,《北方园艺》2021年第24期。

(2) 乡村旅游产品及服务质量形象。乡村旅游产品同样包含旅游产品的六要素,即吃、住、行、游、购、娱六方面。围绕着六要素所提供的服务水平、从业人员素养是乡村旅游形象的核心内容。

(3) 乡村旅游的社会形象。由于我国城乡二元结构给公众所带来的刻板印象,使乡村在部分公众心目中还停留在落后、偏僻等层面。因此,游客在旅游过程中所体验和感受到的当地社会生活的各个层面的状况,包括基础设施建设、村民的精神面貌、社会风气、风俗习惯和村民对旅游者的态度等反映出乡村整体的生态、文化与文明。乡村旅游社会形象在乡村旅游形象资源中占有举足轻重的地位。

(二) 乡村旅游形象的内涵与特征

1. 乡村旅游形象的内涵

乡村旅游形象具有多种意义上的两重性。

(1) 具体与抽象的统一,现象是具体的,可感知的,在很多情况下,又往往是抽象的,不可触及的。

(2) 主观与客观的统一,形象是行为主体的言行和表现,体现出行为主体的主观性,但行为主体的表现需要由客观来评价,客观形象同主观形象之间是有差别的,不可能完全重合。理想的结果是通过各种努力尽可能缩小客观实际同主观形象之间的差距。

(3) 内在素质与外在表现的统一,形象往往是其外在形式表现出来的,但外在的表现归根结底取决于内在素质。乡村旅游地的外在形象,取决于内在的本土文明、好客文化,而外在表现则通过易为外界公众所看到、听到或感觉到的静态实物或动态言行。旅游者往往首先通过旅游地良好的外在表现,进而对其产生兴趣,认识其内在素质,进而逐步形成自己心目中的乡村旅游地形象。

2. 乡村旅游形象的特征

从旅游形象的构成角度看,乡村旅游形象是一种特殊的区域旅游形象,也具有旅游形象的一般特征。

(1) 客观性与抽象性。一方面,形象本身是对具体事物的反映,是可感知的;但另一方面,形象是事物在人脑中的反馈,大多数情况下又是抽象的乡村旅游目的地的社会存在决定了其形象,具有客观性和具体性。脱离乡村旅游目的地的现状,便不能构筑起一个可以被人知、信赖和引起人们好感的乡村旅游目的地形象。乡村旅游本身对于在城市生活的旅游者来说,是一种较为陌生的生活方式和体验方式,在没有乡村旅游体验的情况下,只能通过大众传媒或以往的经验判断来感知乡村旅游形象。因而,从这一角度上说,乡村旅游形象又具有抽象性。

(2) 整体性。乡村旅游形象是由内外各要素构成的统一体。从内部要素看,它包括乡村旅游目的地文化、资源特征、民俗节庆、农事活动等;从外部看,它包括公众对乡村的认知、兴趣、信赖等。这两者之间密不可分,由此构成了内涵丰富、有机联系的整体的乡村旅游形象。

(3) 多样性和复杂性。首先,乡村旅游形象主要是由人去塑造并被人感知的,因而总会受到不同的思维方式影响,认知能力和文化背景的不同,使人产生不同的感知。这也造就了乡村旅游形象的多样性和复杂性。其次,乡村旅游资源的组成既有自然环境,又有物质和非物质成分,由于其内容丰富、类型多样,因而在不同的乡村旅游目的地形象中呈现出多样性和复杂性。

(4) 稳定性和可变性。乡村旅游目的地形象一旦形成,在相当长的一段时间内很难在人们心中淡化,形象是一种经验积累和理性认识的过程。某一乡村旅游目的地由于其资源特色与市场定位,使其旅游形象相对稳定。而随着市场的变动,旅游者求新求变的心态,使乡村旅游形象在一定程度上需要主动地稳中求变,带给旅游者新的理念、新的创意,由此吸引和满足不同旅游者的需求。人们的思维、认识也是随着外部环境的变化而变化,思维中的某地乡村旅游形象也会随之而变化,或越变越好,或越变越差。乡村旅游需要不断创新目的地旅游形象,在创新过程中,保持旅游目的地形象的相对稳定性。

(5) 传播性。乡村旅游形象需要借助大众传播媒介和渠道进行传播,这种传播一般分为有意识传播(乡村旅游开发主体或旅游企业积极主动地推广与宣传)和无意识传播(旅游者、公众的人际传播、大众媒体报道)。现代社会,人们通过接收大众传媒的信息而感知世界,对乡村旅游形象的感知除了亲身经历体会之外,更多的印象来源于大众传播媒介所传递的信息。乡村旅游形象在传播的过程中建构和形成。

(6) 战略性。树立乡村旅游形象的目的是提高旅游目的地知名度,从而增加经济效益、社会效益和环境效益,实现这三大目标的过程便是乡村旅游形象战略化的表现。在如今的社会化媒体环境下,口碑和品牌成为企业和地方经济在激烈竞争中取胜的重要因素。乡村旅游目的地要在激烈的竞争中取得良好发展,就必须要着眼全局,提倡战略部署,走乡村旅游形象战略之路。

二、乡村旅游形象的设计与传播

(一) 乡村旅游形象设计

1. 乡村旅游形象设计的作用

乡村旅游形象是旅游目的地的生命,也是不同旅游区之间形成竞争的有力工具。实施形象战略有利于提高旅游地的知名度,同时把握旅游产品开发及其市场发展的方向,为旅游消费者购买决策提供信息帮助,也为旅行社组合和销售乡村旅游产品提供了基础条件。

(1) 把握旅游产品开发及其市场发展的方向。乡村旅游地形象定位反映了旅游地的资源品级和产品开发的前景,也为旅游目的地市场正确定位提供参考。在各级政府为乡村振兴而鼓励大力发展乡村旅游的情况下,众多乡村旅游地的诞生使不同旅游地存在旅游产品雷同现象,同类旅游产品之间存在明显竞争,只有通过差异化、特色鲜明的形象设计,乡村旅游地才能发挥持久的魅力,形成各自的竞争优势。

(2) 提供旅游者购买决策的信息。许多研究者认为,影响旅游者决策行为的不一定总是距离、时间、成本等一般因素,旅游地的知名度、美誉度、认可度可能更为重要。因此,许多旅游消费者在面对众多陌生的旅游地时常常犹豫不决,旅游地形象的建立则增强了旅游地的识别度,使许多旅游产品被形象、直白地表现出来,为旅游者做出决策提供了信息帮助。同时,由于乡村旅游在我国迅速发展的时间不是很长,加之许多资源级别较高且吸引力强的乡村旅游地分布在偏远的乡村,交通和信息传播等极为落后,很大部分乡村不为外界所知,因而旅游者无法对其形象做正确判断,影响了其对乡村旅游产品的购买决策,乡村旅游地形象规划则起到了补充和引导效应。

(3) 为旅行社对乡村旅游产品组合和销售提供基础条件。旅游企业特别是旅行社在组织旅游线路和包装旅游产品时,旅游地形象的建立和推广起着重要作用。旅行社在组织旅游线路时,往往是为满足不同层次和类型的游客需求进行组织。线路是以田园观光为主还是以民俗文化体验为主,或者是两者兼顾,这与乡村旅游地形象的建立有着千丝万缕的关系。

2. 乡村旅游形象设计原则

(1) 地方特色原则。标识系统的设计要从旅游村落当地地方文化中汲取精华,体现地方特色,从而使标识系统的特征具有不可替代性。比如,标识牌的造型设计可以取材于当地特有的装饰符号、生活生产用具、建筑形式等;在材料上选取具有地方特征的原材料,更好地融于环境,体现乡土气息;标识内容也要尽量反映当地的历史、文化等。

(2) 综合性原则。标识系统的规划设计是一项综合性的工作。向游客介绍村落环境与文化传统是乡村旅游标识的一个重要作用。为了让游客全面而深刻地认识与感受乡村生活,就需要多学科的合作,包括生态、建筑、旅游、地理、艺术等多方专业人员通力配合。涉及地方民俗方面,还需要当地居民的意见。这样多学科背景下的标识系统才能是科学而全面的。

(3) 系统性原则。乡村旅游地标识系统是一项系统工程。乡村旅游地标识系统构成要素之间有一定的层级关系和组织构架,以整体形象展示在旅游者面前,因此在规划设计时要有全局观念,把个体特征统一到整体的风貌形象中去,达到整体上的最佳状态,实现乡村旅游目的地最佳形象设计的同时,要在内容和功能上相互补充,构建一个类型多样、功能完备的乡村旅游标识体系,实现标识系统整体效能优化。

(4) 生态美学原则。生态美是近些年才出现的一种新的美学观点,它是建立在生态人文观基础上的一种具有生态哲学意义的美学概念。生态美包括自然美、生态关系和谐美及艺术与环境融合美,与强调对称、规则的人工雕琢形成鲜明对比。乡村旅游标识设计以自然生态规律和生态美法则为指导,效法自然,尊重乡村旅游地自然风貌,力求使标识系统成为乡村景观的一部分。所以说,发展乡村旅游可以促进农村生态环境保护,通过生态修复、景观保护等措施,提升农村地区的生态环境质量,实现经济发展和生态保护的双赢。[1]

---

[1] 刘源、张晶、王洋华:《乡村振兴战略视域下农村康养旅游产业发展路径研究》,《国际公关》2024年第4期。

3. 乡村旅游形象定位

（1）乡村旅游形象定位原则。乡村旅游地旅游形象定位在遵循整体性和差异性原则的基础上，还必须反映市场需求，体现乡村自然与文化资源价值，同时应与乡村旅游产品的策划相结合。一是市场需求原则。旅游地形象是影响目标市场购买决策的主要驱动因素，作为旅游企业运营的一个环节，其本质是一种旅游市场营销活动，而旅游地旅游开发一般是以其整体形象作为旅游吸引因素推动旅游市场的，因此旅游地整体形象的塑造也必须紧扣旅游市场的发展趋势和需求。此外，乡村旅游地形象定位除了把握定位的目标市场，还必须做进一步的市场细分，目的是与共享相同目标市场的乡村旅游地在市场方面实行差异化策略，以分流竞争力。二是体现乡村自然与文化资源价值原则。乡村的自然和文化旅游资源是乡村旅游地旅游形象定位策划的基础和前提条件。乡村性是乡村旅游的基本属性，这一基本属性决定了乡村旅游地的基本范围和区域特点，同时反映了由于交通、信息沟通以及物质能量流通缓慢等因素的制约，乡村地区的民间文化、传统习俗、自然环境等资源保存较为完好、古朴，从而极大地满足现代旅游者的审美需求和求新欲望，为乡村旅游开发提供了坚实的基础条件。在进行乡村旅游地形象构建时，地方文脉分析是必不可少也是极为重要的，它包含了乡村的自然和文化价值分析，乡村旅游形象定位必须体现乡村旅游地的自然和文化资源价值。三是与旅游产品策划相结合原则。旅游产品策划在总体上反映了旅游地形象，看似空泛的旅游产品由大量特色旅游产品做支撑。旅游产品策划是旅游区域策划的重要部分，一个区域旅游策划的成功与否，除了市场开拓、定位是否成功外，很大一部分因素取决于产品策划。另外，由于旅游产品的不可转移性，决定了产品需要旅游形象的传播为潜在旅游者所认知，并引导旅游者要获得一个什么样的旅游经历来影响旅游者的购买决策。旅游地的旅游吸引物也是一种旅游产品形式，各种吸引物形象的叠加形成旅游地的基本形象。因此，在构建乡村旅游地形象时必须与旅游产品策划相结合。四是旅游消费者可接受原则。旅游地形象的传播对象是旅游者，在定位旅游地形象时，受众调查和市场分析是必不可少的环节。旅游地形象的构建也是为了更大限度地开发潜在旅游市场，让游客更清晰、方便地了解旅游地的特点及其独特之处，从而诱发旅游动机。乡村旅游地形象定位应当考虑旅游者是否能够接受的心理。

（2）乡村旅游形象定位方法。乡村旅游形象的定位有5种方法。一是比附定位法。这是一种借助著名旅游地来突出自身特色的方法。比如，一个乡村旅游地靠近知名的黄山景区，就可定位为"黄山脚下的宁静田园"，借助黄山的知名度让游客对该地产生兴趣，同时强调自己宁静田园的特色与黄山景区形成互补。二是资源特色定位法。这是一种基于当地独特的自然资源或人文资源来定位的方法。如果一个乡村有广袤的花海，就可以定位为"花海小镇，烂漫之境"；若是乡村的古建筑保存完好，像福建土楼所在地的乡村，就可以定位为"土楼古村，探寻历史建筑之美"。三是市场需求定位法。根据目标市场的需求来确定形象定位。例如，现在城市人群对亲子互动体验需求高，如果乡村有丰富的亲子游乐项目，如采摘园、亲子农场等，就可定位为"亲子互动最佳乡村目的地"，主打亲子市场。四是情感诉求定位法。从游客的情感体验角度出发，比如一个乡村环境清幽，能让人心灵放松，就可定位为"心灵栖息的乡村港湾"，唤起游客对宁静、放松氛围的向往。五是综合定位法，即结合多种因素进行定位。如果一个乡村既有优美的自然风光，又有特色美食和民俗文化，就可定位为"自然风光如画，民俗美食俱佳的乡村旅游胜地"。

以下是一些成功的乡村旅游形象定位案例。比如，浙江安吉县，定位为"中国美丽乡村"。它以良好的生态环境为基础，将丰富的竹文化、白茶文化等人文资源与自然景观相结合。在形象打造过程中，安吉县深入挖掘当地特色，建设了多个生态旅游景区，如中国竹子博览园等。通过多年的努力，安吉成为全国乡村旅游的典范，吸引了大量游客前来体验乡村生活、欣赏自然风光和感受传统文化。四川成都郫都区战旗村，定位是"乡村振兴示范村，天府农耕文化新名片"。这里保留了传统川西民居建筑风格，展现了川西坝子的农耕文化。战旗村通过发展特色农业，如有机蔬菜种植、农产品加工等，同时结合乡村旅游，开展民俗体验活动，如豆瓣制作体验、传统农耕体验等。游客可以在这里感受浓郁的川西乡村氛围，体验乡村产业融合发展的成果。云南大理喜洲古镇，定位为"白族风情第一镇"。喜洲古镇以白族建筑、白族服饰、白族美食等鲜明的白族文化特色吸引游客。其建筑风格独特，严家大院等古建筑保存完好，游客可以在古镇欣赏到精美的"三坊一照壁""四合五天井"建筑。在形象传播方面，通过各种民俗活动，如白族三道茶表演等，让游客充分体验白族的风俗文化，成为体验白族风情的热门乡村旅游目的地。

4. 乡村旅游形象设计的基本过程

乡村旅游形象设计是一项复杂而系统的过程,要求以理念识别系统为核心,行为识别系统为内涵,视觉识别系统为基础。所有的视觉表现需以内在的经营理念为依托,只有对经营理念有充分的理解,才能真正设计出能够反映经营理念的视觉识别系统,凸显乡村旅游的基本精神及独特的个性特点,吸引旅游者。

在设计乡村旅游形象的前期必须要有充分的准备工作,如前期研究,包括乡村旅游资源调查、市场调查、受众调查,根据掌握的相关资料进行相应的形象设计。

(1) 乡村旅游资源调查。乡村旅游形象设计首先要考虑乡村的旅游资源,包括民俗节庆、民族文化特色、地理优势特点。在乡村旅游地旅游形象的实现过程中,地方文脉分析占重要地位。地方文脉分析主要是对乡村旅游地的资源特色和传统的民俗民间文化或后期形成的乡村社区文化等进行分析,试图寻找区别于其他地区的乡村环境氛围特性并具有代表性的旅游地本质。文脉分析在旅游地形象建立中具有基础性和重要性,因为形象的内容源自文脉。同时,在乡村旅游形象设计中,地方文化的渗透是关键,也是旅游形象的灵魂所在。

(2) 市场调查。市场调查分析是指为了在通过文脉分析得出旅游地基本形象后,通过对旅游者关于目的地认识与感知来确定旅游目的地的总体印象,它是选择旅游地形象宣传口号的基础和前提。因为旅游地形象传播的对象是旅游者,通过调查确定形象,目的是满足潜在旅游者的预期心理。

(3) 竞争性分析。旅游地竞争分析是为了体现旅游地的个性化与差异化。旅游地难免存在竞争,同时旅游者对旅游目的地认知过程中存在"先入为主"的效应。因此,定位乡村旅游地形象时必须进行竞争性分析,以免处在其他同类旅游地的形象遮蔽中。

(4) 受众调查。进行受众调查有助于了解受众的偏好,尤其是针对乡村旅游市场的受众,通过了解受众的偏好,对核心受众群的分析与定位,充分挖掘并吸引潜在受众群体。在乡村旅游形象设计过程中充分考虑受众的喜好,才能使乡村旅游形象的传播效果最大化。

(5) 核心提炼与理念分析。通过对乡村旅游地充分调查后,在包括对旅游投资者、经营者的意向、旅游地的文化形态、旅游地的各种资源以及内外环境进行周密分析的基础上,提炼出鲜明的口号,确立自己的经营理念和哲学。根据总的定位理念,设计推出一套相关促销口号,对不同景区、不同目标市场推出不同口号,以完善和强化乡村旅游形象,在农民、旅游者以及目标旅游市场上保持一致的形象传播。

(二) 乡村旅游形象传播

1. 旅游传播与乡村旅游形象传播

旅游传播是以游客为主体的传播活动,旅游活动中的游客和东道主是旅游传播中的主客体,两者之间的关系往往可以互换,但多以游客为主。由于游客从来源地到旅游目的地的空间移动,建立了游客来源地文化与旅游目的地文化之间的关联,其中有信息的交流,也有生活方式、思想观念等方面的影响。

乡村旅游地形象的本质在于田园形象,更多体现的是农村自然环境、田园景观、农林牧渔生产活动等特色。这一形象的树立有赖于适应这一特色的传播方式,通常依靠比较传统的介质进行对外传播,如电视、广播、报纸等立体传媒与平面媒体,通过乡村级别旅游宣传部门等掌握相关重要信息的机构来充当旅游形象的发出方,以此将典型形象展示给接收者群体。它们毫无例外地担任着联系乡村内外、沟通彼此上下的纽带和桥梁,适时动态地传输着广大乡村范围内的旅游目的地形象符号。

乡村旅游形象设计的目的在于使人们认知旅游目的地,旅游形象如果不能有效地传播和推广,就失去了其形象设计的意义。因此,最佳途径就是运用大数据技术了解目标客户群体的需求和偏好,精准定位目标市场,制订针对性的营销策略,满足不同客户群体的需求。重视品牌建设和推广。[①] 通过品牌宣传活动、文化节庆等形式,提高乡村旅游品牌的知名度,树立良好的品牌形象,提升市场的美誉度。

2. 乡村旅游形象传播的构成要素

(1) 传播者(信源)。传播者又称传者、信源等,是传播行为的引发者,即在传播过程中信息的主动发出者。在社会传播中,传播者可以以个人的形式出现,

---

① 蔡亚男:《关于我国农村地区生态旅游与经济发展有效融合思考》,《旅游纵览》2022年第15期。

也可以以群体组织的形式出现，前者如人际传播，后者如大众传播。乡村旅游形象的传播者可以是乡村旅游地的管理者，也可以是旅游者。

（2）内容（信息）。指的是旅游信息，是旅游活动过程中相互传递的内容，来自客源地的各种信息。这类有关乡村旅游目的地形象的信息主要来自目的地所传达的内涵，也包括旅游者的评论。

（3）媒介（渠道）。指的是传播的媒介渠道，包括大众传媒、自媒体、社会化媒体、旅游者口耳相传等渠道。一方面，由旅游主体承担，旅游主体既是传播者又是接收者；另一方面，与乡村旅游有关的部门（如旅行社、旅游交通管理部门等）也会在旅游活动中，间接成为媒介传播的渠道。

（4）受众。乡村旅游形象传播过程中，信息传播的接收者，包括报刊和书籍的读者、广播的听众、电影电视的观众、网民等。

（5）反馈。信息受传者向信息传播者（如乡村旅游地的管理者或旅游者）返回信息、消息的过程。

3. 乡村旅游形象传播的特征

（1）目的性。人类在传播活动开始之前就会制订活动的计划，乡村旅游形象传播也是如此，具有明确的方向性和目的性。比如，某地在电视台做的地方旅游宣传口号，这是一种典型的旅游形象传播活动，希望通过响亮的口号向受众传达某地的旅游形象，取得宣传效果，吸引人群到某地观光游览。

（2）互动性。近些年来，随着旅游业的发展和旅游竞争加剧，旅游信息的传播者和受传者两大要素之间的沟通和交流在增加，在实际的传播过程中，越来越讲究传播者和受传者的互动性，传播者和受传者的角色不断互换，在反馈过程中，传播者变为受传者，受传者变成了传播者。换句话说，传播者既是传播的单向进行的两端，又是双向沟通的回归。双向流动的过程说明了传播活动的互动性和动态性，传播者和受传者在互动中进行沟通和交流、信息共享的活动，失去互动性，传播的意义便不存在。

（3）体验性。体验是旅游传播最重要的特征。没有直接体验，旅游就不存在，直接体验是旅游传播最重要的特征。大众传播活动中，报纸、广播、杂志、影视等的传播难以带来真实的感受，旅游却能够通过直接体验实现。一切的深层沟通和理解不能仅依靠文字、图像、声音资料，而必须依靠亲身的投入和体验才有显著效果。

4. 乡村旅游形象传播策略

(1) 乡村旅游符号传播。乡村旅游的理念需要通过一定的符号传递出来，旅游形象需要通过一定的符号加以传递。因此，要设计出有新意的旅游形象标志，旅游特色在图案上的表现要鲜明、简洁。旅游标志的设计需按照主题形象策划方案加以形象化的提炼创意。

(2) 口碑传播。在社会化媒体时代，口碑营销传播的影响力不可小觑。现在吃饭、出行借助网友的推荐成为习惯，社交媒体为人际传播提供了良好的平台。因此，乡村旅游形象传播可以借助社会化媒体提高影响力，在借助社会化媒体进行乡村旅游形象传播的过程中，需要重视意见领袖的作用。另外，积极主动地建立自媒体，进行积极的形象传播有利于引导舆论，同时也为受众提供互动和交流的平台。要及时关注旅游者信息反馈及建议，改进服务与设施，营造良好的乡村旅游形象。

(3) 节事活动或公关传播。旅游城市的节事传播其实是旅游目的地吸引受众眼球的一种传播方式，事件的强大号召力可以在短时期内促使事件发生地的口碑获得"爆发性"提升。节事指有较强影响力的大型活动，包括国际会议或展览会、重要体育赛事、旅游以及其他能产生轰动效应的活动。

(4) 整合营销传播。单一的传播方式不足以形成良好的传播效果。以电视、广播、报纸、杂志为主流的大众传播媒体给受众树立了更为可信的传播者形象，因此乡村旅游目的地在进行形象传播过程中可以充分利用传统媒体。然而，传统媒体的传播形式与覆盖面在网络的冲击下使传播效果受到一定限制。社会化媒体的出现降低了传播成本，乡村旅游目的地可以利用社会化媒体形成乡村旅游目的地—传统媒体—旅游者三者互动的平台，实施整合营销传播。

(5) 网络营销策略。在互联网大潮的影响下，乡村旅游的营销方式也发生了根本的改变。新兴的网络营销是推广乡村旅游中必不可少的一部分。网络营销需要通过多种方法来实现，如网络广告、搜索引擎营销、关键词搜索、邮件营销等。游客在做出旅游决策前，会通过各种网络渠道提前了解景区或景点的相关信息，经过严谨的对比然后做出选择。而游客能搜索到的信息往往通过各种网络渠道来呈现,包括个人博客、各类门户网站和弹窗广告等,这些信息都能影响游客的出游选择,因此乡村旅游做好这方面的网络营销工作就尤为重要。自媒体时代,要利用好各级各类媒体、推介会等平台加强乡村旅游产品宣传,通过线上宣传、网络直播平台等较强的宣传力度和有效的传播手段不断提升乡村旅游品牌形象。[1]

三、乡村旅游形象建设中的文化内涵

（一）乡村旅游中好客文化的建设

乡村旅游中好客文化的核心是乡村接待礼仪、社会风气和乡村景观。其中,接待礼仪和社会风气是好客文化的人文载体,它是好客文化最为直接的载体,是旅游者获得好客体验的主要和直接渠道。而乡村景观则是好客文化的物质载体,它是构成好客背景,从视觉上营造好客环境的第一印象性因素。接待礼仪包括村民对外来者的基本态度和观念,接待旅游者的基本礼节和仪式,接待旅游者的餐饮内容与方式等。而社会风气包括村民的道德素质、意识和伦理观念,乡村经济的市场化和商业化程度等。乡村景观主要包括乡土建筑形式、乡村的自然景观要素、村民的服饰和装束等。三者相辅相成,相得益彰,相互制约,共同构成乡村旅游好客文化的核心。

1. 乡村好客意象的塑造

城市对大众来说,具有"可印象性"和"可识别性"特点,城市所具有的这种独特的感觉形象,即是所谓的城市"意象"。而作为与城市相对应的另一种区域单元——乡村,毫无疑问,也应该具有自己的意象,乡村的经济发展相对滞后,人们的商业意识尚不突出,尤其是乡村的世居民族性情豪爽、朴实厚道、真诚待客,能给旅游者带来纯朴、清新、好客的感觉。因此,好客文化建设中所包含的乡村旅游的感应气氛的营造是至关重要的。乡村旅游中的好客文化是无形的,是精神层面的。因此,乡村旅游中的好客文化的建设必须通过一些载体物化的方式来实现,即好客文化的表现和推广,能让旅游者可感知、可体认、可觉察、可触摸、可学习。乡村旅游中的好客文化的物化形式主要以乡村自然景观和人文景观为载

---

[1] 吴彦辉、潘冬南：《广西边境民族地区旅游发展赋能乡村振兴作用机理与发展策略》,《广西民族研究》2023年第4期。

体来进行。乡村景观主要由乡村田园景观、乡村聚落景观、乡村建筑景观等组成；乡村人文景观则主要由乡村历史文化景观、乡村农耕文化景观和乡村民俗文化景观等构成。

2. 乡村旅游好客精神的培育

在旅游业中，文化涵化进程是最引人注目的。当两种文化在某一时期内发生持续接触，其中一种文化通过借鉴的过程而变得多少像另一种文化，这种涵化过程就开始发生。在文化涵化过程中旅游者不易从东道主那里借鉴其好客文化，而东道主很容易受到异质文化的影响。因此，培育乡村旅游目的地人们的好客精神，增强其民族自豪感和民族自信心就是十分必要的事情了。

从根本上讲，任何旅游目的地好客文化都源于该地传统的社会文化。对这些传统社会文化的传承和弘扬是培养目的地好客文化和好客精神的根本途径。然而，影响好客文化的因素很多，但是好客精神和好客文化的维持是有条件的。根据对好客文化的概念以及影响好客文化因素的分析，旅游目的地对其好客文化培养和维护应注意以下几个方面。

（1）在发展乡村旅游的同时，注意提高乡村旅游目的地民众的生活水平和生活质量，使其成为发展乡村旅游的切实受益者。这就意味着当地政府应通过有关政策和措施，保障和扩大当地民众对发展乡村旅游的参与。例如，在选择和决定乡村旅游的发展方案时，应确保其目标与当地村民追求的长远利益一致。

（2）消除过度商品化短见，追求长远的稳定性收益，以保证当地乡村旅游业的良性发展。世界各地的很多研究以及实践经验都表明，将旅游者来访期间开展活动的每一环节都实行商品化的后果是极其可怕的；尤其是纯朴的乡村旅游一旦出现对市场经济歪曲理解和追求即时收益的短视行为，其结果不仅毁掉乡村旅游目的地好客的人文基础，还会带来环境污染、生态破坏等旅游公害，最终将毁坏该旅游目的地形象。

（3）广泛宣传教育。针对旅游者和当地民众这两个群体实施文化的接触前教育，是促进旅游者与当地民众积极交往的良好手段。文化涵化很大程度上表现为乡村旅游目的地的居民好客表现会因来访者的素质表现而变化。为了减少因缺乏了解而可能造成的误解和冒犯，旅游管理者和有关接待部门，包括导游人员等都应当以各种可能的途径，预先告知旅游者在当地活动期间应注意文化差异问题，以及应当遵守的行为准则。通过这些宣传教育工作，虽然无法保证肯定能解决问题、避免主客冲突，但这种预防性的宣传教育无疑是必要的，至少促使双方对彼此之间文化和价值观的差异有所了解，从而促使旅游者在其旅游中的行为有所规范。

（4）维护和弘扬乡村旅游目的地的历史文化传统，培养当地民众的自豪感。民族传统文化的真正传习，是离不开本土文化生存环境的，是应该由当地民族自我完成。让乡村旅游目的地的广大民众系统全面地了解和学习自己民族传统的地方性知识，增强对本土文化的信心，由此培养起他们对本民族传统文化的自豪感，增强社会凝聚力，从而有助于当地民众自觉地以东道主而非商业性服务者的心态展现当地社会的好客文化。

（5）培育和维护诚信无欺的社会环境。乡村旅游目的地的村民在与来访旅游者的交往过程中，诚信无欺是好客文化最起码的底线。如果抛开这一底线或者置这一底线于不顾，热情的接待和主动的服务都有可能成为获取纯粹商业利益的手段，而不再是好客文化的体现。事实上，有不少旅游目的地都有过类似的案例，为了诱使旅游者高价购物，有关人员可谓极尽"热情"之能事；最初，旅游者还为如此殷切的好客精神而感动，然而当事后发现上当受骗时，愤怒之情可想而知。重要的是，在这种情况下，旅游者所怨恨的不只是某个旅游目的地和某些相关人员，而是会对该地社会乃至整个传统文明产生负面评价。可见，对乡村旅游目的地村民进行诚信、热情、乐于助人等价值观念的培养，形成良好的个人道德素养，进而维护良好的整体道德氛围是何等重要。

（6）防止将好客文化作为旅游产品中的一种廉价商品加以出售。好客文化作为一种旅游产品或其附属，人们出于经济、政治和价值观等目的，把当地社会文化过度商品化、造成好客文化的被动涵化、变迁甚至消失。而这种涵化、变迁和消失使得好客文化的发展违背"优胜劣汰"原则，而是按照"优汰劣胜"的原则逆向发展。虽然好客文化具有较强的地域性和特定的时间性，并按照传统规定的内容和方式呈现出来。但是许多好客文化活动随着乡村旅游的过度开发和曲意包装逐渐被过度商品化，为迎合旅游者把地方传统文化肆意"舞台化"，将"好客文化"当作获取最大经济利益的手段，从而完全失去了传统文化层面上的意义和价值。

(二) 乡村旅游形象建设中的文化内涵建设

旅游是本土文化与外来文化碰撞与交汇的窗口，乡村旅游地的本土文化向外来的异质文化趋同问题在乡村旅游地尤其突出。现代文明已发展到工业文明和后工业文明时代，与传统落后的农耕文化相比，都市文化无疑具有难以比拟的先进性。被都市旅游者青睐的乡村旅游区域，大多是比较封闭、落后的农村。旅游者与接待地居民在物质生活、精神生活等方面差别巨大，都市文明对处于农耕文化保留区的农民具有难以抗拒的诱惑性和影响力，一旦农民放弃特色浓郁的农耕文化"据实"而向都市"文化"投降，则乡村旅游赖以依托的文化资源必将消失，乡村对都市旅游者的吸引力也就到头了。为了使乡村旅游具有可持续发展的动力和后劲，树立起旅游特色鲜明的形象，可从以下两方面增强乡村旅游形象中的文化内涵建设。

1. 培养村民对农耕文化的优越感和自豪感

从农耕文化的社会发展阶段相对来说是"落后"的，但其"人与自然和谐共存"的生存形式却是人类共同向往的。农耕文明中的"天人合一"的"人与空间的关系"正是第三次浪潮文明阐述的人类"诗意栖居"的理想所在。与此同时，人类空前地渴求返璞归真，亲近泥土。这是一种现代人追求的生存质量，又是一种生活时尚。在这种现代人类的双重探求中，城市和乡村都将找到需要获取的物质利益和精神满足。都市人之所以钟情于乡村旅游，正源于他们梦中的"香格里拉"不在城市，而在乡村。乡村人的生活环境和生活方式，在"第三次旅游文明"中被推崇、被推广，农耕文化的精华部分将在更高的社会阶段上重现光芒。乡村旅游地居民应"身在宝山更惜宝"，对自己栖居的自然环境抱有优越感，对自己的传统农耕生活抱有自豪感，在培养现代意识、吸收都市文化精华的同时，珍视并保持农耕文化的鲜明特色，千万不要在甩掉贫困帽子的同时，丢弃了农耕文明中最亮丽的文化特色。

2. 努力使农耕文化与现代文化"和谐融洽"

都市文化属先进文化，其对传统文化的吸附与冲击力可想而知。旧难敌新，现代文化的魅力难以抗拒，也不应抗拒，要发展就得接触新事物，乡村旅游业也不例外。关键是乡村旅游从业者虽身居农耕文化环境中，却又超越农耕文化社会阶段的现代意识，既是农耕文化的"戏中人"，又是农耕文化的"导演"，使其分宾主，有主次地熔铸于乡村旅游天地之中。汽车是工业文明的产物，乡村旅游不可能没有汽车奔驰。为了不失农耕场景的整体美，可对车辆进行隐性处理，可设计成"麦秸垛"，使停车场呈现"麦场文化"，也可设计成拱顶绿坡，还可隐蔽于豆棚瓜架之下。加油站、汽车医院都可以如此处理。乡村饭店的菜谱也应有别于都市餐饮文化。"故人具鸡黍，邀我至田家"的鸡黄黍，颇具诗意；"夜雨剪春韭"，客人也可以；院里瓜果桌上待，现摘现烹，绿色环保。乡村旅游可吸取现代旅馆的管理方式及内部设施，但外形宜竹篱笆茅舍，要有庭院文化，要有田畦园圃，尽量使居所被绿色环抱，"苔痕上阶绿，草色入帘青""开轩面场圃，把酒话桑麻"，使旅游者充分融入自然之乐。乡村旅馆的待客之道也要体现淳朴厚道，尽量弱化商业气息，收费可按照档次不同，明码标价或写在团扇上，或印于蒲团上，或标明在土布餐巾上。

　　乡村旅游想脱离现代的文化循入传统农耕不可能，但一味引入现代文化符号任其充斥于乡村旅游大地，也会失去乡村旅游者。所以，一旦旅游者在旅游目的地享受不到农耕文化所标识的绿色空间和淳朴的传统文化氛围，就是乡之"异"迷失之日，即乡村旅游的失败之时。不排斥、不盲从，主动吸收他文化来营养农耕文化，用"他山之石"来攻"我山之玉"，改善农耕文化的落后部分，保留并发扬农耕文化的精华，使都市文化与农耕文化和谐相融地展现在乡村旅游的画卷之上，将乡村旅游建设成简而不陋、朴而不鄙、土而不俗、特而不凡、俗而不俚的具有农耕文化特质的形象。

第三章 旅游开发下传统村落文化变迁

目前,中国的传统村落旅游开发的主要形式有乡村旅游、村落民族风情旅游、生态旅游、民族风情主题公园等。传统村落作为农耕文明长期孕育而生的文化结晶,承载着中华民族历史发展长河中厚重而深邃的记忆。它们以独特的建筑风貌、民俗风情、传统技艺等元素,构成了一部部生动且真实的文化史书。1980 年代,随着旅游开发为传统村落带来新的发展机遇和活力的同时,也不可避免地引发了村落文化的深刻变迁。这种变迁,涉及从物质文化到非物质文化的各个层面,深刻影响着传统村落文化的传承与发展路径,进而促使我们以严肃而审慎的态度对其进行剖析与反思。

第一节 旅游开发下传统村落物质文化变迁

传统村落是中华民族传统文化的重要根基,从古朴的民居建筑、历经岁月的公共设施到特色的生产生活器物,它们共同构成了传统村落独特的物质文化景观。然而,在旅游开发下,传统村落物质文化正发生着显著变迁。这些变迁不仅重塑了村落的外在风貌,也深刻影响着村落内部的文化生态。

一、传统村落产业文化的变迁

(一)传统村落产业文化及其特征

中国许多传统村落大多地处偏远地区,其原有传统产业基本以农牧业为主,这种产业形态是其在特定的环境和技术条件下所形成的,并在历史发展过程中,经过日积月累,渐渐形成了与之密不可分的产业文化,在这里产业文化是指传统村落在农牧业等生产实践活动中所创造出来的与之有关的物质文化和精神文化的总和。传统村落中的传统产业文化又渗透到了村落文化的方方面面,涵盖村落文化的物质、制度和精神三大层面,并逐渐形成了与其相适应的传统村落价值观、人生观和世界观。而其具体表现又可概括为各传统村落所特有的生产、生态和生活文化。

传统村落传统产业中的农业是指广义上的大农业,即包括渔业、林业等产业在内的农业。中国民族众多,各民族在生产实践中所形成的产业文化均有所不同,按类型进行细分,有以农业为基础的产业文化、以牧业为基础的产业文化、以渔业为主的产业文化、以林业为主的产业文化及以上几种产业文化的综合型产业文化等。不论传统村落的产业文化类型和其具体表现形式如何,均有一些相似的产业文化特征,大致表现为内敛式的自给自足生产和生活方式,以及产业文化的地域多样性、民族多元性、历史传承性和乡土民间性等。

(二)旅游开发下传统村落产业文化的变迁

1. 旅游开发与传统村落产业的变迁

1980年代之后,中国许多传统村落相继开展有关旅游的开发活动,使得村落中原有的传统产业随之发生变化,除了原有的传统产业农牧业之外,旅游服务业这项第三产业逐渐出现在传统村落中。所以,要"适应城乡居民需求新变化,休闲农业乡村旅游蓬勃兴起,农村一二三产业融合发展模式不断丰富创新,为农村创新创业开辟了新天地,为农民就业增收打开了新空间"[①]。传统村落产业变迁具体表现形式为:在旅游开发初期,传统村落中传统产业仍占据主要地位,因为这一时期,旅游业处于开发阶段,加入这个行业的村民规模有限,大部分村民仍以进行农牧生产为主业;随着旅游开发的进一步深入,村民参与旅游业的规模逐渐增加,传统村落中的旅游产业在整个原有产业结构中的比重不断增加,出现新旧产业并存的状况,尤其是在旅游淡旺季较为明显的传统村落中,这种表现往往较为明显。因为淡季的存在,村民不能也不会完全依赖于旅游业来维持家庭生存,即便个

---

① 《习近平著作选读》第2卷,人民出版社2023年版,第89页。

别家庭中的主要收入来自旅游业,也不会完全丢弃传统的农牧产业;随着传统村落旅游业的发展,在那些旅游开发较早,发展较快、较成熟的传统村落中,旅游业有完全取代传统村落中传统产业的趋势,并逐渐成为村民安身立命的根本。

2. 旅游开发与传统村落产业文化的变迁

旅游开发所引起的传统村落传统产业变迁,改变了传统村落原有的产业结构和产业基础,给村落带来了较为明显的经济效益。但众所周知,经济基础决定上层建筑,随着旅游业在传统村落中不断发展,势必会给原有传统村落带来许多影响,其影响的程度和传统村落旅游开发的程度密切相关,这种影响涵盖传统村落经济、社会和环境等各个方面,随着时间的推移,将会引发和带动传统村落社会文化的深层次变革,从最初的传统村落物质文化变迁开始,逐渐渗透到制度和精神文化领域,并使传统村落原有的各文化事项不断变迁。传统村落产业文化的变迁,从根本上改变了村落在原有传统产业基础上所形成的保守、封闭,甚至是僵化的文化理念,朝着开放的以市场经济为基础的现代文化转变。传统村落在旅游开发过程中,村民有了商品和市场经济意识,使得其思想观念和思维方式等均发生了变化。随着经济收入的增加,传统村落的基础设施和整体面貌得到了改善,在物质条件的基础上,村民的生活方式和文化生活均发生着变化,甚至增强了村民在村落管理中的参政、议政意识和政治话语权,这些变化每经过一定时间,就会带来村落原有的制度文化变迁。传统村落因旅游开发而带来的现代化价值观念,极大增强了传统村落的文化和族群的认同感和自豪感;同时,对传统村落原有精神文化也带来了极大的冲击,在旅游市场经济的作用下,功利主义的价值取向,使得拜金主义、利己主义、诚信缺失、伦理失序、道德滑坡等一些负面问题在传统村落中产生。

二、传统村落景观文化变迁

(一) 传统村落景观文化

乡村景观是人与自然相互作用的产物,展示了人类与自然环境的最直接和最根本的联系,展现了一个地区独特的自然条件和文化历史。[1] 所谓传统村落

---

[1] 林箐:《乡村景观的价值与可持续发展途径》,《风景园林》2016年第8期。

景观文化,是指传统村落在长期的生产与生活实践活动中,与其所处的生态环境进行长期的相互作用下所创造出来的物质文化和精神观念。景观是某种意义和理念的载体,这种理念和意义是通过一系列外在符号表现出来的。这里所说的符号是一个广义概念,具体说就是景观的物质存在,都可被看作是一个个具体符号,正是这些符号构成了景观的固态文化内涵。其具体景观包括各传统村落的空间布局形态和各种地上景观,如农田、道路、村舍、村落中的公共建筑和其他景观等。

(二)旅游开发下传统村落景观文化的变迁

1. 旅游开发下传统村落景观变迁表现最为突出

目前,国内在关于旅游开发所引起的村落文化变迁问题中,传统村落景观变迁表现得尤为突出。这是因为,对大多数进行旅游开发的普通村落来说,游客的主要需求是体验原生态的乡村文化,进而达到游憩休闲、放松身心的目的。普通村落在旅游发展中的开发重点在于,如何为游客提供具有乡村风情的食宿及其他农事参与性服务项目。也就是说,普通村落的旅游性质是一种具有很强休闲娱乐性质的乡村旅游。而对于那些古村落来说,如安徽的西递和宏村、陕西的党家村等,游客的主要旅游需求是体验古村落的各种文化。在这类旅游中,古村落的景观不论是从景观保护,还是从旅游需求来说,都是不能随意进行变化和改造的。但对于旅游开发下的传统村落来说,情况就有所不同了,因为游客的主要需求是通过对传统村落的游览活动,来体验其村落族文化的方方面面,最终满足游客对他乡文化的好奇心。因此,在这类旅游需求的驱使下,传统村落为了能让游客体验到原汁原味的民族文化、吸引和扩大村落旅游接待规模,往往会在村落景观建设和改造方面下功夫,力求使村落景观能很好地体现出传统村落的特色和文化内涵。这些景观建设的主体以政府和旅游企业为主,以村民自发建设和改造为辅。不过因旅游开发而进行的景观建设和改造,将会带来传统村落景观及其文化的日益变迁。而有关传统村落的景观变迁,是传统村落在进行旅游开发之后,所出现的最明显和最容易感知的变化。

2. 传统村落景观变迁内容

传统村落的景观变迁,一方面是由在旅游开发中,村落基础设施的建设和完善所带来的景观变迁;另一方面则是传统村落为了迎合旅游者的异文化需求,对村落景观进行文化建设和改造所带来的变迁。这些建设和改造活动大多由政府主导来完成,建设和改造的具体内容是:村落社区内不同功能区的规划;村落中的基础设施、旅游设施和服务设施与村落环境的建设和改造;旅游景观(点)的建设;等等。

3. 传统村落景观文化内涵的变迁

乡村文化景观属于活态化有机演进的景观,反映了乡村人文地理特征,在记录乡村人类活动历史的同时也表达了乡村独特的地域精神。[1] 传统村落的空间形态和景观是人与自然和谐共生的结果,是特定历史条件的产物和时代的文化符号,是区域历史发展的缩影,更是传统村落社区居民社会生产活动与文化的体现,其景观文化均具有一定的历史渊源性,具有极高的历史文化价值和旅游开发价值。随着旅游开发的不断深入,传统村落的整体面貌和原有景观都发生了很大的变化,使村落原有的分布形态和微观生态以及景观空间布局等发生了一定程度的变迁。传统村落景观文化由传统的乡土性向现代化、城镇化和特色化的方向转变,其景观内涵由与传统农牧业社会文化的相适应,转变为与新兴的第三产业社会文化的相适应。值得一提的是,许多传统村落在旅游开发之前,因现代化进程、新农村建设等诸多社会经济和政治原因,使得传统村落景观已没有太多民族特色。而在进行旅游开发之后,为了满足游客对传统村落文化体验的需求,一些传统村落在政府或旅游企业的主导下,对村落原有景观进行了彰显民族文化特色方面的打造和建设,无论这种景观打造和建设的实质如何,但至少从形式上,对传统村落的景观以及其文化进行了一定程度的保护和传承。也有许多传统村落在旅游开发中,由于缺乏政府或企业等组织的有效规划和管理,很多村落景观的改造和建设活动都是由村落中参与旅游业的村民所自发进行的。

部分村落新建景观小品在体量、造型和色彩搭配上并不理想,设计流于表面,对民族文化内涵的理解不够透彻,展现不够充分,如鄂伦春族新生村。[2] 这种行为大多各自为政,使得很多传统村落处于景观建设和改造的混乱状态,加之村民大多文化水平有限,景观改造和建设大多缺乏民族文化内涵和特色,甚至出

---

[1] 孙艺惠、陈田、王云才:《传统乡村地域文化景观研究进展》,《地理科学进展》2008年第6期。
[2] 侯翠阳:《鄂伦春族乡村文化景观保护研究》,东北林业大学博士学位论文,2020年。

现对原有传统村落景观的破坏。在保护方面，要认识到乡村文化景观依赖环境，而目前存在大面积侵占农田土地、新建用地无序扩张、环境污染加重等问题，往往导致文化景观孤岛化、乡村文脉割裂。对此，可以采用生态风险评价（ERA）对乡村景观敏感性进行量化评估，并加强"三区四线"的管理，以控制对生态系统的干扰程度，使其不超过生态系统自我调节能力。[1]

三、传统村落建筑文化的变迁

在村落中，有许多古老的建筑、文物和传统文化等，这些都是文化传承的重要载体。近年来，我国在村落文化保护方面也取得了一定的成就。[2] 一些古村落得到了很好的保护和修缮，成为吸引游客的旅游胜地，如安徽省宏村、江苏省周庄等一些古村落遗址，在当地政府和相关部门的共同努力下得到了很好的保护和发展，并成为文化旅游产业的一部分。

（一）传统村落传统建筑文化

1. 传统村落传统建筑与村落生态环境相适应性

保护古村落古建筑关系到中华优秀传统文化和中华文明史主体的传承发展。在2013年中央农村工作会议上，习近平总书记指出："农村是我国传统文明的发源地，乡土文化的根不能断，农村不能成为荒芜的农村、留守的农村、记忆中的故园。"[3] 习近平总书记高度重视传统村落和古建筑保护利用。保护乡土文化，留住乡愁古韵，就是守住我们的精神家园。

中国的村落建筑，是承载区域民族文化的重要物质载体，并形成了内涵丰富、各具特色的传统村落传统建筑文化。中国传统村落和建筑或按照"文房四宝"结构来规划（浙江温州苍坡村），或参照"仿生学"原理来建构（安徽黄山宏村），或遵循"北斗七星"格局来建造（浙江温州芙蓉村），或采用"太极八卦"思想来布局（浙江金华诸葛村），无不反映出中国古人对栖息地"象天法地""天人合一"的理想和智慧，每个传统村落都深藏着一个生动的中国文化故事，成为一种

---

[1] 黄震方、陆林、苏勤等：《新型城镇化背景下的乡村旅游发展：理论与困境突破》，《地理研究》2015年第8期。
[2] 刘馨秋、王思明：《中国传统村落保护的困境与出路》，《中国农史》2015年第4期。
[3]《新华时评：莫让农村成为记忆中的故园》，载人民网 http://politics.people.com.cn/n/2013/1229/c70731-23970484.html，2013年12月29日。

文化景观,其内在基因值得永续传承,必须在传统村落保护与修复中得到应有的彰显。[1]

各民族的建筑文化从选材、建筑工艺及手法、室内空间设计和布局以及装饰装潢等方面都十分清晰地展现了传统村落与生态环境、生产方式的相适应性。例如,中国大多数传统村落中的传统建筑,在建筑材料的选择上多为就地取材,并多以木材质为主要用料。在中国西南和东南地区的很多民族村寨中,建筑样式多采用"干栏"式的设计,房屋均为上下三层,下层圈养牛、羊、猪、鸡等禽畜,中层住人,上层堆放粮食和作祭祀场所。这种"干栏"式建筑十分适应当地湿热的气候环境,可起到防水、防潮,甚至防猛兽袭击的作用,这些都与其村落所处的生态环境有着直接的关系。

保护古建筑古村落要注意挖掘和传承其内在的精神价值。古村落在一代代村民的日常生活中承载起华夏文明生生不息的基因密码,需要薪火相传、代代守护,需要通过创造性转化和创新性发展激活其生命力。古村落古建筑蕴含着丰富的道德理念和规范,如"天下兴亡,匹夫有责"的担当意识、精忠报国的爱国情怀、崇德向善的社会风尚、礼义廉耻的荣辱观念,以及自强不息、敬业乐群、扶危济困、见义勇为、孝老爱亲等中华传统美德,值得我们在乡村文化振兴中大力传承和弘扬。湖南省岳阳张谷英村"孝廉亲友"的家风、湖南省郴州板梁村"耕读济世"的村风、湖南省怀化洪江村"诚信天下"的传统,都是古村落中俯拾即是的精神文化代表,值得大力传承和弘扬。

2. 传统村落传统建筑文化的内涵与特征

很多地区的传统建筑,在空间设计和功能布局上,集堂屋、卧室、厨房、粮食仓储、牲畜圈棚等多种功能于一体,这体现了传统农牧业社会所特有的自给自足的经济形态。在居住空间方面,人们十分重视堂屋的设计,不论是三开间还是五开间的房屋,正中的一间都设为堂屋,多是供奉祖宗和神灵的地方,一般不准外人随便进入,也不准堆放其他杂物,更不得用作卧室。中国南方的苗族等村寨,大都将火塘放在正中的堂屋里,火塘在他们生活中占据着重要地位,且每年都要举行火塘祭祀,祈求家人安泰。

---

[1] 刘沛林、刘瑞瑞:《乡韵"活"起来:让文化传承生生不息》,《湖南日报》2023年8月31日。

（二）旅游开发下传统村落建筑文化的变迁

在传统村落中，最能体现其建筑文化的莫过于村落中的民居建筑，当传统村落进行旅游开发后，许多村落中的村民都以家庭为单位，以提供旅游食宿为主要参与方式。随着旅游开发的深入和村落旅游竞争的加剧，村民以努力扩大接待规模作为其深度参与和提高竞争优势的主要手段，这种行为具体表现在对原有家庭接待设施的改建和扩建上，从而引发了传统村落传统建筑文化的变迁。虽然，不同地域和民族的建筑艺术风格等各有差异，但其传统建筑功能、布局、空间、结构、建筑材料及装饰艺术等却有着共同的特点。

1. 传统建筑规模和功能的变化

首先，建筑规模发生变化。传统村落中的民居建筑在被用来进行旅游接待时，为了扩大其旅游接待能力，往往会增加建筑规模，这种规模大小的变化主要表现在建筑面积的增加上，在土地资源有限的情况下，还包括建筑空间上的向上或向下拓展，而建筑规模的扩大会直接引起传统村落原有建筑外观的变迁。

其次，建筑功能发生变化。传统村落民居建筑的主要功能在于满足个体家庭的居住和生活需求，这种传统建筑在功能上以适应传统农牧业生产方式为最大特点。而旅游开发下的传统村落传统建筑，其功能就不只是为了满足家庭居住和生活的需求，而更多的是为满足旅游接待的需求，其建筑在功能上发生了根本性的变化。具体表现为，在民居改造和建设中，为了方便游客自驾车的停放需求，在周边和院落内增加了小型停车场；为了方便车辆的出入而进行院落大门改造；为了给游客提供舒适方便的住宿条件，在民居建筑中建造了现代化的卫生间等。

2. 传统建筑技术和内部空间布局与陈设的变化

在旅游开发前，传统村落中的民居建筑在很大程度上仍沿袭了传统的构建技术，这也使得传统村落的建筑风格得到了基本的传承和保持。随着传统村落旅游开发的进行，为了满足和扩大旅游餐饮和住宿能力，扩大了建筑面积和规模，在这种情况下，传统村落民居建筑往往采用现代化的建筑材料和技术，来弥补传统建筑因材料和技术的欠缺所带来的对建筑面积和空间规模扩大方面的限制。

在传统村落传统建筑的内部空间布局与陈设方面，也发生了很大变化，许多参与旅游接待的家庭将其家庭建筑的空间布局分为居家生活部分和旅游接待部分。

在居家生活部分,其内部空间布局和陈设方面均发生了现代化的变迁。有些较为传统的家庭,仍保留了供奉神灵和祖先的类似堂屋的设计,而在室内家具等陈设方面却采取了传统与现代相结合的风格。在那些区位优势较好,现代化程度较高的传统村落中,其建筑内部空间布局和陈设与城市建筑趋于一致。

在旅游接待部分,其内部空间布局和陈设上主要以方便和满足游客基本需要为主,尤其是餐厅与住宿招待的内部空间,均尽量按照现代化的餐饮与住宿接待设施标准来进行布局和陈设,如许多家庭在餐厅中设有大厅和包厢,住宿接待的房间内部采用标准间标配和陈设。

3. 传统建筑装饰装潢的变化

传统村落传统建筑的装饰与装潢元素,主要来自建筑材料、建筑技艺与色彩运用等方面。首先,中国传统村落的建筑大多采用木质材料,它既是一种建筑材料,同时也起着很强的装饰作用。其次,传统建筑技艺与现代建筑技术有很大的区别,如中国西南地区许多民族地区的传统民居,大多采用穿斗式的木构架方式,木材的连接多采用榫卯的技法,这些技法使民族地区的传统建筑具备了独特的风格,其对传统建筑的装饰发挥了重要作用。此外,建筑的外观装饰与色彩运用也极为丰富。

值得注意的是,传统村落中传统建筑的装饰技法还具备一些实用功能,同时,每一种建筑装饰都有着深刻的文化内涵。随着旅游开发,其建筑在装饰装潢方面因建筑材料、技术等方面的改变而发生了变迁,虽然仍会保留一些传统的民族特色,但功能和文化寓意已悄然发生了变化,不但没有了实用功能而且技法粗糙,仅仅为了装饰而装饰,失去了其原有的生命力和内在的文化寓意。

四、传统村落饮食文化的变迁

(一)传统村落饮食文化

传统村落饮食文化是传统村落在其所处的地域自然环境中,经过长期的生产与生活实践而形成的,其内涵十分丰富,是传统村落文化的重要载体和表现形式。作为一种文化现象,它主要包括三个层次:物质层次,包括饮食结构和饮食器具;行为层次,包括烹饪技艺、器具制作方式和食物保存和运输方式;精神层次，包括饮食观念、饮食习俗和蕴含其中的人文心理和民族地域特征等内涵。

（二）旅游开发下传统村落饮食文化的变迁

传统村落因受其传统产业和自然地理环境和民族传统文化的影响，形成了具有地域和民族特色的饮食习俗。这种饮食习俗在传统社会中具有一定的稳定性。传统村落在进行旅游开发之前，因大多地处偏远地区，受经济水平的限制，许多村落在饮食习俗方面没有较为明显的改变，基本承袭了传统的饮食习惯，随着社会经济的发展和交通运输条件的改善，传统村落在饮食文化方面也慢慢发生了变化。尤其是那些进行旅游开发的传统村落，其饮食文化的变迁尤为突出。具体变迁情况如下：

1. 饮食观念、结构和烹饪技法的变迁

随着旅游开发，传统村落的村民因旅游收入的增加，家庭生活水平得到了较大改善。首先，饮食观念发生转变，不再是吃饱就行，而是要吃好，更加注重营养的饮食要素。其次，饮食结构改变，表现为：食材结构中的主副食、零食及调味品等种类日渐丰富；肉食、奶制品和菜品种类在日常饮食结构中的比例增加等。在传统村落旅游开发中，餐饮服务是传统村落旅游收入的重要来源，许多传统村落在为游客提供原汁原味的民族饮食的同时，还十分注重烹饪技术的提高和传统菜品的创新，如很多传统村落在饮食中较多地借鉴了川菜口味和烹饪技法。这些对当地饮食文化的变迁起到了重要的推动作用。

2. 饮食习俗的转变

因民族传统等，不少传统村落都有饮食习俗，如：很多少数民族不食狗肉等；一些食物按照传统一般在特定的节事习俗中才会进食，并伴有一定的饮食礼仪习俗；在村落日常的婚丧嫁娶中，其宴席饮食习俗均有一定的规格和讲究；等等。而在旅游开发中，为了满足游客多样化的饮食和口味需求，一些传统村落开始改变传统饮食文化的习俗，很多原先在特定的节日才会有的食物被搬上了游客的餐桌，或将一些饮食的礼仪习俗进行淡化或丢弃。

五、传统村落服饰文化的变迁

（一）传统村落中的服饰文化

中国民族众多，各民族均有着自身独具特色的服饰文化。民族服饰文化是各民族在生产劳动过程中,为求自身的生存和发展,在长期的生产与生活实践中所形成的特色文化类型,是其民族文化的重要内容和物质载体。各民族多姿多彩的服饰,具有表现形式多样、特色鲜明、独具风格等特点。其中包含着各民族的生活习俗、色彩喜好、审美情趣、观念等种种文化心理,折射出各民族多元的审美价值观,并蕴含着各民族不同的道德价值观。

(二)旅游开发与传统村落服饰文化的变迁

不同的自然环境、生产方式和生活方式,形成了不同的民族性格和民族心理,也形成了不同的服饰风格和服饰特点。服饰作为一种物质文化现象,其产生与变化总是与社会的经济发展变化相适应的。

新中国成立以来,随着我国经济的不断发展和现代化进程的推进,民族地区的村落社会生产力得到了很大发展,传统村落中少数民族群众的生活水平也逐渐提高。如今,购买和穿戴所谓现代样式的成衣已成为一般家庭的消费趋势。现代化生活节奏的加快和生活环境的改变,使得传统民族服饰因制作、穿着费时费力与现有的生活节奏产生了矛盾,村民不再愿意花费大量时间来制作传统民族服饰,而这种观念的变化,加剧了传统服饰的传承危机。

在各民族文化中,服饰文化往往是最吸引人的地方,许多游客在体验民族风情的旅游过程中,经常对各民族的服饰文化表现出浓厚的兴趣。除了极其偏远的传统村落,在一般传统村落中除了老人和重大节庆活动之外,人们很少穿着民族服饰。旅游开发下的传统村落,为了满足游客对其传统文化服饰的好奇心,纷纷将民族服饰文化作为其商业卖点。许多传统村落开展了一些有关民族服饰文化的旅游项目,如民族服装表演展示、民族婚庆、节庆的演绎和传统歌舞表演等;或是针对游客开展民族服饰销售,甚至还有关于民族服饰文化的专题介绍和展览;而那些参与到村落旅游开发中的村民,为了增加经营收益和展示其民族文化,也开始在日常的个体经营中穿着民族服饰。

传统村落参与旅游开发,客观上促进了传统服饰文化的复兴与传承。但这种因旅游开发而产生的复兴与传承,却在一定程度上引起了传统村落服饰文化的变迁。许多民族的传统服饰一般以手工加工为主,制作时间较长。在旅游开发中所出售和展示的民族服饰,往往手工制作较少,与传统服饰在面料、染色、工艺、刺绣等方面也有着很大的差别,服饰文化在旅游开发过程中出现了商业化、粗糙化、改良化和舞台化的现象,民族服饰的传统功能和文化内涵也随之发生了变迁。

六、传统村落生态文化的变迁

(一)传统村落生态文化

传统村落的自然生态环境对其村落文化形成起着至关重要的作用,在长期生产与生活实践中,传统村落形成了独具特色的生态文化。这种文化是村落文化的重要内容。传统村落的生态文化是由特定的民族或地区的生活方式、生产方式、信仰、风俗习惯、伦理道德等文化因素构成的,其核心是村落在历史发展过程中所形成的生态景观文化和对待自然生态环境的基本态度。所以,"实施乡村振兴战略,一个重要任务就是推行绿色发展方式和生活方式,让生态美起来、环境靓起来,再现山清水秀、天蓝地绿、村美人和的美丽画卷"。[①] 世世代代沿袭传承下来的针对生态资源进行合理摄取、利用和保护,能够使村落与自然和谐相处,并形成可持续发展的知识和经验。

(二)旅游开发下传统村落生态文化的变迁

旅游开发对传统村落生态文化变迁的影响主要表现在两个方面,一是对传统村落生态物质文化的影响,二是对传统村落生态文化、价值观念的影响。中国传统村落分布广泛,各传统村落所处区域、地理环境和自然条件不同,在与传统村落传统产业的相互作用下,形成了特色鲜明的村落生态文化,这种生态文化既有物质表现形式,也有精神内涵,如云南红河哈尼族梯田景观就是哈尼族村寨生态文化的物质体现。在现实中,许多同一传统村落因其不同的地域差异而呈现不同的生态文化,如有些藏族村落呈现草原景观生态文化,而有些则呈现森林生态文化或农耕生态文化等。传统村落在进行旅游开发后,旅游业对村落生态环境有着很大的影响。

在旅游开发中,因旅游设施的建设和经营活动而产生了大量的垃圾,甚至对有些村落中的土壤、水体等生态环境及野生动物的生存空间等造成了污染和破坏。"现在,不顾资源环境的事还不少,围湖造田、围海造地、过度养殖、过度捕

---

① 《习近平著作选读》第2卷,人民出版社2023年版,第90页。

捞、过度放牧等现象还大量存在,种地还是大肥大药,一些缺水地区还在搞大水漫灌,秸、类便、农膜还没有得到有效治理和利用。那种吃祖宗饭、断子孙路、竭泽而渔的发展方式,决不能再延续下去了!"①生态环境是传统村落传承发展的物质依存,但随着旅游业的发展,部分村落为谋求经济利益而忽视了生态保护,也就失去了赖以生存的物质基础。例如,黑龙江省抚远县抓吉村等赫哲族村落,近年由于在江边设置了沿江临时小吃摊和鱼宴,使江岸自然环境遭受破坏,水质污染严重。②

所以说,"良好人居环境,是广大农民的殷切期盼,一些农村'脏乱差'的面貌必须加快改变。要实施好农村人居环境整治三年行动方案,明确目标,落实责任,聚焦农村生活垃圾处理、生活污水治理、村容村貌整治,梯次推动乡村山水林田路房整体改善"。③ 随着旅游开发的不断深入,其乡村产业基础发生了变迁,村民都投身到旅游经济的发展中,村落原有生产方式逐渐被替代,其生态景观也随之变化或消失,取而代之的是越来越现代化和城镇化的村落生态文化。更重要的是,旅游开发增强了传统村落中居民的商品经济意识,在经济利益的驱动下,许多传统村落在旅游开发和经营中不惜破坏其赖以生存的生态环境,以往村落中的和谐生态文化观念逐渐变迁为以经济利益为主的功利性生态观念。因此,"我们必须处理好经济发展和生态环境保护的关系,把该减的减下来、该退的退出来、该治理的治理到位"。④

第二节 旅游开发中传统村落制度文化变迁

传统村落的制度文化规范着村民的生活与行为。在旅游开发过程中无论是村规民约、宗族制度还是传统的礼俗秩序,都发生了深刻变迁。这些变迁是传统

---

① 《习近平著作选读》第 2 卷,人民出版社 2023 年版,第 90 页。
② 潘婷:《赫哲族乡村文化景观保护规划研究》,东北林业大学博士学位论文,2020 年。
③ 《习近平著作选读》第 2 卷,人民出版社 2023 年版,第 91 页。
④ 同上书,第 90 页。

与现代碰撞的结果,深刻影响着村落的社会结构和发展走向。

一、传统村落组织制度文化的变迁

（一）传统村落组织制度文化

受农耕文化影响,传统村落因不同的地理环境和村落组织受血缘与地缘因素的影响,往往以血缘宗族或文化为纽带,形成联结着各个家庭的村落组织制度,进而形成了各自的组织制度文化。这种文化是传统村落制度文化的主要内容。传统村落传统的组织制度文化以血缘宗族观念、乡规民约、信仰等形式而存在。新中国成立以来,传统村落组织管理被纳入国家政治之中,成为国家政治管理体系中最基本的单元,原有的传统组织形态和组织制度文化受到了极大冲击和改变,加之因技术进步、意识形态变化、经济、社会发展等环境因素影响,传统村落组织发生了彻底的蜕变。

然而,传统村落传统的组织制度文化由来已久,根深蒂固,对中国传统村落有着深远的影响,即便现今的传统村落组织由国家统一组建和管理,传统村落中的传统组织制度文化依然被许多村民自发遵循,在村落日常事务的管理中发挥着一定的作用。

（二）旅游开发下传统村落组织制度文化的变迁

1. 旅游开发与传统村落组织制度的变迁

传统村落处于传统社会形态下,以往的组织制度及其文化对于传统村落管理等方面确实具有较强的适用性。但当传统村落进行了旅游开发之后,这些村落的功能和社会形态发生了转变,即由农牧业社会形态转变为旅游服务型社会形态,这时传统村落原有的组织制度及其文化,已不能适应村落旅游经济发展的新情况了。在没有新的组织制度出现之前,传统村落在旅游开发和经营过程中,往往会出现无序开发和竞争的混乱局面,这会给村落社会经济的发展带来伤害。由于没有制定任何规章制度,情况混乱,处于无序发展状态。为了争夺游客,村民间经常发生争执,游客"被宰"现象也时有发生。许多传统村落为了促进旅游业的可持续发展,适应因旅游开发而出现的新型经济、社会关系,或者对原有组织制度进行适当的重组和改良,或者成立一些新的村落组织和管理机构,这些做法势必会引发传统村落组织制度文化的变迁。此外,国家或地方层面出台的相关旅游法规与规范,对传统村落原有管理制度也有一定的影响。

2. 旅游开发与村落组织制度文化的变迁

目前,在中国许多传统村落,现代化的组织制度在日常事务中发挥了重要作用,但在特殊和重大的村务管理中,现有的组织制度有时会变得束手无策,这时传统村落传统的组织制度文化,如村落世代传承的一系列带有本地特色的乡规民约和民间习惯法,往往能发挥其作用。传统村落在旅游开发过程中,除了要充分发挥村落中基层行政组织的力量之外,对于那些针对旅游开发和管理而出现的新型现代组织制度,在具体实施过程中,还应充分考虑传统村落原有社会文化等的合理因素,对原有组织制度文化的改造和创新进行相应的本土化,才不会使其"水土不服",如不正当竞争、收益分配不均、社区参与不公等各种问题,甚至影响到村落的社会稳定。因村落旅游开发而出现的新的组织制度文化,要想在较长时期内稳定存在并不断发挥作用,就必须充分考虑到传统村落在旅游开发过程中的各方利益相关者的利益诉求。因为一种组织制度之所以能长期存在,就在于它能较好地平衡社会中各利益方的利益博弈,只有当各方利益达成一致,人们才会摒弃旧制度而采用新制度。也就是说,只有在平衡了传统村落各利益相关者的博弈后,新的组织制度才会被认可和接纳。为了使传统组织制度文化能更好地发挥其组织协调作用,传统村落在旅游开发过程中,完全可以考虑将其嵌入在新的组织制度中,从而使传统村落的组织制度文化因旅游开发而得以传承,并引导传统村落组织制度文化良性变迁。

二、传统村落节庆文化的变迁

(一) 传统村落节庆文化

中国各民族都有自己独特的节庆文化,节庆文化是在漫长的历史过程中形成和发展起来的重要民族文化。这种文化展现了各民族的历史风貌和文化生活,在民族节庆中,各民族独特的民族风情和文化气质得到了充分展示。节庆文化一般包含物质、行为和精神三个层面。其中,节庆习俗与仪式是节庆文化的重要行为层面。因此,人们有时会将节庆文化看作是一种民族风俗和习惯。从节庆文化的精神层次上看,节日文化中蕴含着一个民族在历史发展过程中形成和积淀下来的信仰、价值观念、文化心理和审美情趣等。在传统村落中除了本民族所共有的一些节庆文化之外，有些村落还因地域、族群、事件和人物纪念等因素而形成了村落自有节庆文化。

（二）旅游开发与传统村落节庆文化的变迁

目前，许多传统村落的传统节庆文化越来越淡化。究其原因，一方面是受乡村现代化和城镇化建设的影响，人们生活节奏加快，为了生存和发展，人们无暇顾及传统的节事活动；另一方面是受汉族节庆文化的影响，许多民族节庆被同化或取代。在旅游开发的传统村落中，节庆文化又被当作重要的旅游资源，进行了重新发掘和打造，被用来吸引旅游者的眼球。在一些传统村落中，有许多节庆文化或进行商业化运作，或被搬上舞台，以表演的形式展示给游客。旅游开发在客观上对传统村落节庆文化的复兴和传承，起到了促进和推动作用。但是这种节庆文化只停留于表面形式，其文化的核心和实质已发生了变迁。这是因为传统村落中的传统节庆文化，是在漫长传统社会的生产和生活过程中形成的，其文化内涵和特征是与传统社会产业基础、社会形态和民族心理相适应的。而传统村落在旅游开发中所展示的节庆文化，是在旅游产业经济基础上出现和完成的，经济基础的变化决定了其节庆文化内涵的变迁。节庆文化具有一定的稳定性和变异性，随着旅游开发的不断深入，其节庆文化内涵与价值的变迁是不可避免的。

三、传统村落社会结构的变迁

（一）传统村落社会结构

传统村落中的社会结构是指村落中的社会结构组成方式及其关系格局，主要包含村落中的人口结构、家庭结构、村落组织结构、分工结构、收入分配结构、消费结构与社会阶层结构等若干重要内容。社会学中的社会结构更多的是指社会阶层结构。村落社会结构具有复杂性、整体性和相对稳定性等特点。

（二）旅游开发与传统村落社会结构的变迁

新中国成立以后，传统村落的内部社会结构因政治、意识形态等原因，与传统社会下所形成的传统村落社会结构相比，其村落社会阶层被简化；以血缘和宗族为纽带的村落组织结构被弱化；村落家庭结构由原来的大家庭向现代核心家庭转变，人口结构和分配结构均发生了较大变化。但因传统村落一直延续原有的产业形态，因此，村落内部社会结构仍然具有传统村落的乡土性、内聚性和封闭性等特征。

传统村落在进行旅游开发之后，村落中的产业基础发生了变化，在旅游业这种第三产业的影响下，传统村落原有的带有乡土性、封闭性的内部社会结构逐渐转变为多元开放的社会结构，尤其表现在村落内部社会组织结构、分工结构、收入分配结构、消费结构与社会阶层的变迁上。

1. 旅游开发与村落组织结构、职业构成与分工结构的变迁

随着旅游开发的进行，村落中原有的组织结构发生了变化，原有行政组织的管理职能发生了转变，甚至出现了与旅游开发经营相关的新的组织和制度，如许多村落成立了旅游开发管委会，有些村落中还有一些外来的旅游投资公司和开发公司，使部分村落中的组织机构在性质、层级、功能和结构等方面均发生了变化。随着传统村落中旅游业参与人数的不断增多，村落中人口的职业结构发生了变化，除了原有的第一产业之外，从事第三产业的劳动力增多，并且职业类型多与旅游开发的项目类型密切相关。乡村自旅游开发之后，在传统产业的基础上出现了新的产业类型，产业结构发生了变化，村落中的分工结构也因产业结构的不同而发生变化。传统村落过去是性别分工，大多是"男主外，女主内"，但在旅游开发过程中，村落中的女性在旅游经营中体现出了优势，她们积极地参与到村落的旅游开发与经营当中。此外，村落的年龄分工结构方面也发生了变化，因旅游业参与的灵活性，村落中不同年龄的人都可从事一些力所能及的工作。

1. 旅游开发与村落收入结构和消费结构的变迁

旅游业一直在我国社会经济发展进程中起着重要作用，在当下面临需求收缩、供给冲击、预期转弱三重压力的情境下更是如此。在旅游开发下，传统村落社区参与旅游发展为村落带来了新的收益，但因社区参与存在不充分和不平等的现象，新的收入来源对村落原有收入分配制度和分配结构产生了较大冲击，贫富差距加大。旅游开发下的传统村落消费结构也发生了转变，在旅游开发之前，我国绝大多数传统村落地处经济落后地区，购买力有限，再加上传统消费观念的影响，其消费主要以生存资料为主，以解决温饱为消费的主要目的，对于耐用品和非耐用品的消费十分有限，消费水平处于较低水平，结构相当单一。旅游开发下的传统村落，因村落旅游经济投入小、见效快，对于那些参与其中的村民来说，其家庭收入水平得到了很大提高，在消费能力增加的前提下，消费观念、消费内

容和消费结构均发生了巨大变化,除家庭消费水平的增加之外,更多的是将消费重点放在旅游接待规模的扩大、旅游项目的开发以及旅游的日常经营管理当中。国家统计局发布的《中华人民共和国 2023 年国民经济和社会发展统计公报》显示,全年全国居民人均可支配收入为 39 218 元,比上年增长 6.3%;人均消费支出为 26 796 元,比上年增长 9.2%,其中人均教育文化娱乐消费支出占比 10.8%,文化和旅游消费在消费乏力的大环境下作用突出。[①]

2. 旅游开发与村落社会阶层的变迁

在社会学中,狭义上的社会结构更多地指向社会阶层结构。随着旅游开发的不断深入,在上述村落社会结构的变化中,村落中的社会阶层也会发生了改变。通常情况下,衡量社会阶层的三个维度是财富、权力和声望。传统村落在旅游业发展的过程中,那些经济基础较好、头脑灵活的村民,家庭财富水平较之前有了很大提高。尤其是在旅游开发中,传统村落涌现出了一批本土旅游精英,很多都成为当地的名流。伴随部分村民财富的增加,其经济地位的提高势必会带动社会和政治地位的改变,甚至成为村落中的新富人。在旅游发展的过程中,随着村落中贫富差距的逐渐拉大,相关利益者的博弈也会越来越激化,最终引起村落内部社会阶层的分化。此外,在旅游经济的影响下,传统村落内部社会出现了由社会行政性整合向契约性整合的转变。在旅游经营过程中,外来人口、流动人口逐渐增多,家庭结构和人口结构均受到一定影响。

四、传统村落社会性别文化的重构

(一)传统村落社会性别文化

社会性别文化是指人类社会对男性、女性及其相互关系的观点和看法,以及与之相适应的性别规范和组织结构。对于社会性别文化的认知一般是以平等的社会性别文化和不平等的社会性别文化加以区分。在不平等的社会性别文化中,既包括传统社会中男性地位高于女性的性别文化,也包括少数女性地位高于男性的性别文化。新中国成立以后,虽然从法律和制度层面上对男女社会性别的平等加以提倡和保障,但在现实生活中,男女社会地位的不平等仍广泛存在。

---

① 厉新建、宋昌耀、张安妮:《旅游业新质生产力:难点与方向》,《旅游导刊》2023 年第 5 期。

当然,在中国个别民族中,确实存在一些女性社会地位高于男性的性别文化,但从总体来看,大部分少数民族的社会性别文化也存在男女社会地位的不平等。目前,诸多传统村落少数民族妇女的现状是:政治上参政议政机会少,参与社会活动的机会更少,在社会及家庭事务中的作用有限;经济上妇女就业机会少,缺乏经营技能、缺乏资金;文化教育方面与男性相比,她们受教育及学习的机会少,文化水平低。

(二) 旅游开发与传统村落社会性别文化的变迁

从目前来看,旅游开发为传统村落中的妇女发展提供了契机。实践证明,传统村落旅游开发中妇女比男性更具优势。因为旅游业作为一种服务性产业,其服务性贯穿于旅游的食、住、行、游、购、娱的各个方面。与男性相比,女性一般都较为细腻和更有耐心;女性更注重外表,具有爱美的天性;女性一般比男性更多地关注衣食住行。因此,女性更容易参与到旅游开发的各种服务中去。

随着近年来许多传统村落旅游开发的蓬勃发展,可以看到女性在村落旅游发展中扮演着重要角色。首先,她们自身是旅游资源的重要组成部分。比如,少数民族妇女的服饰、传统工艺制作等,所体现出来的本民族性格与内涵向来对游客具有很大的吸引力;在各民族旅游传统习俗与歌舞表演中,也大多是由女性来承担主要角色。其次,女性在旅游活动中承担了主要的接待工作,在餐饮、住宿、购物、讲解等旅游活动中都能看到她们的身影,在很多情况下,她们在旅游发展中所起的作用往往是男性所无法替代的。再次,在许多关于旅游从业人数的统计数据中,女性从业人数远远超过男性从业者。随着传统村落中女性参与旅游业程度的不断加大,她们的经济收入有所增加,其在家庭中的地位得以改善。在家庭日常事务的决策中,因掌握了一定的经济收入,而逐渐在家庭中获得了较多的话语权。最后,除了经济地位的提高,传统村落旅游开发还为女性村民提供了更多的与外界交流和学习的机会,在此过程中,她们开阔了视野、增长了见识。在与游客的接触过程中,受外来游客,尤其是城市游客的示范作用,她们在卫生习惯、生活方式、饮食习惯、穿着打扮等方面变化较大。因在旅游参与过程中,大量接触各种游客,其社交能力也得到了前所未有的提高,甚至有些女性成长为旅游经营与管理的专业人士。更重要的是其传统观念亦发生了变化,主要表现在对妇女的传统角色的定位、婚恋观念、生育观念、消费方式等诸多方面。

对于村落中的性别文化来说,旅游开发实质在于为村落中的女性提供一个走出家庭、走入社会的产业平台。根据马斯洛需求层次理论,传统村落中的女性在自身经济地位不断提高和观念不断转变的过程中,其需求层次将会由原来的生理需求、安全需求,逐渐产生爱与归属的需求、尊重需求甚至是自我实现的需求。传统村落的旅游开发,在客观上对促进村落社会性别文化由传统向先进的转变做出了重要贡献。

当然,传统村落在旅游开发中,村落社区性别文化变迁,会根据不同民族和不同村落的具体情况而有所区别。例如,云南泸沽湖落水村,在村落旅游发展中,社会性别的建构表现为一种多元发展的态势。落水村摩梭人一直保留和延续着母系氏族社会的传统,其女性地位普遍高于男性。旅游业提高了当地社区的经济水平,生活质量也明显得到改善,但摩梭女性在家庭和社会中的地位却大不如前。同时,男性在其中的活动却被赋予更高的社会价值。可见,旅游开发对村落族群社会性别文化的影响会因具体的文化因素和特定的历史场景而各不相同。

旅游业为女性带来了诸多好处,但在实际中仍然存在一些不利之处,如对那些旅游淡旺季显著且没有完全脱离传统农牧业的传统村落来说,旅游业无疑加重了村落中妇女的劳动负担。

第三节 旅游开发中传统村落精神文化变迁

传统村落的精神文化是村落的灵魂所在。精神文化如信仰、民俗、传说等维系着村落的内在凝聚力。然而,随着旅游开发活动在传统村落中推进,新的思想观念、生活方式与原有的精神文化相互交织、碰撞。这种变迁既为传统村落精神文化带来了创新与发展的契机,也使其面临着被侵蚀和异化的风险。

一、传统村落传统价值观的变迁

(一)传统村落中的传统价值观

所谓传统村落的传统价值观,是指一个民族在长期的历史过程中,形成的对客观事物的价值和重要性的较为一致的评价和看法。传统价值观往往是传统村落文化的内核，是村落传统文化的深刻凝结。在中国的传统村落中，传统价值观大多是由各民族的信仰发展而来的，信仰中蕴涵了对勤劳、勇敢、正义的赞扬和提倡，包含着强烈的生命意识、鲜明的善恶观以及朴素的生态观念，形成了传统村落早期的传统价值观。

因此，传统村落的信仰是其传统价值观的根基。中国传统村落传统价值观与儒家文化的传承有很大关系，在其传统价值观中也十分注重家庭观念，以家庭观念为其传统价值观的核心内容。

这是由于许多地区主要以村落为基础社区，传统村落社会主要是以宗族血缘为纽带，血缘、族缘和地缘三位一体相互重叠的村落结构。在传统村落的生产与生活中，人们以传统农牧业为根本，以善良、互助、谦虚、勤俭、坚韧等价值观来约束自己的日常行为，形成了较为稳定的村落社会价值观。此外，传统村落中的传统价值观在很大程度上与其传统村落中的文化艺术相关联，并反映在传统村落文化的物质文化、制度文化和精神文化中，体现了传统村落中非常具有民族特色的审美价值观。

（二）旅游开发与传统村落传统价值观的变迁

传统村落的传统价值观是在长期、特定的自然和社会历史环境的实践中所形成的，基本的产业基础在整体上决定了传统村落价值观的传统属性，具有鲜明的地域特色和特殊的价值取向和评价。然而，随着国家和民族地区综合实力的增强，民族地区的开发程度逐渐加大，在这一过程中，其传统价值观受到了很大的冲击，面临着严峻的挑战。在中国民族地区，国家和地方政府在推进民族地区经济发展中，因旅游业具有前期投资小、见效快、行业参与壁垒和技术要求低等特点，往往成为首选的地方经济发展方向。其中，对一些资源基础较好、特色鲜明、具有一定开发潜力的传统村落进行民族文化的旅游开发是民族地区发展旅游业的重要形式之一。

但随着旅游开发在传统村落中的不断深入，许多问题和矛盾也相继出现，这些问题和矛盾的焦点，基本集中于因旅游开发而带来的商业文化价值观与传统村落中的传统价值观的冲突上。在一些旅游开发时间较长，发展较快的传统村落中，这种价值观的冲突在旅游发展的长期过程中，甚至引发了传统村落传统价值观的变迁。有关旅游开发而带来的传统村落传统价值观的变迁表现在诸多方面，笔者选取最为突出的三个方面，进行较为系统的论述。

1. 旅游开发对以信仰为基础的传统村落传统价值观的冲击

一些成熟的民族信仰在一些少数民族漫长的发展过程中成为其传统文化的核心，为少数民族的生活与交往提供了系统的价值评价与选择标准。传统村落旅游开发带来了现代商业文化，商业文化下的价值观与传统村落传统文化价值观相比，最大的差异表现为，商业文化价值观对一切事物的根本看法和评价以商业价值的大小作为根本标准，追求商品交换过程中的经济利益最大化。

在中国许多民族地区，自古以来在以农牧业为传统产业的基础上，形成了以家庭为单位的自给自足的经济形态，重农轻商是传统社会发展的一贯政策和基本观念。不但如此，民族地区的传统村落，还因信仰的影响，形成了以信仰为基础的传统价值观。而不论是古代商业文化还是现代商业文化下的价值观，其根本原则和基本理念均与传统村落传统价值观中非功利性的基本理念有着根本性的差异。在中国，大多数进行旅游开发的传统村落，在未开发之前均处于较贫困的状态中，其商品经济意识十分淡薄。

在传统村落旅游开发过程中，村落本身及其文化成为重要的旅游开发资源，其资源的旅游开发均是以现代商业化的运作方式来进行的。也就是说不论是传统村落本身还是其原有文化，是否能带来经济利益成为评判其价值大小和是否进行旅游开发的重要依据。

商业化的旅游开发运作方式，为传统村落带来了较为明显的经济效益，许多传统村落在较短的时间内摆脱了贫困，走上了富裕之路。在这种强烈的经济利益刺激下，传统村落中的传统价值观念逐渐发生了转变，其市场经济的意识不断增强，并开始有意识地将商业文化下的功利性价值观移植到传统村落旅游开发过程中。

在获得更多经济利益的驱使下，这种价值观念得到了不断强化，使得许多进行旅游开发的传统村落，出现了过度商业化的现象，不符合商业经营规范、违背基本伦理道德的欺骗和欺诈行为大量存在。这对传统村落传统价值观中的善良、诚实、诚信、勤劳等基本观念和村落社会风气造成了一定的冲击和破坏。

2. 旅游开发对以家庭为核心的传统村落传统价值观的冲击

旅游开发对传统村落以家庭为核心的传统价值观的冲击较为突出。旅游开发促进了传统村落的经济发展,但因参与传统村落旅游开发的时间、程度及经营范围的不同,使得传统村落旅游收益分配不均衡,引发了传统村落的贫富差距,激发了传统村落中的个人意识,甚至改变了村落中原有的社会结构。

在村落家庭经济差距的刺激下,村民产生了在旅游开发中获得更多的经济收益的动机,这种行为势必引发传统村落旅游业的激烈竞争,甚至演变为恶性的旅游竞争。在这种商业化的过度竞争中,传统村落中原有的价值观受到了很大的冲击,为了经济效益,兄弟反目、邻里纠纷,甚至导致宗族和村落间出现冲突。

这对传统村落中的在以血缘、宗族和地缘等因素的综合作用下所形成的家庭伦理价值观造成了很大打击。部分传统村落盲目地开发一些古商业街、民宿等,认为这样可以轻松靠发展旅游获得收入。然而,更多换来的却是"千村一面"的古村落旅游模式,不仅没给村民带来实际的收入,反而破坏了村落原有的传统肌理。[①]

3. 旅游开发对以艺术文化为载体的传统审美价值观的冲击

在传统村落中,从音乐歌舞到绘画织绣,从民居房舍到庙宇亭台,从饮食酒水到服装配饰,无不展现着传统审美价值观。传统村落的艺术文化并非与其生活脱离的事物,而是生活的本真,是衣食住行的直接载体。它使传统村落中的各民族生活充满了审美价值,而这种审美价值是其生活经验与心灵智慧的凝结。在传统村落传统文化中,人与自然、人与人的和谐与美好,生活的从容与优雅,精神世界的沉静与自由,全部蕴蓄其中。

在旅游开发过程中,传统村落的审美价值观同样受到了巨大冲击,其最突出的表现,就是传统文化的传承与保护受到威胁。比如,在云南,丽江纳西古城的原居民已经基本搬出,住进了现代化的房屋里,他们在古城里活动基本是从事旅游业,纳西古城逐渐成为没有纳西人的古城;在藏区,能够说唱格萨尔史诗的老人已经屈指可数;在黑龙江,赫哲族正宗的皮制手工艺面临失传;在黔东南,留住在苗寨里的老人和孩子以古乐和歌舞表演招徕游客,他们在和游人齐歌共舞之

[①] 杨建斌:《传统村落动态保护与更新设计方法研究——以兰州青城镇为例》,兰州交通大学博士学位论文,2017年。

余兜售各种商品。古老的社会与文化发生了很大变化,那些古乐和歌舞曾经伴随着神圣仪式和真实的节日庆典,现在它们被用来换取商业利益,传统村落的传统文化虽然在形式上得以保存和传承,但在商业化甚至是过度商业化的文化资源开发和经营过程中,传统村落原有文化中所蕴含的审美价值观演变为村落艺术文化的符号、形式和外壳。

二、传统村落旅游开发与族群认同

（一）族群认同

族群是指人类在社会历史发展中区分我族及他者的分类方式之一,在民族学中指地理上靠近、语言上相近、血统同源、文化同源的一些民族的集合体,也称族团。一个民族通常包含多个族群,一个族群通常包含多个民系。在中国的广大传统村落中,除了由单一民族组成的族群之外,大多数传统村落都是由一个占主体的民族与其他民族组成的杂居族群。

认同是一个心理学和社会学术语,认同大致可以分为两类：一是自我认同,是指自己对自我现况、生理特征、社会期待、以往经验等各层面的觉知。二是社会认同,是个人拥有关于其所从属的群体,以及这个群体身份所伴随而来在情感上与价值观上的重要性认知,亦即个体身为一个群体成员这方面的自我观念。

族群认同是一个复杂的心理活动,是指在心理或感情层面上将世界划分为"我们"和"他们"的思维活动。这种区分更多地来自与他群接触时一种文化上的自觉,这种自觉是建立一个族群的最基本特征,因为族群认同是人们与那些与其自身有着不同起源和认同的人之间互动的产物。

（二）旅游开发与族群认同

1. 旅游开发之前的传统村落族群认同

中国传统村落大多经济发展落后,村民收入和生活水平较低,在很多传统民族村落文化中,其民族文化与乡村文化在一定程度上互有叠加。在改革开放后的现代化建设过程中,以汉族文化为主的现代文化发展较快,这种文化是建立在现代化市场经济的物质基础之上的,与民族地区村落传统文化相比具有一定的现代性和先进性。因此,在现代化进程中,现代文化的传播具有强势文化的优势,对传统民族村落传统文化形成了很大冲击。

2. 旅游开发下的传统村落族群认同

在乡村旅游开发过程中,传统村落当中的各种文化成为旅游开发的主要内容,并给村落社区带来了较大的旅游收益。传统村落文化在旅游创收的过程中,体现出了其传统文化的价值所在,在与游客的不断接触中引发了对其自身的重新认识。当他们逐渐意识到在之前被自己认为"落后"的村落文化,居然会在进行旅游开发后吸引了很多不同国家和民族的人们,这极大地刺激了传统村落对自身文化的认识,他们开始对村落民族及历史文化进行重新定位,这种增强了的民族认同感和自豪感,使传统村落文化和族群得以重新构建。

3. "旅游族群"的产生与传统村落族群认同

在目前的旅游人类学中,存在着"旅游民族"概念。所谓"旅游民族"是一种因为旅游活动的开展而产生的对该民族文化的重新认识,并加以"旅游进行式"表述的一群人。那么,传统村落在旅游开发过程中所产生的族群和文化认同,同样是因旅游开发活动而产生的村落族群与文化的重构。传统村落族群特性,在很大程度上是在旅游开发中对传统村落原有族群与文化进行展示和表现的,这种以旅游方式所展示出的传统村落族群特性只是其部分特性,且这种旅游方式下的族群特性展示和表现存在舞台化、符号化和过度包装的商业等行为,与传统村落族群在真实生活中的具体情况存在一定的差别,是在旅游情境下所进行的"我者"与"他者"的族权区别与认同,其村落族群认同的实质和文化内涵已发生了变迁,从而形成旅游开发下的村落"旅游族群"。

第四节 旅游开发下传统村落文化变迁的特征

传统村落承载着丰富而独特的地方文化。然而,旅游开发如同一把双刃剑,深刻地影响着这些传统村落。在此过程中,传统村落文化发生了显著变迁。这种变迁展现出多维度的特征,既有物质文化层面建筑风貌、生活设施的变化,也有精神文化层面民俗信仰、价值观念的调整,更有制度文化层面乡规民约等的演变。

一、旅游开发下传统村落文化变迁的不可逆性

任何文化都会发生变迁,这是文化发展的一般规律。这种变迁既包括纵向的变迁,也包括横向的变迁。纵向变迁是指文化特质随着时间的推移而不断发展,不断积累和进化的变迁过程;横向的变迁则是指文化在同时期中不同地域之间的文化传播与内涵化的过程。

自 1980 年代改革开放以来,中国的发展突飞猛进,人们的经济条件和生活水平有了极大的提高,真正进入大众旅游时代,在这种全社会旅游需求及其旺盛的情况下,人们对各民族文化产生了浓厚的兴趣,把民族地区作为主要的旅游目的地之一。而民族地区由于历史发展、地域条件等因素的限制,经济、社会长期处于较为落后的局面,急需摆脱贫困。在市场巨大旅游需求的驱动下,加之旅游业的开发因其特有的见效快、技术要求低等的开发优势,理所当然地成为民族地区发展经济的最佳选择。在民族地区旅游开发中,对传统村落进行旅游开发成为主要形式之一。旅游业属于第三产业,部分传统村落在进行旅游开发之后,村落中的产业基础发生了变迁,势必会带来传统村落原有文化的变迁。当然,传统村落中的旅游开发大多是对原有传统文化的开发,因其内涵、功能和所依托的物质基础发生了变化,这种用以旅游开发的村落文化只是保留了原有传统文化的外在形式,其文化的实质却发生了变迁。

国内外不少民俗学家、人类学家、历史学家等对民族地区的旅游开发持极大的否定态度,他们认为旅游开发活动破坏了当地的原生态文化。但我们必须清楚地意识到,即便不对这些民族地区进行旅游开发,仍最终逃脱不了全球现代化浪潮的洗礼,何况现代社会中人们的旅游需求是不可抵挡的,民族地区对传统村落的旅游开发只是该地区现代化较快推进的一种方式而已,现代化进程是人类社会发展中不可逆转的趋势,旅游需求也是不可逆转的。因此,旅游开发所带来的传统村落文化变迁更是不可逆的。那么,在这种现状之下,如何在保护中进行传统村落旅游开发是我们解决此类问题的重点。

二、旅游开发下传统村落文化变迁的层次特征

对于旅游开发下传统村落文化变迁的分析,是一个十分庞大、复杂的问题。

在研究中，如何区分和界定哪些是因旅游开发而引发的村落文化变迁，是分析的难点所在。在实际情况中，传统村落中的许多文化变迁确实是由旅游开发活动而直接引起的。关于这一结论，可以从目前有关该类问题的研究成果得到印证。那些因旅游开发而直接引发的传统村落文化变迁，我们姑且将其界定为旅游开发中传统村落文化变迁的表层文化变迁。对于那些看似和旅游开发有关，但又无直接关联性的传统村落文化变迁，我们根据其关联程度将其分为文化变迁的中层和深层。所谓表层文化变迁，是指传统村落在旅游开发之初的一段时期内，因旅游开发而带来的传统村落文化变迁现象，这些变迁现象是一种人们能够直接看得到、摸得着的文化变迁。这种传统村落的表层文化变迁往往是从传统村落的传统产业文化、景观文化、传统建筑文化、饮食文化、服饰文化等物质文化层面开始，逐渐影响到传统村落中的诸如组织制度文化、节庆文化、社会结构、社会性别文化等制度文化层面的中层文化变迁。随着传统村落旅游开发的不断深入，最终会引发村落原有价值观、族群认同和信仰等精神文化层面的深层文化变迁。

在因旅游开发而引起的不同层次的传统村落文化变迁中，以物质文化为主的表层文化变迁表现出了现代化的特征，这种现代化又导致了这一层面文化在变迁过程中丧失个性，呈现出同质化的特征。在以制度文化为主的传统村落中层文化变迁中，出现了组织制度文化的契约化、村落社会结构的复杂化、节庆文化的形式化和表面化及村落社会性别文化的重构等特征。而在以精神文化为主的传统村落深层文化变迁中，表现出的特征则是，传统价值观的商业化和功利化、族群认同的强化和信仰的淡化和世俗化。

三、旅游开发下传统村落文化变迁的地域不平衡性

中国有数以千计的传统村落，大多分布在中国的西南、西北和东北部地区，不同区域的传统村落旅游开发的内容、时间和程度等不同，因此，其发展状况也表现出明显的地域差别。

西南地区是中国民族种类分布最多的区域，尤其集中在云南、贵州两省及广西壮族自治区一部分。云南因其众多的民族文化资源和多样的自然地理环境，而成为中国民族旅游开发最早、发展最快的省份。在这一区域的民族旅游开发

中,传统村落旅游成为主要的开发内容。近些年来,随着贵州旅游业发展速度的加快,以云贵两省为代表的西南地区传统村落旅游开发成为中国民族旅游发展的重点区域。其中,纳西族、傣族、苗族、藏族、白族、侗族、布依族、土家族、瑶族、彝族、羌族、壮族、哈尼族等成为该区域中传统村落旅游开发的重点对象。由于这一区域传统村落旅游发展较早,旅游淡旺季不是十分明显。因此,由旅游开发所引起的村落文化变迁问题也很快显现了出来。随着旅游开发的不断深入,商业化等因素所带来村落文化变迁的速度和程度也在不断加剧。国内诸多相关学者,也对这一区域内的传统村落旅游开发做了大量的研究,从最初的如何进行旅游开发到如今的旅游影响研究,学者们逐渐开始将目光转移到西南地区旅游开发中传统村落文化变迁的问题上,并取得了许多成果。这些足以说明传统村落旅游开发较早和发展较快的西南地区,在旅游开发过程中所引起的文化变迁问题是最为显著和突出的。

而幅员辽阔、民族分布较多的西北地区,却因自然环境、区位条件、交通条件等因素的限制,其民族旅游业开发和发展较为缓慢。随着国家西部大开发政策的实施,西北地区抓住机遇,纷纷将发展民族特色旅游业作为区域发展的主要产业。在10多年里,这一区域的民族旅游业取得了较快发展,涌现出了一批特色民族旅游村落,如新疆、内蒙古、甘肃等地区。虽然其旅游开发和发展速度整体上比不上西南地区,但其发展势头强劲,潜力巨大。值得注意的是,这一区域的传统村落旅游开发不但较晚,而且因气候条件限制,旅游淡旺季十分明显。因此,这一区域的传统村落在进行旅游开发时,旅游业并不能完全取代传统村落原有的传统产业,往往形成传统村落原有产业和旅游业并存的形式,这使得这一区域的传统村落因旅游开发而带来文化变迁,并没有像西南地区表现得那样显著。

中国的东北地区,自然条件优越,农业发达,受工业化、现代化和城镇化影响,其少数民族被汉化的程度较为明显,因少数民族文化资源匮乏,其民族旅游发展较为缓慢,部分区域因旅游开发所带来的民族文化变迁并不十分明显。

四、传统村落旅游开发形式影响其文化变迁的内容和程度

中国的传统村落在进行旅游开发时,由于适宜旅游开发的资源、条件和优势特色有所不同,所采用的开发形式也有所不同。而不同的旅游需求决定了传统

村落旅游开发内容、开发形式的不同,意味着在开发过程中所涉及的村落文化范围和层次不同。目前,中国的传统村落旅游开发的主要形式有乡村旅游、村落民族风情旅游、生态旅游、民族风情主题公园等。在不同的旅游开发形式下,传统村落能够满足的旅游需求就会有所差异。进行旅游开发的传统村落,其开发的内容大多以提供食宿及参与农事旅游活动为主要内容,这种旅游形式要求村落提供具有乡土气息的环境文化。因此,其对村落旅游文化的变迁影响程度相对较小。那些进行生态旅游开发的传统村落,除了提供游览过程中的食宿服务之外,还以提供生态旅游交通、向导等相应服务为主(云南落水村和香格里拉雨崩村等均属于这类情况),传统村落的生态旅游开发形式对传统村落文化变迁的影响程度主要体现在饮食文化、建筑文化、组织制度文化和生态文化等方面。而进行民族风情旅游开发的传统村落,则以村落民族特色文化为旅游开发的主要内容,这种开发形式对传统村落的文化变迁影响程度往往较大,在开发过程中,不但涉及传统村落的饮食和建筑文化,还会涉及村落的景观文化、民俗节庆文化。综上可知,传统村落不同的旅游开发形式在很大程度上决定了其村落文化变迁的内容和程度。

第四章　传统村落文化旅游保护性开发

传统村落承载着中华民族文化的基因。在发展旅游的进程中,保护性开发是一项关乎文化延续与乡村发展的重大使命,是在现代与传统之间寻找平衡的艺术,是为子孙后代留存文化之根的神圣事业。习近平总书记指出:"要把保护传承和开发利用有机结合起来,把我国农耕文明优秀遗产和现代文明要素结合起来,赋予新的时代内涵,让中华优秀传统文化生生不息,让我国历史悠久的农耕文明在新时代展现其魅力和风采。"[①]

第一节　传统村落文化旅游保护性开发的界定

旅游的灵魂在于文化,乡村旅游的灵魂在于乡村文化。[②] 在现代旅游发展的浪潮下,传统村落面临着前所未有的挑战与机遇。一方面,过度开发可能导致文化的破坏和丧失;另一方面,合理的旅游开发又能为其带来新的生机。因此,传统村落文化旅游保护性开发的决策应运而生,这是关乎传统村落未来命运的关键抉择,是平衡保护与发展天平的重要砝码。

一、传统村落文化旅游保护性开发概述

中国的民族众多,独特的传统村落文化是旅游发展的核心资源。旅游开发

[①] 《习近平著作选读》第2卷,人民出版社2023年版,第93页。
[②] 张泽昊、杨鹏飞:《"蓝海战略"对商洛市乡村旅游创新发展的启示——以商南太子坪村为例》,《智慧农业导刊》2024年第22期。

像一把双刃剑,积极作用和消极作用皆有。它必然会对传统村落文化产生影响——至于如何影响,是产生积极影响还是消极影响,这取决于在旅游开发过程中对传统村落文化的态度,即如何平衡保护和开发传统村落文化的关系。要实现传统村落文化保护和可持续发展,应审视和总结已有旅游开发方式,选择恰当的旅游开发模式,凸显传统村落文化"地方性"特征。只有这样,旅游业发展才可能有选择地强化传统村落文化传统,保护和促进某些传统文化的发展。针对传统村落文化旅游或者传统村落旅游开发方式选择问题,不少学者提出了"保护性开发"的思路,这为传统村落文化旅游开发提供了重要选择。

传统村落文化旅游资源具有特殊性,为了保证它的可持续发展,对其进行保护性规划与开发尤为重要。传统村落文化还具有易损性和不可再生性特点,且由于现代旅游所带来的负面影响,对其必须进行保护性开发。保护性开发既是开发思路也是开发模式,它的实施可以更好地平衡传统村落文化变迁与旅游开发的关系。保护性开发理念的提出,其根本目的在于真正实现传统村落文化保护传承以及旅游可持续发展。

二、传统村落文化旅游保护性开发的体现

对于传统村落而言,保护性开发首先体现为文化空间保护的开发理念。文化空间保护的内容包括:文化空间保护的原真性原则、文化空间保护的"文化自觉"及文化空间保护的制度设计。进行文化空间保护可以实现传统村落文化和文化空间的良性变迁,采取保护性开发的思路更是保持传统村落旅游可持续发展的战略选择。

对于传统村落这种聚落形态,在对其进行旅游规划与开发时,还可以采用历史保护体系实现旅游地可持续发展。历史保护是为了降低文化遗产和历史环境的衰败速度。它的主要内容包括:对保护项目及其环境所进行的科学细致的调查、勘测、鉴定、记录、修缮等动态性管理活动;对古迹遗址、历史建筑(群)、传统民居及街巷和历史文化见证物等的修缮和维护;对经济、社会和文化结构中各种积极因素的保护和利用;对历史街区及其环境的改善和整治;对具有浓郁地方民俗特色的非物质文化遗产、典型社会环境、历史文化传统、居民社会网络、生活方式、价值体系和信仰的回归和弘扬;等等,以此来维护文化景观多样性,使文化遗产旅游地协调共生，有机成长，可持续发展。这些历史保护体系中的保护工作者不仅有建筑师、规划师和文物保护者等，更要有广泛的社会调查和民众参与。

另外，要利用现代化技术建立信息网络，建立与历史保护工作相关的学术和职业动态网络和合作机制，获得多方反馈，进而建立起具备多学科、全方位、延续性并具备内在协调管理机制的文化旅游地历史保护研究与实施体系。

传统村落文化旅游保护性开发模式还可以由传统村落文化传承性变迁、传统村落的整体保护以及推行传统村落的保护与被保护构成。此外，在传统村落实施保护性开发的过程中，还必须完善保障机制、加强传统村落文化和生态环境保护、合理开发旅游资源、引导游客正确消费村落旅游产品等。只有在这一模式的指引下，传统村落文化旅游才能实现可持续发展。

也有学者认为，对于传统村落文化旅游来说，提出保护性开发是将少数民族文化定位为弱势文化，这意味着剥夺了少数民族文化的发展权利，并认为可持续发展是在强势文化和弱势文化已定的格局下的可持续发展。因此，传统村落文化旅游应采取"开发中保护"的文化战略，它强调了民族自觉意识的提升，强调了发展中迎接挑战的主动性，强调了选择、甄别、吸收、整合与创新的文化发展理念。

同时，它也注重了民族文化的现实基础，注重了目前民族文化的客观地位，注重了民族文化发展过程中的差异性。其实，无论是保护性开发还是开发中保护，无非都在强调传统村落文化旅游开发必须重视传统村落文化的保护，只有传统村落文化根植于旅游地，其发展是延续的、传承的，传统村落文化旅游才有更好的发展前景。

以旅游业发展来促进传统村落社会、文化、经济发展，已在各方达成共识。旅游业为较为封闭和相对落后的传统村落带来了变革的契机，经济收入增长、生产生活条件极大改善、文化自信增强、文明程度提高及传统文化延续等都体现出旅游发展所带来的变化。但是不恰当的旅游开发也会加速传统村落文化变异，造成主客关系紧张，引起开发主体利益分配不均，导致生态环境破坏以及传统村落文化旅游开发碎片化等问题。

因此，保护性开发是一种科学的旅游开发形式，是传统村落文化旅游开发的关键思路，它为传统村落文化生态化进程提供了可能。传统村落旅游保护性开发的根本目的在于平衡旅游开发和传统村落文化保护传承的关系，实现传统村落居民总福利的增加。

传统村落文化旅游保护性开发应以传统村落整体为旅游开发和文化保护对象，以"主、客、介"三方，即旅游开发主体、旅游开发客体及保障实现旅游业发展的介体三要素为内容，选择具有本传统村落特质的旅游开发模式，促进传统村落文化生态化进程，从而实现传统村落文化良性变迁及传统村落文化旅游的可持续发展。

第二节　传统村落文化旅游保护性开发的原则

在旅游开发的大背景下，传统村落文化旅游开发势在必行。然而，开发不能以破坏为代价，我们需要遵循一定的原则。这些原则既能充分挖掘传统村落文化旅游的潜力，又能确保其独特文化的完整性和可持续性。

一、科学系统开发

传统村落文化以村落为依托，是各民族在历史发展中通过生活、生产实践，逐渐形成并沿袭的文化传统总和。它是一个包括传统村落物质文化传统和非物质文化传统的社会文化有机整体。传统村落文化旅游保护性开发应以传统村落整体环境和文化内容为对象，将其视为一个系统，从整体上考虑旅游开发问题。另外，传统村落文化包括生活习俗、道德观念、行为规范、信仰、语言文字、文学艺术、生产技术、民居建筑等子系统，它们之间相互关联、相互影响、相互制约，而且这些子系统共同存在于相同或近似的生产、生活环境中，它们与外部环境同样联系紧密，不可分离。

传统村落文化旅游开发以村落文化的传承和发展为目的，希冀用旅游的形式将传统村落文化展现出来并加以传承和延续。但开发不能仅局限于文化本身，还需要从整体出发考虑各个开发要素，如与旅游开发相关的利益主体、文化生产的最终旅游产品及旅游开发条件等，任何单一要素的缺失都将制约传统村落文化旅游发展,割裂传统村落文化保护的整体性,加速破坏传统村落固有的整体风貌和文化价值。系统性开发是传统村落文化旅游开发的基石,只有从系统的角度开发,才能保证传统村落文化不被孤立、不会失真,并且随着时代发展而延续适应当代社会的文化传统。

由于受到多种社会环境因素影响,当前,那些已经开发和尚未开发的传统村落追求经济利益几乎成为唯一目的。不少传统村落文化旅游开发盲目进行,旅游开发模式照抄照搬,急于脱贫致富的心情使得低门槛、低投入的旅游开发成为理想选择。人们追逐短期利益,忽略了其核心价值——传统村落文化。只有在科学、有序、长远系统开发下才能实现旅游开发与传统村落文化的传承与和谐共生。传统村落文化旅游开发需要科学制定开发方案,用系统理论作指导,努力实现传统村落社会、环境、经济共同发展。科学开发还体现在有选择的开发。尽管传统村落文化非常丰富,但并不是所有的传统村落文化都适合旅游开发。在进行传统村落文化旅游开发时应首先摸清家底,然后进行充分科学论证,选择适合旅游开发的传统村落文化。

例如,浙江省某些传统村落的农业经营者借助旅游业的影响力,设置了有机农业采摘、农事体验等农业旅游项目,吸引了很多城市游客前来购买农业产品、体验农业旅游项目,由此拓宽了农产品的销路,实现了农业产业的发展;[①]以江西景德镇的陶瓷手工业为例,当地旅游业的快速发展,让更多游客了解江西景德镇的陶瓷艺术,促进了当地手工业的发扬和传承;[②]浙江省嘉兴市桐乡市的乌镇就很好地平衡了旅游地发展与传统风貌的保护,实现了社会效益与经济效益的双赢;[③]安徽省黄山市利用数字技术对西递村、宏村等古村落进行了数字化保护,有效地记录和展示了村落的历史风貌;[④]江苏省苏州市吴江区在传统村落设计、改造等环节,开展高层次人才优先服务行动,邀请有专业背景的人才加入,使

[①] 邓娜:《文旅融合赋能传统村落振兴的脉络与问题审视》,《湖州职业技术学院学报》2023年第4期。
[②] 刘沛林、叶芳羽、刘瑞瑞等:《乡村振兴视域下乡村旅游高质量发展的理论逻辑与战略路径》,《旅游导刊》2023年第3期。
[③] 樊海佳:《文旅融合视角下河南传统村落旅游开发研究》,《农村经济与科技》2023年第6期。
[④] 唐承财、刘亚茹、万紫微等:《传统村落文旅融合发展水平评价及影响路径》,《地理学报》2023年第4期。

村落在建设发展过程中得到科学的引导。①

二、彰显地方精神

在大众旅游者看来,传统村落文化之所以吸引人的关键在于浓郁的异质文化、独特的传统村落地域特征和丰富的民族文化传统等,它们共同构成了传统村落文化的地方精神。正如哲学家认为"世界上没有两片完全相同的树叶"一样,任何传统村落文化都有其与众不同的特质。因地貌变化而形成的不同民族村落自然景观,是传统村落文化旅游地域特性的外在体现,在游客心中可以产生印象,形成地方感知。同时,地域自然景观更是传统村落文化孕育和发展的载体,环境、区位、交通、自然条件等促使传统村落的生产、生活方式各不相同,传统村落文化因适应自然生态环境而与众不同,"一方水土养育一方人"。文化因人而兴起,与人有关的一切物质和非物质文化均在传统村落"这方水土"中传承发展。

自然和文化特性在历史长河中共同形成传统村落的地方性特征,就是地方精神。它不局限于地方特色。特色仅表达静止、具象的文化内涵,而地方精神是动态、精炼的文化核心。在传统村落文化旅游开发时体现特色是必要的(尤其是民族特色),它可以产生旅游竞争优势。但一般来说,旅游开发的特色文化大多是传统村落显性文化,即浅层文化,例如民族歌舞、活动、物质景观等,这种文化表达在传统村落文化旅游开发初期以及在民族文化旅游小范围发展中有优势。当旅游需求越来越旺盛而游客日趋理性以及众多有潜力的传统村落都愿意进行旅游开发时,恐怕"此特色"将被过度消费,进而变成"无特色",甚至转眼又被"彼特色"取代。因此,传统村落文化旅游开发必须以展示传统村落地方精神为根本。旅游开发主体(当地居民、政府、规划师及经营者等)首先应深刻领会传统村落地方性特征,它是千百年来传统村落文化的缩影,独一无二,无可复制;其次应将这一理念贯穿于旅游开发中,从系统到部分,从生活到表演都要有体现,旅游开发者将要向游客展示的不再是一种"观赏文化",即不停地观赏节目演出、民族

---

① 王觅:《文旅融合背景下的传统村落公共空间营造与对策研究——以福州闽安村为例》,《福建建筑》2022年第8期。

民俗活动展示等,而是让游客真正"体验传统村落文化",在传统村落中通过"居住—行走—停留—凝视—感受—回味"来慢慢体会和品味传统村落文化精神。

三、规划先行,动态跟进

规划是人们在现有条件基础上对未来发展进行"预测、提案、实践"的过程,其目的在于达成一定的目标。旅游业发展到今天,盲目开发、自发形成的旅游发展方式必须摒弃,应制定旅游规划,通过科学规划来指导、促进旅游业健康发展。传统村落要实现保护性开发,就必须旅游规划先行。科学合理的旅游规划应该是"以人为本"的旅游规划。首先,要研究传统村落空间活动的主体是一群什么样的群体,即人群的结构和特性;其次,要研究人怎么活动,从事什么样的活动;最后,要研究人活动的场所和载体,即物质环境和社会环境如何。传统村落文化要实现保护和开发的平衡,就必须用旅游规划来指导文化旅游开发。

村落是文化存在和发展的空间,传统村落文化不仅充当着传统村落的精神纽带和内聚核心,而且具有鲜明的民族性、差异性、历史性、地域性等特征,是一个自成体系且不断发展、建构的动态范畴。既然传统村落是一个不断变化的动态空间,那么旅游规划对其指导一定是动态跟进的过程。一方面,旅游规划具有"连续性、增值性、可变性和战略性"特点,规划方案的提出、实施、监控是一个动态过程。在传统村落文化旅游开发时,文化的保护和开发是关键问题,保护什么开发什么、保护和开发如何平衡等问题绝没有一个既定答案,解决这些问题需要对未来预测,更需要在实施中不断调整。另一方面,当前,旅游规划的一般模式为规划主体(主要是规划企业及政府部门)设计规划,地方政府、当地居民及相关企业人员参与实施,实施过程或短期或长期,直到规划结束。不过传统村落文化是一个动态范畴,文化将随着时空推移不断变迁、延续、重构、发展等。因此,当旅游规划全部结束后,传统村落文化的保护和旅游开发并不是尘埃落定。那么如何解决这个问题呢,很简单,要让"人民当家作主"。要将传统村落的居民作为旅游规划的主体,让他们全程参与到旅游规划中(包括从开始到完成,再到旅游业可持续发展),从而真正实现旅游规划的动态过程。民族文化保护延续和传承应由文化的创造者在不断发展变化的社会环境中长期动态调整才能真正实现。

四、传统村落文化生态化

文化生态概念最初由美国文化人类学家 J. H. 斯图尔德提出。与人类生态学一样,文化生态学强调的是人类的主动性与空间联系,研究人类文化的形成过程及其随时间变化的情况和规律。传统村落的文化生态所关注的是以传统村落为地域范畴,其人和环境互动,共同形成的民族文化变化规律。在过去,传统村落较少受外来文化的影响,相对封闭的环境造就了传统村落朴素的自有文化,自然环境、民族特质等影响着传统村落人们古朴的人文精神,更重要的是他们有所敬畏,或对自然万物、神灵异兽,或对村规乡俗,使他们的行为被约束,并追求与自然社会的和谐共生。人们不得不承认,传统村落文化旅游开发势必会打破原有的自然、文化生态平衡,主流文化的大量进入在为传统村落居民打开重新认识世界和发展自我的窗口的同时,也使传统村落文化经受了极大考验,人们在传统村落文化如何保护和旅游如何开发中挣扎。旅游开发主体必须清醒认识到,尽管越是民族的就越是世界的,但是这些文化一经"走向世界",由"脱域"(离开原来的语境)到"入域"(进入新的语境),就再不可能还是原有文化了,新的语境会毫不留情地赋予其新的意义而使其不再全然是原有的民族文化。

农村是我国传统文明的发源地与汇集地,必须对传统村落文化进行活态传承,让人们既能看见青山绿水,又能不忘乡愁。[①] 传统村落文化生态化是一种活态文化的体现过程,"活态"的关键在于与文明共同进步的鲜活文化。村落文化生态化并不是要求传统村落居民重新回到过去的文化生态中去、重回僵硬的固守不变的传统文化,而是传统村落居民在外来文化和现代化信息等的包围下,仍然坚持独立思考,尊重自己的民族信仰和文化,不献媚、不迎合,有选择的取舍,延续和创造属于本传统村落的文化内容。

传统村落文化旅游保护性开发需要用传统村落文化生态化理念做指导,其根本目的在于实现旅游发展与传统村落文化保护持续的良性互动,使旅游开发行为不对传统村落自然和人文生态造成破坏。传统村落文化生态化的核心在于传统村落在向前发展的过程中没有因其经济和文化的弱势地位而被迫选择对传

---

① 褚洪敏:《乡村振兴战略下沂蒙传统村落文化保护研究》,《沂蒙干部学院学报》2022 年第 1 期。

统的放弃,而是在新的平衡形成后,人们依然能感受传统村落固有的文化内涵和景观信息。

五、利益均衡原则

不管采用何种旅游开发模式,传统村落文化所涉及的利益主体主要有村落居民、村委会或上级政府、旅游开发商及旅游者等。从经济学角度看,都是供需关系的利益相关方。尽管这些利益主体都有各自的利益诉求,但从传统村落文化保护和可持续发展来看,必须均衡各方利益,以实现传统村落整体利益最大化。"利益均衡"一词是指尽可能促使各方的利益追求都向着传统村落文化可持续发展的方向前进,彼此协调一致,利益各方都能用科学理性的思想追求各自价值的实现。尤其是要让每一方都明白,传统村落文化是一种不可再生的资源,虽然也有"傣族村""民俗村"等再生文化产品出现,但从目前发展来看,它并不具有长久的文化传承能力,任何一方过分追求自身利益,都会给传统村落文化保护和传承带来严重影响。

大部分传统村落居民希望通过旅游改善自身生活条件,提高经济收入,进而加强话语权。当地政府、村委会致力于旅游业发展,目的是展示民族文化魅力、增加地方财政收入、增加当地就业机会、完善地方基础设施建设,甚至增添政绩等,总之,富民强村是他们的旅游开发诉求。旅游开发商积极参与旅游开发建设,最主要的目的是要获取最大经济利润,所有的旅游开发供给主体都希望在传统村落文化旅游发展中分得一杯羹。但是,应避免自身利益最大化,努力实现利益均衡。如果村民过于追求经济利益,政府过度追求旅游开发和传统村落城镇化,旅游开发商不顾社会责任追求价值最大化,这些行为就会打破传统村落文化生态平衡,导致传统村落文化失真,使得村民价值观转变,人际关系疏远,自然生态环境被破坏等问题出现。传统村落传统文化加速变迁会让旅游发展的最初吸引力消失殆尽,可持续发展更无从谈起。

对于旅游者来说,虽然旅游需求各不相同,但总的来讲,到传统村落文化旅游的根本目的在于追求传统村落的异质性,感受民族风情,体验传统村落民风民俗。旅游者要尊重传统村落文化,做到入乡随俗,不能既要求体验传统村落古朴文化,又要将城市现代化的一切形式照搬到传统村落中。当然,这并不是说传村落文化旅游的接待条件就得原生态，传统村落也会随着时代发展而变得更适合人们居住。虽然旅游者需求各异，旅游者行为也会影响到传统村落文化变迁，但不论怎样，旅游者需求及旅游者行为均不可能对传统村落文化造成破坏，旅游者的利益诉求一定要与旅游供给主体以及传统村落文化生态相均衡。只有遵循这种利益均衡理念，传统村落文化旅游保护性开发才能真正实现。

六、社区参与

社区在传统村落文化旅游开发中扮演着重要的角色，是开发主体，更是传统村落文化资源的重要组成部分。社区参与旅游发展将对传统村落文化保护产生积极的正效应。社区参与传统村落文化旅游保护性开发就是指在决策、开发、规划、管理、监督以及传统村落文化保护、发展和传承中，充分考虑社区的意见和需要，并将其作为主要的开发主体、参与主体和保护主体，以便平衡传统村落文化保护和旅游开发问题，达成保护性开发的目的，进而实现传统村落社区全面可持续发展。

社区参与旅游开发是传统村落居民保护文化和促进旅游开发的意识强化过程。在传统村落文化旅游开发时，要强调村落社区参与，因为传统村落居民是传统村落文化的创造主体，传统村落居民与传统村落文化紧密相连。当充分意识到传统文化与旅游开发的相关性时，只有传统村落居民才能在保护与开发的问题中真正实现平衡。传统村落社区参与旅游开发有助于传统村落居民形成文化自觉，增强传统村落文化自信与自豪感，且社区参与层次越高，居民的文化保护意识越强，保护的效果也越好。

由于传统村落是一个整体和动态演变的地理范畴，传统村落文化和旅游的可持续发展与传统村落居民息息相关，因此，传统村落居民参与旅游开发是必然选择。传统村落居民的参与大致可从三个阶段进行。

第一阶段，引导参与。在传统村落文化旅游开发初期，村落居民对旅游开发及村落文化保护等问题的认识较少，需要由旅游规划机构、政府、学者等主体对其进行引导，通过学习、培训等方式提升认知水平，跳出"只缘身在此山中"的意识困境，充分认识了解本传统村落文化及资源状况，增强民族自信，产生文化认同，从而更加科学地看待旅游开发与文化保护的关系。

第二阶段，共同参与。当传统村落居民对相关问题形成一定认识后，其他旅游开发主体与他们共同参与传统村落文化旅游保护性开发,在旅游开发的决策、实施及监控过程中,要充分考虑传统村落居民的诉求和看法,共同制定保护性开发方案,并加以实施。只有成为真正的开发主体,传统村落居民才能由被动参与转为主动参与,他们在实施开发过程中,才会主动思考,积极应对存在的问题。共同参与的过程也可使传统村落居民逐渐明白唯有保持本传统村落的特有文化生态,才能实现传统村落旅游及文化可持续发展。

第三阶段,主导参与。传统村落文化旅游业发展规模形成,旅游规划实施逐渐完成,旅游规划者、政府等慢慢褪去开发主体身份,传统村落居民开始成为旅游持续开发的主体,并发挥主导作用。在这一过程中,村民文化自觉增强,社区参与也从最初的物质激励参与逐渐向交互式参与、自我激励式参与方向发展。传统村落居民对待发展更加理性,在经济发展和文化保护及社区全面发展中能做出更理性的选择。

第三节 传统村落文化旅游保护性开发管理模式

在旅游发展的大趋势下,传统村落文化旅游开发成为热门话题,但保护与开发之间的矛盾也日益凸显。在此背景下,建立科学合理的保护性开发管理模式,将在充分释放旅游潜力的同时,牢牢守护住传统村落文化的灵魂与根基。

一、传统村落文化旅游开发管理模式

(一)主体型开发管理模式

传统村落的保护与利用涉及政府、企业、游客、村委会和村民等主体的多元化参与。[①] 主体型开发管理模式是指从政府、企业、社区主体角度出发提出传统村落文化旅游开发模式。这种开发模式主要考虑旅游投资及管理相关主体,而不涉及其他开发要素。正如前文所述,主体型开发管理模式不论如何划分,政府

---

① 唐承财、万紫微、刘蔓等:《基于多主体的传统村落文化遗产保护传承感知及提升模式》,《干旱区资源与环境》2021年第2期。

都是重要的参与主体,区别只在于政府角色的轻重而已。另外,对于传统村落文化旅游而言,任何一种主体型管理开发模式都是侧重于某一主体而形成。基于此,笔者将主体型开发管理模式划分为三类:政府主导开发管理模式、社区自主开发管理模式、公司开发管理模式。

1. 政府主导开发管理模式

政府主导开发管理模式是以政府为核心的旅游开发模式,在这个过程中政府集筹资投资、规划开发、经营管理于一身,并"主导着社区的发展方向"。一直以来,大家普遍认同旅游不仅是一项经济活动,更是文化活动这一观点,那么经济效益的产生显然应交给市场来实现。但对于文化活动而言,文化效益产生和文化传承完全由市场来承担是不符合科学发展规律的,它需要在政府、市场、社区等综合环境中形成。中国传统村落文化旅游开发更是面临着同样的问题,尤其是大部分传统村落地处偏远地区,大政府、小市场的经济格局也决定了传统村落文化旅游开发在一定程度上需要由政府发起。此外,传统村落文化旅游开发除了经济效益实现外,还承担着传承、发扬以及延续传统村落文化的重要使命,纯粹的市场化运作常会带来大量负面效应,对文化传承延续造成障碍,因此要想减少障碍的产生,将市场带来的负面影响降到最低,就需要当地政府从宏观环境进行调控,形成以政府为主导的旅游开发模式。政府主导开发管理模式较适合于旅游发展初期的传统村落,而当旅游业发展到一定阶段时,政府由于其组织特性和功能,无法成为真正意义上的旅游市场开发主体,过于依赖政府主导旅游开发,必然带来很多问题,比如发展缓慢、缺乏效率、缺少市场特性、产品开发受限、过于强调政绩等,甚至带来贪腐等一系列问题。因此,传统村落选择政府主导开发管理模式应结合旅游发展实际,以保护和延续传统村落文化为核心理念,实现在旅游开发环境下的传统村落全面发展。

2. 社区自主开发管理模式

社区自主开发管理模式是以社区居民参与旅游开发为核心,其他主体如政府等只是以引导开发。传统村落文化旅游开发强调社区参与,是因为社区居民在参与传统村落文化旅游开发时,其不仅是传统村落文化旅游开发的实践者,还是参与旅游开发政策及规划的研究制定者,进而成为传统村落文化旅游发展的直接受益者。在传统村落中作为文化缔造者的社区居民在相关人员的正确引导下，可以从宏观、微观的综合角度衡量旅游开发、传统村落发展及村落文化延续之间的权重。社区自主开发管理模式是在政府或其他组织引导下，充分发挥社区居民的主观能动性，使传统村落文化旅游开发中的策划发起、规划开发、文化保护、经营管理及利益分配等全部过程都由社区居民来进行决定。社区自主开发管理模式将赋予传统村落居民更多的权能，"赋权增能"的措施和方法对传统村落而言将获得多方面的收益。在经济上，除提高经济收入外，更可解决与经济相关的就业、税收、农业产业结构调整、农民脱贫致富等问题，产生综合的经济效益；在心理上，持续的教育和学习可使社区达到增强民族认同感和民族自豪感的效果，最终促使其自觉保护本民族的传统文化，并主动做出关于社区参与方式和发展方向的选择；在社会上，可以加强传统村落社区的凝聚力，提高认识的主动性；在政治上，可增强原本相对弱小的社区力量，搭建社区、政府、开发商三者对话的平台。社区自主开发管理模式是要实现一个"大社区、小政府"的社会形态和政治生态，其根本目的在于强调村落社区自主意识，通过旅游业发展推进传统村落文化、经济、社会共同发展。

3. 公司开发管理模式

公司开发管理模式是政府主导或传统村落社区自发形成的旅游开发模式，不仅以公司制形式进行旅游开发，而且公司成为传统村落文化旅游开发经营管理的主要力量。这一开发模式的根本目的在于使传统村落文化旅游开发趋向市场化运作。公司开发管理模式已成为中国很多传统村落文化旅游开发的首选方式。它的一般内容为：公司拥有传统村落的开发权和经营权，在传统村落文化旅游开发和经营管理中，社区居民提供资源并参与到旅游产品的生产经营活动中；政府提供政策支持和开发推动，公司则提供人力、资金、物资及技术的投入和支持。从规划开发到经营管理，公司充分整合传统村落各项资源，以市场化进行运作，从而获得最大的经济效益。

公司开发管理模式与社区自主开发管理模式相比，最大的优势在于资金和管理，具体表现为：一是规划科学、人才专业，资金、技术、培训等各项投入力度大，旅游发展迅速，旅游收入增长快；二是旅游开发项目和产品设计多元，注重市场需求，创新能力强；三是信息传递快，应变力强，可以充分合理优化资源配置，调动社区居民参与旅游发展积极性，推动当地旅游业快速发展。如同市场化有其缺点一样,公司开发管理模式同样有弊端,尤其是对于传统村落文化旅游开发来说,公司开发管理模式所产生的负面影响有可能是巨大的,甚至是不可逆的。其一,由于资本拥有更强势的话语权,因此在传统村落文化旅游发展中,特色文化往往成为牺牲品。比如,有些公司充分利用民族文化打造各项旅游产品获取利润,但被过度开发和消费的民族文化往往伴随市场的扩大而逐渐消失,如淳朴民风丧失、竞争观念加剧、禁忌弱化、民族文化商品化和同质化现象严重等。其二,公司站在自身角度对待旅游开发,很难认真衡量传统村落文化生态和环境生态的重要价值,不能充分认识保护对于开发的重要作用。由于传统村落文化保护需要资金投入和时间等待,对于以盈利为目的的公司而言,追求经济增长就成为首要选择。其三,公司开发管理模式容易把村落居民当作被管理者来对待,认为公司是大脑,居民仅是手脚,一切运行要听从大脑指挥。在这种模式下,有些民族文化的创造者往往就成了民族文化的表演者,民族文化不再是生命的一部分,而仅仅是谋生的手段。村落居民在公司开发管理模式下不再具有主体意识和存在感,仅仅是作为执行者去落实计划安排而已。

(二) 综合型开发管理模式

综合型开发管理模式是指在设计传统村落文化旅游开发模式时,综合考虑投资主体、社区参与、传统村落发展等多方因素,而不只从某一个角度出发提出开发模式。综合型开发模式的根本目的在于平衡各方利益,实现共赢目标。

1. CCTV 模式

旅游开发中的 CCTV 模式是指以保护开发(Conservation Development)为前提、公司(Company)起主导作用、有鲜明特色主题(Characteristic Theme)、村民(Villager)普遍受益的多赢发展模式。在未来传统村落文化旅游发展中,现代企业进入是必然趋势。他们在分析云南金孔雀旅游集团开发的"中缅第一寨——勐景来"的基础上提出 CCTV 模式。这一模式是原地开发、企业主导、村民适度参与的综合开发模式,内容涉及保护、公司、主题、村民,具体而言就是传统村落文化保护、公司主导、主题定位、村民受益。

其中,文化保护是村落旅游的开发前提,作者认为传统村落文化旅游开发应以"保护性、开放式开发"为主,这一理念有助于旅游开发企业实现文化保护和经济效益提高"双赢"。公司主导是目前发展村落旅游的现实的路径选择,传统村落文化旅游开发的"公司进入"既可以较好、较完整地保存当地民族文化,使之免受现代文明冲击,又可以提高传统村落基础设施,改善当地社会经济条件。村落旅游开发的主题开发包括主题定位和细分。主题定位首先是突出差异性,其次是分析旅游者消费偏好及潜在现实市场需求。勐景来的主题定位为"中缅第一寨",可以非常明显地与"傣族园""曼春满村寨"等其他傣族村寨区分出来。村民受益是实现村落旅游持续发展的动力和保障,村民作为文化资源和产权的所有者,以及传统村落文化旅游发展中的重要相关利益者,只有在经济上受益,他们才会更加自觉地保护当地文化,但前提是部分参与旅游开发,部分受益。由此,作者通过分析总结出"保护、公司、主题、村民"这四个方面缺一不可,它们形成一个互动的系统。

CCTV模式的提出在于寻找传统村落文化旅游开发中的文化旅游、当地居民受惠以及传统文化传承发展之间矛盾的平衡点,同时实现村落环境保护、旅游开发者及村民大多受益的共赢格局。

2. 5C模式

5C模式是村落文化旅游原地开发、企业主导、村民切实参与旅游的综合开发模式,主要包括Context(文化脉络)、Community(社区参与)、Culture(文化资源)、Capital(资金投入)、Cooperation(合作机制)五个方面。它的运行机理在于:环境保护,文化传承;政府引导,公司主导;主题定位,凸显特色;社区增权,村民获利;经济发展,社区和谐。其中,环境保护、文化传承是民族村寨旅游发展的前提和基础;政府引导、公司主导是目前中国村落旅游发展的现实选择;鲜明、独具特色的主题定位是村落旅游发展的灵魂所在;社区增权、村民获利是村落旅游可持续发展的动力和保障;经济发展、社区和谐是村落旅游发展的目标。

5C模式主要结合传统村落文化旅游发展的实际,综合考虑传统村落文化旅游发展过程中关键要素和重要内容,它的根本目的也是寻找解决传统村落文化旅游开发、传统村落文化保护、社区居民利益及传统村落整体发展之间矛盾的平衡点,最终形成传统村落文化旅游开发多方共赢的局面,实现传统村落可持续发展。

3. "政府+企业+协会+农户"综合型开发模式

"政府+企业+协会+农户"综合型旅游开发模式是一种较新的提法,它与其他综合型开发模式不同之处在于,开发主体中增加了"协会"主体,"协会"的出现为传统村落村民实现社区增权提供了更多的可能。比如,贵州平坝天龙屯堡旅游区开发模式就为"政府+企业+旅游协会+农户"模式。政府拥有旅游区所有权,负责制定旅游规划和旅游区基础设施建设等。企业负责旅游区日常经营管理和商业化运作。旅游协会负责协调组织工作,负责旅游产品的提供并协调相关主体,即一方面组织村民进行旅游演出、旅游商品制作出售及其他旅游活动等;另一方面维护修缮传统民居,协调各方利益关系。农户(村民)则参与到提供住宿餐饮、参与演出、导游、旅游工艺品制作销售等具体事项中。同时,该村落还成立旅行社,负责对外市场宣传,联系客源等。

4."自下而上"的旅游管理模式

"自下而上"的旅游管理模式是针对"自上而下"的管理方式提出的。"自上而下"的管理方式是指以旅游行政管理部门为领导,以行政指令对旅游村落进行管理和指导,或采取转包方式,直接交给企业经营。这也是大多数传统村落采取的旅游管理方式。传统的"自上而下"的管理方式往往使村民处于被动地位,"话语权"易被忽视且利益无法保障。随着旅游业逐步发展,村民们的自我意识加强,维护权利的愿望越来越强烈,传统的管理方式不再适应现代旅游业的发展需要。而"自下而上"的旅游管理模式就可以改变村民参与旅游开发管理的方式,从被引导到主动参与旅游管理。"自下而上"的管理模式是构建"政府管理、企业化经营、居民参与、社区监督、利益共享"的管理方式。其主要内容为:政府进行宏观指导,企业考虑引进 BOT(建设—经营—转让),允许私人企业在一定时期内筹集资金进行建设管理、经营旅游村落及提供相应的旅游产品与服务;或委托旅游企业管理旅游景区,传统村落学习先进管理方式并进行员工培训等。社区监督是由村落居民监督旅游管理工作,保障资源合理利用。利益共享是目的,就是使社区居民、企业、政府共同分享旅游业发展带来的经济效益。"自下而上"的管理模式有利于提高村民参与旅游的积极性,促进旅游村落的和谐发展。面向国家乡村振兴重大战略需求,传统村落保护与利用的关键是激发内生机制,应将"自上而下"的传统村落保护落实机制与"自下而上"的传统村落样态活化机制相融合,持续激发传统村落的内生动力。[①]

[①] 杨忍、陆进锋、李薇:《珠三角都市边缘区典型传统村落多维空间演变过程及其影响机理》,《经济地理》2022 年第 3 期。

二、传统村落文化旅游保护性开发管理模式

(一)传统村落文化旅游保护性开发主体

传统村落文化旅游保护性开发的内涵在于将旅游开发和村落保护置于同等重要的位置,要实现这一价值就必须意识到究竟是"谁"来执行才能做到。由于中国的土地所有权分属于国家所有和集体所有,而传统村落文化旅游资源大多以土地为依托,因此政府在旅游开发中是必然的主体。传统村落文化旅游的文化资源极具特殊性,传统村落旅游文化的生产和展示与村落居民息息相关。只有村落居民才能从根本上落实保护性开发的理念,所以传统村落居民必须是传统村落文化旅游开发的主体。此外,保护性开发主体还应包括第三方力量(旅游规划者、学者、非政府组织、非营利性组织等)。

1. 当地政府

传统村落文化旅游是一项文化性很强的活动,将其完全市场化运作必然带来很多弊端,这就需要由政府进行协调,通过法律、规章制度及建立预警机制等多种方式规范旅游市场。适合旅游开发的传统村落大多位置偏远、相对落后保守、村民受教育程度较低,其从事旅游开发活动需要正确引导。在旅游发展过程中,村落居民还易受到外来文化冲击,产生种种负面影响,这就要求政府应积极发挥其职能,对村落居民进行合理指导和培训,提高知识水平,帮助其建立文化自信等。传统村落文化旅游基础设施普遍薄弱,旅游开发条件整体较差,根本无法完全开放,因此,仍然需要政府从中进行引导,并给予政策、资金、税收等支持。政府不仅要用好用足货币、财政、税收、金融等支持政策,多渠道支持公共服务设施建设和乡村微旅游公益宣传推介,还要创造条件鼓励和扶持社会资本注入,拓展金融多元化服务。[①]传统村落文化旅游规划与开发的方案制定应与城市、区域旅游规划紧密结合,地方政府作为区域旅游规划制定者和执行者更能从宏观上依据区域发展趋势和规划要求,为传统村落文化旅游规划与开发提供更切实可行的对策。

2. 社区(村落村民)

在传统村落旅游开发中能够真正实现对传统文化保护的最重要的是参与者

---

① 谷称:《乡村生态旅游高质量发展思考》,《合作经济与科技》2024年第12期。

不是别人，正是传统村落旅游发展中的社区。社区之所以希望保护当地文化，是处于自我文化传承的需要。更深入地讲，是由于参与到旅游中的社区明白了自己传统文化的重要性和新价值，从旅游参与中得到了当地群众的认同和自豪感。这种由于社区参与旅游业而唤起的认同和自豪感，对于保护当地传统文化是最为关键的一环。正是由于当地文化得以保护，使得游客的文化凝视得以体验，政府的保持特色的愿望得以实现，企业获利的追求得以完成。从旅游发展中的任何一个参与者来说，通过社区参与旅游来保护和发展传统文化都能实现多赢。

因此，传统村落社区的组成者——村民更应成为实现传统村落文化旅游保护性开发及民族文化延续发展的核心主体。第一，传统村落文化旅游的核心吸引力在于民族文化、村落文化等文化资源，村民作为文化的创造者和传承者，更了解传统村落文化特性，他们也有权利决定传统村落文化如何被开发。第二，村民作为旅游开发主体，直接体现着"社区赋权增能"的价值，村民在参与开发过程中，会逐渐建立意识，提高能力，形成主体价值观，并且对政府参与旅游开发行为进行有效监督。第三，传统村落文化旅游保护性开发需要村落村民来实现。随着旅游发展，村民"权利"意识、文化自信、知识水平逐渐提高，他们更懂得村落环境保护和文化延续的重要性。而且，旅游开发是项持续性工作，只有村民置身其中才能在长久发展中做出正确决策。由于涉及自身利益，所以在参与旅游开发过程中，村民将能更好地权衡旅游开发和村落保护之间的关系，为传统村落文化旅游保护性开发提供可能。第四，传统村落文化旅游开发必然会涉及一些民族禁忌、风俗习惯等核心传统文化，村民参与旅游开发将有效规避不利影响，避免开发不适合大众旅游活动的民族民俗文化，能较好保护其核心文化价值观不受影响。

3. 旅游相关企业

传统村落文化旅游参与企业是从事旅游开发及经营管理活动的企业组织。对于从事传统村落文化旅游保护性开发的企业来说，不能只以追求投资收益为最终目的，还应以承担社会责任为发展目标。也就是说，承担保护性开发的企业应该以保护传统村落文化和实现企业利润最大化为共同目标。企业和传统村落应共同发展，应有共同的发展诉求。这就要求旅游企业严格遵守旅游交易契约，在旅游项目或旅游线路供给满足旅游者需求的同时，不能以牺牲民族传统文化为代价。在设计开发、加工生产、销售旅游商品、销售旅游纪念品等有形产品时要注重生态环境的保护、民族文化内涵的体现、民族文化教育功能的展示等内容。旅游企业要注重与旅游者的沟通,重视旅游者的反馈,结合传统村落实际,提供民族化、特色化、个性化的旅游产品和服务。由于传统村落文化旅游企业既有外来人员也有社区居民,因此企业应注重企业文化的塑造和宣传。旅游企业文化的塑造更要与传统村落文化及村落发展目标相契合,一致的文化发展目标使得旅游企业能提供更符合旅游者需求的产品和服务,也有助于实现传统村落文化旅游保护性开发的根本目标。

3. 第三方力量

第三方力量是指除了政府和市场以外,进入社区旅游开发中的第三股外力。此处所指的第三方力量包括旅游规划者、专家学者、非政府组织(NGO)、非营利组织(NPO)等。第三方力量独立于政府、村民和市场之外,他们对于传统村落文化旅游开发有更客观的评价。第三方力量在传统村落文化旅游保护性开发中能发挥十分重要的作用:第一,第三方力量是传统村落文化旅游开发的专业人员。例如,他们聘请专门的旅游规划团队参与制定传统村落文化旅游规划。另外,在旅游开发中他们可以给予专业知识和技术上的支持。第二,第三方力量能够持续关注传统村落文化旅游开发,提供相关理论依据。专家学者们运用专业知识,通过对传统村落实际情况的调研,在旅游开发过程中,可以进行理论指导,将理论与实践有效结合,为传统村落文化旅游开发提供依据。第三,第三方力量能对传统村落文化进行有效推广,通过举办国内或国际性论坛、研讨会、文化展示会等,可以对当地民族文化进行宣传。第四,第三方量还将承担传统村落居民的教育和培训任务。通过参与旅游开发,第三方力量可以更了解传统村落文化,推广传统村落文化,宣传与环境保护和文化传承的重要性,使包括村民在内的更多人提高对传统村落的认知,这将有助于实现传统村落文化旅游保护性开发目的。

(二)传统村落文化旅游保护性开发指导依据

1. 旅游规划

传统村落制定旅游规划应考虑以下几方面内容:民族(旅游)政策、民族文化特性(地方精神)、旅游系统、旅游教育和培训、相关法律规范等。民族(旅游)政策主要包括民族地区相关政策、旅游相关政策、经济政策等。民族文化特性或称为地方精神，它是传统村落文化旅游规划制定必须围绕的核心内容，同时是旅游规划的根本目的——在旅游发展中实现传统村落文化保护和传承。旅游系统涉及旅游环境、旅游产品、旅游景点及项目、旅游地形象、交通、旅游接待设施和服务、其他基础设施等。旅游教育和培训是传统村落文化旅游开发十分重要的内容，但也是目前国内传统村落文化旅游开发最容易忽视的一项内容，它的根本目的在于提升传统村落村民的旅游知识水平，提高旅游生产效率，同时重视传统文化保护和传承，从而实现村民和传统村落文化旅游共同发展。相关法律法规则是贯彻现行国家、地方旅游和文物保护等相关法律法规的保障。传统村落文化旅游规划的制定和实施不是独立和封闭的，上述内容的设计落实必须与传统村落整体可持续发展相互依存，它的根本目的不仅在于获取旅游发展的经济效益，还在于处理好旅游开发与文化保护间的矛盾，实现文化传承、延续与旅游发展共生，进而实现共赢。

2. 保护规范

保护规范是在相关法律规范基础上建立的，它是传统村落旅游开发过程中需要建立与遵守的保护性约束和准则，是传统村落实现旅游保护性开发的根本途径。保护规范的制定应从多方面来考虑。如基本的环境质量和环境保护规范既是旅游开发需要的，也是整个社会所需要的。这种法律规范要求任何重要的开发（包括旅游设施开发）都必须提交环境效应评估（EIA），以确保这些开发不会造成严重的自然或社会文化负面影响。此外，还有针对传统村落文化遗产的保护规范，它可以确保在旅游开发中无论是物质文化遗产还是非物质文化遗产都能受法律法规的保护，这就需要衡量旅游开发和文化遗产保护是否有冲突的地方，如果有，冲突该如何化解等，这些问题的回答和解决都应该在文化遗产保护规范下进行。

3. 村规民约

村规民约是传统村落在历史发展过程中长期形成的人们普遍遵守的规定或约定。它的形成，一方面表现在由于相对落后和封闭，村民们看待自然万物和社会现象不能用科学解释，只能用最朴素的认识和理解来进行阐释，逐渐地这些理解就成为一些约定俗成的行为规范；另一方面表现在传统村落文化的影响，由于信仰的引导和影响，人们用仪式来表达对万物或事物的看法，文化在一定程度上填补着人们的精神世界,进而影响其生产和生活。无论是村规民约还是文化,只要符合现代文明要求,符合国家法律规范,它们理应在旅游保护性开发中得到充分尊重和遵守。

4. 管理制度

管理制度是指在传统村落文化旅游开发管理中约束相关人群的一系列行为规则,它们主要用来规范和支配旅游开发管理的行为模式和相互关系。制度的确定对传统村落文化旅游实现保护性开发至关重要。因为制度是行为的规则,在社会中起着根本性作用,它是决定长期经济绩效的基本因素之一,只有通过科学有效的管理制度才能保证传统村落文化旅游开发和传统村落文化共生发展。对传统村落来说,进行旅游保护性开发必须设置恰当的管理制度。首先,可以明确开发主体和参与者职责范围,使其权责分明。其次,能够在传统村落文化旅游开发中明晰相关旅游开发产权,比如土地产权、旅游资源所有权、旅游开发经营权、收益权及分配权等,合理的产权结构必将提高旅游资源配置效率。最后,科学的管理制度将有助于提高传统村落居民参与旅游开发的地位和作用,实现传统村落参与旅游发展。它在明确开发主体各自权责基础上,从制度上保证传统村落居民参与旅游发展,进而实现传统村落政府、投资者、经营者、社区居民等之间的经济利益平衡关系。

(三) 传统村落文化旅游保护性开发管理方式

管理方式是传统村落文化旅游保护性开发的核心内容,它是在地方政府和传统村落居民参与旅游开发的基础上,确定旅游开发管理所需的科学合理的方式,从而有助于实现旅游保护性开发。尽管中国很多传统村落在旅游开发初期都采取以政府为主导的旅游开发管理方式,旅游开发在政府主导下进行。但是,随着管理分工更加明确,旅游市场化程度越来越高,旅游开发的完全政府行为已经不适应当今旅游市场发展趋势(当然,政府作为传统村落文化旅游开发的必然主体,仍然在旅游开发管理中扮演重要角色)。我们要将旅游经营管理交由市场来运行,政府主要宏观把握,对旅游开发管理的市场化行为进行有效调控,从而保证传统村落文化旅游可持续发展。

在任一形式的旅游开发管理方式中,村民一定是传统村落文化旅游开发管理的重要参与主体(相关内容前文已论述)。这里需要强调的是,传统村落文化旅游实现保护性开发,不论选择哪种旅游开发管理方式,都必须有村民实际参与其中,这也是从制度上体现参与的公平性和合理性。作为传统村落旅游保护性开发的主体之一——第三方力量,也在开发管理中扮演重要角色,由于其具备较为独立的身份,所以第三方力量将在传统村落文化旅游开发管理中起监督和引导作用。

由此,在确定传统村落文化旅游开发管理的必要主体基础上,应结合传统村落特性、地方政策、经济发展程度,尤其是传统村落与外界融合程度高低等因素选择恰当的旅游开发管理方式。笔者认为,中国传统村落保护性开发管理方式有如下三种:社区参与公司型开发管理方式、租赁型开发管理方式、自发型开发管理方式。

1. 社区参与公司型开发管理方式

社区参与公司型开发管理方式是以成立公司的形式对传统村落文化旅游进行开发管理,它所强调的重点在于公司决策和经营必须有社区居民参与,即传统村落参与旅游开发的村民也是公司的组成成员,这就不完全等同于上文提到的公司型开发管理模式。社区参与公司型开发管理方式更适合与外界大环境有一定融合的传统村落,一般来说,那里的民族文化特征鲜明、旅游资源突出,可进入性相对较高或者可进入条件容易改善,且大规模旅游开发不易损坏自然生态环境。这种公司可分为两种:村民发起设立公司;村民参股外来公司。

(1) 村民发起设立公司是指传统村落文化旅游开发公司的设立完全由社区居民发起,并由其他参与旅游开发的村民成为股东。参与旅游开发的股东拥有公司决策权、开发权、经营权、管理权及监督权。其他外来资本也可以参与到旅游开发管理中,但不能达到控股资本水平。

(2) 村民参股外来公司是指传统村落文化旅游开发公司由外来开发管理公司建立,但传统村落参与旅游发展的村民全部参股,并且村民和公司决策层共同拥有决策权、监督权,关于开发、管理和经营可由公司自行决定。外来开发管理公司的进入有助于给传统村落文化旅游开发管理带来新的管理理念、思想、技术及方法等。但不论是哪种公司形式,政府和第三方力量都要起到监督引导、培训教育的作用。

上述两种社区参与公司型开发管理方式从根本上保证了传统村落社区能够

参与旅游开发管理，一方面保障了村民参与旅游开发管理的权利，使他们拥有旅游开发管理的决策权；另一方面充分调动了村民的旅游开发管理积极性，使他们通过参与旅游开发管理逐渐增强民族自豪感和提升文化自信，并进一步意识到保护传统文化的重要性。这种形式的选择，是由旅游市场化决定的，它体现了效率与公平。

2. 租赁型开发管理方式

租赁型开发管理方式主要针对与外部大环境融合较好的传统村落，也就是说这些地方的民族文化旅游资源与自然旅游资源同样丰富，可进入性好，主要景点游客都能自由到达。因为较为开放，所以居民们的生态保护意识普遍较强。租赁型开发管理方式是指传统村落将部分景点设施或接待设施租赁给外来投资者，投资者在传统村落文化旅游总体发展目标指导下，自行生产和经营，村民和当地政府从中收取一定的费用（政府主要收取公共物品的租赁费，村民收取自有房屋、设施等私人物品的租赁费）。

在这种管理方式中，由于存在租赁和承租两种行为，就需要一个中间组织来协调和管理这些活动，因此传统村落应成立旅游管理委员会，成员由政府人员、村落居民代表、寨老（村落中德高望重的人）及旅游协会成员组成，并且由全体村民共同监督。首先，旅游管理委员会应确定租赁范围，即村落中哪些资源或设施能够被出租，哪些根本不能被出租。其次，制定详细的租赁内容和自经营内容，租赁内容涉及明确租赁的资源和设施、具体承租对象、租赁方式、租期、租金、保护协议等相关内容；自经营内容包括不能出租的资源和设施该如何管理、开发和保护。当然，具体的旅游生产经营内容应交由市场来决定，旅游管理委员会主要起协调和管理的作用。最后，协调租赁方、承租方以及自经营方等之间的关系和利益。

传统村落采用租赁型开发管理方式，可以吸引一部分外来资本及人员，有效缓解传统村落文化旅游开发管理资金缺乏的问题，带来更多先进管理理念和技术。传统村落将部分设施或旅游景点租赁出去，可以提高旅游开发的市场化程度，在以保护为前提的旅游开发环境下，构建旅游生产经营主体的良性竞争关系，实现技术共享、文化共享及环境共享的旅游发展环境，从而促进传统村落文化旅游可持续发展。

3. 自发型开发管理方式

自发型开发管理方式是指传统村落文化旅游的开发管理方式等由村落自行确定,而不以公司形式出现,且管理等具体工作由本村落居民承担。这种方式更适合于与外界环境融合度较低的传统村落——民族传统文化较少被干扰,自然景观优美、生态环境保存完好。符合这些条件的传统村落进行旅游开发完全应以民族文化传统保护和生态环境保护为根本出发点,旅游产品开发走精品化、生态化和高端化路径。

采用自发型开发管理方式的传统村落首先要通过村落集体制定出适合的旅游管理制度。基本明确传统村落文化旅游参与形式、旅游项目及利益分配形式等管理内容。管理方式的自发性质,使得传统村落所提供的旅游产品必然不能规模化生产,应设计精品化和高端化旅游产品,即要有较高的产品附加值,产品价格中应体现基本费用、村民服务、文化保护、环境保护等价值。这种较高的旅游产品价格,一方面可以保证村落居民参与旅游发展的基本利益分配,提升村落整体旅游收入;另一方面可以限制游客数量,使游客提升保护意识,明白较高的价格是为旅游所带来的自然和文化环境的影响"买单"。较少的游客数量也使得传统村落的管理机构较稳定,社区参与旅游发展积极性高。

应该说,对于那些旅游资源优越又较少被现代文明干扰的传统村落而言,自发型旅游开发管理模式是一种理想的管理方式,它最大限度地发挥了传统村落居民的主观能动性,也为村民实现较高收入分配提供了可能。但需要注意的是,自发型的传统村落更要注重村民培训和教育,深刻理解环境和文化保护的意义,同时提升服务水平,提高产品附加值。另外,在开发管理过程中传统村落还应接受第三方力量的监督指导,用更科学的思路指导旅游业发展,为保护性开发提供基础。

(四)传统村落文化旅游保护性开发的根本目的

传统村落文化旅游保护性开发的根本目的,是要实现在旅游开发背景下传统村落的可持续发展。这也可以理解为要平衡好旅游发展与传统村落发展中的各种互动关系,这些关系涉及传统村落文化旅游发展、传统村落文化传承及传统村落全面发展之间的相互关系。保护性开发的提出就是从宏观、全局与可持续的视角认识传统村落文化旅游发展的问题。它不是一个孤立的行为,而是多元和关联的现象。

1. 传统村落文化旅游业发展与传统村落文化传承相互影响

众所周知，传统村落文化是任何传统村落文化旅游发展的必要前提。传统村落文化旅游开发的核心吸引力就是传统村落所蕴藏的独特民族文化，如何让传统村落文化产生持续的生命力和吸引力是传统村落文化旅游开发最重要的命题。任何文化形态都存在于一定的社会关系中。传统村落文化的存在、发展和变迁是社会发展的必然结果，文化变迁是文化发展的永恒状态和持续动力。对于传统村落发展旅游业来说，重要的是如何在传统村落文化变迁中实现人们对文化的传承和延续。传统村落文化旅游保护性开发可以从制度上规范旅游开发主体和旅游参与者行为，以保护的理念发展传统村落文化旅游，使得传统村落文化传承和延续。文化传承最核心的问题就是文化的民族性。在这里所讲的传统村落文化传承是指文化在一个传统村落的社会成员中"作接力棒似的纵向交接过程"。这个过程因受生存环境和文化背景的制约而具有强制性和模式化要求，最终形成文化的传承机制，使人类文化在历史发展中具有稳定性、完整性、延续性等特征。也就是说，文化传承是文化具有民族性的基本机制，也是文化维系中华民族共同体的内在动因。

在旅游发展过程中，不可避免地会给传统村落带来很多负面影响，包括加速传统村落文化变迁等。但发展的事实证明，科学合理的旅游开发同样可以保持传统村落文化的民族性，并传承和延续传统村落文化，进而实现传统村落文化保护。传统村落传统文化与现代旅游发展并不矛盾，传统村落文化传承，也就是传统村落文化再生产，与旅游所实现的再生产一样构成社会的再生产，传统村落文化还可以通过重构和衍变不断适应现代旅游的发展。传统村落文化旅游保护性开发的实现可以增强民族自信，这是民族自我意识的重要组成部分。传统的手工艺品、手工技艺、音乐、舞蹈、仪式、戏剧、建筑、服饰以及生产生活方式等不再是落后和愚昧的象征，而成为深受旅游者喜爱的旅游吸引物，成为人们想要了解甚至学习的对象。各个民族文化的缔造者们不再失落和自卑，而是增强了民族自信心和自豪感，更愿意展示他们的民族文化智慧和成果。同时，传统村落文化旅游发展也使得处于主流文化群体的旅游者在民族旅游中获得民族文化的新的认识和再认识，由此这些长期游离于主流文化之外的边缘群体文化在不同程度上重新得到肯定和新的评价,民族意识更加强烈,民族认同感和内聚感的升华不断促使民族群体自我完善,从而实现传统村落传统文化的传承和延续。

2. 传统村落文化旅游业发展与村落可持续发展相关联

这里所说的村落专指已经或者准备发展旅游业的传统村落。可持续发展理念是寻求一种理想的生态系统,以实现人类的持续生存和发展。传统村落可持续发展强调的是在传统村落自然生态环境和人文生态环境共存的最佳状态,传统村落文化得以被传承和延续,传统村落因此具有持续发展的生命力。旅游保护性开发同其他旅游开发相比,不同之处在于为旅游开发限定了"保护"的前提条件。因此,传统村落文化旅游保护性开发要实现的不仅仅是传统村落文化旅游业的发展、旅游经济的增长等,更重要的是实现传统村落包括自然生态环境、人文生态环境在内的村落生态系统的发展。

发展旅游业的根本目的在于追求经济价值增长、改善居民生存条件、提高居民物质精神生活水平等。比如,乡村民宿利用乡村民居等相关资源,主人参与经营服务,为游客提供体验当地自然、文化与生产生活方式的小型住宿设施。[①] 乡村民宿是乡村旅游的重要业态,是带动乡村经济增长的重要动力,是助力全面推进乡村振兴的重要抓手。根据文化和旅游部的调研情况显示,全国旅游民宿80%分布在乡村地区,可以看出在区域上乡村民宿的占比较大。[②] 传统村落文化旅游业发展在一定程度上优化了传统村落的经济环境,为村落整体发展提供了物质基础。旅游保护性开发使得传统村落文化旅游业发展不是追求眼前利益和短期效益,更不是以牺牲传统村落传统文化和生态环境来换取经济价值,而是从长远角度出发,产生持续的经济价值,提升文化内涵,增加民族旅游产品附加值,提供良好的人文和生态环境,实现传统村落经济的可持续增长。

传统村落文化旅游业发展在保护性开发理念指导下,更加注重资源及环境的保护,它们是传统村落居民生存和发展的基本条件。保护性开发旅游资源,可以提高传统村落文化旅游开发主体的保护意识,为传统村落文化旅游资源可持

[①] 章梦霞、肖学健、李田:《基于 CiteSpace 的我国乡村民宿研究进展知识图谱分析》,《绿色科技》2023 年第 5 期。
[②] 文化和旅游部、公安部、自然资源部等:《关于促进乡村民宿高质量发展的指导意见》,《中华人民共和国国务院公报》2022 年第 25 期。

续利用开发提供可能。传统村落资源和环境也是孕育传统村落文化的重要载体，资源和环境一旦被破坏，传统村落文化传承也将面临很大的难题。唯有对自然、文化和人文环境的保护，才能为传统村落文化传承创造条件，传统村落的文脉才能延续。

传统村落文化旅游业发展在带动传统村落经济文化发展的同时，也将提高村落居民的收入水平，增强文化自觉。村民们在保护理念的指导下，意识到自然生态环境、民族文化、物质资源等都是传统村落旅游业发展的重要基础，只有保护才能实现可持续发展。

第四节　传统村落文化旅游保护性开发策略

在现代旅游浪潮的冲击下，传统村落既迎来了发展机遇，也面临着前所未有的挑战。如何在开发旅游的同时，实现对其文化的有效保护，成为当下亟待解决的问题。探讨传统村落文化旅游保护性开发策略，为这些古老村落的可持续发展找寻平衡之道。

一、传统村落文化旅游保护性开发基本策略

（一）以文化保护和传承理念来开发传统村落文化旅游

文化是传统村落的根基，更是传统村落文化旅游开发的魂，任何背离传统村落文化核心价值的旅游开发都是不可取的。传统村落保护发展是人与自然和谐共生的重要举措。回望国内外传统村落保护发展的历程，人们非常注重传统村落保护发展过程中各要素的相互作用、相互影响，特别体现在城镇化进程中突出生态环境的系统保护和促进生物多样性的可持续发展等举措。[①] 本质上，传统村落保护发展就是要坚持系统观念，放开眼界、开阔视野，把传统村落保护发展放在人与自然、经济社会、民族文化纵横交错的复杂系统中观察分析，注重全局

---

① 许青：《复合生态系统视域下国外农业文化遗产保护利用及其启示》，《吉首大学学报（社会科学版）》2022年第2期。

性谋划和战略性统筹,正确处理整体性保护与活态利用的关系。比如,云南省一直高度重视传统村落的保护发展,截至 2023 年 3 月,已有 777 个传统村落被列入中国传统村落名录,位列全国第一。①丰富多彩的传统村落文化正是吸引旅游者慕名前来的最重要因素,悠久的文化也使得每个传统村落都变得独一无二,不可被替代。通过发展旅游,传统村落获得了更大的知名度,传统村落文化得到了弘扬,同时,还为传统村落带来了更多的经济效益。但是,我们也要看到,不适当或者过度开发,也会给传统村落文化带来一定的负面影响,如加速传统村落文化商品化、传统村落文化庸俗化、传统村落居民态度和价值观退化等。失去了文化内涵的传统村落将不再具有旅游吸引力,传统村落文化旅游将无从谈起。因此,开发传统村落文化旅游首先要重视传统村落传统文化,要从保护和传承角度看待传统村落文化与旅游发展。

传统村落文化旅游开发主体包括地方政府、社区居民、旅游企业和第三方力量。影响传统村落文化旅游发展最重要的因素之一是本地居民,他们既是传统村落文化的缔造者和传承者,又是传统村落文化旅游开发的主体。作为主人的传统村落居民更了解和熟悉传统村落文化内涵,文化渗透在他们生产、生活的方方面面,文化的保护和传承也只有传统村落村民才能真正做到。文化保护和传承的理念不是在旅游开发产生负面影响以后才需要注意的,它必须作为传统村落文化旅游开发的根本出发点,从一开始就要注意。传统村落文化的所有者是传统村落地区的人民群众,如果当地居民不珍惜自己的传统村落文化,要保护传统村落文化则是一句空话。所以,"要培育挖掘乡土文化人才,开展文化结对帮扶,制定政策引导企业家、文化工作者、科普工作者、退休人员、文化志愿者等投身乡村文化建设,形成一股新的农村文化建设力量。"②要加强教育、提升认知能力,使他们明白文化就是日常生产、生活的全部。

只有保护传统村落文化才能取得旅游发展的成功。对地方政府而言,他们中的大部分成员都是本地居民,要形成文化保护的自觉意识。旅游企业和第三方力量多为外来人员,他们需要多深入了解传统村落文化,更重要的是,他们对

---

① 第六批中国传统村落名录公布!云南累计列入达 777 个,位列全国第一,载云南网 https://yn.yunnan.cn/system,2023 年 3 月 21 日。
② 《习近平著作选读》第 2 卷,人民出版社 2023 年版,第 92 页。

旅游开发的思路应有战略高度，即要追求传统村落文化旅游的长期利益，树立文化保护和传承意识，懂得只有传统村落文化的保护才能实现旅游可持续发展。无论是规划制定、旅游模式选择，还是旅游项目策划、旅游产品开发等都要以传统村落文化保护为依据。旅游开发的宗旨内容不能背离传统村落文化保护和传承的初衷。

当然，这并不是要求传统村落回避开发、保持原样，将传统村落文化完全保护起来成为"文化孤岛"，而是要有选择地开发。在经过本地居民、专家、第三方组织等共同论证的基础上，可选择适合进行旅游开发的传统村落文化来进行准备。同时，在开发中要注重体现文化的保护和传承。尽管旅游开发活动是一种经济行为，应以市场为导向，但不可忽视的是，传统村落文化旅游更是一项文化活动，旅游开发不能以满足和迎合旅游者需求为目的进而干扰传统村落文化的本质。

对于绝大部分传统村落文化旅游者而言，他们通常以旁观者身份出现，并不拥有较强烈的传统村落文化认同感，旅游者需求也非理性、客观。传统村落文化旅游项目策划、旅游产品开发应以引导旅游者需求为目的，突出寓教于乐的旅游功能，用文化主线贯穿传统村落文化旅游开发的全过程。所以"要推动文化下乡，鼓励文艺工作者深入农村、贴近农民，推出具有浓郁乡村特色、充满正能量、深受农民欢迎的文艺作品"[①]。

（二）塑造传统村落文化旅游形象

关于旅游形象的认识，可以从两方面来看。从旅游者角度来看，形象是人脑对客观事物的主观反映，旅游形象就是旅游地信息经由人的大脑加工后的主观反映，它包括原生感知形象（旅游前形象）、实地感知形象（旅游时形象）及回馈旅游形象（旅游后形象）三部分。从旅游地角度来看，旅游形象是旅游地希望塑造和展现给旅游者（潜在旅游者和现实旅游者）能够代表旅游地的综合印象。这些印象包括实地旅游形象（现实形象）和想象旅游形象（宣传形象），它们能够使人们对旅游地产生积极、正面的评价，从而吸引更多的旅游者前往游览体验。

传统村落文化旅游形象是对传统村落文化的高度概括，是传统村落文化旅

---

① 《习近平著作选读》第 2 卷，人民出版社 2023 年版，第 92 页。

游地希望在受众(目标对象)心中留下的美好印象。传统村落文化旅游形象既是一种经过文化凝练后的认知符号,也是对旅游地文化氛围的表达。旅游形象的塑造对传统村落文化旅游保护性开发而言至关重要。良好的旅游形象能够提升旅游者对传统村落文化旅游地的认知度、美誉度和认可度。

认知度是旅游者对旅游地的认知程度,也就是知晓旅游地的人数占总人数的比例。美誉度是旅游者对旅游地的称赞程度,表示在旅游地认知人数中有多少比例的人对旅游地是赞美的,持肯定态度的。而认可度是旅游者对旅游地表示认可,并前往旅游的程度。良好的旅游形象,尤其是实地旅游形象可以使本地居民、旅游者、其他居住者更容易产生文化认同。文化认同是指各民族间文化的相互理解与沟通,彼此依赖和尊重。

只有当旅游地参与主体都获得这种文化认同,才能在旅游开发、旅游参与互动、旅游生产经营等各项活动中对传统村落文化有更深刻的认识,文化保护才能真正被重视,旅游对族文化的消极影响才能降到最小。良好的旅游形象能够使更多的主体关注传统村落文化及其开发,为获得更多的资助(科研、经济、政策等),甚至申请非物质文化遗产提供帮助。

(三) 重视传统村落社区教育与培训

传统村落文化旅游开发要实现文化保护传承与旅游可持续发展,社区参与旅游开发是必须要遵循的发展路径。而且,社区参与旅游开发同当地文化保护之间存在着紧密的联系:社区参与层次越高,居民的文化保护意识越强,当地文化保护的效果就越好。社区参与程度的高低取决于很多因素,其中最关键的是社区居民参与旅游开发的综合素质,如态度、能力、知识水平等。

当前,不可回避的现实是,由于许多民族旅游村落大多位于中国经济欠发达、区位偏远的地方,村民的文化生活处于较封闭的状态,而正是这种相对封闭的文化体系恰恰成为传统村落吸引游客的重要契机。从传统村落文化旅游可持续发展来看,想要让这种较封闭、较原生态的传统村落文化既具有持久生命力和吸引力,又不在村落旅游开发后被加速变迁,传统村落社区居民是关键。重视对传统村落社区居民的教育和培训,可以提高其整体知识水平及认知能力,引导其正确认识文化保护和传统村落旅游发展的相关性,同时,还可以提高服务技能和管理能力,实现传统村落文化旅游发展的科学管理。

教育对社会发展的推动作用是不言而喻的,传统村落重视旅游开发相关教育是实现旅游可持续发展的必经之路。不少研究人员发现,在旅游发展期间,传统村落居民存在较矛盾的态度,例如:旅游开发在提高经济收入的同时加深了村落内贫富差距,产生了"马太效应";游客的到来增加了旅游收入,但也极大地影响了居民的生活、习惯及文化传统等;面对竞争,平时和睦友好的邻里关系变得紧张,甚至对立;主流文化的进入和移植让传统村落居民无所适从,年轻人更愿意追求潮流文化;等等。

矛盾的产生尽管不全是因旅游开发所造成,但问题不解决,会直接影响到传统村落的发展。教育和培训尽管不能直接解决这些问题,但它们可以使传统村落居民认识到自我价值,树立对传统村落旅游开发与文化保护传承的正确态度,真正实现由社区居民自己来决定传统村落的未来发展。

1. 要重视文化知识的教育,培养传统村落居民自主学习的能力

村落村民作为一个村子生存发展的灵魂、文化传承的主体,需要对自己所处的环境、人文、制度等都有足够的了解,只有足够的熟悉才能知道自己的优势和不足并了解其未来发展趋势。① 所以要加强对村民文化素质的培养,加大教育力度,促进村民自身文化意识的觉醒、增强村落主体对村落自身文化的自信。

要全面普及义务制教育,推行传统村落居民的再教育活动——教育内容涉及道德修养、文化、历史、经济、政治等各个方面,提升传统村落居民的整体文化水平。这些教育活动并非只是针对旅游开发及相关工作,而是应以提升传统村落居民综合素质为目的,使传统村落居民形成正确的价值观,不再一味追求经济利益,更加理解传统村落文化之于旅游开发和村落可持续发展的重要作用。费孝通先生指出:"文化自觉是当今时代的要求,它指的是生活在一定文化中的人对其文化有自知之明,并且对其发展历程和未来有充分的认识。"② 所以,要想做好当地的文化传承和保护,一定要注重当地原有居民的主人翁意识,提升自我认同感。

村民作为传统村落文化传承与发展的主体,只有充分发挥村民的主体作用,让村民自己对自己生活的环境熟知并认可,促使村民们自愿参与到对传统村落

---

① 费孝通:《论人类学与文化自觉》,华夏出版社 2004 年版,第 194 页。
② 费孝通:《中华文化在新世纪面临的挑战》,《文艺研究》1999 年第 1 期。

文化的保护与发展之中。传统村落居民综合素质提高也将影响其自我认知能力。通过教育引导，可以使传统村落居民形成自主学习的能力。只有当传统村落居民具有完全的自主能力，他们才能更积极地参与到传统村落文化保护性开发中。

2. 要学习当地村落文化知识，提升文化自信

应加强学习当地村落文化知识，包括建筑、服饰、歌舞、信仰、习俗、手工艺品等，使他们对传统村落文化有更清晰的认识，让他们意识到这些文化尽管不同于主流文化，但却是独一无二，无可比拟的。教育质量影响着优秀传统文化的传承质量，也影响其应有的社会价值和教化功能。[1] 因此，在对传统村落村民教育的过程中可以将原有历史事件中的一些故事融入其中，然后对当地居民进行集体培训和教育，以便他们对自己家乡故事的传播，讲好家乡故事、传播家乡声音。对本民族文化认识越深刻，就越容易产生文化自信。传统村落居民通过学习，可以知道任何文化的产生、发展都有其规律，传统村落文化并不是落后、荒蛮、异质的代名词，它恰恰是民族坚持和村落生命历程最有力的见证。它充满着沧桑感和历史感，同现代文明一样是社会发展共同的产物。也正是这些传统村落文化才能吸引旅游者前来参观、游览、体验。此外，要正确对待外来文化。由于缺乏现代传播媒介的支持，传统村落文化的传播范围受到很大的限制，很难触及更广泛的受众，尤其是年轻一代。这既造成了村落文化的逐步消退，同时使传统村落的文化继承面临困境。[2] 因此，学习利用现代技术改善传统村落居民生活，在树立本民族文化自信的基础上，有选择地接受主流文化。随着数字技术不断发展，将大数据、云计算、VR 等技术与村落文化相结合，加强村落文化数字保护，对传承和弘扬优秀村落文化有着积极作用。[3] 对涉及民族文化核心价值观的要进行保护——如仪式等不对外开放。通过学习，传统村落居民要提高自我约束、自我控制的能力，在传统村落文化旅游竞争中，坚守传统美德，与人为善，避免旅游经

---

[1] 游小培：《农村成人文化教育：非线性教育的社会价值——以浙江省农村成人文化教育为例》，《职教论坛》2009 年第 34 期。
[2] 梁寒燕：《技术赋能背景下的乡村振兴建设研究——以安徽省特色 VR 小镇为例》，《湖北农业科学》2022 年第 2 期。
[3] 黄丽、言瑶：《乡村振兴视域下桂北传统村落文化保护与活态传承研究——以桂林市灵川县传统村落为例》，《桂林航天工业学院学报》2022 年第 1 期。

营可能产生的恶性竞争,树立正确的竞争意识,明白只有竞争与合作并行,大家共赢,才能实现传统村落的共同发展。

3. 要重视传统村落的妇女教育,提高女性地位

在传统经济活动中,传统村落主要以农业和手工业为主。在传统村落居民日常的衣食住行中,女性往往扮演着更为重要的角色。刺绣、编织等手工艺品的生产制作,民族饮食、民族歌舞等文化活动,都是以妇女为主。从现实情况来看,在传统村落文化旅游活动中女性也是重要的参与者,导游讲解、民族演艺、旅游商品销售、餐饮服务及其他旅游接待服务等多由女性来承担。传统村落文化旅游开发也增加了女性旅游开发参与者的经济收入,如出售手工制品,从事旅游接待等。但从现实情况来看,多数女性仍处在旅游产业链的末端,从事服务工作的女性收入较低,社会地位普遍不高;从事手工业等生产制作的女性其生产的产品价格低,凝结其智慧和辛苦的产品价值并没能体现在产品价格中。因此,应对从事旅游工作的女性进行培训。教育一是提高其知识文化水平,提高旅游服务技能;二是指导妇女生产活动,引导其生产制作的工艺品向精品化、特色化方向发展,提升产品附加值,提高产品价格。只有这样,传统村落中女性的社会地位才会提高。

4. 要对传统村落社区居民进行旅游技能培训,提高旅游生产力

旅游技能培训是为了使村民获得与旅游工作有关的技能而采用一定的科学方法所做的有计划的、系统性的各种努力。旅游技能培训的内容有旅游服务技能、工艺生产技能、旅游相关行业经营管理技能、生态环境及卫生知识培训、相关法律规范培训等。旅游服务技能培训包括普通话使用、日常英语运用技能、服务和营销技能、人际关系处理等的培训。工艺生产技能培训包括对材料选取、加工制作、生产工艺、技术、包装等方面的知识培训。经营管理技能培训主要是针对个体经营户、手工作坊、中小民营企业的管理者等来进行。而生态环境培训则包括重点开展对保护生态环境、节约水资源、保护耕地、防灾减灾、倡导健康卫生、移风易俗和反对愚昧迷信、陈规陋习等内容的宣传教育。卫生知识培训包括环境卫生标准规范、旅游设施卫生、食品卫生等培训。法律与法规培训是传统村落居民必须要开展的培训活动,它主要是根据旅游开发所涉及的相关法律法规、管理条例等,向村落居民进行的宣传普及。

(四) 优化传统村落文化旅游发展环境

旅游发展环境是个较大的范畴，它是影响旅游可持续发展的十分重要的因素。对于传统村落而言，有三个旅游发展环境需要重视，它包括自然生态环境、社会环境和区域旅游环境。实现传统村落文化旅游保护性开发就需要优化环境内容，为传统村落文化旅游业的可持续发展创造条件。人们总是强调在传统村落文化旅游开发过程中民族文化的重要性，这也就是强调人文环境对传统村落文化旅游保护性开发影响很大。良好生态环境是农村最大优势和宝贵财富。[①]对于旅游业发展来说，良好的自然生态环境也是实现可持续发展的重要条件之一。充满自然生态情趣的风景、整洁静谧的传统村落是发展传统村落文化旅游的基础。

任何跃进式的、亡羊补牢式的旅游发展模式都只能滞后传统村落的发展。习近平总书记在2019年世园会的开幕式上谈到："绿水青山就是金山银山，改善生态环境就是发展生产力。良好的生态本身就蕴藏着无穷的经济价值。"[②]优化自然生态环境，首先，要做到预防管理，要树立旅游参与主体及其他村民的环境保护意识，完善环境保护规章制度，核算传统村落生态环境承载力，运用环境效应评估方法，通过环境预防管理来实现自然环境保护。其次，要建立环境管理部门，实现科学管理。在传统村落文化旅游开发中要建立旅游环境承载力预警系统，完善旅游环境信息数据库，实行环境动态监控，从而实现旅游生态赤字缩减。再次，要重视向传统村落社区居民及旅游者宣传普及垃圾分类知识和环境保护基础知识，使旅游开发者和管理者重视固体废弃物的处理，力争达到国家先进水平，实现原生垃圾"零填埋"，提高垃圾无害化处理率。最后，还要重视水污染的防治。

由于旅游业被认为是无烟产业、朝阳产业，产业门槛低，投入小，回报大，因此，传统村落要结合自身实际大力发展旅游业以提高村落经济水平，增加经济收益。从现实情况来看，旅游业要实现可持续发展，尤其是在传统村落这样的传统文化旅游地，其持续投入是巨大的，对各方面要求都比较高。而当一个传统村落

[①] 《习近平著作选读》第2卷，人民出版社2023年版，第90页。
[②] 习近平：《共谋绿色生活，共建美丽家园——在2019年中国北京世界园艺博览会开幕式上的讲话》，《中华人民共和国国务院公报》2019年第13期。

过于依赖旅游业，急于借助旅游开发实现脱贫致富的话，不追求旅游开发的功利性和跃进式发展几乎是不可能的。旅游开发就是一种经济行为，追逐利润是其根本目标。

因此，营造良好的旅游开发社会环境就表现在要调整传统村落产业结构，避免只依靠旅游业带动本地经济发展这种一条腿走路的方式。我们要积极发展现代农业、手工业、创意产业等多元经济形态，将以旅游业为代表的现代服务业、农业、工业等产业相融合，实现多条腿走路。一方面，积极推广旅游产业集群发展模式，将文化、旅游、农业、手工业等整合成完整的现代服务产业链；另一方面，降低传统村落文化旅游开发的风险，避免传统村落文化过度开发。此外，还要意识到，其他产业经济的发展也能为传统村落文化保护传承提供更多的保障，生态博物馆、纪念馆、传统村落文化创意产品等都有更大的发展空间。

传统村落文化旅游保护性开发不仅与传统村落有关，更与区域环境密切相关。正如习近平总书记所说："农村生态环境好了，土地上就会长出金元宝，生态就会变成摇钱树，田园风光、湖光山色、秀美乡村就可以成为聚宝盆，生态农业、养生养老、森林康养、乡村旅游就会红火起来。"[①]所以，旅游业和任何产业一样都不是独立的、分割的，它的跨区域性、多层次性决定了旅游业发展到一定阶段必然从竞争上升到合作。传统村落文化保护传承也是一样。民族地区发展旅游业应加强合作，形成区域联动，要避免传统村落文化旅游开发的恶性竞争，更要避免传统村落文化片段化保护。此外，区域环境的优化还表现在合理规划大旅游交通，完善旅游基础设施建设，建立区域文化信息系统等。

二、传统村落文化旅游保护性开发支撑体系

（一）人力资源支撑

人力资源是传统村落文化旅游开发的关键要素，它是传统村落文化旅游业发展的重要保障。人力资源是能够推动传统村落文化旅游开发取得经济效益和社会效益的生产力要素。除了前面已提到的对传统村落社区居民的教育培训外，还应包括对其他旅游从业人员、政府参与主体等的教育培训，尤其是重点培

---

① 《习近平著作选读》第 2 卷，人民出版社 2023 年版，第 90 页。

养中高级管理人才。众所周知,管理的目的是提高生产经营效率,因此,培养中高级管理人才将有助于传统村落文化旅游发展的高效性和集约型。要开展高层次的旅游管理培训,培养学员具有较强的市场意识,学习国内外经济运行规则和先进管理经验等。要定期召开中高级管理人员研讨会,定期与其他文化旅游产业发达地区的相关管理人员进行交流。要培养中高级管理人才的文化旅游产业联动意识,避免恶性竞争。此外,还要重视培养旅游创新型人才。无论是技术创新还是理论创新,都将为传统村落文化旅游可持续发展提供强有力的保障。

(二) 经济资本支撑

经济资本的投入对于任何一个开发文化旅游的传统村落来说都是至关重要的。民族文化资源的抢救与保护、基础设施和旅游设施的建设、文化旅游规划的制定、旅游产品项目的设计与营销、社区居民的教育培训等方面都需要大量物资、资金的投入。

传统村落文化旅游保护性开发可以通过多种途径获得经济资本支撑:第一,传统村落社区居民自筹资本,入股景区开发管理,然后分红。投入的资本可以是货币,也可以是自家住房(用来提供住宿接待等)、人员、物资、场地等,通过估价进行核算,并据此进行分红。第二,吸引外来资本,传统村落居民参股。外来资本包括国际援助、外来资金支持、金融机构低息小额贷款等。还可以考虑与一些金融机构合作,共同开发传统村落专属的新金融产品。第三,以政府财政拨款为主,以外来投资或居民参股等为辅。此外,政府还可以考虑减免税收等优惠政策、项目资金贴息等优惠政策,重视建立民族文化旅游投融资机制,鼓励传统村落居民自主创业,提供优质的旅游开发及经营环境。

(三) 技术创新支撑

技术创新是指把一种从来没有过的生产要素与生产条件的"新组合"引入生产体系,利用某些原理制造出市场需求的商品,将科技成果商业化和产业化。技术创新在现代旅游业发展中运用较多,如利用 3S 技术,即地理信息系统(GIS)、遥感系统(RS)、全球卫星定位系统(GPS)构建旅游景区的动态旅游信息系统,加强对旅游资源及环境的动态监测,制作高清晰的卫星影像旅游地图,为游客提供景区导航服务等。很多大型景区还开发了旅游资源管理信息系统,便于对景区旅游资源进行动态管理,且辅助分析决策。传统村落文化旅游资源要实现保护性开发,技术创新的实际运用是重要支撑。要积极建立传统村落文化旅游数字化信息系统,将文化旅游资源及开发管理实现数字化管理,如设计传统村落文化旅游网页、设计传统村落文化旅游咨询信息系统、运用虚拟技术开发创新旅游产品、利用可再生能源技术实现传统村落文化旅游循环经济发展等。总之,技术创新必将为传统村落文化旅游保护性开发提供更为广阔的发展前景。

第五章　传统村落文化旅游产品开发

在岁月的长河中,传统村落承载着先辈们的智慧结晶,每一块石板路、每一座古建筑、每一种民俗风情,都诉说着源远流长的故事。如今,传统村落文化旅游产品开发成为解锁这些宝藏的钥匙,它不仅能让游客穿越时空领略古老文化的魅力,更能为这些村落注入新的生机,让传统村落的价值在现代旅游的浪潮中熠熠生辉,开启一段传承与发展交织的精彩旅程。

第一节　传统村落文化旅游产品的构成

传统村落文化旅游产品是传统村落价值的具象化体现,融合了物质文化与非物质文化的精髓。它们不仅是游客体验传统村落魅力的媒介,更是延续村落文化生命的关键所在。

一、传统村落文化旅游产品

(一)传统村落文化旅游产品概念

关于旅游产品概念的界定,目前有两种观点,即旅游产品经历(体验)说、旅游产品整体要素说。旅游产品经历(体验)说是以旅游者为出发点,认为旅游产品是旅游者花费一定时间、费用和精力所换取的一次旅游经历或体验。旅游产品整体要素说是以目的地为出发点,认为旅游产品是旅游经营者凭借旅游吸引物、交通和旅游设施,向旅游者提供的用于满足其旅游活动需求的全部服务。其实,两种说法并不矛盾,前一个概念界定主要是从游客需求角度出发,即旅游者的主观感受；后一个概念界定侧重于旅游产品的供给，即提供具有一定商业性的旅游相关物品和服务等。旅游产品供给能给旅游者带来满意的旅游体验，从而满足游客的旅游需求。因此，无论是从哪个角度提出，旅游产品的概念都是旅游者愿意购买的，能够满足旅游者旅游需求的包括旅游景观、设施、服务在内的各种物品和服务的总和。这种说法是广义的旅游产品概念，也是笔者所认同的概念。

对于传统村落文化旅游产品概念，鲜有学者进行专门研究并提出明确含义。但是关于少数民族旅游产品、少数民族文化旅游产品、少数民族专项旅游产品、少数民族民俗旅游产品等的相关研究就比较多，学者们也都从不同的角度对相关概念进行解释。

1. 少数民族旅游的本质是一种旅游产品

其关注的少数民族文化旅游产品内容主要集中在民俗旅游产品、具有创新理念和运用特定技术的专项旅游、民俗节庆活动、参与性强的各项旅游产品、少数民族歌舞以及旅游线路等。特别是，旅游线路是少数民族旅游产品的主要表现形式之一。各种少数民族民俗旅游线路、少数民族文化旅游线路、少数民族风情旅游线路等都是向游客推销的少数民族旅游产品。少数民族文化旅游产品，是在特定的时空，由旅游经营者向旅游者提供的少数民族特有的旅游产品，包括有形的商品，如少数民族服饰、饮食产品、纪念品等；也包括无形的服务，如少数民族的活动、节日、价值观等，甚至包括旅游者花费一定的时间、金钱购买的旅行过程，实现娱乐、休闲、求知及其他目的的一次经历，获得的精神和物质的享受等。

2. 从旅游产品构成及要素角度提出少数民族文化旅游产品的概念

可以认为，少数民族文化旅游产品以少数民族文化旅游资源为产品生产的基本原材料，但在产品形成的过程中，并非孤立地以少数民族文化为其产品的构成要素，同时包括少数民族文化旅游资源在产品转化过程中涉及的其他要素和资源。此外，少数民族文化旅游产品不仅强调少数民族文化旅游资源在景观方面的物化，而且重视少数民族文化在旅游产品的设施、服务等要素中的体现，强调旅游者在旅游过程中形成的地域文化体验，以地域文化的整体优势和具体的少数民族文化景观及渗透在设施、服务中的少数民族文化审美来吸引旅游者。

它是一种提高层次的旅游产品。少数民族文化旅游产品开发类型主要有四种：一是以景观实体形态为少数民族文化载体的少数民族文化旅游产品，包括少数民族文化浓缩型人造景观，少数民族文化原生型村寨，以少数民族文化建筑为主体构成的景观、民族博物馆，以少数民族文化内涵为灵魂形成的旅游商业活动街区，以少数民族文化为构成要素之一的度假旅游区；二是参与性民俗活动，包括大型活动与节庆旅游、民族餐饮、民族歌舞及其他各类民俗活动（民族体育竞技、民族婚俗、民族服饰等）；三是少数民族精神文化旅游产品，主要指少数民族文化中所蕴含的神话、戏剧、绘画、工艺、哲学部分的旅游开发；四是少数民族旅游商品的开发，包括民族特色工艺品、旅游纪念品、旅游活动用品等。

3. 少数民族旅游产品也是游客在欣赏与体验少数民族独特生活环境和文化风俗的过程中购买与享受的物质实体和非物质形式的精神服务的总和

少数民族旅游产品的构成包括民族旅游吸引物、民族旅游服务、民族旅游设施等。且旅游形象与旅游产品是密切关联的两个方面。在少数民族旅游中，形象定位是少数民族旅游产品特色化的技术关键。旅游形象策划无论是核心理念、传播口号，还是界面意境、识别符号，都要通过旅游产品才能体现出来。旅游产品的开发是民族旅游资源的转化过程，同样的旅游资源可以开发出不同的产品，因此旅游产品开发核心问题就是确定旅游形象，依据形象明确旅游产品开发主体，再通过主体进行特色旅游项目策划。比如，基于新疆的旅游形象定位与设计，新疆专项民族旅游产品开发应包括名人旅游、民族歌舞音乐旅游、民族服饰旅游、民族饮食旅游、民族体育旅游、边疆军事旅游、民族旅游、民族旅游商品等产品开发。

综上，传统村落文化旅游产品是少数民族旅游产品的重要内容，它是以传统村落（寨）为依托，为满足旅游者需求，为使其获得满意的传统村落文化旅游体验，由旅游经营者提供的传统村落文化旅游吸引物、设施及服务的产品总和。传统村落文化旅游产品与少数民族文化旅游产品、少数民族民俗旅游产品、民族专项旅游产品等有相同之处也有不同之处。相同之处在于它们都属于旅游产品这个大范畴内，均以文化为主要吸引要素开发相关旅游活动，互相有重合交叠的部分。不同之处在于传统村落文化旅游产品被限定在传统村落环境下，旅游产品的开发设计与传统村落的整体历史文化进程密切相关。传统村落文化旅游产品除展示民族文化外,更重要的是要体现出传统村落整体所蕴藏的厚重文化内涵。村落作为乡村聚落最基本的组成部分有其特殊性,传统村落则具有独特的地域文化特征,形成独树一帜的地方精神。因此,借助于此开发的旅游产品必然与其他旅游产品有所不同。

(二)传统村落文化旅游产品的内涵

传统村落文化旅游产品的内涵表现在三个方面:第一,它是在传统村落这个特定区域环境(自然环境和文化环境)下开发的旅游产品。传统村落是一个整体区域,它既有共性也有特殊性,以村落为载体的旅游产品具有独一无二的文化内涵,是传统村落地方性精神的展现。同时,由于大多数传统村落位置偏远,与外界联系较少,因此现代旅游活动容易带来较强的文化冲击,对传统村落文化产生负面影响。第二,它是传统村落物质文化和非物质文化的展现,是旅游产品有形和无形的有机结合。传统村落文化既有以村落建筑、服饰、工艺品等为代表的物质文化,也有以生产技艺、舞蹈音乐、生产生活方式、节事活动、仪礼等为代表的非物质文化。借助丰富的传统村落文化而开发的旅游产品可以是有形的景点、设施、项目等,也可以是无形的产品,包括服务、旅游体验、欣赏、观察等。第三,传统村落文化旅游产品具有综合性。它应包括旅游吸引物、设施及服务所涉及的与旅游相关的全部产品。随着时代发展及文化创意产业的兴起,传统村落文化旅游产品除了传统旅游产品外,还包括一定的文化创意类旅游产品。

(三)传统村落文化旅游产品的特征

1. 民族文化性和地域性相结合

首先,传统村落文化旅游产品是文化的产物,传统村落所孕育的文化是旅游产品开发的源泉和动力。传统村落文化旅游产品是为旅游者开发和设计的,而旅游者愿意消费该产品的根本原因是他们被独特的民族文化所吸引。因此,传统村落文化旅游产品的设计开发一定包含有多样的传统村落文化。其次,传统村落文化旅游产品的设计开发存在于一定的传统村落环境中,它不仅是民族文化的产物,还是地域文化的产物。不同地域环境造就不同的传统村落文化,形成独特的旅游吸引力。传统村落文化旅游产品正是传统村落环境和民族文化的有效结合。

2. 民族文化展示性

传统村落文化旅游产品多以体验型产品为主。尽管也有风景优美的传统村落开发的观光型旅游产品,但绝大多数传统村落文化旅游产品是以本民族文化为根基展开的。传统村落文化旅游产品的文化展示性,一方面表现在要将传统村落文化开发为旅游产品为旅游者购买消费并感知,这就需要通过多种途径进行文化展示,例如表演、展出、宣传、商品化、博物馆化等;另一方面表现在传统村落文化展示需要有一定文化内涵的解说服务,丰富多彩、恰如其分的解说是传统村落文化展示必不可少的环节。传统村落文化的形成是一个漫长的历史过程,旅游者对于传统村落文化旅游产品的认识和理解不可能只通过观看的方式就能获得,这就需要通过解说服务来为游客欣赏体验传统村落文化旅游产品提供更多帮助。

3. 民族文化原生性与创新性的碰撞

传统的村落文化是以传统村落成员生活的客观存在为基础的,是村落成员自发的民间生产生活文化,这种原生性民族文化是吸引旅游者来访的核心驱动力。随着传统村落逐渐开放,现代文明和大众文化越来越多地影响到村落文化,各民族文化变迁的加剧是必然的,原生性的传统村落文化在社会进程中不断调整适应,并形成了新的原生性传统村落文化。传统村落文化旅游产品开发应以各民族文化原生性为内核,在此基础上适当创新,用旅游者更容易理解的形式展示出来。各民族文化创新性更多地强调展示形式和表达上的创新,但不等同于"新瓶装旧酒"的概念,不是说将各民族传统文化完全用新的形式表现出来,只是通过创新手段将各民族文化和现代化理念相结合,形成更容易为旅游者接受的传统村落文化旅游产品。例如,将各民族文化舞台化的舞台剧,就是利用现代高科技打造的文化创意旅游产品;民族体育、音乐、舞蹈、民俗等节事活动,这些都已成为传统村落传统文化与现代化发展相碰撞的最直接体现。

二、传统村落文化旅游产品的构成元素

从旅游产品的文化性质出发,可以分为展示型、学习型、体验型、休闲型四种旅游产品类型。展示型旅游产品一般采用被动观赏的游览方式,核心是具有普遍性的审美价值。学习型旅游产品主要用于满足旅游者求知需求,并形成互动。

体验型旅游产品更能够使旅游者获得参与体验经历。休闲型旅游产品以休闲游憩为主要内容，具有很大的自主性和随意性。

从旅游活动的内容和性质分，可以分为观光旅游产品、休闲度假旅游产品、商务旅游产品、文化旅游产品和生态旅游产品等多元的旅游产品类型。

从旅游市场角度划分，目前最流行的是由市场学中整体产品概念（Total Product Concept，TPC）延伸出的旅游产品三层说，即核心产品、有形产品和延伸产品。核心产品能提供给旅游者最基本的效用和利益，它是能够满足旅游者物质和精神需要的旅游产品，通常体现为最基本的旅游吸引作用，是一种旅游者在旅游过程中所获得的主观感受。有形产品是将无形的核心产品有形化，即展现核心旅游产品的载体，具有品质、外观、特色、品牌、质量、式样和包装等特征。延伸产品，也被称为附加产品，是在有形产品和无形产品之上提供给旅游者的附加服务等的总和。

对传统村落文化旅游产品的划分主要基于旅游市场角度，可划分为三层，即核心旅游产品、外延旅游产品、关联旅游产品。核心旅游产品具有旅游吸引物功能，是旅游者从事传统村落文化旅游活动最大的动力和因素，多为传统旅游产品。核心旅游产品通常是无形和有形的有机结合，既包括地方特色、客观存在等有形特征，也包括民族气氛、体验过程等无形特征。外延旅游产品是在核心旅游产品基础上经过专门策划、设计和包装等呈现出的组合旅游产品，即创意旅游产品、旅游线路等，具有综合性特征。关联旅游产品主要提供给旅游者旅游服务和利益，具有附加作用。

第二节 传统村落文化旅游产品开发现状

传统村落文化旅游的兴起为传统村落带来了新的发展契机，传统村落文化旅游产品开发也渐成热点。然而，在这一发展进程中，现状喜忧参半。一方面，一些成功案例让古老村落焕发出新活力；另一方面，不少问题也随之浮现，威胁着传统村落的可持续发展。深入了解传统村落文化旅游产品开发现状，对于探寻合理发展路径至关重要。

一、核心旅游产品及开发

(一) 传统村落建筑文化旅游产品及开发

传统村落建筑是传统村落传统文化的重要组成部分,是各民族民间艺术、文化等的综合反映。传统村落建筑的选址、建筑物本身、建筑材料的选择及室内装修等都体现了各民族成员特定的价值观念,同时也成为传承这些价值观念的重要载体。传统村落建筑是任何一个传统村落文化最直接的体现,承载着久远的历史积淀和人类活动印记。传统村落建筑以一种相对静止的状态存在于传统村落中,它体现了传统村落成员的思想观念、审美艺术和生活习惯等,是传统村落物质文化与非物质文化的综合表达,也正是这一特点,使得传统村落建筑成为十分突出且具有较高吸引力的传统村落文化旅游产品。

传统村落建筑旅游产品主要有观光、体验、感知、教育等旅游功能。这些建筑文化旅游产品既可以单独作为一种旅游产品进行开发设计,也可以与其他乡村旅游产品形成产品组合。应该说,对于绝大多数传统村落而言,传统村落建筑旅游产品是极为重要的旅游产品,旅游者通过对该产品的消费,可以更深刻地体验蕴含在其中的传统村落文化精神。传统村落建筑旅游产品包括两类,一类是各民族居住用的民居建筑,另一类是各民族的公共建筑。中国传统村落中较为典型的建筑文化旅游产品主要集中在西南、中南及东南传统村落、内蒙古民族聚居区、新疆传统村落、东北传统村落、西北村落等。

(二) 传统村落民间艺术旅游产品及开发

1. 民族音乐旅游产品及开发

音乐是某种最原始的冲动情绪或情感的宣泄。民族音乐是各民族生产生活的伴生物,他们用音乐抒发情绪、传递情感。少数民族音乐是民族文化的重要组成部分。音乐是一种抒情艺术,通过演奏或演唱表达,听众从它表达的情感中获得感受并产生共鸣,从而实现情感体验。对旅游者来说,到传统村落欣赏和感受特有的民族音乐确是民族旅游中不可缺少的一项活动。民族音乐主要有民间歌曲和乐器两大类,这两类常常同时演奏并表演。民族音乐可以通过多种方式被开发为旅游产品。

(1) 和其他旅游产品形成产品组合。例如,吉林延边朝鲜族每到其传统节日、庆祝活动或日常聚会时，他们都会载歌载舞，充分表达直抒胸臆的情感和对美好未来的憧憬。甘肃张掖裕固族民歌风格独特，曲调朴实优美，在迎接远方到来的客人时，敬酒吟歌，并以"歌声不断，酒不断"为情感表达，是旅游活动中非常重要的环节。

（2）独立成为传统村落重要的旅游吸引物，民族音乐贯穿于旅游过程始终。贵州黔东南侗族大歌正是这样一种独特的旅游产品。侗族大歌于2009年被列入联合国教科文组织人类非物质文化遗产代表作名录，被称为"一个民族的声音，一种人类的文化"。侗族大歌用口传心授的方式代代相传，是一种没有指挥、没有伴奏却有完整的支声复调的多声部民歌。侗族大歌可分为鼓楼大歌、拦路歌、踩堂歌、酒礼歌、叙事大歌、声音大歌、童声大歌、戏曲大歌等。旅游者自进入侗寨起一直到离开，侗族大歌伴随左右，因场景不同而伴随有不同的歌曲。侗族有句谚语，"饭养身、歌养心"，说的正是演唱侗歌已成为侗寨的一种生活方式，它是侗族村寨最具魅力的艺术表现形式，同时也具有强烈的旅游吸引力。

（3）用舞台化的形式展现民族音乐，打造民族音乐品牌。比如，云南纳西古乐原本散落在民间，是一种自娱自乐、自我展现的民间音乐。每逢节庆喜丧进行演奏。后来经由国内外相关人士努力，纳西古乐以商业演出的形式出现在旅游者面前。古老传统的纳西族乐器由身穿长袍马褂的长白胡须老者进行演奏，音乐质朴古典，再配以女声，形成富有层次感、历史感和民族感的纳西音乐表演形式。

2. 民族舞蹈旅游产品及开发

民族舞蹈是一种非物质文化，是"人类活态文化财产"。民族舞蹈与其他艺术表现手法一样，源起于各民族生产生活中，是人们表达情感和生活的手段。民族舞蹈多以优美的姿态、特有的民族性、丰富的民俗性等特征展现出来，是一种升华了的艺术。民族舞蹈大都节奏感强，地域特色鲜明，因此很适合开发各种旅游产品。民族舞蹈旅游产品可以通过两种途径开发，一是原生性开发，二是舞台化开发。

原生性旅游产品是指在传统村落中保持民间舞蹈的原生状态，遵照原有舞蹈的表演形式和存在方式，根据民族习惯表演的旅游产品。大多数传统村落中的民间舞蹈都可以被开发为这种产品。如藏族的"锅庄舞"、彝族的"跳月"、土家族的"摆手舞"、苗族的"芦笙舞"、侗族的"踩歌堂"、傣族的"戛光"、少数民族的祭祀舞、巫舞等。

舞台化旅游产品是指将民族舞蹈通过舞台展现给旅游者。它以传统民族舞蹈文化为内核，重新编排成为适合舞台表演的民族舞蹈旅游产品。这种旅游产品除舞蹈要素外，还利用诸如舞台设计、灯光等多项要素共同形成。舞蹈内涵不再是传递给观赏者的唯一内容，呈现出来的多是一种视觉冲击和感官享受。目前，这类民族舞蹈产品较成功的有张艺谋的"印象系列"、西双版纳傣族歌舞表演、贵州苗寨歌舞表演、广西侗寨歌舞表演、张家界的"天门狐仙""魅力湘西"、九寨沟藏羌歌舞表演等。

3. 民族服饰旅游产品及开发

民族服饰是少数民族文化的重要载体，是少数民族物质文化的表征，更凝结了少数民族群众丰富的精神文化内涵。民族服饰不仅具有和其他普通服饰一样的基本功能，更具有审美、信仰表达、民族特性展示等功能。民族服饰是传统村落文化旅游开发中必不可少的旅游产品，它所传递给旅游者的首先是一种视觉审美享受，其次是它对民族文化深层次的表现。从构成来看，民族服饰主要有两大类型：一是具有实用功能的相关衣着，包括衣服、裤子、裙子、帽子、鞋、袜子、袍等，这是民族服饰的基本成分，多由各种材质的布料加工制作而成，色彩艳丽、款式多元、因地制宜，具有十分重要的实用价值和审美价值；二是附加在衣着或身上的各种装饰品，主要是指附加在头发、耳部、颈部、胸腰部、手臂、脚踝部等身体部位的装饰品，如发卡、发簪、梳子、耳环、项链、项圈、围巾、领饰、胸针、佩刀、腰佩、手镯、戒指、臂钏、荷包、钱包、香囊、手帕、伞、扇子、脚铃等。中国各民族的装饰品种类繁多、形式各异，它们既有装饰美观的作用，也有等级划分等作用。

中国民族服饰非常丰富，民族服饰的内容与各民族的栖息环境、民族文化特性密切相关。比较典型的民族服饰有：分布在西南的苗族服饰、傣族服饰、彝族服饰、侗族服饰等；分布在西部的藏族服饰、维族服饰、回族服饰、裕固族服饰、蒙古族服饰、哈萨克族服饰等；分布在东北的朝鲜族服饰、满族服饰、鄂伦春族服饰、赫哲族服饰等。民族服饰的多元与多种因素有关，比如各民族居住的地理环境、生产生活方式等影响因素，历史文化传承与发展，传统村落手工艺技艺水平，图腾与信仰等。丰富多彩的民族服饰承载着深厚的民族文化渊源，它也是传统

村落文化旅游开发中非常重要的旅游产品。对于将民族服饰开发为旅游产品,应从三个方面来考虑:

(1) 应作为传统村落文化旅游产品的一部分,形成组合旅游产品。对于任何一个传统村落而言,即使该民族服饰类型多样、种类丰富、历史文化价值、观赏价值等价值较高,但它都只是传统村落中民俗文化的组成部分。民族服饰需要由传统村落中的民族将其穿戴起来才更能体现其活态文化内涵,而单独将民族服饰开发为旅游产品,使其对旅游者产生专门的旅游吸引力,这样的做法并不容易实现。因此,民族服饰应穿着在少数民族群众身上,将其放置于传统村落文化氛围中,形成情景交融的民族风情景观。首先,传统村落中参与旅游经营、服务活动的人们都应该穿着应时应景的民族服饰。其次,在传统村落节日活动期间,参加节庆活动的少数民族群众要身着节日盛装,游客也可以穿上民族服饰,亲身体验和感受传统村落文化氛围。最后,从事舞台表演的少数民族表演者,要穿着戏剧化和舞台化的民族服装,以此来展示民族艺术精华。

(2) 应将其商品化,打造民族服饰旅游商品品牌。商品化的含义就是将民族服饰打造为可以被旅游者购买、易携带的旅游商品。民族服饰有其深厚的地域性特征,对于旅游者而言,原生性的民族服饰未必符合现代人们的审美习惯。民族服饰商品可以从以下几方面开发:保持原有的传统制造工艺,生产精致的、具有较高附加值和收藏价值的民族服饰精品,打造品牌化旅游商品。这样做就可以从根本上保护民族服饰设计制作工艺,并起到很好的传承作用。要考虑现代人的审美需求,并结合民族服饰文化元素,对民族服饰设计进行创新,打造民族服饰大众品牌。利用网络、店面等多元的现代化营销渠道进行销售,使其广为消费者接受。要在传统村落工艺品制造中加入民族服饰元素,形成产业链。比如制作精美的民族娃娃,并为这些民族娃娃配上款式多样、工艺精湛、色彩丰富、装饰纷繁的民族服饰,从而形成工艺品产业链。

(3) 应将其博物馆化,并进行保护和展示。要让旅游者更多了解民族服饰的历史渊源、发展变化及文化内涵。民族服饰博物馆可以记载民族服饰的点滴,它将民族服饰集中起来展示,通过解说呈现给旅游者全面的、丰富的、生动的民族服饰信息。在民族服饰博物馆里,民族服饰不只被橱窗展示,而且是全方位的立体艺术展示,即利用声、光、电等手段带给旅游者感官体验,从而形成对民族服饰更深更透彻的理解。

4. 民间文学旅游产品及开发

中国传统村落民间文学艺术是各民族群众在漫长的历史时期创作和积累起来的，是各民族智慧的结晶，它以高度凝练的语言概括了生活万象，体现了创作者的审美情趣，表达出了高超的文学意境。民间文学博大精深、源远流长，艺术表现形式多样，题材广泛，内容丰富。常见的形式有民族诗史、民间神话传说、叙事诗、民间歌谣等。由于一些民族只有自己的口头语言，没有文字，因此口耳相传就成为民族民间文学世代流传的主要方法。

民间文学包罗万象、内容庞杂，将其单独开发为传统村落文化旅游产品并不容易。由于大多数民间文学受众范围小，再加上其深厚的文化背景，所以对于旅游者来说，如果作为独立的旅游产品，则很难起到情感共鸣或者感同身受的体验。但是民间文学又是传统村落文化中必不可少的内容，它蕴藏着丰富的民间文化，只有了解这些文化，才能更深地了解传统村落的历史变迁和文化变迁。因此，民间文学必须用其他方式进行旅游产品开发，才能对其发展起到锦上添花的作用。例如：将其融入解说旅游产品中，通过即时朗诵、演唱表演等形式，使游客在参观游览传统村落文化旅游产品过程中，体会民间文学艺术文化。还可以对某些具有代表性、经典性及愉悦性的民间文学进行歌舞编排，将它们以舞台化形式展现出来。另外，还可以制作旅游纪念品，赠送或出售给旅游者。总之，将民间文学开发为旅游产品是非常必要的，它将更有助于实现民间艺术文化的保护和传承。

5. 民族戏剧旅游产品及开发

民族戏剧是指各民族特有的戏剧种类，包括民族戏曲、话剧、歌剧、舞剧等。中国各民族戏剧主要有以下内容：吸收了舞蹈形式的藏戏，流行于贵州、广西、湖南侗族居住地的侗戏，分布于广西和云南的壮戏，由吹吹腔戏和大本曲剧合称的白族白剧，傣族的傣剧和赞哈剧，分布在湘西、广西和云南的苗剧，布依族的布依戏，由内蒙古蒙古戏和辽宁阜新蒙古剧组成的蒙古戏，吉林省延边朝鲜族自治州的朝鲜族仅有戏曲唱剧，内蒙古满族八角鼓戏和吉林新城戏共同称为的满族戏剧，独特的毛南族毛南戏，佤族的清戏，用维吾尔族语言表演的歌剧舞剧，彝族的彝剧，等等。

尽管中国各民族戏剧生成的地域背景、文化特性、民族习俗、历史渊源等各不相同，但其发展轨迹却大致相似，都是从民间歌舞、民间说唱而来。这些类型多样、内容丰富的民族戏剧具有很高的艺术价值，它来源于生活，是劳动人民对生活咏叹的一种文化状态和形式。包含着各族群众对于人间万象的哲学思考。由于民族戏剧的"民族化和地方化"，它们大都具有鲜明的艺术特色，具有丰富的审美情趣和美学内涵。将民族戏剧开发为旅游产品，会有利于这种非物质文化遗产的保护和传承。民族戏剧可以从两种途径进行旅游产品开发：一是原生态开发，即保持民族戏剧原汁原味，将其搬上舞台表演；二是创新型开发，即在原有戏剧的基础上，适当创新改变，开发出适合大众旅游者接受和喜欢的舞台戏剧等。此外，民族戏剧开发为旅游产品一定要有层次性，要着力打造戏剧品牌，在保持原有艺术核心的基础上满足现代人的观赏需求。

6. 民间工艺旅游产品及开发

民间工艺是各族群众为满足实际生活、生产、劳动需要和审美需要而就地取材、因地制宜、手工制作的各种生产工具、生活用品、环境装饰、民宅建筑以及节令风俗礼仪渲染等有形的物质或艺术品。民间工艺的创造和生产离不开传统村落的地域环境和民族文化特性，它是传统村落生活的重要组成部分。随着时代发展，传统村落开放程度越来越高，旅游业等新兴产业在传统村落中的兴起，使得民间工艺不再只为某个民族群众服务和使用，而是成为现代社会大众追逐的文化消费品。民间工艺的民族表达性、独特性、装饰性、审美性、文化性、手工性等特点都是其吸引游客的重要特性，开发传统村落工艺旅游产品是十分重要的内容。本书所涉及的民族民间工艺旅游产品主要包括刺绣、纺织与印染工艺、剪纸、雕刻及编制工艺等旅游产品。

（1）刺绣、纺织和印染是中国传统村落非常传统、古老的手工艺。刺绣是在织物上用针穿引各色彩线所刺绣的图案，广泛流传于苗族、瑶族、彝族、傣族、水族、侗族、羌族、达斡尔族、柯尔克孜族、维吾尔族等民族中，尤其是西部苗族刺绣，更以其独特的民族风格、高超的技艺以及悠久的历史而著名。苗族刺绣图案丰富、色彩搭配精妙、朴素大方，是苗族服饰的主要装饰手段。苗族刺绣图案多为龙、鸟、鱼、铜鼓、花卉、蝴蝶等，针法多样，常用的有平绣、挑花、堆绣、锁绣、贴布绣、打籽绣、破线绣、钉线绣、辫绣、缠绣、马尾绣、锡绣、蚕丝绣等。刺绣是宝贵的民族物产,它表现了各族群众尤其是少数民族妇女对大自然及生活的深刻体验,源于现实又高于现实的图案纹样无一不表达着各民族的审美情趣和艺术感染力。

(2)纺织与印染工艺也以悠久的历史、独特的民族性及传统技艺而著称。纺织工艺以材质划分,可分为麻纺、棉纺织、丝绸纺、毛纺织等,其中最多见的属棉纺织和毛纺织。棉纺织品主要是用棉花纺线织布,代表性的有黎族的"黎锦"、壮族的"壮锦"、侗族的"侗锦"、瑶族的"婆罗布""瑶斑布"、苗族的"武侯锦""斗纹布"、布依族的"色织布"、水族的"水家布"、土家族的"西兰卡普"等。毛纺织品主要是用动物的皮毛为原料纺织而成,主要分布在西北游牧民族,代表性的有新疆毛毯、蒙古族毛纺织品、藏族毛纺织品、乌孜别克族毛纺织品、柯尔克孜族毛纺织品等。

印染也称为染整,是一种加工方式,是纺织品练漂、染色、印花、整理、洗水等的总称。中国许多民族很早就能从自然物质中提取不同颜色的染料,从而加工制作成种类丰富的印染产品。印染工艺主要包括蜡染、扎染等。蜡染产品主要有被面、床单、枕巾、包等。扎染表现为维吾尔族扎经染色工艺,即在准备好的经线上按照预先设计的图案扎结染色。使用印染工艺的民族较多,如瑶族印染、水族印染、乌孜别克族印染、维吾尔族印染、德昂族印染等。

(3)剪纸是中国各族群众闲暇生活的产物,更是他们精神生活的组成部分。剪纸艺术题材多样、内容丰富、造型独特,既具有实用性,又具有装饰性。少数民族剪纸代表性的有傣族剪纸、水族剪纸、鄂伦春族剪纸、满族剪纸、裕固族剪纸、保安族剪纸、壮族剪纸、回族剪纸等。剪纸艺术多用来装饰家居、服饰等,也有作为民间刺绣花样底稿。它是各民族文化的积淀,凝结着各族群众智慧和情感,更充满了浓郁的民族生活气息。

(4)雕刻、编织工艺是中国各民族文化的重要构成,它源于生活,寄托着中国各民族对生产生活、社会发展等的思想情感,体现了创作者对美的理解和表达,更具有深厚的民族特性。雕刻多用于生产生活用品、工艺品、建筑物及祭祀用品等方面,编织艺术则多用于生产生活资料中。雕刻主要包括木雕、石刻、砖雕、玉雕、骨雕及其他材质雕刻等。木雕常见于佛堂、清真寺、寺庙、房屋等建筑装饰,如布朗族、回族、维吾尔族、德昂族、白族、藏族、锡伯族等少数民族的木雕艺术,侗族木雕、高山族木雕、纳西族木雕等作为工艺品主要用于祭祀活动。石刻艺术在少数民族中较多见,除了水族、彝族、壮族等民族的墓志石刻,还有像彝族等少数民族在自然山体上的石刻艺术。砖雕、玉雕等流行于西北回族聚居区。鄂伦春族的传统雕刻艺术有桦树皮雕刻和骨雕等。藏族用酥油进行酥油花雕塑等。丰富的雕刻艺术无不展示着各族群众的智慧和审美情趣。编织工艺是各族群众利用自然物所制作的各种生产、生活用具及工艺品等。编织工艺品的主要原料为竹、藤、草、柳等。景颇族、瑶族、珞巴族等主要有竹编和藤编物品,傣族、佤族、侗族、苗族、壮族等都是就地取材,多用竹子制成各种生活生产资料,尤其是少数民族乐器等。白族、纳西族、柯尔克孜族多见草编织物。编织工艺品制作精美、款式多样、功能丰富,是很有开发潜力的民族旅游纪念品。

由于中国民间工艺种类繁多、工艺独特、民族特性鲜明,且附加值高,因此十分有利于旅游产品开发。但从现实来看,目前民间工艺旅游产品开发多处于一种自发、紊乱的局面,许多传统村落开发的旅游产品简单、粗糙、产品附加值低,这些民间工艺旅游产品不但不能给旅游地带来大幅的利润增加,反而因为大量参差不齐的产品,给旅游者留下负面形象。

(三) 传统村落饮食文化旅游产品及开发

饮食文化因特定的地域环境、经济结构、民族习俗、文化环境等影响,呈现出民族特色鲜明、内容丰富多彩、文化烙印深刻的文化特性。传统村落饮食文化是传统文化中不可缺少的组成部分,是各族群智慧的体现,它能深刻地反映各族群众对食文化的精神追求。饮食习俗极大地体现了各民族的思维方式、民族特性,也展现了各族群众就地取材、因地制宜的生活习惯。传统村落饮食文化是物质文化和精神文化的综合体现,它所承载的内涵正是其他人了解和体验传统村落传统文化的重要途径。少数民族饮食文化主要由饭食、酒、茶三种构成,它与大众饮食文化,也即汉族饮食文化,最为不同之处在于在传统村落饮食文化中少数民族除了吃饭外,还亲身参与到歌舞活动中,形成一种自我参与、自我陶醉的文化氛围。

饮食文化因地域环境、气候因素等形成各自不同的文化模式。南方(西南、中南、东南)多为"鱼米之乡",许多传统村落以稻米、玉米等为主食,鸡鸭鱼肉、蔬菜、酸菜等为副食。

酒文化源远流长，影响深远。中国各民族在长期的生活中，自酿酒品，形成各不相同的酒文化。南方民族地区多以大米或糯米等为主要原料，发酵酿造含糖高、酒精度低的米酒。苗族米酒以大米、糯米、玉米、高粱等为原料酿造，酿酒工艺完整，历史悠久。苗族待客的酒礼多，宴客时有饮酒对歌的习俗，有对唱、独唱、独唱加伴唱等多种形式，唱歌与敬酒常同时进行。水族肝胆酒、九阡酒，普米族大麦黄酒，怒族咕嘟酒，云南彝族辣酒，四川彝族苦荞酒，纳西族合庆酒，普米族"酥里玛"酒，羌族蒸蒸酒，傈僳族药酒、杵酒，毛南族南瓜酒，基诺族的梅叶酒，哈尼族新谷酒，黎族山兰酒，布依族刺梨酒，侗族"侗粮醇"白酒，土家族甜酒茶，拉祜族药酒，壮族药酒等都是西南少数民族特有的自酿酒。

西部少数民族酿酒主要有藏族青稞酒、蒙古族马奶酒、柯尔克孜族"孢糟"酒、门巴族"曼加"酒、塔塔尔族风味酒、新疆伊犁特酒等。藏族青稞酒是藏族男女老少喜爱的传统酒精饮料，也是节日和待客必备的饮品。蒙古族自酿酒有两种："不达干艾日和"（粮食白酒）和"萨林艾日和"（奶酒）。蒙古族马奶酒是十分传统的美酒，其用马奶酿造，略带酸味，时至今日，仍然是蒙古族牧区流行的酒精饮料。

东部少数民族酿酒主要有满族松苓酒、朝鲜族屠苏酒。满族松苓酒是清代满族最著名的酒。其做法是将坛装白酒深埋在古松根部，若干年后取出，酒色如琥珀，酒味清香，并有明目、化痰的功效。朝鲜族自古有酿造各种健身酒的习俗，如米酒、岁酒、聪耳酒、屠苏酒等。岁酒在春节时饮用，所以叫岁酒。聪耳酒是用传统方法，加入多种中药材酿制而成的。屠苏酒是用桔梗、防风等诸多药材酿造而成，民间传说其具有延年益寿、避风祛邪的作用。

除了各少数民族酿酒工艺及酒品外，还有风格各异的饮酒习俗。例如，流行于彝族、苗族、侗族、布依族、土家族、仡佬族、傈僳族、普米族、哈尼族、纳西族、傣族、佤族等民族中的"咂酒"习俗，就是利用竹管、藤管、芦苇秆等把酒从器皿中吸入杯或碗中饮用或直接吸入口中饮用。瑶族、苗族、侗族和布依族等迎客习俗"过关饮酒"，是说在迎接客人进寨或待客时，设置道道关卡，客人须饮酒才能通过。苗家饮酒因时间、地点、对象不同而有不同的称呼，如"拦路酒""进门酒""迎客酒""送客酒""转转酒""贺儿酒""酬劳酒""鸡血酒"等。另外，苗族饮酒礼仪也极为讲究。其他少数民族的饮酒礼仪还有彝人贵酒、景颇族酒筒饮酒、摩梭人饮月米酒、侗族饮三朝酒等。

茶文化也是各民族饮食文化的组成部分。中国许多民族自古就有对野生茶树的驯化和人工种植的经验。另外，无论是西南的茶马古道还是西北的丝绸之路，运输的茶都是各民族商人进行贸易活动的重要商品。

茶文化的形成多与地域环境、气候、饮食结构等密切相关。南方许多民族人民喜好饮茶，饮茶方式多样，皆因自然条件影响。侗族、瑶族有"打油茶"，也称"煮油茶"。"打油茶"材料丰富，主料是茶叶（嫩茶或专门末茶）、油、米花，辅料有花生、芝麻、豆类、葱姜、绿叶菜等。通常需要经过选茶、选料、煮茶和奉茶四道程序。"打油茶"口味香浓，营养价值很高。生活在贵州、湖南、湖北交界处的武陵山区的土家族有著名的"擂茶"，也称"三生汤"，是将生茶叶、生姜和生米仁等三种原料按照口味放入山楂木制成的擂钵中，混合研碎加水后烹煮而成的汤。"擂茶"有清热解毒，防病健身的功效。白族"三道茶"是一种特殊的茶俗。顾名思义其工序有三道：第一道茶，经烘烤后冲泡的浓茶汁，又名"清苦之茶"；第二道茶，重新烤茶置水，碗中放入红糖与核桃仁冲置，又名"甜茶"；第三道茶，将蜂蜜、花椒粒、乳扇等放置碗中，冲以沸茶水，又名"回味茶"。三道茶被概括为"一苦、二甜、三回味"，也富有深奥的人生哲理。南方少数民族茶文化中还包括佤族烧茶，苗族的八宝油茶汤，云南德昂、景颇族的腌茶，基诺族的凉拌茶，布朗族的酸茶，傣族、拉祜族的竹筒烤茶，纳西族的盐巴茶，傈僳族的雷响茶等。

西部许多民族聚居地多干旱寒冷，蔬菜较少，民众进食以热量大的红肉较多，所以茶是必不可少去油解腻的饮品。回族饮茶历史悠久，讲究茶具，最流行的茶饮是刮碗子茶。刮碗子茶又称"三炮台"，茶具由茶碗、碗盖和碗托组成。刮碗子茶多用绿茶，冲泡茶时，除放茶外，还放冰糖、红糖、红枣、核桃仁、葡萄干、桂圆、枸杞子、芝麻等，多达八种，又称八宝茶。回族刮碗子茶礼节多，更是待客的必备饮品，每逢古尔邦节、开斋节或家中节事等时，奉茶是必不可少的。有些回族聚居区还流行罐罐茶。奶茶是西北部分少数民族非常喜爱的饮料，如蒙古族、哈萨克族、维吾尔族、乌孜别克族、塔塔尔族、柯尔克孜族等民族。奶茶的原料是茶和马奶、牛奶或羊奶，有时还放些酥油、羊油、马油，其味道十分可口且营养丰富。维吾尔族除喜爱奶茶外，还常吃清茶（香茶）。藏族多位于高原地带，空气稀薄，气候干旱寒冷，少蔬菜果类，常食肉、奶制品等，所以茶是藏族必不可少的饮料。有俗语说"其腥肉之食,非茶不消;青稞之热,非茶不解"。酥油茶是藏族民众非常喜爱的饮品。酥油茶是一种在茶汤中加入酥油、核桃仁、少许盐及烧开的牛奶等佐料,通过特殊方法加工而成的茶汤。其味道甜香或咸香,具有滋补身体、抵御风寒的功效。

(四) 传统村落节庆旅游产品及开发

传统村落节庆是各民族在社会生产生活中逐渐形成的时空相对固定的民族活动,具有长期性、节律性、参与性、民族性等特点。传统村落节庆是民族文化综合展示的载体,它所承载的是各民族长期的生活方式、生产习惯、民族习俗等,其所展现的内容既包括民族建筑、民族服饰、民族工艺等有形的物质文化,也包括民族礼仪、娱乐方式、生产生活方式、民族歌舞、音乐、竞技、饮食等无形的精神文化。中国少数民族节庆活动众多,依据内容可划分为四大类:祭祀、生产性、纪念性、社交生活。

中国各民族节庆内容丰富、类型多元,且大多数节庆活动具有很强的参与性,但并不是所有的民族节庆活动都适合做旅游开发。选择既适合传统村落文化旅游开发,又能被构建为传统村落文化保护与传承平台的节庆活动需要进行前期的充分论证。民族节庆旅游产品开发需要考虑民族节庆活动的形式感、旅游参与性、民族文化保护和传承以及民族节庆经济效益等因素。

民族节庆活动的形式感是指在选择开发传统村落节庆活动时要考虑其表现形式丰富、文化展示性强、具有浓郁的民族文化特性等因素,这类节庆活动无论是内容还是形式都更有旅游吸引力。但是,触及核心传统文化的节庆应避免被过度旅游开发。例如,某些仪式、祭祀活动等,它们一般有较强的仪式感,并且要求参与者有强烈的文化认同,过度旅游开发可能会对此造成影响,进而影响传统文化的保护和传承,所以应该避免对此类节庆活动的过度旅游开发。

旅游参与性是指民族节庆活动具有较高的开放程度,包容性强。民族节庆旅游产品开发不同于传统旅游产品以观光游览为主,它更强调游客参与性与体验性。"凝视"和"欣赏"尽管能给游客带来一定程度的旅游体验,但是参与性旅游体验更能使游客对传统村落文化形成认同,从而产生共鸣。像傣族的"泼水节"、蒙古族的"那达慕"、彝族的"火把节"、藏族的"雪顿节"等均有较强的旅游参与性,也都是较为成功的民族节庆旅游产品。

值得强调的是,在进行旅游产品开发时不能盲目开发、一味迎合旅游者的需要。要避免从内容和形式做出较大改变,从而破坏和干扰民族文化的保护传承。在民族节庆旅游产品开发时需要更好地平衡民族文化传承与旅游开发之间的矛盾,做好科学调研,在不改变文化核心内容的前提下,从形式上适当创新,满足游客需求,并尽可能引导旅游者的需求,培养旅游者的参与习惯。民族节庆旅游产品开发时必须要以保护和传承为前提条件,培养民众广泛参与的活态传承式保护方式,使旅游开发成为保护和传承的一种方式而不是最终目的。

民族节庆经济效益是传统村落进行旅游开发的目的之一,也是十分重要的开发因素。民族节庆旅游产品开发能够在传统村落产生长期的经济效益,对提高当地居民收入、改善居民生活、增加政府税收、提高就业水平等都有非常重要的现实意义。经济效益还表现在民族节庆旅游产品的开发能带动传统村落相关产业的共同发展,产生联动效应,形成民族节庆产业链,进而构建较为完整的传统村落经济产业生态链。传统村落借助节庆旅游开发实现文化产业、旅游产业、农业等产业融合,提升传统村落经济效益,提高社区参与的积极性,可以从人力、物力、财力上保证民族传统文化的保护和传承。

二、外延旅游产品(传统村落文化创意旅游产品)及开发

传统村落外延旅游产品是在核心旅游产品组合或整合的基础上,将文化创意和传统村落文化旅游产品相结合,形成能创造经济效益的传统村落文化创意旅游产品,也就是外延旅游产品。民族传统文化是传统村落文化旅游产品的重要组成部分,主要由物质文化和非物质文化组成。它随着现代旅游业发展、科学技术进步、文化创意不断产生而发展,它与传统文化紧密相关但又有区别,这种创新的文化与传统民族文化一样对旅游者具有极大的吸引力。而且,文化创意旅游产品是经过专门设计、策划、包装、销售(演出)的,对于旅游者而言,它是民族传统文化的全新演绎,是对传统文化的再加工,它既保留了传统文化的内核又在此基础上创新,从而使得旅游者在耳目一新的环境下欣赏和体验传统村落传统文化。

(一)传统村落外延旅游产品特点

传统村落外延旅游产品是经过创意设计、包装、销售的组合旅游产品,涉

住宿、餐饮、游览、交通、购物、娱乐及其他核心旅游产品的组合。传统村落外延旅游产品主要是文化创意旅游产品,包括文化创意旅游商品(简称创意旅游商品)、创意旅游项目等,它们都具有创意性、综合性、消费性、互补性等特点。

1. 创意性

创意性是外延旅游产品的基本属性,它在传统旅游产品基础上进行创新,尤其是将文化创意与传统村落文化旅游产品相融合,这不仅符合现代旅游业及文化产业发展趋势,延伸了传统旅游产品内涵,满足旅游者日新月异的旅游需求,而且使传统村落文化旅游业结构转型和可持续发展获得更多契机。

2. 综合性

综合性是指传统村落外延旅游产品并非单一的核心旅游产品,而是核心旅游产品组合的创新。旅游产品的供给是通过将各产品组合成整体被推向市场,游客也很少仅仅购买单一旅游产品,因此,传统村落外延旅游产品不是对单一旅游产品的创新,而是组合产品的创新。从旅游产品供给属性看,它是有形产品和无形产品的综合;从旅游者角度看,它兼具实用性、创新性、体验性等综合特性。

3. 消费性

消费性是指传统村落外延旅游产品通过消费交换实现其价值。无论是创意旅游商品还是创意旅游项目都具有消费性特征,它们都需要在旅游者购买消费之后,才能满足旅游者的旅游体验。消费属性使得外延旅游产品相对于核心旅游产品而言,更具经济功能。

4. 互补性

互补性主要表现在两个方面:一是由于旅游者的旅游偏好不同,所选择的旅游产品不同,外延旅游产品就是通过不同组合形式满足游客需求,不同旅游产品之间存在密切的互补;二是大多数民族旅游产品具有明显的季节性特征,为了缓解这种影响,可以通过开发互补性旅游产品组合来解决。

(二)传统村落文化创意旅游产品及开发

文化创意是一种蕴含在文化产品和文化活动中独特的内容与崭新的形式。文化创意的核心在于创新、创造。创意为新产品、市场和财富创造提供了可能的机会,创意是推动一个国家经济成长的动力。文化创意是在文化领域的创新和创造。文化创意产品包括计算机软件、电视作品、广播作品、电影、影视广告、音乐、网络游戏、动漫、图书、报纸、期刊、文字广告、美术馆、博物馆、手工艺品、古玩字画、艺术演出（戏剧、歌剧、舞蹈、音乐剧）、建筑设计、服装设计、工业产品设计等。

传统村落文化旅游开发的根本在于民族文化，将创意与民族文化旅游开发融合在一起，能为传统村落文化旅游发展带来新的契机。从现实情况来看，中国大多数传统村落文化旅游开发仍然停留在粗放式、模仿式开发的阶段，传统村落文化旅游产品同质化现象严重。例如旅游纪念品、游客参与旅游活动形式、旅游接待中心等多有相似。尽管对于传统村落而言，其文化内容各不相同，也呈现出不同的地域性特征，但经过开发包装的旅游产品从表现形式、程序安排、线路设计、旅游项目等大同小异，甚至邻近的、同民族不同村落的旅游产品内容都极为相似。究其原因，主要在于大部分开发旅游业的传统村落经济相对落后，对外开放程度不高，思想较为保守，旅游开发专门人才匮乏，且以取得短期效益为目的的开发行为明显，旅游开发方式、思路等容易被模仿，各项旅游产品开发缺乏知识产权保护意识。因此，各传统村落文化旅游产品差异化程度不高。而民族文化创意旅游产品开发就能为促进传统村落文化旅游产品深度开发和可持续发展提供思路。

传统村落文化创意旅游产品的提出是将文化创意的理念渗透和延伸到传统村落文化旅游产品开发中，将传统村落旅游产品和文化创意融合起来，从而形成适应时代和现代经济发展要求的传统村落文化旅游产品。传统村落文化创意旅游产品是新形势下时代发展的必然产物。文化创意顺应了民族地区旅游业结构转型的要求，使得民族旅游业发展从粗放型逐渐向集约型转变，民族旅游产品从低附加值向高附加值转变。文化创意产业的兴起顺应时代发展的需要，它可以促成跨领域、跨行业之间的合作，寻找新的经济增长点，从而推动社会创造性发展。在这样的背景下，文化创意和传统村落文化旅游开发的融合就成为大势所趋，传统村落文化创意旅游产品将成为新的旅游经济增长点，并在无限创意的引导下促进传统村落文化旅游的繁荣发展。一般认为，创意旅游商品和创意旅游项目共同构成了传统村落文化创意旅游产品。

1. 文化创意旅游商品及开发

旅游商品是旅游产品的一部分，两者的不同之处在于：旅游产品是在旅游过程中提供给旅游者的物质和服务产品的总和,它既包括有形物质,也包括无形服务;而旅游商品是指旅游者在旅游过程中购买的含有旅游信息和旅游地文化内涵的物质产品,它只包括有形物质。传统村落文化旅游商品是传统村落提供给旅游者用以购买的旅游商品,其具有民族性、纪念性、实用性、艺术性等特点。传统村落地域文化底蕴深厚、民族特性鲜明,且民族传统文化内容丰富。因此,民族旅游商品种类繁多,形式多样,设计多变,功效多元,具有十分广阔的旅游开发前景。

传统村落文化创意旅游产品开发不是要求将所有的传统文化旅游产品都用创意的形式开发,传统文化旅游产品依然是传统村落文化旅游开发必不可少的内容,文化创意旅游产品作为新的产品形式丰富和延伸了旅游产品体系。传统村落文化创意旅游产品的开发包括产品设计、生产、包装、营销、管理及产权保护等内容。

2. 文化创意旅游项目及开发

传统村落文化旅游项目在这里专指以传统村落文化为资源基础,吸引旅游者参与特定民族文化主题旅游活动的旅游吸引物。传统村落文化旅游项目属于专项旅游产品,它既包括传统村落文化旅游线路、旅游景点,也包括在传统村落举行的专门旅游活动。传统村落文化旅游项目的最大特征是游客体验性。旅游者通过参与旅游项目,使其充分体验传统村落文化的韵味和生活秩序。旅游项目的开发围绕着民族建筑、风俗、饮食、节庆等文化主题,包括的类别有传统村落观光游览类、传统村落民俗风情类、传统村落康乐体验类、传统村落美食体验类、传统村落休闲度假类、传统村落演艺活动类、传统村落养生保健类等旅游项目。

文化创意旅游项目主要是对现有的传统村落文化旅游线路、活动进行创意开发,不再拘泥于传统的线路安排等,使游客具有全新的旅游体验。随着旅游市场竞争日趋激烈,传统村落发展旅游业一般只注重短期效益的产生,使得一些传统村落文化旅游项目同质化现象严重,过程简单、相似,旅游项目品位日益低下。再加上科学技术发展、新型旅游替代品出现及出境游的兴起,使得那些传统旅游项目很难满足旅游者需求。因此,传统村落有必要对文化旅游项目进行创意开发,从而提升旅游吸引力,增加旅游竞争力,提高旅游者的旅游体验。

文化创意旅游项目开发应遵循以"文化为核、创意为形、深度体验"的原则,其项目方案从经济、技术等方面都应切实可行。文化创意旅游项目开发应从两方面考虑：第一，确定创意主题，设计创意项目内容。传统村落开发文化创意旅游项目，首先要确定项目主题，它是设计项目的根本出发点，就好比文章的标题、作品的名称一样，可以起到点睛之笔的作用。创意主题应以传统村落文化为根基，应将创意体现在表现形式、组合形式等外在展示中。应围绕创意主题设计创意项目，创意项目内容应包括创意名称、外在风格、开展范围、文化内涵及项目管理等。第二，以游客体验为中心，营造文化创意氛围。旅游者是文化创意旅游项目的购买者和消费者，只有被旅游者认可和接受的创意项目才具有市场价值。文化创意旅游项目开发应满足旅游者需求，更重要的是要引导旅游者消费，通过创意活动激发旅游者的潜在需求，使旅游者获得传统村落文化的深度体验。文化创意旅游项目可使传统村落文化旅游产品在旅游者心中不再固守呆板、一成不变，它结合传统村落文化特色创意设计旅游项目，可为旅游者营造出独特的文化创意环境和氛围。

（三）关联旅游产品及开发

关联旅游产品是指提供给旅游者的旅游服务和利益，具有附加作用。关联旅游产品涉及旅游信息服务、旅游解说系统和其他旅游接待服务等。旅游服务贯穿旅游活动始终，是提供给旅游者无形的旅游产品，也是至关重要的组成部分。旅游服务的好坏、层次的高低直接影响旅游者对旅游地的形象感知，进而影响旅游产品的消费体验。关联旅游产品的最大特征是旅游服务的无形性，无形性价值的衡量基本取决于旅游者的旅游体验评价。在信息技术高速发展、技术变革日新月异、服务经济越来越占主导地位的今天，旅游服务质量、服务体验层次高低等必将成为旅游产品差异化、特色化的关键因素。本书研究的传统村落开发关联旅游产品主要包括两部分：传统村落文化旅游信息服务和传统村落文化旅游解说系统。

1. 传统村落文化旅游信息服务

传统村落文化旅游信息服务是旅游地为旅游者提供的信息服务，包括公共环境信息、旅游基本信息、旅游产品信息及相关促销信息。从旅游信息服务展示途径划分，可分为线上信息服务和线下信息服务。线上信息服务是指借助互联网向游客提供旅游地信息的服务；线下信息服务是指除互联网之外用所有传统方式提供的旅游信息服务，包括实地旅游信息服务、传统媒介旅游信息服务等。正如很多人所说，当今是大数据时代，谁掌握了信息，并合理有效地运用，谁就能在其领域获得竞争优势。旅游信息内容庞大，主要包括对旅游目的地吸引物等的描述、介绍和宣传。旅游信息服务不仅是推介旅游地信息的重要手段，还是旅游地提供给游客的服务内容，通过个性化、差异化、增值化信息服务，可使旅游者获得全新的旅游体验，进而提升传统旅游服务的方式与内涵。

传统村落积极开发旅游信息服务是顺应时代发展的需要。旅游人数增多、信息技术创新、游客理性增强、自助游产品越来越多等因素，都要求传统村落重视旅游信息服务的开发，进而建立完整的旅游信息服务体系。

（1）提供线下旅游信息服务。要因地制宜结合各传统村落实际建立游客咨询中心，在人口较多、村落规模较大的传统村落专门设立游客中心，对于规模较小的村落可将游客中心和当地的商业机构相结合，在村落内的商店、餐馆提供额外信息服务。游客咨询中心的主要服务内容包括：准备当地旅游线路、旅游景点、旅游项目及其他旅游服务等的全部信息，提供咨询和购买服务，并为游客设计游览线路；提供导游解说服务和自助解说服务；为游客提供旅行帮助，如基础物品、信息提示、心理疏导以及突发事件处理等；处理游客投诉和接纳游客建议；提供纸质的地图、旅游指南、宣传手册、景点介绍等。另外，可将纸质的信息载体放置到旅游地的许多设施内，例如客栈、餐馆、旅游交通工具、景点等地方。要完善旅游服务热线，启用电脑语音服务与人工服务相结合的旅游服务热线，提供包括旅游咨询服务、旅游投诉、旅游救援、旅游提示等内容。此外，线下服务还包括在传统媒体上进行宣传介绍，如报纸、杂志、电视、广播、移动传媒等媒体的信息服务。

（2）提供线上旅游信息服务。线上旅游信息服务主要是开展以互联网为平台的旅游信息服务，服务终端有智能手机、电脑等（也可称为"智慧旅游"产品）。传统村落线上旅游信息服务可考虑以下途径：旅游信息网站（旅游政务网、旅游咨询网）、旅游电子商务系统、手机 App 旅游信息软件（地图、旅游设施、美食、民俗、景点介绍等）、旅游地游戏软件等。

2. 传统村落文化旅游解说系统

在现代旅游业中，解说系统的建立对大多数旅游地来说是不可或缺的，尤其是在文化类旅游地。传统村落文化旅游是在保护性开发理念下发展的，而解说系统的建立则是传统村落文化旅游保护性开发中非常重要的内容之一。传统村落解说系统的建立可使游客在参观游览过程中进一步了解传统村落文化，并通过深入了解和交流，使旅游者从被动接受转变为主动关心传统村落文化保护与传承等。传统村落解说系统的作用在于三个方面：教育、体验、文化保护与传承。

教育当然是解说的最基本价值。对于传统村落而言，旅游吸引物多由文化资源构成，并且各地方民族特性、习俗、文化习惯等都有其深厚背景和历史渊源。对于绝大多数游客而言，他们并不具备自我认识传统村落文化的能力，只有通过解说才能更深刻地了解相关知识。

解说还能使游客在传统村落文化旅游过程中获得不一样的旅游体验。对于大众旅游者来说，他们对传统村落文化的理解是浅显的、表象的，大多只看到了传统村落文化的外在体现，而对传统村落文化的本质和内涵，也可以称为传统村落文化的魂，很难通过自身了解体会到。传统村落文化旅游解说则提供给大家这样一个机会，它用不同的方式将传统村落文化知识解说给旅游者，使游客在传统村落文化旅游中获得深层次的旅游体验。

解说还可以对传统村落文化保护与传承产生作用，主要表现在两个方面：一是本地居民参与。当地居民积极参与到旅游解说服务中，经过培训、学习以及对地方文化的再认识等，会更清楚地认识到传统村落文化在旅游发展甚至村落可持续发展中的重要意义，由此产生民族自豪感，从而更主动地保护和传承传统村落传统文化。二是游客态度与价值观。通过解说，可使游客对传统村落文化提高兴趣和敬意，从而产生有别于大众旅游者传统观念的新态度和新价值观。旅游者从被动接受转变为主动体会，在与当地居民的积极互动中意识到保护和传承传统村落传统文化的重要性。

传统村落解说系统是传统村落内旅游解说的各种类型和形式的有机组合，它由四个部分构成：解说对象、解说内容、解说媒介、解说组织。

解说对象主要是指在旅游活动中与传统村落有关的一切事物或现象，包括传统村落概况、自然环境、历史渊源、传统村落文化、传统村落发展情况等。概括来讲就是传统村落所依托的自然及人文环境都可以成为解说对象。

解说内容是对解说对象的描述,能够反映解说对象的特点、文化内涵等。传统村落解说内容既要考虑解说对象,也要考虑传统村落文化旅游者的背景。在设计解说内容时应该把所展示或描述的传统村落文化及相关内容与游客的某些个性与生活经历联系起来,尤其是在人工解说时,不应该千篇一律,而是应针对不同的游客采用不同视角和提供不同范围。传统村落解说务必要考虑跨文化差异、语言差异等内容。

解说媒介包括人工解说和非人工解说。人工解说,也称导游解说服务,是由专门的讲解人员向游客传递信息,并产生互动的表达方式。人工解说包括导游解说、定点解说、演出解说、游戏解说、随机解说、咨询解说等。人工解说可以极大地发挥解说员的主观能动性,使其在讲解以及与游客互动的过程中,积极引导和宣传传统村落文化保护。非人工解说,也称自导式解说,是由书面材料、语音、影像、图形符号等组成的标牌、设施等向游客提供信息传递的方式。非人工解说形式多样,包括标牌解说、影像、触摸屏、便携式语音解说、展示陈列和其他高科技解说等。在设置解说媒介时还应考虑面向特殊人群的解说。

解说组织是在传统村落文化旅游开发中负责解说的策划、组织、管理的机构。传统村落应重视解说组织的成立及运作。解说组织的构成不能只有景区管理人员,更要吸收大部分传统村落社区的居民。解说组织负责为传统村落解说活动提供知识、技术、反馈等支持,更要为旅游者提供高品质的旅游服务。

总之,传统村落解说融合了历史、建筑、民族文化习俗等多门艺术,解说系统的建立和完善丰富了传统村落文化旅游产品,也为传统村落文化保护和传承提供了可能。

第三节 甘肃天水街亭村的保护与发展

甘肃天水街亭村承载着厚重的历史记忆与文化价值。它是岁月长河中留存的印记,古老的建筑、独特的民俗、传承的技艺等,都是先辈们留下的珍贵财富。然而,在时代发展的浪潮下,街亭村面临着新的挑战与机遇。如何对其实施有效的保护,同时促进可持续发展,让这座古老村落重焕生机,是我们亟待探讨和解决的问题,这关乎着历史传承、文化延续和地方繁荣。

一、街亭村基本概况

街亭村地处甘肃省天水市麦积区东南部,西秦岭北麓小龙山下。街亭古镇历史悠久、文化灿烂,是放马滩先秦木板地图中明确标志的古镇,是"华夏第一县",上邽县治之所,又是杜甫流寓东柯的胜迹地,也是陇右唯一一座至今保持明清风貌较为完整的历史古镇。

(一)村落地域性特色

1. 村落的自然格局

街亭村位于东柯河尽头的南北两条支流交汇的三角洲上,背依观龙山,左有温家峡,右有黄家峡,南北两山左右夹住街亭村,形成二水环镇,两山夹河的独特地貌。

2. 村落平面格局

据历史文献可知,街亭古镇在唐代就有集镇形成,古镇主要格局形成于明清两代,民国得以延续。明清时期的古镇呈正方形,东西南北四个街口建有四座雄伟壮观的城门楼,楼内塑有金木水火四大神像,楼下城门供行人车马通行,十字街中心建有土地祠,古镇以观龙山下东城门为中轴线,"五行"布置,取阴阳平衡、人与自然和谐绵延昌盛之意。用"十"字形主街道镇内分割,整体布局井然有序,四方互通,体现了中国传统的城市设计理念。

3. 交通格局

外部交通道路:街亭村最外围的公路是通向麦贾公路的乡道公路,路面为沥青路面,但是宽度较窄,并且道路曲折多弯。内部交通道路:街亭村内部的主要道路就是十字街以及村内的巷道,十字街是条商业街,南北东西贯穿,村民主要的交流活动区域均在这条十字街上。

4. 文化格局

公共建筑大多是人们集会、祭祀朝拜或者是有重要作用的历史建筑物,是一个村落的精神、行政以及文化体现,联系着全村情感的纽带。街亭村多为明清建筑。明清时期,以儒家思想为核心的中华传统文化广泛传播。街亭村的公共建筑不多,规模相对较小,这可能是因为街亭村外来商贾较多,村落杂姓较多,很难统一。

在街亭村内十字路口东南角有一座文庙,文庙的前中院建筑早年被破坏,现今已不复存在,但文庙的大殿依然屹立在古村落的中心。东西街道两头依然有保存完好的两个城门:文昌阁和观音阁。

(二) 街巷空间

传统村落的街巷空间是传统风貌最直观的表现。街亭村的街道是十字形的,东西街400多米,南北街300多米。街面原铺有青石板,后以水泥覆盖。街道两旁是商铺和民居,大多是明清时期到民国时期的建筑。

街巷分为街道和巷道。街亭村主要的十字街道呈线状,主要承担村民商业买卖、交流聚集的功能,同时也是村落的主要通行街道。东西南北交叉的两条道路将街亭村的居住区大体划分为四个组团。以前道路的每个尽头都有城门,现今南北两头的城门已毁,十字街道东西南北贯通,形成十字街亭的街道特色。

由十字街分出的巷道主要承担村民邻里交往、日常生活出行的功能,内部的巷道用散点式将建筑散开,这样的布局使得人的视点不止局限于一个,而是有多个视点观察。

(三) 民居特色

受南北之风的影响,天水民居的建筑风格既有北方的粗犷又有南方的秀美。南北杂糅的建筑风格也是街亭村传统民居的一大特色。街亭村的传统民居用单坡的造型和当地特有的土坯墙呈现出西北建筑的豪放与粗犷之美。而院落中不仅有单坡建筑还有双坡建筑,在梁头栏板、门窗和屋脊雀替的装饰上无不体现着南方建筑装饰的精巧秀美。建筑装饰包括雕刻、色彩等表现形式。当然,不同时期,不同经济体制,建筑装饰的内容及水平也会不同。

雕刻装饰:主要分为木雕和石雕。木雕多体现在门窗、雀替、隔扇、屋檐下的额板等。石雕多体现在大门、屋脊、滴水瓦等处,样式多为植物、花草、水果之类的自然题材。

灰塑:用于传统民居的屋脊、山墙以及建筑墙面,用灰膏在建筑上雕刻出植物花草以及动物等,构图生动且有一定寓意。

匾额门联:匾额门联是街亭村传统民居的一种特色文化表现。主要题字内容有"祥和居""逢其源""和谐居"等,不同文字体现出屋主不同的喜好及价值取向,延续并且传承了传统文化。

（四）院落布局特色

天水自古是兵家必争之地,三国时期,天水属于魏蜀拉锯式的交战地带,处于边境地区。长期的战乱对天水的文化、生活产生了一定影响,院落对外界封闭,防盗、防兵匪。街亭村的院落布局形式大多是四合院的形式,但由于年久失修或者村民私自改建,整体院落形态受到了很大的破坏。很多呈现出来的是三合院的形式。

街亭村的院落形态大体呈长方形,中轴对称排布,临街的院落为前商后宅的形式,其院落轴线垂直于街道。街亭院落的朝向不同于北方院落固定的正南正北,而是根据街巷的走向及风水来排列,有时甚至会出现东西向的院落。

二、街亭村的保护现状

（一）整体风貌的破坏

村内传统民居大部分为明清建筑,基本上都是土木或者砖木结构。由于年久失修,保护资金匮乏,维护和修缮工作没有全面开展。目前受自然侵蚀和人为破坏,部分建筑单体成了危房,明清时期留下的文物也遭到不同程度的破坏。沿街商铺乱搭乱建,广告牌各式各样。街道路面的铺地为土路、条石路和水泥路,但很多已经破坏,道路不平整,雨天路面积水,道路泥泞不堪,极大地影响了村落的整体环境。

（二）建筑群体的衰败

在村落调研中,将近200个院落中保存较为完好的有40多个,很多民居因年久失修,已经进行了新建,部分村民在新建和改建过程中使用了大量的混凝土等现代建筑材料,新建的大门大多数为铁门或者欧式的铁艺门。村民自己改造的、新装的窗户大多采用铝框或者大玻璃的形式。墙体部分,土坯严重脱落,已经改造成砖结构或水泥墙面、贴瓷片等。建筑质量参差不齐,布局缺乏合理规划,对原始建筑风貌造成了破坏。

（三）人居环境条件差

交通条件、卫生条件、社会服务设施配套情况相对较差,村里没有垃圾回收站,生活垃圾都被处理到古镇两侧的河道中,有些直接进行掩埋,造成水体严重污染,村落总体环境恶化。村落至今保持使用水井的习惯,但没有地下排水管道,排水系统不完善,每家每户的生活污水都通过街道中央挖的水渠汇入村头的河里,造成水体污染。严重影响古镇形象、饮水安全及河道的泄洪能力。

(四) 政府保护工作滞后

政府对于古村落的保护宣传不到位,传统民居的保护工作滞后,导致村民随意改变院落布局,改变建筑结构,或是拆除古民居,改建新的楼房。对于拆除下来的民居部件和一些文物没有进行保护,大多是随意丢弃。对村落保护造成了负面影响。

(五) 外来文化的冲击及原真性的淡化

近些年的村落旅游热使开发商看到了商机,对古村落进行开发、投资,随之而来的是外来文化的冲击。各种与村落文化不符的建筑、人群不断冲击着古村落原有的完整性和传统文化,传统村落的民族性、地域性也随之消失。

三、对街亭村的保护与传承

(一) 保护内容

1. 自然环境保护

自然环境是构成历史独特景观的重要组成部分,是孕育村落特有风土人情和人文精神的环境要素。风水景观是人类居住文化遗存的特征之一,是传统村落重要的组成要素。因此,自然环境的保护是街亭村保护的重要内容,主要包括观龙山、南堡子和北堡子的保护,周边水系的治理和古树名木等的保护。

2. 整体格局保护

传统村落的整体特色是其本身外部的物质形态给人显现的总体印象,也就是其外部的意向和形式。空间布局形式能够反映一个时代的历史文化,所以想要保护街亭村,延续聚落的空间形态,就要保护街亭村的整体格局框架,包括街亭村的天际轮廓线以及整体空间形态,使其达到聚落空间的可识别性。

3. 街巷空间保护

街巷空间是古村的主要公共空间,是村民交往活动的主要区域,是反映历史风貌的主要廊道。街亭村的十字街两旁还保有大量明清时期的建筑,而且从古至今都承担着商业买卖的作用,所以对其特色街道的保护应更加重视。

重点保护街巷的界面、铺地及空间尺度，不仅要修缮，还要延续其传统肌理与风貌。

4. 建筑群体保护

主要是对携带历史信息以及能反映一定历史时代的重要公共空间的节点及传统民居的保护。街亭村公共空间节点的建筑主要有文昌阁、观音阁、文庙、山陕会馆。对这些建筑要根据破损程度进行不同程度的保护，针对门窗、梁、墙体、铺地、屋脊及细部装饰等，采用修旧如旧方法进行保护，还原其原有的历史风貌。

(二) 保护原则

传统村落的保护原则有三个方面：整体性原则、地域性原则、展示性原则。

1. 整体性原则

传统村落是我国古代人民生产生活的基础载体，意味着传统村落是整体性的观念，而并非几个传统民居单体所能体现的。传统村落注重的是整体综合性，是由传统民居、街巷、山川河流、古树名木、历史文化等要素统一构成的。传统村落的保护也是对历史文物的保护。文物不可能是单独存在的，它的历史价值是和周围的历史环境及当时的历史事件相联系的。所以，对街亭村的保护，不能只保护建筑单体，还要对村落的整体进行保护。

2. 地域性原则

不同的地域造就不同的自然环境、生活习俗和历史文化。由于地域的多样性，村民会根据当地的地形地貌、日照时间、降雨量、风向等自然因素，在合适的地方建造适宜的民居，发展成易生存的聚落。在内部功能上，不同的生活习俗造就不同的居住空间和不同的院落组合形式。历史文化的地域性，主要表现在文化、信仰及民俗文化的多样性。这些因素都体现着当地传统民居的地域性，在保护的时候不能一概而论，而是要针对不同的地域找出不同的保护方法。

3. 展示性原则

对于传统村落的保护来说，仅仅保护村落不受到破坏，是远远不够的。虽然传统村落是需要像文物一样保护的，但其文化价值、历史价值、艺术价值都需要向世人展示，需要发掘出传统村落的旅游价值。通过旅游带动村落的经济发展，不仅能使传统村落发展起来,维护和修复历史古迹所需要的大量资金也得到了保障,做到"用文物养文物"。所以,展示性原则不仅能使传统村落得到更好保护,也能让人们更加深入了解历史,还能够造福当地的村民。

(三) 保护措施

1. 分类保护,提倡保护性开发

根据不同的建筑风貌现状将建筑划分为四类:一类建筑,即年代早,建筑保存较好,能够体现当地传统建筑特点;二类建筑,即年代较近,建筑与周边环境协调;三类建筑,即建筑较新,建筑外貌与周边环境不协调;四类建筑,即新建的平屋顶以及破败的建筑,破坏传统风貌整体性。对于那些处于公共地域的一些建筑,比如戏台子、祠堂、庙宇等这些有形的文化生存空间可能会与现代化建设相矛盾,但是只要在改造和发展过程中,做到全面协调发展,实现两者共同生存,平衡发展。[1] 所以,针对不同类别的建筑采用不同的保护措施。保护性开发就是在不破坏原有历史文化和历史古迹的基础上对村落进行合理开发,在保护街亭村的同时,还能够带动街亭村的经济发展。

2. 突出重点,分清主次,点、线、面结合

点是文昌阁、观音阁、山陕会馆、崇福寺、文庙、古民居以及街道的空间节点构成的街亭村基本的保护节点。线是十字街道、巷道与河流的保护,主要保护街道周围的建筑及街巷的空间尺度、主要形态及空间环境,河流的环境治理。面是街亭村的整体风貌格局以及十字街的建筑立面,还包括周围山体的植被和形态。

3. 健全完善政策

对于街亭村的保护,现阶段颁布的一些规章制度并不能完全满足街亭村传统建筑的保护。所以需要政府进一步完善相关政策,一方面推进保护工作的完成,另一方面对村民的乱搭乱建现象也是一种制约。

4. 开展传统民居保护的宣传教育工作

村民的保护意识,对于街亭村的保护至关重要。政府需要加大宣传力度,深入开展教育工作,让村民明白保护传统村落、传统民居的意义所在,耐心讲解传统文化的潜在价值,提高村民的保护意识。

---

[1] 陈光明:《城市发展与古城保护——以苏州古城保护为例》,湖南人民出版社2010年版,第12页。

四、让甘肃天水街亭村成为游客打卡地

(一)深入挖掘历史文化内涵

1. 讲好三国故事

街亭因三国时期的街亭之战而闻名,要深度挖掘这一历史事件的细节、人物故事等,通过导游讲解、历史故事牌、文化展览等形式,向游客生动地展示当年的战争场景、战略决策以及马谡失街亭的前因后果等,引发游客对这段历史的兴趣。例如,可以在村内设置三国文化主题的展示馆,利用多媒体技术还原战争场面。

2. 传承民俗文化

保护和传承当地的民俗文化,如传统的手工艺、节日庆典、民间传说等。可以组织民俗文化表演、手工艺制作体验等活动,让游客参与其中,感受当地文化的独特魅力。比如,邀请民间艺人现场展示剪纸、刺绣等技艺,游客可以亲自尝试制作,增加互动性和趣味性。

(二)加强旅游设施建设

1. 改善交通条件

便利的交通是吸引游客的重要因素。加强与周边城市的交通连接,增加公共交通线路和班次,方便游客前往。如果条件允许,可以在景区附近建设停车场,提供充足的停车位。对于自驾游客,设置清晰的交通指示牌,引导游客顺利到达。

2. 完善餐饮住宿设施

开发具有当地特色的餐饮,如利用当地食材和传统烹饪方法,推出特色菜肴。同时,建设不同档次的住宿设施,包括民宿、客栈、酒店等,满足不同游客的需求。民宿可以结合当地的建筑风格和文化特色进行改造,让游客体验到地道的乡村生活。

3. 提升景区设施水平

加强景区内的基础设施建设,如道路、厕所、休息区等。保证景区内的道路平整、安全,厕所干净、卫生,休息区设施齐全。同时,增加一些休闲娱乐设施,如公园、茶馆等,让游客在游览之余有地方可以休息、娱乐。

(三)打造特色旅游产品

1. 开发文化体验游

习近平总书记指出:"要整合乡村文化资源,广泛开展农民乐于参与的群众

性文化活动。"①据此,除了参观历史遗迹和文化景点外,还可以开发一些文化体验项目,如古装角色扮演、三国主题的剧本杀等,让游客更深入地体验三国文化。或者推出传统民俗体验活动,如传统婚礼体验、农耕文化体验等,让游客感受当地的生活方式。

2. 举办节庆活动

定期举办以街亭文化为主题的节庆活动,如三国文化节、民俗文化节等。在节庆活动期间,组织丰富多彩的文艺表演、民俗展示、美食节等活动,吸引更多的游客参与,提高街亭村的知名度。

3. 推出特色旅游商品

开发具有街亭特色的旅游商品,如三国文化纪念品、手工艺品、特色农产品等。对旅游商品进行精心设计和包装,提高其附加值和吸引力。可以在景区内设置旅游商品专卖店,方便游客购买。

(四)加强宣传推广

1. 利用网络媒体

通过社交媒体、旅游网站、短视频平台等网络媒体,宣传街亭村的旅游资源和特色。制作精美的图片、视频等宣传资料,展示街亭村的美景、美食和文化,吸引网友的关注。可以邀请网络达人来街亭村体验旅游,通过他们的影响力扩大宣传范围。

2. 与旅行社合作

与周边城市的旅行社合作,将街亭村纳入旅游线路中。制定合理的旅游套餐和优惠政策,吸引旅行社组织更多的游客前来。同时,参加旅游展销会、推介会等活动,向旅游业界和游客宣传街亭村的旅游资源。

3. 开展口碑营销

注重游客的体验和反馈,提供优质的旅游服务,让游客在街亭村度过愉快的时光。鼓励游客在社交媒体上分享自己的旅游经历和感受,通过口碑传播吸引更多的游客前来。

---

① 《习近平著作选读》第 2 卷,人民出版社 2023 年版,第 92 页。

第四节　甘肃景泰县永泰村的旅游开发

甘肃景泰县永泰村古老的城墙、古朴的民居建筑以及流传千年的民俗文化，都承载着岁月的沧桑和先人的智慧。这里每一块砖石、每一个故事都等待着被唤醒。随着旅游发展的春风吹来，永泰村正站在发展的十字路口，其蕴含的旅游潜力亟待挖掘，对永泰村进行旅游开发，不仅是为了让更多人领略其独特魅力，更是为了赋予这座古老村落新的生命与活力，使其在现代社会中重放光彩。

一、永泰村旅游开发的优势

永泰村人文旅游资源丰富，具有深厚的历史文化特色，其中有以"三吉六秀"为代表的"龟"形风水布局文化、技艺精湛的砖雕文化、抵御外辱的军事文化等，还有悠久的丝绸古道、风格独特的夯土建筑及独特的地方风情，因此打造一个历史文化久远、文化内涵丰富的古代军事文化体验目的地让游客切身感受该地历史文化、欣赏西北夯土古建筑为永泰村旅游开发提供了良好时机。另外，永泰村丰富而独特的自然风貌和人文景观是影视拍摄的理想基地，其中尤以古装类的影视剧拍摄为主。迄今为止永泰村已拍摄了《天下粮仓》《决战刹马镇》等几十部影视作品。

二、永泰村旅游开发机遇

(一) 政策机遇

从国家层面来看，全国旅游业进入国家发展的战略层面，中共中央、国务院提到加速发展我国旅游产业，充分发挥我国现有的各项旅游资源，建立有我国特色和文化内涵的旅游产业，不断提升旅游服务水准，积极打造文化旅游、环境旅游、红色旅游等特色旅游模式，致力于创建国际一流的旅游产业，建成一批深受世界各国人民喜爱和向往的旅游景点。从地区层面来看，根据国家的发展趋势与政策导向，甘肃省、景泰县也均做出了积极的回应，甘肃省委及政府颁布了一系列政策和法律规范，其中一项政策提明确提到：当下政府部门应该集中精力发展旅游产业，使其成为现代旅游业龙头产业和国民经济的战略性支柱产业。在甘肃省旅游发展大会上，省市相关部门提出在新的形势下，我们要放眼于未来，不能短视，而是要从长远的角度来对旅游业进行分析，从战略上进行探讨，意识到旅游业发展的意义所在，并且要重视旅游业，将其提高到和农业、工业一样的地步，推动其发展。景泰县旅游发展"十三五"规划中提出将永泰古城、寿鹿山串联开发，发展薰衣草、向日葵、油菜、黑枸杞等观光农业，着力打造集徒步旅游、军事体验及民俗文化于一体的旅游发展思路。这一系列的政策导向，为永泰的旅游发展提供了有力的外部政策支持，为永泰旅游开发提供了机遇。

(二) 市场机遇

在逐渐完成全民小康建设的今天，我们可以预见，在未来，我国旅游市场还会继续扩大。并且，在旅游业不断发展时，人们的旅游需求也在逐渐增加，并且不再局限于单一的方向，而是向着多元化方向发展，更加想要寻求能够放松身心的环境来进行游玩，由此，传统村落旅游逐渐兴起，而永泰村凭借其文化内涵及历史底蕴必将受到游客的欢迎。

三、永泰村旅游开发思路与目标

(一) 开发思路

旅游产业属于一种主导性产业，其发展能够推动永泰村产业架构的升级，还能够提高村民的生活水平。根据永泰村的总体资源特征，依托永泰古城墙、丝绸古道、明代军事遗存、夯土民居建筑、砖雕艺术及民俗风情等，借势党的十九大乡村振兴的契机，主动改进该村的基础设备，进而改善旅游的环境，营造出富含历史文化气息的旅游氛围；创新规划的观念，找好其市场的定位，创建出有差异、独具西北特色的历史文化特点的旅游产品系统，进而快速占领旅游市场；较好地关注村镇特色文化活动的参与性及互动性，凸显永泰村旅游的号召力；运用一系列的方法及手段，如资源融合、改善设备及市场营销等，提高旅游的效应及利益。

(二) 开发目标

1. 总体目标

根据景泰县旅游发展"十三五"规划中提出将永泰村、寿鹿山串联开发，着力打造集徒步旅游、军事体验及民俗文化于一体的旅游发展思路，可将永泰村打造为景泰县内知名军事文化探古基地。通过永泰村的旅游发展,能够较好处理村民的就业难题,提高他们的生活水准,进而带领村民实现小康生活,使得村民可以从旅游发展中得到较大收益,完成脱贫目标。

2. 具体目标

(1) 生态目标。在永泰村的旅游开发建设的全程中,需要着重关注环境的全方位整改及治理,解决好开发和保护之间的联系,且要合理及科学地保护好村落的生态环境和乡村景观资源。另外,要以科学发展观为指导理念,强化保护好村落的自然环境,加强对生态环境的整改及治理。(2) 经济目标。通过军事体验活动、民宿、传统活动参与、特色商品展示等多种方法,较好地体现出该村的旅游资源价值,基于此,提高经济收益,推动村落经济的发展,推动永泰村产业由农牧业转为旅游业,实现该地区快速脱贫。(3) 社会目标。在发展了旅游业后,永泰村给本地居民提供了诸多就业机会,保留下了青年人才及旅游开发主心骨。此外,应继续完善村落的基础设施、卫生及医疗保健等多种生活条件,提升村民素质,树立良好的社会风气,提高居民生活幸福度。

四、永泰村旅游开发定位与原则

(一) 开发定位

永泰村是一个以古军事文化为灵魂、以传统夯土建筑为依托、以传统民俗活动为核心竞争力、以影视拍摄体验为主体功能、以高科技体验为补充的军事探古旅游目的地。

(二) 开发原则

1. 坚持保护优先原则

传统村落是凝固的历史载体、看得见的乡愁、不可复制的文化遗存,传统村落的保护与旅游开发是相辅相成、相互促进的关系。合理开发传统村落旅游资源能够促进经济增长,带来收入增加,从而为传统村落保护提供资金,而对传统村落的文化遗产和自然环境进行保护也可以带动传统村落发展。但是,当两者发生矛盾时,必须坚持在保护的前提下,适度进行合理利用。传统村落具有不可复制性,尤其是对一些有文物保留下来的村落更应该重点保护好历史建筑、古街古巷、传统格局,留住历史的记忆。永泰龟城是中国历史文化名村,具有重要的历史科学价值,在旅游开发中应放慢脚步,坚持保护优先、合理开发的原则。

2. 坚持社区参与原则

传统村落的保护和开发都需要当地居民的广泛参与,村民是传统村落保护的核心力量。永泰村旅游活动的开展涉及面广,留在本地的居民受教育水平较低,保护意识淡薄,要想调动村民的积极性就要在旅游开发过程中保护村民的利益不受侵害,广泛听取村民意见,让村民参与到整个旅游开发过程中,遵循公平公正原则,关心村内无劳动能力的老年人,给予可劳动居民参加旅游开发、取得利益的条件,增强居民信心和自豪感。

3. 坚持综合效益原则

永泰村在旅游开发过程中既要追求经济效益带领全村人民脱贫致富,又要追求社会效益和生态效益,以持续村落发展。旅游开发是一种经济行为,其目的就是获得收益,通过获得的经济收入再用于保护永泰村,实现保护促进发展,发展实现再次保护的良性循环。

第六章　张掖村落文化的现状与保护

甘肃省张掖市,一座镶嵌在西北大地上的文化瑰宝。如同习近平总书记所说:"从各具特色的宅院村落,到巧夺天工的农业景观;从乡土气息的节庆活动,到丰富多彩的民间艺术;从耕读传家、父慈子孝的祖传家训,到邻里守望、诚信重礼的乡风民俗,等等。"[1]其村落文化宛如一部部生动鲜活的史书,在岁月长河中熠熠生辉。然而,在现代文明的冲击下,这颗璀璨的村落文化明珠正面临着被侵蚀的危机。我们有必要深刻认识张掖村落文化的现状,以实际行动守护这些珍贵的文化遗产,让古老的文化在新时代的阳光下再次闪耀,让它继续承载着张掖人民的情感与记忆,传承下去。

第一节　张掖村落文化的种类

张掖村落文化种类繁多,民俗文化是村落生活的生动写照,热闹非凡的传统节日,每一个庆典都有独特的仪式和寓意,传统技艺文化更是璀璨夺目,建筑文化同样引人注目,丰富的民间文学文化,口口相传的传说、歌谣,就像一条无形的纽带,连接着过去与现在,为张掖乡村增添了一抹神秘而迷人的色彩。这些丰富多彩的村落文化,共同编织出张掖乡村独特的文化画卷。

一、古遗址、古建筑文化

在河西走廊,张掖的古城遗址最多。这里既有河西走廊最早的城市昭武(临

---

[1] 《习近平著作选读》第2卷,人民出版社2023年版,第92页。

泽)、永固(民乐)古城遗址,又有为数众多的魏晋、唐、元、明、清等不同历史时期的古城、长城、烽燧遗址。在张掖古文化遗址中,最具代表性的是新石器时代遗址文化、古城遗址文化、长城及烽燧遗址文化和墓葬画像砖文化。张掖市境内有各类文化遗迹1270处。这些文化遗迹包含众多不同历史时期的古文化遗址,如:中国最早的青铜冶炼遗址"黑水国青铜冶炼遗址";始建于西夏时期的张掖大佛寺;还有北凉故都高台骆驼城;等等。全国重点文物保护单位有16处,省级文物保护单位有40处。具体到各个历史时期,从先秦时期的黑水国遗址等,到秦汉时期的相关遗迹,再到西夏、明清等时期的各类文化遗迹,共同构成了张掖丰富的历史文化遗产体系,展现了张掖在不同历史阶段的重要地位和独特的文化魅力。

(一) 新石器时代遗址

市内新石器时代遗迹在甘州、山丹、高台、肃南等县区都有发现,根据出土的文物(彩陶)和地面遗存的彩陶片,经考证属甘肃仰韶文化马厂类型的器物。

1. 四坝滩遗址

四坝滩遗址位于山丹县城南5千米大沙河东岸川口处的高台地上,遗址面积4万平方米,文化层厚0.5—3米,出土文物有石器、陶器。石器有石斧、石刀和砍砸器;陶器有夹沙红陶,器形为双耳罐、单耳罐、杯、壶、器盖等,器表多为素面,也有少量的划纹、绳纹。彩陶为烧制后再施以红、褐色,纹饰为平行线和三角折线纹。遗址最初为新西兰著名社会活动家路易·艾黎于1947年带领培黎工艺学校师生在此开荒时发现。1953年,著名考古学家安志敏等人来此考察后被认为是早于沙井文化的一种新的文化,被命名为四坝文化。1955年,兰州大学何乐夫教授等人对遗址进行发掘,面积为40平方米。1957年,四坝滩遗址被甘肃省人民委员会公布为省级文物保护单位。

2. 壕北滩遗址

壕北滩遗址位于山丹县城东5千米处的壕北滩,山丹河古道的南岸,遗址面积20万平方米,文化层厚0.3—0.8米,地面散布大量的夹沙红彩陶片,遗址西端断崖处出土单耳陶杯一件,东端发现有马厂类型的彩陶碎片。该遗址1987年文物普查时被发现,1993年被甘肃省人民政府公布为省级文物保护单位。

3. 东灰山遗址

东灰山遗址位于民乐县六坝乡东北约2.5千米处的荒漠沙滩之中,东南距民乐县城 27 千米，遗址是由灰土与沙土堆积而成的一座沙土丘。沙土丘呈东南—西北走向，南北长约 600 米，东西宽约 400 米；高出地表约 5—6 米。沙土丘被当地群众称为"东灰山"。东灰山与著名的山丹县四坝滩遗址相距数十千米。

4. 西灰山遗址

西灰山遗址位于民乐县新天乡菊花地村北 3.7 千米处，大堵麻河下游西岸的高台地上，属四坝文化类型。遗址面积为 15 万平方米，断面文化层厚 0.5—2.7 米，文化层内发现彩陶片、骨锥、兽骨、炭化粮粒等物。地表散布有大量夹沙红陶片、彩陶片，遗存有石斧、砍砸器等。彩陶片纹饰除直线、折线纹外，还有网络纹、连弧纹、回纹等，色彩为黑、红、褐彩。西灰山遗址保存完好，1981 年被甘肃省人民政府公布为省级文物保护单位。

5. 山羊堡滩遗址

山羊堡滩遗址位于山丹县东乐乡城西村西南，黑河下游南岸台地上，面积为 7.5 平方千米，文化层厚 0.5 米。遗址出土器物有石斧、单孔石刀、陶器有双耳带盖罐、单耳罐、壶、杯等，纹饰为直线、折线的划纹和绳纹，地表遗存大量夹沙红陶片。1979 年，山丹县人民政府公布山羊堡滩为县级文物保护单位。

(二) 重要古城遗址

古城遗址众多，是张掖文化的一大特色。由于这里气候干燥，人口稀少，因此这些古城遗址得以长久保存。张掖古城类型齐备，所反映的朝代较为完整，自汉至唐至清一概具有。从类型上说，既有国都、郡城、县城、乡镇，也有驿站和军事城堡。这些城址烽燧、长城为研究我国古丝绸之路和甘肃河西走廊历代行政、军事建置、城址兴废变迁、生态环境演变等提供了珍贵而丰厚的历史资料。她既是张掖文化的"根"，也是中华文明的"根"。

1. 八卦营遗址

八卦营遗址位于民乐县永固乡八卦营村。这里依山傍水，宜牧宜农，汉、晋时期曾是屯兵立营之地。村庄附近遗存的大量古墓群，以其丰富的出土文物及墓葬壁画为世人所瞩目。

2. 骆驼城遗址

骆驼城遗址位于高台县城西 22 千米的骆驼城乡西滩村。属汉至唐遗址，距今约 2 100—1 200 年。古城城垣黄土夯筑，夯层 12—15 厘米，古城分南北二城。

南城面积为 23.8 万平方米(560 米×425 米),北城面积 6.97 万平方米(164 米×425 米)。南北二城蝉联,总面积 30.77 万平方米。现存遗迹为城墙、马面、瓮城、腰墩、角墩、古井、夯土台基等。

3. 骆驼城遗址及墓群

地处河西走廊中部,是我国古丝绸之路交通要道上的一处保存最大最完整的汉唐古城遗址,周围的墓群是目前国内分布最密集、保存最完好的大墓群。骆驼城遗址保存完整,是典型的汉唐边郡城池,军事防戍设施十分齐备。遗址周围分布相对集中的几处墓葬群出土文物丰厚,是研究河西开发史宝贵的实物资料。遗址区分布以古城为中心,南部戈壁地带分布有汉晋十六国时期的墓葬,北部冲积黄土地带为古代农耕区,集中反映了古代丝绸之路沿线经济开发、文化交流、民族融合的历史事实。

4. 许三湾城遗址

许三湾城及墓群位于甘肃省高台县新坝乡许三湾村,为汉代(公元前 202—公元 220 年)至唐代(618—907)遗址。城内外地表散见有灰、红色陶片,城内曾出土过大量的"五铢""货泉""开元通宝"等古钱币和铜箭头、铜带钩等。许三湾古城遗址有两处,一处是旧存汉、魏晋时期古城遗址,方圆约三百米;另一处是现存的许三湾古城。它和已损毁的古城遗址及其许三湾墓群,均为全国重点文物保护单位。现存的许三湾古城城垣面积 1.06 万平方米,城墙高 12 米,墙面宽 1.5 米,有巡墙遗迹。现存许三湾古城分为内城与外围二重结构。内城基本完整,有瓮城。从建筑结构上看,这座古城的建筑风格,与明代长城、寨堡的建筑风格一致,属明代建筑。地面表层遗存有明初民窑青花瓷碎片和洪武挖足过肩磁碗底遗物。现存许三湾古城是明初洪武五年(1372)高台站,明初洪武十二年(1379)至明景泰七年(1456)之间高台守御千户所的治所遗址。

5. 黑水国故址(汉—明)

黑水国故址位于甘州城西北约 17 千米处,为汉代至明代的古城遗址。黑水国古城分为南、北两城,两城相距 2 千米。南城东西长 248 米,南北长 222 米,面积约 5.5 万平方米。残垣基高 4.6 米,顶宽 1.5 米,残高 1.5—5 米不等。南城四角均筑角墩,角墩为方形,边长约 7 米;其中东北角墩的高度达 13 米左右。南城有东、西 2 门,门宽约 7 米,有瓮城,瓮城墙用于母断砖砌成。南城的夯层厚度

0.15米。南城内外散布比较多的灰陶片、黑陶片和碎砖等。城垣被流动沙丘所包围,沙和城墙一般高。黑水国古城的北城东西长约245米,南北长220米左右,面积约5.4万平方米,略小于南城。北城形制与南城基本相同,门在南部,门宽4米左右,设有瓮城,门上筑有汉代子母砖,曾经在这里发现过比较小的五铢钱、小型扁铜针、绳纹陶片等。北城西南角有一处方形土台,土台边长约7.5米,土台上堆积碎石陶片,曾经在里面发现过汉唐铸币等。

6. 明海城故址(汉—唐)

明海城故址位于肃南县明花乡上井村境内,城址平面方形,长宽155米,面积2.4万平方米。城垣黄土板筑,高10米,墙基宽7米,夯土层厚16厘米。城南垣正中辟门并筑有方形瓮城,门道宽6米,总城面积560平方米。城垣四角筑圆形角墩,南垣内筑有斜坡马道,现城垣部分坍塌。城内外地表发现灰陶片、砖块、铜箭头、五铢钱等物。1981年,甘肃省人民政府公布明海城为省级文物保护单位。

7. 羊蹄沟城故址(汉—明)

羊蹄沟城位于高台县红崖子乡东大村南2千米处。故址分内、外两城,内城筑在外城的中央。外城平面呈长方形,南北长206米,东西宽160米,面积3.3万平方米。内城平面近方形,东西68米,南北76米,面积5168平方米。内、外城北垣辟门分别筑有圆形(外城)和方形(内城)瓮城。城垣黄土板筑,夯土层厚12厘米(内城),两城四角筑有方形角墩,城垣大部坍塌,城内、外地表散布有灰色陶片、黑釉瓷片。内城为汉代所筑,外城为明代所筑。1993年甘肃省人民政府公布羊蹄沟城为省级文物保护单位。

8. 皇城故址(元代)

皇城故址位于肃南县皇城区东南3千米处的皇城村。皇城分南、北两城,南城平面长方形、东西长320米、南北宽300米,面积9.6万平方米。城垣夯土板筑,夯层厚18厘米,垣残高5米,南垣正中辟门。城垣东、北、西三面各筑有马面5个,间距40米,南垣有马面4个,城四角筑方形角墩。城四周设有护城河两道,在两河之间四面各筑5个墩台。

9. 南城子故址(明代)

南城子位于肃南县大泉沟乡南城子村东北200米处。城堡坐南向北、黄土板筑,平面长方形,南北长170米,东西宽137米,面积2.329万平方米。城北垣偏西建有方形瓮城,城四角为方形角墩,角墩突出墙外8—10米,距东北角角墩14.7米处筑有一高13米、方23米的夯土台,台与角墩之间有顶宽25米的夯土马道相连。城垣最高处10.2米,城垣基宽6米。距城北70米和城南1.5米处,各建有一道外围墙,城周设护城河一道。城内、外地表遗存黑釉瓷片及青花瓷片。1993年,甘肃省人民政府公布南城子为省级文物保护单位。

10. 卯来泉城堡故址(明代)

卯来泉城堡位于肃南县祁文乡堡子滩村西南,城堡平面呈方形,长104米,宽103米,面积1071平方米。城垣黄土板筑,夯土层厚24厘米,垣高10米。南垣正中筑方形瓮城,城内有马道,城四角筑方形角墩,四周设护城河一道。卯来泉城堡是嘉峪关南段长城的终点,为明嘉靖十八年(1539)尚书翟銮视察西北时,以嘉峪关为"河西第一隘口"必须加固关城其边墙而修筑的边塞城堡。

11. 草沟井城故址(汉—明)

草沟井城故址位于肃南县明花乡南沟村西10千米处。草沟井城堡坐北向南,黄土板筑,平面近方形,东西长130米,南北宽120米,面积1.56万平方米。南垣正中筑有方形瓮城,城四角筑圆形角墩,北垣正中有马面,南垣有马道,城垣高10米,距城垣西面50米处有围墙一道,围墙外分布有1米见方的窑。城内外地表遗存有残砖、瓦、黑白釉瓷片、青花瓷片、灰陶片及明代钱币。草沟井城明代曾是高台县所属城堡。1993年,甘肃省人民政府公布草沟井城为省级文物保护单位。

(三)重要古建筑

1. 钟鼓楼(明代)

钟鼓楼又名镇远楼、靖远楼,俗称鼓楼。始建于明正德二年(1507),由都御史才宽负责兴建,清代康熙、乾隆、光绪曾维修和重建。钟鼓楼系仿西安钟楼建造,基座至楼顶30多米,由楼台、楼阁两部分组成。楼台为汉代青砖构建,呈下大上小的四方台形,边长32米,高9米,台顶沿边砌1米高的女墙。基座四面各有一门洞,通向东西南北,四门洞上方均嵌刻有砖雕匾额,东"旭升",西"贾城",南"迎薰",北"镇远"。楼阁为三层木构塔形,飞檐翘角,吻兽峙立,雕梁画栋,结构精巧,造型雄伟壮观。一层的四面飞檐下悬有匾额:东"金城春雨",西"玉关晓月",南"祁连晴雪",北"居延古牧"。寓意张掖镇远楼东迎金城春雨,西送玉关晓月,南望祁连晴雪,北眺居延古牧。悬挂在镇远楼上的唐钟,是用铜为主的合金铸成,铸造工艺精湛,形体浑厚雄伟。钟的外壁略呈黄色,黄中又带铁青色。钟高1.3米,纽高15厘米,孔径10厘米,唇高9厘米,口径1.15米。上细下粗,略呈喇叭形,口沿为六耳,口耳较直。重约600公斤。钟身饰图案,分铸三层,每层又分六格,其中三格为物象图,三层共九图。上层三图为飞天,飞天头戴花冠,上身袒露,下着长裙,露脚,手持花束,轻盈飘逸,飞舞翱翔,颇有敦煌莫高窟壁画中唐飞天的风格。中层三图二格为雀,一格为玄武。朱雀曲长颈,伸长腿、翘长尾,展翅欲飞;玄武长嘴、长腿、展翅,作奔走状。下层三图,二格为白虎,一格为青龙,龙腾而虎跃。钟身无铭文,已鉴定为唐钟,保存完好。这口钟铸造为合金,是六分其金而锡居一,它既能承受重击,又能产生洪亮的声音,钟声可传至全城。1949年前张掖没有消防设施,城内发生火灾,就靠这口钟报警。此钟1963年被公布为省级保护文物,现为国家级文物。

2. 张掖东仓

张掖东仓也称明粮仓。位于甘州城东北角。原分西、东两仓,西仓于民国13年(1924年)荒废,东仓沿用至今,目前归甘州区粮食局东关粮库使用并管理。据《新修张掖县志》载:东仓在城东北隅处,旧名甘州仓,俗名大仓。明洪武二十五年(1392)由甘肃都督宋晟建。明弘治十六年(1503)都御史刘璋建预备仓于内。东仓占地面积约20 883平方米,廒房占地面积约4 659平方米,可储存粮食770万公斤。整体布局为:坐东面西的廒房9座,坐西面东的廒房9座,相互对应。坐南面北的廒房4座,北面是围墙。东仓大门面向西,位于西面廒房的南侧。进大门的对应建有廒神庙1座,供奉着管粮仓神,据说可以保护粮仓的安全。庙前有水井1眼,粮仓整体形似1座四合院,中间空地建房3间,供收粮人员办公,存放收粮装具、用具等,收粮人员居住在廒神庙的厢房内。东仓的建造精巧,坚固耐用,廒房底部垫土夯实,墙体用土夯打至1米处,铺设厚木板,木板下面由横梁、立柱支撑。铺设的木板为廒房的地面,木板以下为通风洞,工作人员可进入下面的通用道清扫、灭鼠,墙上留有百叶窗。东仓建造距今已有600多年的历史,历经四朝,为张掖的储粮备荒、军需民用发挥了巨大作用。坐东面西的9座廒房至今仍完好且储粮使用,并被列为省级保护文物。据考证,东仓的廒房是目前内地保存时间最长、最完整,还能继续使用的古代仓廪。

3. 红山魁星楼

红山魁星楼位于高台县罗城乡红山村。始建于清末,1679年毁于地震,1765年重建,距今已有200多年的历史。角墩为夯土台,高6.6米,楼高9.6米,为三枋、三檐、攒尖顶亭式建筑。楼阁内有魁星爷的提斗肖像。魁星,指北斗七星中组成勺子的四颗星,因为排列的形状像"斗"又称斗魁;一般也把北斗七星中勺头第一颗星叫魁星。道教中有魁星之神,主宰文运或文章兴衰,形象是披着头发,赤着脚,右手提一只斗。民间为了祝愿学子们学习努力,文运亨通,金榜题名,常建魁星阁或魁星楼崇祭之。红山魁星楼现为省级文物保护单位。

4. 高总兵宅院

高总兵宅院也称高总兵府,位于甘州城西侧。它是一座层楼式四合院,周围砖砌高墙,房屋气势宏大,歇山屋顶,是集殿堂、四合楼院为一体的古建筑群,门外有旗杆立空,双狮蹲门,门对面有砖雕麒麟照壁。宅院现存建筑坐北向南,中轴线上依次布置前殿、后殿、后楼及东西配殿(楼厢房),后楼部分是与后殿相连结的四合院布局,整个建筑群为一进二院。前殿为清代大式做法,砖木结构,面阔五间(约21米),进深三间(约15米),单檐硬山顶,前后出廊,前檐施斗拱,上承七架梁。高总兵宅院是清代康熙年间总兵高孟的府第,也是甘肃保存为数不多的清代军事长官司衙府第。高孟是张掖城东5千米高家河湾人。高孟死后,皇帝顾念前功,诏命原葬于故里高家河湾村(今甘州区上秦镇高升庵村)。墓地建有神道碑、享堂,墓道两旁雕立了石人、石马、石牛、石羊、石骆驼等,还栽种了白杨、榆柳。

5. 上花园戏台

上花园戏台位于民乐县南古镇上花园村中央。建在1.35米平面"凸"字形的夯土台基上。为砖、土、木结构。坐南向北,东西长11.4米,南北宽9.5米。占地面积108.3平方米。前部为舞台表演区,进深4.4米,面阔6.4米,后部为化妆间。面阔3间9.4米,进深1间4米。舞台台口宽3.4米,两侧各宽1.55米。东西壁面各由5扇格扇门和1米高的栏杆组成。脊为硬山顶式。舞台整个结构上有飞檐斗拱,下有木质底圈梁,四梁八柱,庄重稳健,对研究古代建筑有较高价值。1990年,民乐县人民政府公布上花园戏台为县级文物保护单位,2006年,甘肃省人民政府公布其为省级文物保护单位。

6. 甘州古城墙

据《甘州府志》记载：甘州城修造于西夏以前，元大德年间扩建，至大二年(1309)重修，周长"9 里 30 步"(约合今 4 500 米)。至明初洪武年间，又向东扩建"3 里 327 步"(约合今 2 200 米)，加上旧城墙共长"12 里 357 步"(约合今 7 800 米)。城墙高约 10.67 米，厚约 12.33 米，东、南、西、北方向各开一门，城门外筑起半圆形的瓮城，城四角建有角楼，城外有护城河环绕，水深约 5.67 米，阔约 12.33 米。四周河面各架一座石拱桥。明万历年间总督陕西三边军务的右都御史兼兵部左侍郎石茂华，奏请朝廷允许后拨款，以惊人的魄力，对甘州古城墙进行了一次空前的改造，使甘州古城变成了砖包墙。这次维修，用砖近千万块，条石 2 万余条，这一改建，使得甘州古城显得格外雄伟壮观。

甘州古城墙随着无数次地震和战乱烽火，屡有剥损倒塌，亦屡有所修。至民国三十八年(1949)，城区面积为 3.3 平方千米，主要街、巷 28 条，长 14 千米，面积 9.8 万平方米。街宽 6—8 米，巷宽 3—6 米。寺庙楼塔、宫 73 处。房屋建筑面积 19.28 万平方米，庙宇、公署多为砖木结构，民宅居室多为土木矮屋。旧城墙于 1949 年后被拆掉。历史上甘州的古城墙，特别是明代的砖包城墙，据说在整个西北地区仅次于声名显赫的西安城。现仅存有一段不足百米的残墙，为省级文物保护单位。

7. 东古城城楼

东古城也称屋兰古城。在今张掖城东 25 千米，碱滩乡东古城村。古张掖郡辖十县，屋兰即为其中之一。屋兰亦作屋栏。据史志记载为汉屋兰古城，俗有"先有东古城，后有张掖城"之说。东古城原城周长 1 500 米，东西垣辟门，城内建筑甚多。现仅存原西六城楼，上下两层，单檐歇山顶，施琉璃瓦，高近 30 米。下层砖券门道宽近 8 米，进深约 13 米。城东为规模较大的汉墓群，墓群北侧有一方形土墩，传为霍去病屯兵时所筑，俗称"霍墩子"。城周三里有奇，城堡内居民人口不到百家。现为省级文物保护单位。

8. 四家魁星楼

四家魁星楼位于民乐县民联乡太和村。始建于清乾隆年间，光绪二十年(1894)、民国十年(1921)和十九年(1930)及 1998 年分别进行了维修。底座以上用青石筑起，外表砌砖，饰以花纹；楼身为三层六角，高三丈六尺，全用木料建成，造型美观。每个翘角都镶有青砖雕刻的龙头,翘脊上装饰着麒麟、狮子等陶瓷兽物。各翘角下都悬挂风铃,微风吹动,音响清远。三层楼壁,都饰有壁画,形象生动。顶层壁画绘有魁星之像,赤发蓝面,立于鳌头之上,左手提斗,右手执笔,意为笔定科举中试。

9. 西武当瓷窑址

西武当位于甘肃张掖城西约35千米的祁连山中,是甘州区境内一处重要的人文景观。它景色秀丽,梵宇林立,风景宜人。1912年以前,西武当有一古阁楼式宫观,名叫"景罗宫"。西武当山下有一处因山而得名的西夏瓷窑址。窑址位于西武当山北岭子山梁两侧。窑址自南向北排列共14座,南北长2千米,东西宽1千米,面积2平方千米。窑大多坍塌,建造形制结构不清。窑址周围地表遗存大量的黑瓷、白瓷、豆绿瓷片及青花瓷片,以黑釉瓷片居多。遗存堆积有很厚的窑灰渣,灰层内很多碎瓷片。瓷片成器形的有碗、盘、碟、罐、盆、壶、钵、盂、瓶、缸、瓶、灯等。瓷片年代上至西夏,下至明、清及近代,是一处延续时代长、瓷器种类多的窑址。1993年,甘肃省人民政府公布其为省级文物保护单位。

10. 甘州明清古民居

据1987年文物普查,甘州全城尚存明清时期的古民居约60座,其中保存较完整的有19座。这些旧民居是构成国家历史文化名城的重要内容之一。旧民居的建筑特点是:总体面均为四合院式,建筑布局在中轴线上,有倒座、垂花门、堂屋,两边有对称的厦房、书房、套间等,大门建在轴线的中间或侧面。门内修影壁,写"福"字或画福寿图,院内又以垂花门为中心,将整座建筑分为前后两院。有一些院落沿街为店铺,后建木结构楼房,天井上建有天棚木棚,在大门、倒座、堂屋、垂花门等主要建筑的檐下及格扇上都雕有琴棋书画、鹿鹤同春、梅兰竹菊、桃柑佛手等各种图案。

11. 门匾

门匾是张掖明清故居另一个特色。门匾融名言警句、历史典故与俊逸、遒劲的书法艺术于一体,为民宅增辉润色,锦上添花,给淳朴、厚道的河西人以美的愉悦和有益的启迪。门匾内容广泛(有60多种),含义深刻,既有表示籍贯的"三槐堂""四知堂""乌衣望族""道德传家"等,又有专门表示职业身份的"陶朱遗风""扁仓再世""文举院""垂裕后昆"等。这些门匾以精练的语言从不同角度反映了不同阶层人们的人生目的和价值取向,融思想、文化、知识、趣味于一体,言简意赅,富有哲理,亦庄亦谐,耐人寻味。

(四) 长城与烽燧

1. 汉长城

汉长城(汉称塞垣)区内山丹、甘州、临泽、高台县、市境内都有遗存,其长度达 85 千米。本区的汉塞是汉武帝刘彻为巩固河西走廊边陲的安全于元鼎六年(公元前 111 年)至太初四年(公元前 101 年)修筑的。《汉书·张骞传》载:"汉始筑令居(永登)以西,初置酒泉郡,以通西北国","令居,县名也,属金城。筑塞西至酒泉也。"汉武帝在修长城的同时,在沿途筑起了烽燧、亭、障,以保证"丝路"大道的畅通。区内汉长城大致走向是东南从山丹县老军乡绣花庙开始向西北入峡口,经过陈户、位奇、清泉、东乐 4 个乡 18 个村,逶迤向北上龙首山,进入张掖东大山烟墩口,经东山寺继续向西北经平山湖乡到人峻口,由人峻口向西经靖安乡沿北大山出张掖市境入临泽县。

汉长城入临泽县后,沿黑河北岸向西北入高台县,沿黑河东岸到罗城乡向西偏北跨黑河经盐池乡入酒泉市。汉代塞垣在山丹县境内遗存较为明显,酒泉以东的汉塞由堑壕构成。现存壕沟长 59.95 千米,深 0.8—3 米,沟口宽 5—8 米不等。壕沟里沿有壕棱呈土脊状,燧筑于壕棱上,一般间距 1.25 千米,现存汉燧 19 座。列障大都与壕棱烽燧相连,面积 100 平方米左右,现存 3 处。汉塞在甘州、临泽境内基本上利用山险在沿线山口险要处设城障,筑烽燧,部分地区墙体与壕堑同时存在,互为补充。现甘州境内保存的汉代始筑明代沿用的烽燧 20 座,城障 2 处。

临泽境内保存的汉燧 9 座。汉塞在高台境内遗迹大部已毁,仅在罗城乡常丰村西面山梁上发现长约 9 千米的壕沟,沿黑河西岸山梁向北到天城西北 5 千米处,向西出高台县入金塔县。这段塞垣,全长 25 千米,内含汉代烽燧 5 座,是汉太初三年(公元前 102 年)修筑的从张掖到居延的一段塞垣。

2. 明长城

明长城,明代称边墙,在张掖逶迤蜿蜒,长达 282.7 千米,现存 125 千米,烽燧、墩台星罗棋布,遗存比较完整,是张掖一大特色。明代各类城、堡遗址,现存 41 处,这些建筑遗迹充分反映了明代对河西防务、社会经济发展的重视。境内长城遗址在山丹、临泽、甘州区、高台等县区都有保留。明长城是由黄土或黄沙土板筑的墙、墩、列障构成,夯土层厚 15—20 厘米,墙基宽 4—5 米,高约 4 米,墩底边长 8—12 米,高 10 米以下。明长城在区内走向基本上和汉塞相同,在山丹境内总长 98.5 千米,实存 82 千米,位于汉塞南侧,相距 10—80 米,平行延伸,修筑于明嘉靖、隆庆年间。

明长城入甘州境后,经东山寺口向西北经平山湖乡,向西经平易又转向南到仁宗口,再由西经靖安乡北入临泽县。这一段长城基本是利用山险未筑墙,在汉代所筑烽燧、城障的基础上又保修加固,并于明嘉靖二十八年(1549)筑靖安堡,嘉靖二十九年(1550)筑红泉堡。明长城入临泽县后进入小口子山谷,山谷内残存一段长约 300 米的边墙,然后依黑河北岸山险筑烽燧至板桥堡,在板桥堡西、平川乡又断断续续出现边墙,蜿蜒向西经三坝墩转至四坝堡,过四坝堡向西由贾家墩村出临泽入高台县。这一段长城残存约 1 千米,沿途遗存烽燧 10 多座,修筑于明代隆庆年间。

长城入高台县后一直向西北方向,循黑河东岸而筑,至罗城天城村,然后跨黑河西去盐池村,转为向西偏北方向,经石泉村,沿金塔县界延伸至杨家井土畦墩出高台县入酒泉市。这一段长城在天城以东共遗存 11 处,残存墙垣长 17.1 千米。在天城以西遗存壕沟长 35 千米,残存墙垣 5 千米。长城在高台县内总长度约 112 千米。

全市长城还出土一些重要文物。如夯筑明长城用的石杵、石夯。1962 年在高台六坝段长城出土明代《兵守炮号令》一份,白麻纸、木刻板印,长 35.7 厘米,宽 20.4 厘米,中间为号令全文,四项八行,四周为火焰纹。号令规定边防营寨墩堡若发现 10 名以下敌兵时,白天烧烟柴 2 堆,放炮 1 个;晚上举火 1 把、放炮 1 个。若发现二三十名敌兵时,白天烧烟柴 2 堆,放炮 2 个;晚上举火 2 把,放炮 2 个。若发现百骑以上敌兵,白日烧柴 3 堆,放炮 3 个;晚上举火 3 把,放炮 3 个。若发现敌兵千骑以上,烟柴火炮相连不断,与此同时还要"沿塘填传火票一张"向上级报告。这是有关明代边防报警、烟火信炮制度的文书,曾在省博物馆展览,它对研究明代边防制度、设施有着重要的价值。

3. 烽燧

张掖市内现存的烽燧有汉代修筑的 62 座,汉代筑明代加固沿用的 48 座,明代修筑的258座,也有清代修造的清燧(也叫卡)15座,总共475座(包括长城上的墩台)。这些烽燧星罗棋布,纵横交错地分布在龙首山、东大山、合黎山、祁连山北麓中段的各山口、要隘、制高点和丝路古道、堡寨、村庄附近,并大致按东西、南北走向分布。烽燧按其作用和类型主要分为兵墩和田墩。兵墩司守望,防止敌人进攻,田墩司守备清野,通讯联络。烽燧形制平面方形,面多呈覆斗形,有夯土板筑的也有用土坯石块砌筑的。汉代燧6—7米见方,夯土层厚8—12厘米,明代燧较高大,夯土层厚15—25厘米。土坯筑的汉燧,坯与坯之间夹以芦苇、柳柴平砌,明燧则用泥巴码砌。有些夯土筑的燧,内部穿插有柱木、夹有草绳、木楔,四周有壕,有列障、房基、旗墩,燧与燧之间一般间距1 500—2 000米,要求互相看得见。

(五) 榆木山岩画

榆木山岩画位于肃南裕固族自治县大河乡境内。分布于在黑石头沟、寡妇房子、老虎沟、大石滩沟、象牙台子、木头井子、灰房地子等山沟内的山岩石壁上。这些岩画的内容有狩猎图、畜牧图、动物图、交媾图、交战图、图腾、文字符号等。岩画大部分表现了各种动物和古代游牧民族"随畜迁徙,逐水草而居"的游牧生活情景。畜牧多以牛、羊、狗画面为主,动物画面多以岩羊、鹿、野牛、狼等为主,真实地反映了当时畜牧和狩猎并举的游牧经济。更有趣的是榆木山岩画中有一幅表现男女裸体交媾的画面,画面运用抽象夸张的手法,表现了男性和女性的生殖器及女性高突的乳房,强烈地表达了远古先民对种性繁殖的愿望和崇拜的心理,他们通过这种无言的方法来展示其对生命的渴求和对美的享受,为我们真实地反映了游牧民族对祖先、对生殖崇拜的精神世界。

(六) 墓室画像砖

画像砖在高台县的骆驼城乡、甘州区的明永乡、民乐县的永固乡以及山丹县城区都有发现。其中以骆驼城和山丹出土的画像砖最具代表性。画像砖是一种表面有模印、彩绘或雕刻图像的建筑用砖,深刻反映了汉代至唐代的社会风情和审美风格,是中国美术发展史上的一座里程碑。高台骆驼城墓室画像砖位于高台县城骆驼城遗址及周围,共有汉、魏晋、唐代古墓葬7 000余座,是目前国内分布最密集、保存最完好的大墓群。1998年夏发掘清理的西晋纪年墓葬,被国家文物局列为当年全国重要考古发现之一,轰动了考古界,并引起人们的广泛关注。由墓道、照墙、墓门及前室、中室、后室六部分组成的魏晋大型画像砖墓室,展现了汉唐的雍容气度和灿烂辉煌。

二、社火文化

社火是春节期间群众自发组织的文化活动。它来源于远古人们对土地和火的崇拜。社,即土地神;火,即火祖,是传说中的火神。在以农业文化著称的中国,土地是人们的立足之本,它为人类的生存发展奠定了物质基础。火,是人们煮食和取暖之源,也是人类生存发展必不可少的条件。在远古,人们凭着原始思维,认为火也有"灵",并视之为具有特殊含义的神物,加以崇拜,于是形成了尚火观念。远古人们对土地与火的崇拜,产生了祭祀"社"与"火"的风俗,随着社会的发展,人们认识能力不断提高,后来人们在社火的仪式中逐渐增加了娱乐的成分,成为规模盛大、内容丰富的民间娱乐活动。

(一)社火的种类与表演形式

在张掖农村,社火与秧歌是同义语。张掖的民间社火,内容丰富,形式多样。据统计,全市约有50多种,按其形式可分为锣鼓类、秧歌类、车船轿类、高跷类、灯火类、模拟禽兽类、模拟鬼神类、武技类等。

(二)社火脸谱

社火脸谱从人物的性格和容貌特征出发,以夸张的手法,运用各种不同的图案来表现人物的忠奸善恶美丑及其他性格特征。社火脸谱的色彩分为红、黄、蓝、白、黑、绿、粉、紫、肉色及金色和银色。红色为忠,白色为奸,黑色为正,黄色为残暴,蓝色为草莽,绿色为义侠、恶野,金银为神妖等。在画法上它不仅要勾勒出人物的眼眉口鼻,还要勾勒出符合此人物的身份性格的特殊标志,如肤色、疤痕、痣、皱纹、武器、姓氏等具体直观,因为社火不同于戏剧可以用道白来做人物身份介绍,它是一种哑剧戏,应叫人一看就知道是谁。另外社火脸谱还有对脸、破脸、悬脸、碎脸、转脸、定脸等6种画法,分别表现不同的人物。脸谱基本分为红花脸、黑花脸、粉红花脸、青脸、红脸、白脸6种。眉和眼的画法也各有特色。有表现武将的疙瘩眉,军师的梳子眉,僧人、道人的丝壳眉等。眼有平眼、忠眼、残眼三种,分别表现不同性格的人物。

(三) 张掖社火的代表作

1. 民乐顶碗舞

民乐顶碗舞是流传于民间集杂技与舞蹈为一体,具有民族性、民间性、技巧性和欣赏性特点,反映了古代军民在劳作中就地取材,以饭碗为道具,自编、自演、自乐的一种舞蹈,舞者头顶瓷碗,口衔竹条,两手各拿一碟一筷,筷子两头各系一铜铃红穗,舞时磕动"口条"敲击头上的瓷碗。同时,用筷击碟,表演各种舞蹈动作,碗却始终稳稳地"端坐"在舞者头上。步伐以十字步为基调,再配以"三步一抬""梭子步""垫步""斜后点步"及"云步",使场面的变化丰富多彩。2008年列入甘肃省非物质文化遗产名录。

2. 山丹太平车舞

太平车舞是集民间音乐、舞蹈、戏曲于一体的一种独特的民间音乐舞蹈艺术形式。由山丹东乐乡城西村的村民们在封闭保守的条件下世代传承下来,其历史渊源至少可追溯至明太祖洪武年间(1368—1398)。东乐乡城西村历来民间文艺活动就比较活跃,有自己的一整套社火班子。表演的社火种类大约有8套以上,如龙灯、舞狮、太平车、铁芯子、旱船、高跷、竹马子、风火车等。其中太平车可谓独此一家。

太平车舞的主要道具为太平车子,故这一舞蹈形式以此而得名。太平车舞表演的内容为西厢记中《长亭送别》一段。唱词、道具文雅清秀,当源于文人之手。音乐曲调由当地民歌、民间小调组成。曲调优美动听,节奏明快,与舞蹈、唱词和谐统一,且能满足剧情喜怒哀乐的各种感情表现需要。太平车舞有歌、有舞,有故事情节,表演时文武乐队伴奏齐全,推车的老翁,坐轿的莺莺,其表演功夫均在车舞上,车子前进、后退,辗转起伏,轻盈飘逸,配合默契。骑马的张生、挑担的书童、舞扇伺候在轿车左右的丫鬟红娘,舞步情态各异,与轿车相呼应,组成了一幅完美的送别行路图。山丹太平车曾于1953年参加过省上的民间文艺调演。1985年,经加工改编后,以新的内容参加全省民间民族音乐舞蹈选拔赛。近年来,又被改编为大型群体广场舞蹈,多次参加(地)市调演、庆典活动并获奖。2000年春节,中央电视台和甘肃省电视台组成的《新春走河西》专题报道组来山丹做采访,太平车舞作为该活动的主要内容被摄像录制,在中央电视台和甘肃电视台宣传报道。

3. 临泽八仙马子

清末,山西艺人康正中(1891—1954)落籍蓼泉镇湾子村后,组建湾子自乐班(社火队),从而自创八仙马子。八仙马子中因扮演者为传说中骑马的八仙,故名,又叫竹马子。自民国初创立,先后得到了继承人魏福祯、李发顺、魏延年、魏生发、李洪明、闫兴明等人的进一步完善与创新。1958年八仙马子遗憾被废弃,1982年恢复。演出活动最活跃时段为20世纪80年代中期,家家请唱,户户欢迎。1991年至今,年年演唱,深受群众青睐。

八仙马子是流传于当地的一种传统社火形式,亦为本村社火队的主要演唱剧目之一。一般在春节、元宵节、"二月二""四月八"等节会、庙会上表演。表现人物主要有南极仙翁、吕洞宾、汉钟离、曹国舅、蓝采和、何仙姑、张果老、铁拐李、韩湘子等9名传说人物。表演时9名演员分别身穿南极仙翁及八仙服装,手拿相关道具,南极仙翁绑挂纸鹤,张果老绑挂纸驴,其他7人绑挂纸马,在音乐的伴奏下依次上场表演。表演中,既有道白唱段,又有舞蹈,文武场面相互配合,伴奏音乐曲调为秦腔和陇剧,欢快奔放,节奏由慢到快,将演出效果推向高潮,表演时长约40分钟。

因主要人物都身挂用竹条做骨架、编成动物形状、用纸糊面并经过彩绘的纸鹤纸驴纸马道具,反映的是八仙传说故事内容,道具在本村称"马子",因此,在当地将这种社火形式称为"八仙马子"。2013年始,改竹骨架马子为全新的铁丝龙架马子,坚固耐用。至今以"八仙马子"(社火)为主的自乐班已历6代,传承不衰,并且年年春节表演,吸引了无数观众。

4. 甘州区黄河灯阵

甘州黄河灯阵,也称九曲黄河灯阵,是张掖甘州区碱滩镇古城村一带流传了近千年的非物质文化遗产,起源于殷商时期,有千年的传承历史,2019年被上海大世界吉尼斯总部认定为"中国规模最大的灯阵"。甘州黄河灯阵自明代洪武年间从山西、河南大规模移民戍边传入甘州。由最初实行军屯戍边将士参与组织,到清代军民共同参与,清末民初至今,演变为群众自发组织传承下来的一项元宵节期间的民俗文化活动。九曲黄河灯阵来源于中国古典小说《封神演义》中的九曲黄河阵。故事描写当年盘古开天,一气化三清;鸿钧成圣,大道分三教。三教人阐截,于商汤末年签押封神榜。遂有原始天门人姜子牙下昆仑到西岐立封神台。纣王命闻太师领兵西征周文王,被玉虚众门人打败。申公豹请来了截教黑虎赵公明下山助阵,赵公明定海珠打败玉虚众门人,金蛟剪战胜了玉虚十二大仙,缠海鞭打跑了姜子牙。后来,野人陆压用钉头七箭书射死了赵公明。赵公明死后他的三个妹妹即云霄、碧霄、琼霄为兄报仇,她们用闻太师的六百大汉摆成一个九曲黄河阵。"此阵内藏先天之秘密,生死机关,外按九宫八卦,连环进退,井井有条。人虽不过六百,却胜过百万雄师。""此阵内按三才,藏天地之妙,中有惑仙丹,闭仙诀,能失仙之神,消仙之魂,陷仙之形,损仙之气,丧仙之原本,损仙之肢体。神仙入此而成凡,凡人入此而即绝。九曲中无直,曲尽造化之奇,抉尽神仙之秘,任他三教圣人,遭此也难逃脱。"[1]三位道姑为报兄长一箭之仇,将玉虚门下十二位真人,全部用混元金斗压入此阵,最后姜子牙只得上昆仑山请出道教祖师元始天尊和老子才破了此阵。

最初的黄河灯阵是军阵、宗教祭祀、娱神的产物,人们以它来驱逐邪魔,赶走鬼魅,防疾避疫,获得安宁健康,今天的黄河灯阵祭祀、娱神的成分越来越少,自娱自乐、祈福消灾的内涵越来越明显。在甘州黄河灯阵里,人们用 365 盏明灯"点亮"了流传千年的民俗,也点亮了河西人民对未来新生活的祝福。

天上满天星,地上万盏灯。每年正月初八,九曲黄河灯阵会首先召集灯阵传承人、村民代表 10 人左右,在所选场地祭拜过土地神之后,开始画线、打点、栽杆、布阵。正月十二日上午 11 时,祭拜天地神灵后,请神入阵,晚 7 时在阵前举行传统社火表演,祭拜"三宵娘娘",焚烧秦桧、王氏泥像,在灯阵四周围风祭风后,开始游阵,正月十七日游阵结束。

从灯阵的仪式和活动看,有很强的娱乐性和祈愿性,除蕴含着丰富的民间信仰外,还包含着历史上张掖作为古丝绸之路重镇和"张国臂掖,以通西域"的特殊地理位置,元明时期移民戍边(军屯、民屯)等军事要地和弘扬正气、鞭挞邪恶、祈求国泰民安的民间文学等多种文化内涵。

九曲黄河灯阵阵排天地,势摆黄河,装尽乾坤,环抱九州,九九曲中藏造化,三三湾内隐风雷,具有浓厚的神话色彩,经当地人民保存和继承,已成为这里传承千年的文化遗产。随着科技的高速发展,九曲黄河灯阵已有完整的非遗传承

---

[1] 舒芜:《封神演义》,人民文学出版社 1973 年版,第 521 页。

规制、谱系及灯阵布阵图,它以历史为背景,综合运用声、光、电、灯、烟、雾、机械及现代艺术造型,增添镭射灯、电脑灯等现代化灯光音响设备,全方位、立体化地演绎文化遗产,将传统文化之美通过"现代灯光"这个媒介以"浸入"的方式带给游客全新的感受,也将甘州黄河灯阵打造成了目前中国规模最大、日夜可观、四季能游的灯阵。

三、裕固族文化

(一) 民歌

裕固族人民生性豪爽,勤劳善良,是一个能歌善舞的民族。裕固人民有着强烈的民族自豪感,能用独特的艺术形式来表现生活,尤其是其民歌,题材丰富,风格独特,充满着其民族特色和强烈的生活气息,是裕固族人民创造的艺术瑰宝,更是裕固族人民生活不可或缺的一部分。裕固族民歌主要分为两个部分,一是音乐,二是唱词,主要有"小曲""号子""小调""情歌""叙事""筵席曲"等形式。

2007年12月,由肃南裕固族自治县县委、县政府出版的《裕固文艺作品选·歌曲卷》中一共收录了85首歌曲,有巴九录创作的《马蹄寺神游》《裕固族姑娘人人爱》《梦中的西至哈至》《圣洁的雪莲》等15首;丁师勤创作的《裕固人民欢迎您》《山歌越唱羊越多》《我是裕固小羊倌》《肃南,这片美丽的地方》《在太阳升起的地方》等12首。

(二) 传统婚俗

裕固族婚俗分东部的"勒系腰"婚和西部的"立毡房杆子"婚,是姑表、舅表兄弟婚姻优先的一种表现。其仪式主要有求婚、许亲、说亲、定婚、选人、戴头、送亲、打尖、踏帐房、让客、献羊背、交新娘、入新房、生新火、回门等。

目前,使用裕固族婚礼习俗的地区主要分布在肃南县明花乡、大河乡、皇城镇、康乐乡等地。但随着社会的发展,生活水平的提高和现代生活方式的冲击,裕固族婚俗已趋失传,懂得其中的仪式、禁忌、习俗、赞词等内容的人已越来越少,越来越老龄化,小车、摩托车替代了骆驼和马,不加以保护将面临整个婚俗的失传。

(三) 服饰

裕固族有10个部落,分东西两部,其服饰也因此而各有特色。裕固族服饰就其色彩、式样、装饰而言千差万别、千姿百态,既符合风俗习惯、审美心态,是生活情趣的再现,又便于日常生产生活,是裕固族文化的重要组成部分。其中有依据气候、民族传统、年龄、性别、用途构成的服饰习俗。主要分为服饰类别、装饰类别、礼仪类别等,其特色突出体现在裕固族民俗和日常生活中最为活跃的妇女服饰上,它主要区分为已婚妇女服饰、姑娘服饰,并有着各自的穿戴方式,妇女服饰中的头面分前后两部分,据说与裕固族女英雄萨娜玛珂的故事息息相关,由此而形成。目前,着裕固族服饰的习俗主要分布在明花乡、皇城镇、康乐乡、大河乡等地。但随着社会的发展,制作服饰等手工艺无人传承,大部分已濒临失传,一些服装的配饰刺绣品从传统工艺到原始图案都无法完整保存和传承,有些已失传多年。有些流传在民间的原始物品大部分被不法商贩收购或倒卖,使部分可保留的原始实物流失。服饰文化随着其他民族服饰文化的冲击,正趋简便化,失去了传统民族服饰的风格。

(四)口头文学与语言

裕固族口头文学可分为民间故事、叙事诗和歌谣三个部分。裕固族由于长期漂泊不定的游牧生活和连绵不断的战争、迁徙,加之文字失传,书面文学没能得到广为传播,在生活中裕固族更多地运用口头方式的民间文学传播知识、记录历史、规范生活、述说民族情感和情绪,也依靠民间文学的世代传承延续民族精神和民族传统,可以说是本民族的"全部心声"。主要作品有《西至哈志》《沙特》《黄黛琛》《格萨尔》等。

裕固族语言是裕固族文化极具特色的一个方面。一般来讲,一个民族只有一种属于本民族的语言,而裕固族却有两种属于本民族的语言,即阿尔泰语系突厥语族的语言和阿尔泰语系蒙古语族的语言,这种情况在我国少数民族中是较少见的,这为民族学研究提供了内容丰富、价值较高的研究课题。

(五)人生礼仪

剃头仪式是裕固族人的第一次人生礼仪,其包含了裕固民族对儿童成长的美好愿望,是裕固族人生观学的重要组成部分,对于研究裕固民族的哲学思想观具有重要的科学价值。过去由于裕固族人生活条件恶劣,婴儿存活率极低,剃头仪式的举行,有保佑幼儿长命百岁之意。幼儿3周岁时,孩子的父亲请来亲戚、朋友、左邻右舍,宰羊摆酒,为孩子进行剃头仪式。必须请喇嘛择吉日才能举行。

孩子的舅舅在剃头仪式上是最重要的客人,必须开第一剪,并有丰富的礼物(小牛或小羊)送给外甥,这是母权社会制度的在裕固族文化中的一种反映。其他来客也视辈分大小、亲疏远近剃头并适当赠礼,仪式上有即席诵说,祝福语的内容是人生礼仪赞词的重要组成部分。

(六) 剪马鬃仪式

裕固族在马驹满 1 周岁时,主人选定吉日,请亲朋好友来家,举行剪马鬃仪式。事先备好一个小盘,盘中用酥油炒面疙瘩垒一个 5—7 层小塔,四面放酥油 4 块,另备剪刀 1 把,上系 1 尺白哈达。两人牵来马驹,请来客中的一位能手开剪。开剪的人边唱《剪鬃歌》,边在马驹鬃毛上抹点酥油,先剪一撮献给神龛,其余的放起来备用。一人不能全部剪光,余下由其他客人剪。剪毕,主人要款待客人。客人则夸主人家马驹,祝主人家骡马成群,牛羊满圈。仪毕,主人须骑上马驹出行,在草原上串帐篷,接受各家祝福。

(七) 皮雕

裕固族以畜牧业生产为主,因此,其生产、生活用具大部分来自畜产品,作为生产生活用具装饰的皮雕工艺来源于他们的生活,来源于他们自身,是裕固族传统手工艺的一项重要内容。其图案丰富多彩,纹饰优美流畅,风格粗犷豪放,给裕固族的游牧生活增添了活跃的气氛和高贵的气质。其原料以牲畜皮毛为主,以阳雕、镂空、剪切、绘画等为主要手法,并涂以色彩加以装饰后用于工艺画、马鞍、皮靴、刀鞘、皮袋等皮制生活生产用具的装饰。

(八) 祭鄂博

裕固族祭鄂博仪式是裕固先民原始宗教信仰——萨满教的一个重要仪式,其历史悠久,是裕固族远祖时期产生的,是随裕固族大发展变迁而不断丰富的。经演变后,裕固先民信仰佛教,成为两种信仰的有机结合,是裕固族现实生活中呈现的多样宗教交错相识的最直接反映,既反映了裕固先民对日、月、雷、电和天的原始崇拜思想,也反映了由信仰萨满教向信仰藏传佛教的演变痕迹,对研究裕固族形成发展历史,研究西部民族文化交流,尤其是宗教文化的交流融合具有重要史学价值。祭鄂博形式为,在山顶、山岔、山坡或平坦地带,用石头垒一山包或方斗形的城堡,中间插上新砍木棍,棍头削尖染红后,拴上各色羊毛绳、布条、哈达等,周围也拉上羊毛绳,把印有经文的哈达、布条拴在上面。祭鄂博每年进行一次,由喇嘛选定时间,大致在农历6月份举办。

(九) 织褐子

裕固族织褐子习俗与其自古以来畜牧业为主的生产生活方式有着密切联系。所需的绝大部分生活资料来源于牲畜和畜产品,裕固族先民以游牧为主要生产方式,以自给自足为主要生活方式,从而形成了织褐子习俗。褐子在裕固族先民的生产生活中具有重要作用,其主要材料是牛、羊、驼毛捻成的毛线,经染色处理后,以场地的大小褐需要决定其长短,用专用的木制器具织制,织褐子因操作简便不分男女、大小,都可操作,主要用于做帐篷、裕固族服饰、鞋袜、褡裢、驼鞍、茶叶袋、面口袋、捎裢等日常生活用具,其制品瓷实、耐用、不渗水、色彩丰富,花纹多样,用途广泛,而织作过程、织品、色彩花纹都具有本民族鲜明的特色。

(十) 体育竞技、娱乐

裕固族传统体育竞技是本民族游牧生活中进行娱乐竞技的主要形式之一,是古代裕固族先民军民一体,崇尚强健体魄的真实反映,其历史悠久,与游牧文化背景下的家庭生活、社会生产、部落竞技、军事活动有着密切联系,是裕固族人们创造并传袭的文化表现形式之一,是研究裕固族乃至西部游牧民族历史的一个重要资料。拔腰、顶杠子、拔棍既是裕固族体育竞技活动,又是日常生活中的娱乐活动,此三项活动实际于生产、军队中相互进行赛力竞技而产生的,后来逐渐加入技巧竞技的内容,并在生产之余、娱乐宴席和传统体育竞赛中出现、衍变,具有浓郁的游牧特色、劳动特色和军事战斗特色,别具风情。

(十一) 刺绣、剪纸

裕固族刺绣剪纸艺术来源于生活,一方面,用于装饰的剪纸艺术与他们的物质生产,即以游牧为主的畜牧业有着密切联系;另一方面,作为艺术品的剪纸艺术与他们的精神生活,即宗教信仰也有着密切关联,它是生产生活用具的一个重要辅助性、装饰性艺术,从裕固族服装服饰等生产生活用具的产生后就开始孕育、成熟,并成为裕固族民间艺术之一。作为生产生活用具装饰的刺绣工艺是裕固族畜牧生活的重要反映,是裕固族生产生活习俗与审美观结合的产物,既有西部游牧民族的特色,又具本民族的特色,在中华民族文化宝库中占有一席之地。其风格明快、简练,注重对称,形象生动活泼、自然流畅、栩栩如生,颜色朴素大方,带有浓郁的生活情趣。用于装饰衣领、衣袖、布鞋,图案以人物,花鸟虫草,鸡、鸭等家禽以及羊、马等牲畜为多。

(十二) 丧葬习俗

裕固族的丧葬分为火、土、天葬三种,以火葬最为普遍。人死后,在未僵硬之前要收尸,即用一条带子或绳子,把尸体捆起成胎儿型,也叫圆寂。然后,将尸体装入一条白布袋内停放。一般在下午出殡。选好火葬地点,根据风向挖一个地炉,放好柏木柴,将尸体放在柴上起火即可。第二天,从木炭中拣出骨灰,再盛入一条红布袋中葬入坟地。坟地周围及上面,镶上白色石头,以示吉祥。

四、佛教文化

历史上,儒、释、道三种文化构成了中国传统文化的基本体系,提到中国传统文化,就不可能不涉及佛教文化。在张掖的全国重点文物保护单位中有张掖大佛寺等佛教寺院。可以说,欲认识张掖文化,就不可不了解佛教文化。

(一) 佛教文化在张掖的发展与传承

佛教文化传入中国始于西汉,但真正繁荣兴盛则始于五凉。佛教传入中土,大约通过三个途径。其中一个途径是通过中亚西域,经丝绸之路传入中原。这是一条最主要的道路,东来传法和西行求法的高僧常走的就是这一条路。张掖正处于这条路上自然条件最优越的一段。因此,它在五凉时期佛教汉化与传播过程中发挥了至关重要的作用。

魏晋南北朝时期是中国政治上最混乱、社会最苦痛的时代,同时又是精神上极自由、极解放的时代,佛教正是在这样一种背景下得到广泛传播。沮渠蒙逊建立北凉政权控制河西后,开始发展佛教,实施佛教政治。

隋唐时期是佛教发展的全盛时期,也是它中国化的时期。隋统一中国,主张南北佛教合流。隋炀帝下诏将寺院命名为道场,并鼓励中西间的经济、宗教、文化交流,使亚欧大陆桥得以开通。此后,西域佛教徒屡屡东游、中土僧众纷纷西行,都以河西为乐土,居留张掖、敦煌、武威间,大大推动了本土佛教的发展。

唐朝时,三藏法师玄奘于唐贞观三年(629)赴大竺取经,在张掖讲经传法,僧俗听众达五六千人之多,对张掖影响甚大,一时寺刹林立、僧侣骤增,崇佛之风大兴。这一时期,由朝廷组织翻译佛教典籍极为丰富。随着政治统一,经济发展,文化交流融合趋势的加强,佛教得到空前的发展,创立了不少新宗派。如天台宗、法相宗、华严宗、禅宗、三论宗、净土宗、律宗、密宗等。

宋代以后,一些主要的佛教宗派的基本观点与儒家互相交融,本身也更加汉化。寺院和寺院中的塑像、画像也逐步形成定制,汉化佛教至此基本成熟和定型化。西夏在张掖创建大佛寺,并将佛寺作为王室行宫,香火鼎盛了一个半世纪。

元代时,佛教继续得到统治者的推崇。1270年代,意大利旅行家马可·波罗和他的父亲、叔父旅居张掖一年多。他在《马可·波罗游记》中描述道:"甘州是唐古多省的省府城市,颇为宏大,城内有管辖全省的政府机关。大多数居民是偶像崇拜者,但也有些基督教徒和回教徒。基督徒在该城中修建了三座宏伟的教堂,供奉着大量的偶像。……偶像崇拜者也按照本省的风俗,建造了许多庙宇。偶像崇拜者中间的祭司——按照他们的道德观念——所过的生活比其他人都要高尚,他们不吃肉,不结婚。"

明、清时,佛教在张掖的发展更是规模空前。明朝廷于京师设僧录司,掌天下佛教事宜;并在省置僧纲司、州置僧正司、县置僧会司,分别管理教事。张掖作为甘肃镇镇址所在地,僧纲司就设于此。这一时期,明王朝在张掖敕建、扩建、修缮了多处佛寺。清代时张掖佛教依然处于兴旺之时,并涌现了持戒大佛寺的僧卜舟、慧音耳观、性泰若雷、释特丹等一大批才华横溢的诗僧,为张掖留下了不少佳作。

民国时期,张掖尚有佛教寺院60余处。1919年在大佛寺设佛教会,有僧徒2 000余人。

(二)佛经翻译、传抄

按《开元释教录》记载,从沮渠蒙逊建都张掖开始到北凉灭亡,先后在张掖和姑臧直接译经者有道龚、法众、僧伽陀、昙无谶、沮渠京声、浮陀跋摩、智猛、道泰、法盛等9人,共译出佛经82部311卷。其中,仅昙无谶一人计译经11部112卷,可谓北凉译经的魁首巨子。

东晋安帝隆安三年(399),中国僧人赴天竺留学的先驱法显途经张掖,受到沮渠蒙逊礼待,在张掖开坛讲经达3个月之久,广宣《佛国记》。后来法显和沮渠蒙逊关系良好,并与张掖高僧沮渠京声过从甚密。总之,经过后凉、北凉几十年的努力,大小乘的佛经已经翻译得差不多,这是佛经翻译的第一个高潮时期,一大批佛教高僧对中国佛教本身的理论发展做出了很大贡献。

明朝时,明成祖朱棣登基伊始就采取了诸多手段发展佛教,向全国各地颁赐佛经就是其重要措施之一。鉴于张掖长期以来在佛教发展中的独特地位,朱棣向大佛寺颁赐了佛教经典《大般若经》。《大般若经》从永乐八年(1410)在北京正式开始雕刻,到明英宗正统五年(1440)完成,前后历时30年,内容主要集中了经、律、论三大部,共收佛经1 621部6 361卷。

(三) 佛教石窟、寺院的开凿与修建

开凿石窟,为僧众从事佛教活动提供场所,不仅有利于弘布佛教,而且便于广招沙门修禅法。《集神州三宝感通录·凉州石窟塑瑞像者》记载:"昔沮渠蒙逊,以晋安帝隆安元年据有凉土三十余载,陇西五凉,斯最久盛。专崇福业,以国城、寺塔终非云固,古来帝宫,终逢煨烬,又用金宝,终被毁盗,乃顾眄山宇可以终天。于州南百里,连崖绵亘,东西不测。"由此可见,蒙逊之所以不喜欢建造国城、塔寺的原因是,国城、塔寺很容易被烧毁或被毁盗,保存不易,因此他决定用开凿石窟的方法保存造像或佛教活动。蒙逊在"州南"的崖壁上造了许多像,其中包括有僧人的造像。蒙逊开凿的石窟相当多,武威的天梯山石窟,肃南的文殊山石窟、马蹄寺石窟,敦煌莫高窟的268窟、275窟及272窟等就是这一时期开凿的。为了便于僧人的生活和信众的朝拜,在开凿石窟的同时,历朝历代都非常重视寺院的修建,以增强佛教的影响力。如五凉时期修建了文殊寺、马蹄寺;北周时期修建了木塔寺;唐朝时期修建了西来寺;西夏时期修建了大佛寺、圆通寺。至清朝及民国时期佛教寺院更是数量暴增,农村的村村寨寨有寺庙,张掖城更成了"半城芦苇半城塔"的佛城。

在当代,特别是改革开放政策实行后,佛教文化继续得到重视,一大批寺院得到修复。现在张掖规模较大的寺院有甘州的大佛寺、西来寺、灵隐寺,临泽的香古寺,高台的梧桐泉寺,肃南的文殊寺、马蹄寺,民乐的圆通寺、童子寺、圣天寺,山丹的大佛寺等。佛教信徒有4.4万多人。

(四) 佛教传说

佛教文化本身就是伴随着一系列的神话传说而发展的。在张掖民间,佛教传说更是渗透到了建筑、戏剧、雕塑、绘画、社火、民歌、传统节日以及丧葬等社会生活的各个方面。尤其是以《西游记》故事为题材的传说故事和建筑更是比比皆是,影响深远。《西游记》描写的是唐贞观三年(629),高僧玄奘由长安(今西安市)出发,经天水、兰州、河西走廊,过新疆,逾葱岭去印度,至贞观十九年(645),又经敦煌、酒泉、张掖、武威、兰州返回长安,历时17年取经的过程。书中有许多符合张掖风土人情和山川地理特点的文学描写:

一是高老庄。位于肃南县明花乡草沟井西五千米处。此庄是魏晋古城堡,现为县级文物保护单位。传说此庄就是《西游记》第18回"高老庄行者除魔"之地。猪八戒在高老庄招亲,将高太公女儿关入该庄后堂,与家人隔绝,强占三年。唐僧到此,由孙悟空降服八戒,收为同伴,陪唐僧西去取经。

二是流沙河。《西游记》第22回"八戒大战流沙河"对这里的风景作了描写:岸上有一碑,上刻"八百流沙界,三千弱水深;鹅毛飘不起,芦花定底沉"。唐僧一行渡河时,由观音菩萨命木叉行者协助收服水怪沙悟净,收为徒弟,因他行为举止酷似佛家风范,唐僧称他为"沙和尚"。流沙河即流经山丹、张掖、临泽、高台,注入漠北居延海的黑河或弱水。在临泽境内的黑河岸边,确曾有一块石碑,上书"弱水三千里,自古无人烟"。

三是通天河。流经临泽的黑河东岸,早年有块石碑,上刻"通天河"三个大字,下有两行小字,右为"径过八百里",左为"亘古少人行"。《西游记》描写唐僧一行抵达岸边时见河水汹涌,难以渡过。正在无奈之时,河中突然冒出一只大金龟,靠岸将唐僧师徒驮过了通天河。

四是火焰山。横亘高台县北部的合黎山,色呈土红,形如焰壑,植被稀疏,恰似《西游记》第59回"唐三藏路阻火焰山"中描述的火焰山。

五是牛魔王洞。今临泽县板桥镇的北山中有个洞窟叫"牛魔王洞"(民间传说与安西、新疆的牛魔王洞相通),传说就是《西游记》第60回"牛魔王罢战赴华筵"中描述的那个洞。原筑有庙宇,明万历年间整修,清乾隆年间续修,庙墙画有唐僧西天取经故事,庙内塑有如来佛像。

六是晾经台。唐僧取经东返途经张掖渡河时,由于河宽水大,浪高湍急,曾因忘记在如来佛前为金龟问及前程而遭其报复,将唐僧及经卷扔进河里,唐僧师徒捞出经卷晾晒,留下了两处"晾经台"。一处在今高台县境内,原名晾经台,后在台上建寺,名为"台子寺",高台县名由此而来,寺内楹联曰:"台虽不高,县名由此而定;寺本甚大,圣经赖以保存。"另一处在今临泽县板桥镇境内的阳台山(亦称羊台山)。

(五) 佛教雕塑与壁画

张掖的佛教雕塑主要有泥塑、砖雕和石雕几类。

1. 泥塑

泥塑以佛教寺院中最多。内容主要为佛祖、菩萨、金刚、力士。马蹄寺石窟群中的金塔寺内,四面开龛供佛,在龛和群像之间,满饰飞天和供养菩萨,都是泥彩塑,这些彩塑躯体结实丰满,表情生动自然,形态优美多姿。特别是彩塑飞天,前身、两腿飞舞的飘带,离开了龛壁,别具一格,栩栩如生。敦煌莫高窟保存有从高达 30 多米的大佛到十几厘米的影塑共 3 000 余身,均为彩塑。金塔寺内的彩塑飞天表现出了极大的想象力和创造性,具有极高的艺术价值。西夏建造的大佛寺殿内的木胎泥塑佛像长 34.5 米,肩宽 7.5 米,脚长 4 米,耳长 2 米,金妆彩绘,形态逼真,视之若醒,呼之则寐。堪称泥塑精品。卧佛身后的十大弟子,两侧廊房十八罗汉塑像,也是神态各异,栩栩如生。

2. 文殊寺石窟

窟内的泥塑生动反映了佛教传入张掖后佛教人物形象被汉化的过程,是研究佛教文化发展的珍贵资料。

3. 砖雕

张掖砖雕艺术历史悠久。早在汉代,砖雕艺术已经出现。至魏晋时开始流行。砖雕主要用于衙署、宫观、寺庙建筑装饰。豪门富户的门楣、屋脊、照壁、墙壁等,都用砖雕装饰。张掖砖雕在艺术手法上惯用浮雕、镂雕巧妙结合,浅雕、深雕交替运用,工艺精湛,造型优美,具有独特的艺术风格。建于西夏的大佛寺正殿殿门两侧的砖雕《登极乐天》和《祇园演法》堪称甘州砖雕艺术的代表。在仅两米见方的砖雕浮图《祇园演法》中,雕刻有演法的高僧,高居莲座的佛祖,两旁有执琵琶、箜篌、笙管、钹钵的乐仕,以及聆听佛法的观众共 48 人。分布在楼台、庭院的花草云树之间,布局恰当合理,手法娴熟巧妙,不仅景物错落有致,富有画意;而且人物各具神态,惟妙惟肖。

4. 石雕

张掖石雕大约始于北魏。当时,人们大量开窟造寺,内中佛像均为石雕。当地民间艺人将石雕刻的图案,装饰在一座座寺塔上。张掖大佛寺内山门基座上的明代石雕,可谓古代石雕精品。2007 年,由任积泉、张志纯、王国华、华光等人作内容设计,西安建筑科技大学成平等人作形象设计,福建省泉州豪翔石业有限公司雕刻的12根精美图腾柱矗立在了金张掖大道两侧,这些图腾既与《西游记》故事情节相符合,又与张掖境内自然、人文景观相吻合,使张掖《西游记》文化特色进一步展现。

5. 壁画

壁画多见于佛教石窟和寺院的墙壁上,是佛教用来宣传其教义和思想的重要手段之一。壁画是伴随着石窟的开凿和寺院的修建同时进行的。壁画以佛教造像、经传故事、佛本生故事等题材为主。如文殊寺千佛洞窟顶围绕中心柱四周彩绘伎乐飞天,扬手飞舞,如飘似降,线条流畅,形象优美生动;万佛洞四壁壁画从人物造型、构图布局、笔墨技法上都有很高的艺术成就,是壁画艺术珍品。大佛寺的《西游记》《山海经》故事壁画,构图杂而不乱,栩栩如生。

(六)著名佛教寺院

1. 大佛寺

大佛寺初建于西晋,原名"迦叶如来寺"。东晋隆安五年(401),沮渠蒙逊建北凉于张掖,迦叶如来寺居城南景门之内,坐北面南,是北凉国都的中心寺院。西夏崇宗永安元年(1098),西夏国师嵬咩(法名思能)等人在迦叶如来寺的废址中掘出古涅槃佛像,开始筹建一座更大的寺院,1103年,西夏国主乾顺为了替母亲梁太后祈求冥福,敕建"卧佛寺",一座全新的皇家寺院由此形成,坐东面西,主体建筑卧佛殿面阔9间,内塑庞大的释迦牟尼佛涅槃像,塑像身长35米,肩宽7.5米,头北脚南面西,按释迦牟尼涅槃时方向塑造。面容饱满慈祥,贴金肤色,着团龙红色佛衣,是中国最大的室内木胎泥塑卧佛。

卧佛寺在元代增加了十字寺内容,继续做皇家寺院。十字寺为景教寺院,根据《元史》记载,忽必烈的母亲别吉太后死后遗体被埋葬在这里,并建有庙祀。明洪武五年(1372),卧佛寺部分建筑遭兵燹。永乐六年(1408)置甘州左卫僧纲司于甘州卧佛寺,永乐九年(1411)重建,至永乐十七年(1419)告竣,成祖朱棣敕赐"弘仁寺"之名。弘仁寺包括前山门、牌楼、钟楼、东阳楼、西阳楼、金刚天王殿、卧佛殿、大乘殿、轮藏殿、弥陀千佛塔、后山门、内外圆殿、北庑、南庑及原迦叶如来寺遗存的建筑,仅东西中轴线上就有9座建筑,真正体现了"九五之尊"的皇家气魄。

明宣德二年(1427)，宣宗皇帝朱瞻基敕令对卧佛殿进行了全面维修，并御制碑记，特赐寺名为"宝觉"。正统六年(1441)五月，钦差镇守甘肃御马监兼尚宝监太监鲁安公王贵在金塔古台上督建万寿金塔宝殿，铸铜佛三尊供于殿中，置原有金塔宝殿，动员官民捐献宝贝2 000余件，连同地宫中挖出的500余件文物一并埋藏于殿下石函。明代成化十三年(1477)4月和万历十九年(1591)四月先后两次对残损的卧佛塑像进行修复，万历十八—二十二年(1590—1594)对弘仁寺进行了一次全面维修。

清代前期，弘仁寺内仍有僧纲司建置，康熙十七年(1678)，敕赐"宏仁寺"之名，但由于西北民族的统一和疆土的扩展，张掖不再是边陲要地，所以宏仁寺不像以前那样受到朝廷的重视，千年古刹已完成了在民族融合、经济文化交流和祖国统一的使命，开始走向衰落。康熙年间多次维修卧佛塑像，乾隆十年(1745)春季，经历了600多年风雨历程的卧佛殿倒塌，张掖信教群众募捐重修，改为两层重檐，至乾隆十二年(1747)竣工。清代后期，宏仁寺被分割成前后两部分，前部(西段)称弘仁寺，后部(东段)称大佛寺，也就是现存以卧佛殿为主的部分，大佛寺之称正式出现。民国后期，军队入驻大佛寺，寺院建筑和文物从此不断被破坏，寺院规模也逐渐缩小。

1962年12月20日，甘肃省人民委员会公布张掖大佛寺为省级文物保护单位，甘肃省文化厅随后派文物工作者对大佛寺藏经进行了清理登记，并采取保护措施。"文化大革命"期间，大佛寺先后经历了学校、公安局、剧团、体育委员会的建设利用。1970年曾在地下大范围开挖防空洞，寺院古建筑和文物遭受了极大破坏，原有建筑仅存大佛殿、藏经阁和土塔3座。1979年9月，甘肃省文化厅拨款维修大佛寺并对外开放参观。1985年后，张掖地区、张掖市政府拨款迁入古建筑7座。1990年代以后，由于国家领导人对大佛寺文物保护和建设发展的不断重视，中央财政共拨款1 605万元，对大佛殿十大弟子进行了扶正，修建文物库房1座、仿古建筑2座，并对大佛寺区域的基础设施进行了全面改造，大佛寺焕然一新。1996年11月，大佛寺被国务院公布为第四批全国重点文物保护单位。

2. 西来寺

西来寺位于甘州城区西南隅西来寺巷。据《甘州府志》记载，该寺始建于唐，明朝重建,名为"慈云精舍"。康熙三十年(1691),郎法·阿扎木苏(西土人)住寺修行,后抵京谒见康熙皇帝,赐名"普觉静修国师",颁赐敕书、银印及红字藏文经108并令其统管甘州南番汉僧。康熙五十一年(1712)将其精舍改为寺,建楼五楹,作藏经之用。康熙五十九年(1720)署理抚远大将军平郡王纳尔素赐金赐额,令喇嘛刘劳藏重修,命名为"西来寺"。当年9月兴工,至雍正十年(1732)三月落成。该寺占地3.8万平方米,原有规模宏阔,建筑结构精巧,布局恰当,主次分明。

3. 马蹄寺

马蹄寺是以马蹄石窟群为中心的佛教建筑群。地处张掖市以南62千米处的祁连山北麓,位于肃南县城东南165千米。马蹄藏族乡政府驻地海拔2 484米,石窟群平均海拔3 000米。附近有酥油口河与大都麻河流经。马蹄寺石窟群始建于十六国北凉时期,由千佛洞,金塔寺,马蹄南寺,马蹄北寺,上、中、下观音洞7个单元组成,尚存有文物遗迹洞窟37个,窟内保存有北凉、北魏、西魏、北周、隋、唐、西夏、元、明、清以来的珍贵塑像500余身,壁画1 200平方米,具有藏传佛教风格的元、明时期的舍利塔龛群规模较大,保存较好。马蹄寺石窟群的洞窟形制以中心柱窟为主。这种窟形是受印度石窟塔庙窟的影响而建造的,是经过西域石窟如新疆克孜尔石窟中心柱影响再传的产物。这种窟形也是河西地区十六国时期石窟的典型形式。

这种石窟形制对北魏乃至隋唐中国北方石窟的中心柱窟产生了深远影响,如敦煌莫高窟北朝中心柱窟、云冈石窟中心柱窟等是在河西石窟的影响下而开凿的。马蹄寺石窟群的北凉石窟是河西地区北凉石窟的重要组成部分,与其他的北凉石窟有非常相似的特点,形成了中国石窟艺术史上的"凉州模式",对北方地区尤其是北魏石窟产生了巨大影响。石窟群以十六国北凉早期洞窟最为典型。洞窟中的壁画内容丰富、形式多样,有《千佛》《十方佛》《释迦·多宝佛说法》《飞天》《供养菩萨》《一佛二菩萨说法》《供养人》《力士》《金刚》以及多种表现形式的装饰纹图案等。

在绘画艺术上如:千佛洞8号窟中心柱南面下层龛内北魏重绘的《释迦·多宝佛说法》,上方绘交脚弥勒、左右绘文殊、普贤二菩萨,二菩萨高髻宝冠,面形清俊秀丽,上身袒露,红色披巾于腹际交叉,下着裙,赤脚踏在莲台上,这种形象是典型的北魏孝文、宣武以来风行全国的"秀骨清像",已改变了十六国时期古朴雄健的风格。整幅绘画线条圆润流畅,色泽艳而不俗,用笔刚劲有力,一气呵成,堪称北魏壁画的上乘之作。在石窟开凿建造艺术上,该窟群部分洞窟的营建有着极高的艺术性、科学性和独特性。马蹄寺内为佛殿,外为回廊,藏佛殿内外开龛达49龛之多的藏佛殿(该窟进深33.5米,宽27.6米,保存有14尊元代藏传佛教萨迦派造像)和上下连续5层19龛室一组的"三十三天"(内壁用"之"字形甬道拾级而上)是其他石窟所不见的独特形式。

马蹄寺石窟群现有窟龛70余个,有文物的洞窟37个,保存有北凉至清代的塑像500余尊,壁画1 200平方米。由于年久失修,再加上人为破坏,使文物遭受到一定损失。但整个石窟群仍保存有大量的壁画、彩塑等珍贵文物,壁画内容丰富,有千佛、菩萨、说法图、飞天、装饰纹图案等,人物多采用刚劲有力的铁线描法,塑像采用雕塑艺术中的悬塑手法,既接受了影塑的传统形式,又富有创造性和健全的想象力,用高度的表现技术,丰富的造型经验,将佛、菩萨、力士、弟子、飞天等塑造得栩栩如生,在石窟艺术中独具特色。1996年11月20日,国务院公布其为第四批全国重点文物保护单位,并由甘肃省人民政府于1999年2月24日公布划定的保护范围。

4. 圆通寺

圆通寺,俗名南大寺,坐落在民乐县六坝镇城东南隅。据《甘州府志》记载:"圆通寺在六坝堡,宋徽宗敕建。"圆通寺塔是圆通寺内的主要建筑。该塔设计巧妙,造型奇特,施工精细,是甘肃独特优美的古塔之一。塔身坐东朝西,正面偏南30度,是一座砖包土藏传密宗金刚宝座塔,台基高20—40厘米。塔体四周约3.31米处有砖砌护栏。2001年,圆通寺塔被国务院公布为第五批全国重点文物保护单位。

5. 万寿寺

万寿寺又名木塔寺,位于甘州区中心广场西端。万寿寺原是一座规模宏大的寺院,有山门、殿堂、佛塔、藏经楼、僧舍等,现仅存建于中轴线上的木塔和藏经楼。寺与塔初建于北周,经隋、唐、明、清历代重修。唐僧玄奘西天取经归来,路经张掖,曾在万寿寺礼佛诵经。明朝时于明永乐十四年(1416)重修万寿寺,将15层木塔改为9层。明永乐十六年(1418),禅僧满震精工细作,又大修寺塔。

明宣德年间(1426—1435),镇守甘肃太监王贵曾疏请明宣宗颁赐"万寿寺"匾额,又赐藏经。清康熙二十六年(1687),甘肃提督孙思克首倡与士绅集资维修,使寺塔焕然一新。万寿寺自北周建立到清朝年间,经历朝历代改建、扩建和维修,逐步成为一处规模宏大的佛教寺院。

6. 木塔

木塔是万寿寺内的核心建筑。木塔建筑技巧集木工、铁工、画师技法于一体,制作精巧,至今已有1 000多年历史。木塔是张掖城内五行(金、木、水、火、土)塔之一。现存木塔重建于1926年,塔高32.8米,八面九级,每级八角,上有木刻龙头,口含宝珠,下挂风铃,主体为木质结构,外檐系阁式建造,塔身内壁是砖砌,各层都有门窗、楼板、回廊和塔心。并雕有花饰,门楣嵌砖雕匾额。第一层东为"登极乐天",西为"入三摩地"。第二层东为"西天正觉",西为"宝代金绳"等,整个塔没有一钉一铆,全靠斗拱、大梁、立柱,纵横交错,相互拉结,是完整而坚固的木质结构造型。附有楼梯,供人攀登。每层都有回廊、扶栏、可倚栏远眺,整座塔给人以高大、巍峨之感,体现了我国独特的楼阁建筑艺术特点。最上层原有古钟一口,叩之,钟声隐约若在天际,四野皆闻。"木塔疏钟",曾是甘州八景之一,可谓:"塔势凌霄汉,钟声叩白云。"

(七)主要佛教民俗活动

1. 山丹四月四庙会

农历四月初四大佛寺庙会是山丹大佛寺重大佛事活动,上千年来,广大善男信女从四面八方来到大佛寺诵经拜佛、烧香祈福。据传,四月初四是文殊菩萨诞生日,文殊是释迦牟尼弟子,因得道较早,在协助释迦牟尼佛弘扬佛法中贡献突出,故被称为众菩萨之首。山丹大佛寺始建于421年,明代重新修缮,后被毁,1990年代重建,目前是国内第一大室内坐佛。每逢四月初四大佛寺举行盛大庙会经商做买卖、搭台唱戏、马戏杂耍各色人物纷纷前来参加,祈求吉瑞祥兆,幸福安康。千百年来,四月四大佛寺庙会活动延续至今。

2. 圣天寺庙会

圣天寺庙会是民乐县以民间信仰为主要内容的民间群众性活动和民间文化活动。圣天寺香火旺盛,庙会场面宏大,佛事内容众多。香客们祭拜佛,祈福禳灾、求子嗣、祛病痛、求吉祥平安。整个庙会仪式庄严隆重,洋溢着一片吉祥喜庆的气氛,全场人潮汹涌、热闹非凡。圣天寺位于民乐县城西北约一千米处,现为我国规模较大的尼姑寺,又称尼众院。始建于明永乐年间。清同治四年(1865)为白彦虎部焚毁。光绪三十年(1904),洪水千总孙兰协同地方人士募资,重修大佛殿、三教楼、正门戏楼及四大天王、眼光菩萨各殿,殿右筑白塔,高19米。现存有天王殿、大雄宝殿、观音殿和大悲楼。

自明永乐年建寺以来,圣天寺作为佛教圣地,尤其以尼姑为主的佛教圣地,历经四个朝代,几百年间,每年佛事活动和庙会活动,从不间断,可谓历史悠久。在这期间,寺庙存在毁而又建的过程,但庙会活动还是一直流传下来。圣天寺庙会每年农历腊月初八、二月十九、四月初八、六月十九、七月十五、九月十九和十一月十七举办7次,因四月初八为释迦牟尼佛诞辰日,有"浴佛"之内容,所以四月八庙会最为盛大。

五、戏曲文化

戏曲是中国传统的戏剧形式,是由文学、音乐、舞蹈、美术、武术、杂技及各种表演艺术因素综合而成的,具有综合性、虚拟性、程序性的艺术。中国戏曲源远流长,先秦时戏曲开始萌芽,到了唐代戏曲逐步形成,宋金时戏曲进一步发展,元代时进入戏曲的成熟期。明清两代至民国时期,戏曲走向全面繁荣。

(一)张掖戏曲的形成与发展

从考古资料来看,由于受西域文化的影响,两汉时期张掖的音乐舞蹈文化就已盛行。五凉时期音乐舞蹈艺术的繁荣给隋唐时期文化的发展以极大影响。唐代时在西凉乐、婆罗门曲基础上改编而成的《霓裳羽衣舞》已具备一些戏剧雏形。元代时流行的杂剧对张掖戏曲的形成与发展影响很大,如元代肖德祥所做杂剧《杀狗劝夫》、狄君厚所作杂剧《介子推》等都在张掖得到改编。这些改编的演出本,至今还保存在张掖一些剧团的手抄本和老艺人的口传中。其中《杀狗劝夫》被改编成今天的《杀狗劝妻》。《介子推》已易名为《重耳逃国》。

明清和民国时期是张掖戏曲的全面繁荣时期。戏曲班社众多、戏曲创作繁荣、戏曲舞台林立、戏曲交流不断、戏曲演出频繁是这一时期戏曲发展的特点。这一时期戏曲品种主要有秦腔、皮影、木偶、眉户、地蹦子等。其中影响最大的是秦腔。

中华人民共和国成立后,张掖的戏曲活动在不少领域仍取得了重要成绩。但就其影响力而言,秦腔仍居首位。

(二) 张掖秦腔

秦腔在张掖的发展历史可谓源远流长。根据《中国戏曲音乐集成·甘肃卷》记载,自明代万历(1573—1620)抄本《钵中莲》传奇中使用〔西秦腔二番〕,清代乾隆年间《搬场拐妻》一戏使用〔西秦腔〕曲调之后,在清乾隆、道光及清末等诸多著作中都有关于西秦腔的记述。记述表明,西秦腔是一种源于甘肃的腔调,以胡琴、月琴伴奏,又称琴腔、甘肃调,也因西秦腔原出于甘肃皮影,又称为西皮调、甘肃腔等。

张掖秦腔所演剧目众多。从现有史料看,自清乾隆初期至今,市内民间班社、专业文艺团体演出各类秦腔剧目有 300 多个。这些剧目从总体上以反映历史事件的悲剧、正剧居多,表现民间生活、婚姻爱情的剧目又占有一定比例。历史剧多取材于《列国》《三国》《杨家将》《说岳》等英雄传奇或悲剧故事。其他题材还有神话、民间故事和各种公案戏等。

1949 年后,张掖演出的秦腔在基本遵循陕西路子的同时又以新的思想观念十分注意内容和形式的改革创新。尤其在续演优秀传统剧目的同时,又创作出大量的新编历史剧和现代戏,促使古老的秦腔艺术更加贴近现实并服务于现实。其中以《西域情》《思补情》等影响较大。

张掖秦腔唱腔包括"板路"和"彩腔"两部分,每部分均有欢音和苦音之分。苦音腔最能代表秦腔特色,深沉哀婉、慷慨激昂,适合表现悲愤、怀念、凄哀的感情;欢音腔欢乐、明快、刚健、有力,擅长表现喜悦、欢快、爽朗的感情。

张掖秦腔曲牌分弦乐、唢呐、海笛、笙管、昆曲、套曲六类,主要为弦乐和唢呐曲牌。秦腔的音乐伴奏,俗称四大件,以板胡为主奏,人称秦腔之"胆"。秦腔所用弦乐,笙管唢呐的传统曲牌共有 200 多种。秦腔打击乐乐谱,大致可分为三类:一是配合角色各种动作;二是结合剧情接引各种唱板和各种曲牌;三是用于各种开场(打击乐套曲)等。各类打击乐,丰富多彩,名目繁多。

张掖秦腔所用的乐器,文场有二弦子、板胡、二胡、笛子、三弦、瑟瑟、扬琴等;音乐除笛子外,还有唢呐、海笛、管子、大号(喇叭)等;武场乐器有暴鼓、干鼓、堂鼓、勾锣、小锣、铙钹、铰子(小于铙钹、大于京镲,两片为一副铜制打击乐器)、云锣、碰铃等；主要击节乐器有梆子、牙子（板的俗称，又叫三页瓦）。1951年后，秦腔除以本剧种长期演奏用的乐器为基础外，还吸收了其他一些民族乐器和西洋乐器，以丰富其音乐的表现力。

张掖秦腔角色分老生、须生、小生、幼生、老旦、正旦、小旦、花旦、武旦、媒旦、大净、毛净、丑等十三门。秦腔的表演朴实、粗犷、细腻、深刻，以情动人，富有夸张性。

张掖秦腔的脸谱讲究庄重、大方、干净、生动和美观，颜色以三原色为主，间色为副，平涂为主，烘托为副，所以极少用过渡色，在显示人物性格上，表现为红忠、黑直、粉奸、神奇的特点，格调主要表现为线条粗犷，笔调豪放，着色鲜明，对比强烈，浓眉大眼，图案壮丽，寓意明朗，性格突出，格调"火暴"，和音乐、表演风格一致。

（三）张掖戏曲演出活动和演出场所

秦腔的演出活动是和张掖民间节日习俗息息相关的。1912年以前，庙会非常盛行，通常是"有庙就有戏台"。而寺庙乐戏楼又是戏曲班社演出活动的主要场所。当时庙会戏名目繁多，有季节性的，也有娱乐性的，由月月有庙会到一月内同时有几处庙会。如二月二的龙王庙会；三月三的蟠桃会；三月十八的圣母会；四月八的仙姑庙会；五月十五的关帝庙会；六月六的中山会；七月七的鹊桥会；八月十五的中秋会；九月九的重阳会；十月初十的财神会；十一月的皇庙会；十二月的观音堂会；更为热闹的是春节年会和正月十五的元宵灯会等。庙会一般都在3—15天。庙会为戏剧演出提供了场所，唱戏吸引香客、商贾、游人。庙会和戏班的增多，既活跃了城乡商品交易，又促进了秦腔戏曲在张掖地区的发展。张掖现存的秦腔表演团体、秦腔品种与表演特技有下列几个。

一是张掖市七一剧团。张掖市七一剧团目前为甘肃河西走廊唯一一个专业戏曲院团，其前身为张掖市七一秦腔剧团，原系中国人民解放军一野三军文工团二队，1949年随解放大军来到河西，1952年集体转业到酒泉地区，1953年经甘肃省人民政府批准定名为酒泉专区七一秦腔剧团，1956年河西三专区合并后迁到张掖至今。七一剧团是在全省和西北地区都有一定影响的专业戏曲表演团体。50多年来，七一剧团创作演出的《秦香莲》《守江阴》《说书阵地》《白衣姐妹》《思补情》《西域情》《黄土情》《桃花红》等一大批剧目，在全省、西北5省（份）及全国的汇演、调演中多次获大奖。并出色地完成了赴朝慰问志愿军将士的演出。同时还代表甘肃省赴新疆调粮慰问新疆各族群众；1959年赴甘南慰问平叛部队；参加第四届中国艺术节演出；应文化部邀请进京演出；参加中央电视台面向全国直播的演出活动。

二是民乐皮影戏班。皮影戏俗称灯影戏，源于1500年前的中国古都长安，盛行于唐宋。皮影戏是最早的影像艺术，是电影的开山鼻祖，是中国最古老的戏剧形式之一，被公认为世界文化的活化石。民间称其为"牛皮灯影子"。早在清代初期，皮影戏就传入民乐，历经清代、民国，到中华人民共和国成立一直流传至今。

三是邵家班子杖头木偶戏班。据相关史料记载，根植于甘州区党寨镇上寨村邵家班子的杖头木偶，是明代由陕西传入，至清代以后，进入全盛时期，不仅流传范围广，而且演出的剧目和戏班也逐渐增多，古称"托偶"或者"托戏"，俗称"三根棒"或是"三根棍"，张掖民间也称作"肘娃娃"或"肘偶"。

四是秦腔獠牙特技表演。秦腔獠牙特技表演流传地区为高台县西北与金塔、内蒙古接壤处。高台秦腔的身段和特技主要有獠牙、趟马、拉架子、吐火、吹火、喷火等，其中尤以沙湾堡剧团武兴昌表演的獠牙特技最为著名。有史料可考，高台秦腔獠牙特技表演在清代已应用于舞台表演。高台秦腔獠牙特技表演时，道具主要是两颗猪獠牙，表演者口含两颗猪獠牙，时而快速弹吐，时而倒刺进鼻孔，时而上下左右翕动，同时唱、念、做、打一发并举。它具有民间习俗的依存性、独特性、地域性特征。

六、宝卷文化

河西宝卷主要流传于甘肃省河西走廊一带，是我国至今仍有讲唱活动的少数地区之一。河西宝卷是在唐代敦煌变文、俗讲以及宋代谈经的基础上发展而成的一种民间吟唱的俗文学。变文、俗讲和说经主要吸收和沿袭了敦煌佛经的结构，而宝卷则在继承的同时将之进一步民族化、地方化和民间化，使其成为中国民间讲唱文学的一种形式。河西宝卷成熟、盛行于明、清至民国时期，"文化大革命"期间渐趋沉寂，开始走向式微。当变文在宋初被皇家明令禁止之后，寺院里再也不能讲故事了，于是和尚们便在瓦舍中寻找讲场。这时有所谓"说经""说译经""说参请"等,都是佛门子弟所为。再进一步的发展,就是"宝卷"。河西宝卷有佛道教故事类、历史故事类、神话传说类、寓言类等4种类型。

张掖宝卷是河西宝卷的重要组成部分。这些宝卷从不同侧面反映了长期以来普通群众的道德观念、生活态度、审美情趣、价值取向等精神生活的各个方面。其思想内容主要是这样几个方面:尊老敬老,百行孝为先。孝是儒家伦理道德思想的核心内容。清正廉洁,除暴安良,渴望社会公平正义。宣扬婚姻自由,称颂忠贞不渝的爱情。

(一) 张掖宝卷代表作

张掖流传的宝卷中最具价值的是产生于临泽民间的《敕封平天仙姑宝卷》。这部卷本由19个相互联系又相对独立的故事情节构成,叙述了自汉武帝元狩二年(公元前121年)至明崇祯九年(1636)一位临泽姑娘由凡人成为道教仙人的过程。由于仙姑这一从张掖土生土长的神仙的所作所为,寄托了普通百姓对美好生活的向往,对丑恶行为的鞭笞。宝卷中反映的在张掖发生的重大历史事件与史书记载基本一致。因此,《敕封平天仙姑宝卷》又是一部反映自西汉至明末张掖历史的史诗,它对研究张掖古代史具有重要参考价值。

(二) 宝卷的传播方式

宝卷作为一种平民文化,主要依靠文字传抄和口口相传的形式在民间传播。

1. 手抄传播

手抄传播是宝卷传播并得以保存下来的重要方式之一。在张掖的广大农村,由于受佛教功德说影响,人们把抄、送、藏宝卷当成积功行德的自觉行动。农村群众普遍把手抄传播宝卷当成立言、立德、立品的标准,认为"家藏一宝卷,百事无禁忌"。有人认为"家藏一部卷,平安又吉祥"。于是把家藏宝卷视为镇宅之宝,进行"避邪驱妖"。有些人家还把宝卷贡在上房里,当作神圣之物来对待。

2. 口头传播

口头传播是宝卷传播的另外一种重要形式。念卷既有民间说书的特征,又有戏曲和宗教诵经的印痕。由于宝卷的传播方式与念唱人员的文化素养和艺术天赋密切相关,在长期的传播过程中,一些念唱艺人通过其叙述和咏诵复杂的故事情节、绘声绘色的场景描述、抑扬顿挫的韵文道白、激情婉转的曲调演唱,使得宝卷的文化品位得到提高,艺术效果不断增强。

七、音乐歌舞文化

（一）音乐

由于张掖南枕祁连山,北与内蒙古自治区邻接,西与古西域相通。长期以来,有30多个民族在这里相互融合,休养生息。其丰富多彩的文化在融合中相互吸收,形成了独具特色的音乐文化。成为名副其实的乐舞之都。张掖民间音乐形式多样,有戏曲音乐、说唱音乐、民间器乐和民歌音乐等不同形式。戏曲音乐有秦腔、眉户等；说唱音乐有念卷等；民间器乐有宗教音乐、鼓吹音乐、唢呐音乐、小场子音乐以及腰鼓、霸王鞭、社火打击乐等；民歌音乐有山歌、小调、劳动号子及民俗歌曲等。张掖常见的民族管乐器有笛、箫、唢呐等；弦乐器有板胡、二胡、高胡、中胡、京胡等；弹拨乐器有三弦、琵琶、扬琴等；打击乐器有鼓、铍、锣、磬、木鱼、梆、牙子等。

张掖民间音乐发展的高峰始于五凉("五凉"是指十六国时期以"凉"为国号的5个政权,即由汉族人张轨所建的前凉、由氐人吕氏所建的后凉、由鲜卑秃发氏所建的南凉、由汉族李氏所建的西凉、由匈奴沮渠氏所建立的北凉),其重大成就对隋唐音乐乃至整个中国音乐的形成和发展影响深远。张掖音乐的代表作有西凉乐、甘州曲、霓裳羽衣曲等。

1. 甘州曲(唐代教坊曲)

教坊是古代管理宫廷音乐的官署。专管雅乐以外的音乐、歌唱、舞蹈、百戏的教习、排练、演出等事务。唐高祖时(618—626)设置。宋元亦有教坊,明设置教坊司,清雍正时废。教坊曲就是在教坊中用来培养梨园弟子的基本曲目。在唐《教坊记》中所记的46支大曲中,就有《甘州》。自唐宋以来,这一音乐在其发展过程中,自甘州曲牌下又演绎出多种小曲,如《甘州歌》《甘州破》《甘州遍》《八声甘州》《甘州乐》等。这些小曲因其使用的环境、地域、范围和作者等因素的不同而呈现出各自特色。《八声甘州》是《甘州》曲中的一篇,属慢词。析出后因全词上下共八韵,所以被称作《八声甘州》。《八声甘州》以宋代柳永的《潇潇雨》最为著名,此后《八声甘州》又名《潇潇雨》。

2. 霓裳羽衣曲

据史书记载,后凉的统治者吕光在灭龟兹后带回了大批龟兹乐舞艺术及大批乐舞伎的同时,还带回了龟兹国的佛教高僧鸠摩罗什。鸠摩罗什在河西传播佛教教义时也将印度的佛教音乐、龟兹乐及河西的汉族音乐融合，创造出了适合汉族僧人欣赏习惯的新的佛教音乐。《霓裳羽衣曲》描写的是仙乐飘飘、舞姿婆娑的情景，全曲 36 段，表现了中国道教的神仙故事。《霓裳羽衣曲》在唐宫廷中备受青睐，唐代宫廷乐舞在盛唐时期的音乐舞蹈中占有重要地位。唐玄宗亲自教梨园弟子演奏，由宫女歌唱，用女艺人 30 人，每次 10 人。全曲共 36 段，全曲分散序（六段）、中序（十八段）和曲破（十二段）三部分。

(二) 舞蹈

自西汉开始，中外多民族的经济文化交流大大丰富了张掖的民间舞蹈艺术形式和内容，以社火为主的舞蹈开始盛行，到五凉时已经出现了高雅的甘州乐舞。至唐宋后，民间舞蹈逐渐发展成熟，形成以"社火"表演为基本形式的综合性舞蹈艺术表演。

明清以后，社火表演中的各种舞蹈形式、表演形式、服装道具、人物造型、舞蹈编排与程式、基本伴奏乐器等都相对固定，并主要是在大型庆典和春节期间表演。张掖舞蹈的代表是狮子舞、霓裳羽衣舞和胡腾舞。

1. 霓裳羽衣舞

霓裳羽衣舞是由《西凉伎》演变而成。《西凉伎》是古代西域音乐、歌舞进入玉门关后，在河西走廊长期流传并吸收部分汉族文化而定型的一个极富地域特色的文化品类，其内容包括音乐、舞蹈、杂技等。到了中唐时期，它又成了元稹、白居易"新乐府"诗歌中"即事名篇"的诗题。它在我国文化艺术史上尤其是在汉魏十六国和隋唐五代时期，曾产生过广泛而深刻的影响。从现存的文献史料及敦煌壁画、酒泉丁家闸魏晋墓和高台骆驼城砖画证明，《西凉伎》不仅在河西走廊的民间广泛流传，而且曾被隋唐两朝钦定为朝廷清乐之一。

2. 胡旋舞

胡旋舞或称胡腾舞，是西北少数民族著名舞蹈。张掖地处西域与中原交汇之地，在与少数民族长期交往过程中，对这一舞蹈形式进行提炼加工，使其舞姿更加优美、更加大众化。因此，这一优美舞蹈一直被传承下来。目前，山丹县民间仍然流行这种舞蹈。

(三) 民歌

民歌是民间文学的一种。它是劳动人民的诗歌创作，一般是口头创作、口头流传,并在流传过程中不断经过集体加工。在张掖音乐文化发展的历史上,说唱艺术、诗歌、戏剧、舞蹈等是互相影响、互相丰富的。其中民歌最早形成,在其他传统音乐体裁的形成和发展上,民歌起着积极作用,许多歌舞、曲艺、戏曲和民族器乐的品种是直接或间接在民歌基础上发展起来的。如社火、秦腔、眉户、甘州曲等均由民间歌曲发展移植或改编而来。民歌对文人音乐、宫廷音乐、宗教音乐也有积极影响。历史上,民歌曾哺育过无数文人、音乐家和职业艺人,今天仍是作曲家不可缺少的养料。

张掖民歌(这里主要指汉族民歌)的类型、数量众多(已经整理出版的有300多首),内容丰富,加之有深厚的歌舞音乐渊源,使不同县区民歌风格各异。汉族民歌多以鞭挞财主的残酷剥削,歌颂劳动人民纯真的爱情,以及对悭吝人的诙谐讽刺等为主。民歌语言朴实通俗,叙事生动传神,曲调悠扬、简洁、流畅,容易上口,便于演唱。如形成于汉朝的曲调《杨柳青》、形成于唐朝的《落莲花》至今仍然在民间演唱;山丹东乐乡的《太平车调》由戏剧《西厢记》的一部分改编而来,配以地方民歌音乐,成为戏剧与社火的结合体,地方特点鲜明。张掖民歌的歌词大多为7字句和5字句,也有9字句的二句段、三句段、四句段。歌曲除常见的单段式外,还有大量的套曲,如《五更》《十绣》《十里亭》《十盏灯》《十二月花》等。张掖民歌最具代表性有以下几类。

1. 打夯号子

打夯号子是工程号子的一种。打夯、打桩等,是建筑上的重要工作,它的劳动强度大,协作性要求高,劳动配合严密。因此,打夯号子的劳动律动性强,节奏鲜明、强烈,动作较简单。它的主要作用是统一劳动的节奏和集中劳动者的精力,同时也能起到一定的娱乐作用。打夯号子的词多为即兴编唱,一般是与当时的劳动有关。根据打夯的速度可分快速、中速、慢速等。打夯号子一般由一个人领喊,其他人应和,如领喊"一二"齐合"三",领喊"嗨,呀嗨",齐合"嗨"。

2. 劳动号子

劳动号子是产生并应用于劳动的民间歌曲,具有协调与指挥劳动的实际功用。在劳动过程中,尤其是集体协作性较强的劳动,为了统一步伐,调节呼吸,释放身体负重的压力,劳动者常常发出吆喝或呼号。这些吆喝、呼号声逐渐被劳动人民美化,发展为歌曲的形式。

3. 生活歌

生活歌一般是反映人民日常劳动生活和家庭生活状况的歌谣。在旧中国，普通劳动人民生活水平极其低下，常常是"种田的，吃谷糠。当奶妈的卖儿郎，淘金老汉穷得慌"。有些民歌正反映了广大劳动人民对这种状况的不满，如：

打 庄 墙

太阳(那个)出来满山红　打墙的墙匠上了工
早上那就吃了顿䬺子饭　提起了杵头腿发战
掌柜的他在墙下站　墙板不停住上翻
油面(的个)卷子犁刀面　打下的庄墙实好看
青稞面的馍馍冷青茶　吃得肚子里一疙瘩
一疙的瘩来难消化　打下的庄子是一堆花
一堆(那个)花来一堆花　风吹雨淋就倒塌
一哟嗨嗨哎　哎咳哎咳哟　哎咳　哟嗨哎咳伊子哟
一哟嗨嗨哎　哎咳哎咳哟　哎咳　哟嗨哎咳伊子哟

4. 情歌

情歌在张掖民歌中占比很大，其艺术水准往往也较高。它们词曲并茂，表达出劳动人民真挚感人的爱情。情歌大致分为以下几类：倾诉互相爱恋之情和表明选择爱人标准的；抒发离别、想念之情的；表达誓不分离的坚贞爱情的。如《冻冰》就含蓄地表达了男女之间的思念之情。

冻 冰

正 月 里 的 冻 冰 二 月 里 消
三 月 里 的 桃 花 满 山 红
五 月 里 的 沙 枣 花 儿 喷 鼻 儿 香
七 月 里 的 葡 萄 搭 上 了 架
九 月 里 的 麦 子 拉 成 了 垛
十一月 里 的 沟 水 冻 成 了 冰

二月里的 鱼娃 水面上 飘

5. 酒歌

酒歌是张掖民间喜庆饮酒时所唱的喝酒助兴的风俗性歌曲,也称酒曲或酒席歌。张掖酒歌的形式多样,内容诙谐有趣,有《敲杆子》《数麻雀》《飞凤凰》《数螃蟹》《尕老汉》《比灯笼》等。酒歌可一边唱一边表演,也有边唱边表演边猜拳的。如:

尕 老 汉

一个尕老汉么吆吆,七十七里么吆吆,
再加四岁么呀油子吆,八十一呀么吆吆;
怀揣琵琶么吆吆,口吹箫里么吆吆,
这么样子弹里么呀油子吆,那么样子吹里么吆吆。

6. 小调

小调又叫小曲、时调、俗曲等。小调常常是在劳动的余暇和风俗性的节日、集会时演唱。演唱者不仅有一般的群众歌手,还有职业的和半职业的艺人。小调的形式规整匀称,旋律性强,易于流传。从流传的社会阶层来看,农村中的男女老幼,即使是不从事野外和农田劳动的人,不会唱号子和山歌,却都会唱几首小调。在城镇,小调也广泛流传于市民、手工业者、商人和文人阶层中。在张掖各县(区)普遍流行的小调如《送情郎》《杨柳青》等,尽管在内容、曲调上没有大的差异,但由于受地理环境等因素影响,在表现式上又有许多"小异"。因此,在现实中就出现了"高台小调""临泽小调""甘州小调"等。小调所歌唱的题材十分广泛,城市社会不同阶层的婚姻情爱、离愁别绪、风土民俗、世态人情、娱乐游玩以至自然常识、历史故事、民间传说等几乎无所不包。由此也就有了遍布全市的《割韭菜》《光棍哭妻》《小寡妇上坟》等曲目。

7. 甘州小调

产生于祁连山下、丝路古道的甘州小调是流传于张掖一带具有悠久历史的说唱艺术,是甘肃省省级非遗项目之一。甘州小调是深受当地群众喜闻乐见的音乐演唱形式,演唱时通常由乐队伴奏,多人演唱,可以走乡串村、沿街就地演唱,也可以由一人弹唱。特点是语言朴素、诙谐、滑稽、易于上口,富有乡土气息。千百年来,古老而悠长的甘州小调成为这方水土广大劳动人民在长期认识自然、改造自然的过程中所创作并传播的雅俗共赏的民间艺术形式,深深根植于人民群众之中,具有浓厚的地域特点和民族特色,是一笔珍贵的文化财富。

源于生活,服务于生活,是甘州小调历久弥新、传承绵延不绝的主要原因。甘州小调曲调朴实优美,曲目内容丰富,具有高亢流畅、婉转悠扬的特点,且题材广泛,歌调众多,大致分为"花儿"(少年)、小曲小调、打夯号子、秧歌社火曲、酒歌等。小曲小调在甘州民歌中的分量最重,曲调也最多,具有浓厚的乡土气息,说的是乡土话,道的是人间情,反映了广大劳动人民对美好生活的向往和追求,也最深受群众的喜爱,是历代人民生活的真实写照。

在众多曲目中,既有反映爱情故事的《五哥放羊》《织手巾》《绣鸳鸯》,也有反映幸福生活的《采花》《对花》等。《传家宝十大劝》《劝化人心》《小姑贤》等曲目渗透着中华优秀传统文化中的贤孝观念。一人领号,众人和号,曲调明快有力,节奏感强的《夯歌》《杵歌》等号子展现了甘州小调粗犷豪迈、坚定有力的特点。社火曲子,有的是在闹社火时领头的人唱的,曲调比较单一,但歌词内容丰富,除了即兴编唱一些祝福性的吉祥话之外,还有一些反映生产、生活方面的内容。如为活跃气氛编唱的《绞儿》等,自问自答,诙谐有趣,富有深刻的哲理,给人以启迪和教益;社火中小场子的曲子,则根据不同节目内容进行演唱。

甘州小调可以独唱、对唱,也可以合唱。不仅在劳动时唱,闲暇时也唱。甘州小调曲调数目繁多,流传至今的有《苦柳青》《甜柳青》《八谱儿》《山坡羊》《大红袍》《纱帽翅》等40余曲。同一曲名在不同地方唱法也不尽相同,即便是同一地方,不同的艺人唱法也有所不同。流传在甘州民间的还有一些比较有影响的京腔调,如《海水潮》《菠菜根》《满天星》《山坡羊》等,都印证了甘州小调的多元化和艺术价值。甘州小调演唱时大多为清唱,按照演唱者掌握音的高低、速度的快慢、节奏的强弱来现场演唱。有时也会有伴奏,乐器一般采用板胡、二胡、笛子、三弦,有时还加上锣、鼓、镲、梆子、木鱼等打击乐器。

如今,国家及各级政府已加大了对包括民歌小调在内的非遗的保护力度,对甘州小调等一大批非遗项目进行了挖掘和保护。但是,娱乐方式的多样化,甘州小调的演唱区域、规模在变小,参与的人员也越来越少,特别是目前年纪大一些的演唱者由于身体等状况无法演唱,有的对过去演唱过的曲子无法回忆,导致一些曾经很有代表性的曲子也随之失传,加上年轻人对这一传统的民间艺术缺乏了解,会唱的人更少。因此,通过系统研究甘州小调,收集、拯救、保护、宣传、研究、利用甘州小调,将为更深入地研究甘州小调提供翔实的资料,在拯救民歌小调方面具有一定的现实意义。

八、饮食文化

(一) 炒拨拉

这是张掖山丹最具特色的地方美食,也是河西走廊最富悠久历史的特色小吃。相传与西汉名将霍去病有关,是把牛杂、羊杂等放在铁鏊子上炒制而成。炒的时候加入葱花、蒜苗、辣椒等调料,用猛火爆炒,即熟即食。吃的时候一边吃一边拨拉,热热乎乎的,再配上几口米酒,别有一番风味。

(二) 西北大菜

又称"香饭",是张掖市筵席的主菜。民间有"唱戏凭的腔,筵席看香饭"的说法。它的制作精细,用猪肝、肺、心剁碎加精制豆粉与水调和,搓成条后油炸,再将五花猪肉切片摆放碗中,加入"卷杆子"蒸熟后扣于盘中,配上煎成絮状的鸡蛋、蔬菜等,最后浇汁使其亮泽。

(三) 搓鱼子

张掖特有的经典面食,因形状酷似小鱼而得名。地道的搓鱼子要求面要筋道柔滑、大小长短均匀,配菜要五彩均备,调料要齐全、香味四溢。

(四) 卷子鸡

以张掖土鸡配面卷炖制而成。鸡肉鲜嫩,面卷筋道爽滑,泡在汤汁里十分入味,具有酱香浓郁的特点,是张掖的特色美食之一。

(五) 卤肉炒炮

也叫"炒炮仗子",是一种地方特色面食。把面搓成筷子粗的圆面条,揪寸段于开水中煮熟捞出,与蔬菜相伴炒熟,再加卤肉即可。因寸段面条形似鞭炮,所以叫"炒炮"。

(六) 胡辣羊蹄

味辣,是张掖特色美食中比较吸引人的一种。羊蹄色泽红亮,大盆里层层叠叠,香气诱人。吃起来辣而不燥,软糯可口。

(七)臊面

张掖市民的传统早餐,面条"薄、亮、筋",汤以牛骨熬制,加入胡椒粉、姜粉等调味,再加入适量水淀粉,使汤达到一定的色度和浓度。浇上勾了芡的汤汁,加上葱花、香菜等,色、香、味俱全。

(八)鱼儿粉

用精细的蚕豆淀粉制成,形似一条条白色小鱼。配上调料、芹菜,酸酸辣辣,在炎热的夏天吃起来消暑又解腻。

(九)牛肉小饭

虽叫"饭",但实则是将面切成米饭粒大小的面块。汤以牛骨熬制,加入胡椒粉、姜粉等调味,再加入粉皮、豆腐片等,撒上葱花,香味扑鼻。

(十)酿皮子

以面粉为主要原料,经过揉搓、发酵、蒸煮等环节制作而成。有擀面皮和手抓面皮两种类型,口感略有差异。其酱汁是灵魂,搭配筋道的面皮,深受当地人民喜爱。

九、祖传家训

(一)廉正方面

(1)强调为官或做人要清正廉洁,不可妄取于民。比如,子孙若有出仕者,当以报国为务,抚恤下民,不能从老百姓手中搜刮钱财。若有因贪污受贿而获坏名声的子孙,活着时从家谱图册上削去其名,死后不许入祠堂。

(2)倡导崇俭尚廉,反对奢侈浪费。如应领受的俸禄及饷银不可侵占,不可随便添置衣服、乱花一文钱。

(二)仁爱方面

(1)"爱人者人恒爱之,敬人者人恒敬之"。倡导以仁存心、以礼存心,用爱和尊敬去对待他人。

(2)"喜人有福,患人有祸"。要有为他人的幸福而高兴、为他人的灾祸而担忧的胸怀。

(3)"一言一动,皆思益人"。与人交往时,一言一行都要考虑有益于他人,而不能损害别人。

(4)"和睦之道,强不欺弱"。主张人与人之间相处要和睦,强大的人不能欺凌弱小的人。

(三) 教育和个人修养方面

(1) 鼓励子孙后代勤奋学习、自我提升,以获取安身立命的本领和为社会做贡献的能力。

(2) 强调自我反省。遇到问题先从自身找原因,不断改进自己。例如,若他人对自己蛮横无理,要先反躬自问是否做到了仁、礼、忠。

(四) 家庭和家族观念方面

(1) 重视家庭团结和家族延续。倡导家庭成员之间相互关爱、相互扶持。

(2) 教导子孙要珍惜家族荣誉。维护家族的良好声誉,为家族增光添彩。

十、农业景观

(一) 制种玉米田景观

张掖市甘州区是玉米制种生产的"黄金"区域,制种面积稳定在 400 平方千米左右。盛夏时节,大片绿油油的制种玉米阡陌纵横,从空中俯瞰,仿佛给田野铺上了一层绿色"巨毯",是一幅充满生机的田园风光画。而且,这里年产玉米种子 3 亿多千克,占全国大田玉米用种量的 40% 以上,是全国制种面积最大的制种基地。

(二) 油菜花景观

在张掖市民乐县扁都口景区,每年 7—9 月,6 670 万平方米油菜花竞相绽放。由于地形高低起伏,油菜花也随之高低错落,金黄的花海与碧绿的大麦田交织镶嵌,与山顶的云层相呼应,宛如世外桃源。金黄色的油菜花在蓝天白云的映衬下,构成了壮丽景观,吸引大量游客前来观赏。

(三) 稻田景观

甘州区乌江镇的新河田园综合体稻田景观区,占地面积 80 万平方米。这里的稻画以"丝路水乡·稻画田园"为主题,通过彩色水稻的种植组成丝路驼铃、农耕文化、塞外水乡等巨型画作,呈现出鱼稻共生的田园风光和自然生态美景。游客不仅可以欣赏到美丽的稻田景色,还能了解到稻渔综合种养的生态农业模式。

(四) 马铃薯田景观

山丹县的马铃薯产业发展良好,播种面积大。到了收获季节,田间一个个外观饱满、色泽金黄、个头匀称的土豆不断从地里翻滚而出,村民们忙碌劳作的身影与大片马铃薯田共同构成了独特的丰收景象。此外,在甘州区党寨镇等地,马铃薯种植也形成了一定规模,成为当地农业的重要组成部分。

(五)特色农业节点景观(如土豆驿站)

山丹县大马营镇的土豆驿站是在原有马铃薯原原种繁育基地的基础上,新建的以马铃薯为核心主题,融入集马铃薯原原种繁育、农业研学观光、生态旅游观光等于一体的特色景观。这里有"泡泡屋"、木栈道、凉亭、烧烤台等设施,周边环境优美,不仅推动了当地农业产业的发展,也成为乡村旅游的新亮点。

第二节　张掖传统村落的保护与利用

从根本上说,传统村落的保护必须突出文化诉求,更加重视文化生态和文化资源保护,进一步发挥村民的主体作用,变静态保护为动态传承。在具体实施过程中,要因地制宜,实施"一村一规划""一村一方案"。传统村落往往有成百上千年历史,留存至今非常不容易,它的建筑布局、生态依存、文化肌理等,都有自己的历史形成过程和鲜明特色,必须在全面梳理、深度认识、尊重认同的基础上开展保护,不能急功近利。[①] 古老的建筑、静谧的街巷、独特的传统技艺等,构成了张掖传统村落不可复制的魅丽画卷。然而,随着时间的侵蚀和现代发展的冲击,这些村落亟待修复。修复它们,不仅是对历史遗迹的挽救,更是为了合理利用其价值,让传统村落成为连接过去与现在的桥梁,成为文化传承与旅游发展交织的新亮点,开启张掖传统村落重获生机的新篇章。

一、高台县罗城镇天城村

高台县罗城镇天城村,在2016年被列入第四批"中国传统村落"名录,名列张掖11个传统村落之首,可谓独领风骚。高台人称其为"人间天上一天城"。天城村下辖11个生产合作社,现有446户人家,户籍人口1730人,常住人口1587

---

① 李晓、王斯敏、成亚倩:《保护传统村落,守护乡土文化之根》,《光明日报》2019年7月9日。

人,村域面积约为334平方千米,村庄占地面积68.2万平方米,其中耕地面积400.8万平方米,南滩草场3 333.3万平方米,是高台县发展畜牧业的重要基地,村民以养羊和棉花种植为主要经济来源。天城村属北温带干旱气候,夏季炎热而短促,冬季寒冷而漫长,雨热同季。在生长季中太阳辐射强,日照时数多,蒸发强烈,昼夜温差大,降水变率和年际变化大。

(一) 村落选址和格局

早在5 000年前的原始社会时期,天城村一带是一片汪洋大海,又称"石海"。镇夷石峡被凿通后,积水下流,逐步形成黑河通道,后黑河两岸杂草丛生,出现高低不平的绿洲区域,初为羌人部落的游牧之地;春秋战国和秦时,有乌孙人和月氏人在这里逐水草而居;西汉初年,匈奴南下,占据河西走廊;汉武帝时,河西全部纳入汉王朝,天城已是汉族移民的居住所在地。天城村在历史上地处边防要地,为防御外患,居民筑堡集中而居。据记载,天城最早的城堡为汉代所筑的石海城(今侯庄二社处),后被河水冲垮而在今侯庄三社处新筑城堡,因山形环绕而取名天城(俗称旧城)。明洪武二十九年(1396)在天城堡内设哨马营,由于城堡狭小,在原址处重筑,取镇压夷人之意,更名"镇夷城",在城内设有4大街8小巷。

1. 聚落形状

镇夷城建于明天顺八年(1464),设在黑河之北,临边山湾冲地,呈方形,开南门,总面积28万平方米,周长四里三分。城围建筑结构为城高9米,宽6米。南门外龙虎楼,门前置吊桥。内瓮城至中门用青砖砌成,门扇用铁皮包裹,门额上刻"天城锁钥"四字。第三道城门直通城内,上建日月楼。四角城墩呈圆形,上建岗哨楼,四面城墙分段筑墩12个,北城墙中墩建玉皇楼,楼两侧墩建高炮台,内置大神炮,是防御进攻的主要设施。东城墙中墩建牛王楼、西城墙中墩建观音楼、南城墙东侧建魁星楼、西侧置镇水猿,猿手指向黑河,以示不让河水直线冲城,向南绕道而行。其他各墩高于城墙,是指挥军士对抗攻城的主要场所。现仅有东北城墙保存一角,长约600米,1978年被列为县级文物保护单位。

2. 传统街巷

天城村街巷是村庄肌理的重要构成要素和空间序列的重要载体。天城村的街巷空间仍然保持清末民国时期的特征：街街呈十字相交，街巷呈十字相交，巷巷呈十字相交。堡内居住建筑均向街巷开正门。居住建筑均呈三合院形式，堂屋居中，旁为两厢，前院后棚（前为居住，后为养殖）。

(二) 传统建筑

1. 正义峡

正义峡俗称天城石峡，地处张掖、酒泉和内蒙古额济纳旗交界之地，是黑河西流的唯一通道，地理位置险如一副锁钥的门户，周围连绵的群山，如一道阻隔漠外的天然屏障，故有"天城锁钥"之称。正义峡历来为兵家所看重，凭借险要地势，阻止和镇压外夷入侵，故取名为"镇夷"，后更名为"正义"，"正义峡"也由此得名。正义峡山高水急、波涛汹涌，黑河水切断似的把合黎山分为两半。两边险峻山崖、奇峰怪石，千姿万态，形成一处天然奇观。石峡中段稍开阔，河边土壤多沙，奇花野草丛生，鸟兽出没异常，还长着一大片胡杨林，是天然的草场和乐园。明万历年间，阎相师先祖阎维，湖北襄阳人，以岁贡来镇夷千户所掌印，遂世居天城。

清乾隆年间，阎相师行武西征时战绩显赫，由参将晋升为甘肃提督，后加封为太子太保。在父亲和家人的协同帮助下，他先后建造了"晚翠山房""摩云亭""古茅庵"等建筑。"晚翠山房"结构精巧、奇特优美，如入武陵源；"摩云亭"建在一块伸向黑河的龟石上，如架空在河上的飞船，云天明月、清光照人；"古茅庵"建在今西岭半崖间。

清同治年间，社会动荡，回民军首领白彦虎率部前来攻打镇夷城，因防守严密，攻城失败，遂潜入石峡，烧毁所有建筑。1943 年，正义峡建成了黑河史上第一座水文观测站，它担负着黑河水的流量、流速、水位、水温、降水、蒸发、泥沙流失等监控过程，掌握着黑河沿岸百万亩农田用水的状况。经过多年的变革发展，现已成为一道风景线。中华人民共和国成立后，正义峡得到了人民政府的重视，阎相师御赐墓碑被列为省级保护文物。

2. 天城南滩

南滩牧场（原称镇夷营关庙荒草滩）原址东临深沟，北靠盐池，西南与肃南县接壤。明洪武五年（1372），都指挥马溥在镇夷城建陕甘镇夷千户所，设镇夷营。军马的冬季饲草主要取之于南滩。明永乐十三年（1415），甘州卫设官营马场 6

处,其中一处就是天城南滩。南滩历来由镇夷堡管理使用,算起来已有600年历史。在明清时期,群众负担的军马饲草就从南滩割取。今天,南滩是天城和侯庄两村春夏放牧、秋季割草的草场。

3. 长城

明代为防御被推翻的元朝残余势力及北方其他少数民族扰乱边疆,先后用100多年连接了西起嘉峪关、东至山海关的万里长城。天城和酒泉交界处的边墙就是长城西端的一部分,天城段长约60里(约合今3万米),明嘉靖二十七年(1548)修筑,现天城东侧一段保存较好,长约500米。

4. 烽燧

天城境内的烽燧星罗棋布,有长城沿线的,有连接直达高台、酒泉的,也有乡间专供瞭望的,这些烽燧修筑于汉代和明代。烽燧在天城有5种类型:沿边墩21座、口外墩11座、东路墩7座、西路墩7座、南路墩2座。现保存完好的有9座,都坐落在高山上,正义峡旅游区有4座,其中一座为汉代所建,1962年被列为省级文物保护单位。这些烽燧已成为天城旅游的一大亮点。

5. 关隘

据《中外古今地名大词典》记载:"兔耳关,甘肃省高台县75公里处,镇夷城北15公里。"[①]此关隘在黑河下游兔儿墩附近,因烽燧而得名,自汉朝以来是屯兵的重要关隘,汉将军赵通曾领兵驻扎于此。旧县志记载:"赵通,本涿郡人……汉广汉之子,宣帝本始四年(公元前70年)拜宣武将领与乌孙同攻匈奴,累有实效,留镇边庭,竟死于酋兵之手……"[②]明英宗正统年间,进士岳正在《赵墓烟冥》一诗中赞扬赵通"高名不朽传千古,意气长存镇万春",明初和清初也曾有部队驻扎过,现存有军营和练兵场遗迹。

6. 古民居

天城民居自古至今基本保持着四合院(俗称对口院子)的格局。古代有钱人家的四合院比较讲究,是一种带前插(俗称雨廊)名曰四廊齐的房子,结构复杂、装饰豪华、雕梁画栋。四合院内堂屋、倒座、左右厢房各三间,伙房粮房多在四角处安排,四面房子都带有前插,下雨时廊下行走不粘泥,因此得名。

---

① 谢寿昌等:《中华地名大词典》,商务印书馆1933年版,第263页。
② 《甘肃府县志辑》,凤凰出版社2003年版,第78页。

(三) 非物质文化遗产

1. 天城陈醋

天城陈醋有悠久的酿造历史。据传,早在汉武帝开发河西以后,就有佳酿成品上市。由于独特的酿造工艺和得天独厚的水质、气候等自然条件,醋味更香浓、醇厚。它不仅可以降低胆固醇、提高记忆力,还可以祛风寒、舒筋骨,甚至可以滋润皮肤。长期以来,天城村家家户户一直把陈醋当作馈赠亲朋好友的最佳礼品之一。天城陈醋有严格的传统工艺流程,从醋种到培育、从原料配方到制曲、酿造、发酵、热蒸、翻炒、出笼和淋醋等十多道工序,一环接一环井然有序。成品生产出来,在一定时间和温度条件下,经过早、中、晚期的加工处理后,色、香、味更佳。头淋醋是最佳成品,赠送亲朋好友都选它,二淋醋都留着自家用。

2. 天城社火

天城村的社火秧歌是由"地蹦子"与"凤翔秧歌"组合而成的一种地方表演艺术。地蹦子在河西一带流传甚广,由 15 人组成,即:4 个男鼓子、4 个女鼓子、4 个棒槌和尚,以及膏药匠、傻公子、大肚子丑婆娘。在表演时,除了地蹦子的跑大场和说唱、对白之外,将凤翔艺人的秧歌舞和当地小调结合起来,女的身背腰鼓,男的手拿霸王鞭,相互轮流,单舞单唱或是双人联唱各种曲调,同时配合舞龙、赶早船、踩高跷、竹驴竹马、大头和尚等,表演技巧繁多,内容丰富。

3. 天城戏剧

天城村在历史上流传下来的剧种有秦腔、眉户两种。戏剧演唱活动是当地戏曲爱好者自己组织起来的。早在清康熙年间,当时陕西乾县秦腔眉户清唱艺人张茂才(外号张大胡子)流落镇夷,他自拉自唱,能唱多出折子戏,并且生旦净丑角色一人承担,多有人请其唱堂会。后来,他集结了一帮爱好者组成了自乐班,跟随毛娃子的陕西班子多次到酒泉等地演出而被人们熟知,而后在天城出现了很多颇有影响的演员。

4. 灯杆迷宫(黄河大阵)

传说中的三霄娘娘和姜子牙斗法后,用自己的金蛟铜和混元金斗在宫门前摆下了"黄河大阵",让弟子们前来观阵、破阵而取乐。传入地方后取名"灯杆迷宫",老百姓俗称"黄黄灯"。黄黄灯是用 360 个灯杆和绳索连接起来的,前有彩门一座,置有出入两门,阵中心立一个高大的帷杆,帷杆上挂红缎子一块,游人进入中心后,用红缎擦脸擦手,说是以后手脸永不皱裂。破阵者进入彩门后,在灯杆和绳索中穿插而行,如果把路线走错了,就永远也走不出来,只能是爬着出来,叫作钻狗洞。每个灯杆上面都有一个用蜡烛点燃的花灯,花灯上面画有各式各样的图案。灯杆迷宫传入天城后,常在春节期间和正月十五开场游展,场子设在"东岳庙"门前,据说东岳天子和三霄娘娘曾有一段相会。后来天城人又将其设在大众广场,游人来往不绝,非常热闹。现保留的灯杆和彩门已残缺不全,但黄河阵的摆设图案还保存着。

5. 天城宝卷

宝卷是一种流行于民间的说唱文学,它由历史人物、民间神话、传说和戏曲故事等演变而来,初期多带有迷信色彩,但其内容主要是教化人心。念卷者说唱念结合、委婉动听、曲调优美,很受人们喜爱。每逢农闲时或节日,爱好者相约而聚,自乐助兴,多在家庭院落请识字人念卷,冬季请来亲朋好友坐在热炕上,一面品茶、一面听卷。天城土生土长的60岁左右的农民没有不熟悉宝卷的,有的诵念和抄写过卷本,有的会咏唱宝卷曲调。

6. 打铁工艺

原李氏铁匠铺已有几百年的历史,可追溯到明洪武年间。李氏先祖乃陕西人士,手艺高超,凡锻工活计,样样都会,无所不能,可以打刀锻剑,制作农具家具,更甚者还能打造出火枪火炮,世代相传,且传内不传外,几世生意兴隆,名传四方。明洪武年间,镇夷堡设置千户所,镇守边关,隶属陕西行都司管辖。因李氏铁匠铺技艺高超,名望显赫,奉命将其纳入兵营,随军带到镇夷,为部队打造兵器,代代相传,至大清末年已知铁匠师傅李世泰已经是李氏十几代子孙,他继承祖业继续以打铁为生,其技术不亚其父,也能打造火枪,并有绝妙之法不至于爆裂,当时可算是高明了。新中国成立后的1950年代,李世泰老师傅去世,其子李加成已经出师,他继承父业,继续以打铁为生,其拿手绝活是打造出的刃口锋利无比,受人青睐。因时代变迁,加之国家禁止私造武器弹药,从他开始,就把造枪手艺彻底丢了。农业合作化时期成立农具厂,他自然也就是锻工组的领头人了,队上又派年轻力壮的小伙子秦俊给他当搭档,拉风箱、抡大锤,慢慢地也就成了李加成的外姓徒弟。"大包干"以后,李加成师傅因病去世,秦俊就在家搞起了个体经营,并把自己的儿子秦建军也培养成为铁匠,本地通电后，又增添了电焊机、切割机、电砂轮、电风机等先进设备，除打造和修补农具、家具外，还根据农民的需要搞一些小的发明制造，以减轻农民的体力劳动，提高了劳动效率，深受群众欢迎。至此，李氏铁匠铺彻底变成秦氏铁匠铺了。

(四) 天城村的显著优势

1. 独特的地理位置

天城村地处高台县西北60千米，今天看，是个非常偏僻不起眼的小村庄。但在历史上，它位于张掖、酒泉和内蒙古额济纳旗三角交界地带，曾是边陲要塞，称之为"天城锁钥，要道咽喉"。特别是村西北长10多千米的石峡，则是黑河西流到居延海的唯一孔道，也是汉代直通匈奴龙庭的必经之地，称之为"龙城古道"，充满着神秘历史色彩。清朝时曾凿刻有"石门""煅石开路"的大字，至今完好无损，是探古寻幽的好地方。

2. 神奇的自然风光

天城村，一水环绕，三面衔山，形成天然防卫屏障。明朝时，肃州守卫岳正，被镇夷千户所周围的独特风光陶醉，写下了流传千古的镇夷所八景诗文，如今依旧吸引无数文人墨客前来游览。当然天城村最神奇的自然风光当属天城石峡，因其凭借边关险要地势、镇守外夷，故名"镇夷峡"，后改名为"正义峡"。峡谷山崖险峻，奇峰怪石，千姿万态，因此冠以"神奇正义峡"之名。一年四季慕名前来的游客络绎不绝。

3. 悠久的历史文化

上山听民谣，下河问渔樵。天城流传最广的传说故事也与水有关，就是"大禹合黎导弱水"。传说周穆王曾在此举行过祭河大典。《尚书·禹贡》记载："禹导弱水于合黎，余波入于流沙。"如今，正义峡石壁上，还有斧凿痕迹，山头上还有百姓举行祭祀活动的禹王庙残留遗迹。此外，黑河水流出正义峡，引入流沙，史书上称为"弱水流沙"。传说，老子当年骑青牛，入于流沙，不知所终，就在此地。

在天城，有丰厚历史遗迹。明朝营建的镇夷古城遗址，距今已550多年。古城规模十分宏大，确有县级政权的气势。在村子周围，汉明长城遗迹也是随处可见，烽燧更是星罗棋布。正义峡山顶上高耸的烽火台，与嘉峪关一脉相连，当地民谣夸张地说："登上顶儿山，瞭见嘉峪关。"最著名的关隘有兔耳关，汉将赵通曾在此驻扎过。此外,随处可见的牌匾、古民居、古寺庙遗址等,都极具历史研究和考古价值。在天城,还有出色历史人物。光有历史记载的武将,就不下百十人。阎相师是天城村最大的骄傲。他一生战功赫赫,官至甘肃提督。去世后,乾隆皇帝御赐祭碑,加封太子太保。正义峡阎相师墓及御赐碑文,至今保存完好。对这个偏僻的乡村来说,很是荣耀。在天城,有着多彩文化遗产。比如,天城秦腔、社火、黄河灯阵,更是深受人们喜爱,秧歌、民间小调、宝卷,在河西一带也流传甚广。还有现存的阎相师家族家谱,货真价实,具有较高考古价值。

天城特色饮食文化,也值得一说。比如,天城陈醋,酿造历史悠久;天城粉皮子、酿皮,有严格的传统工艺流程;当然最具特色的,当属天城面筋,它和甘州搓鱼子、山丹炒拨拉都是甘肃乃至大西北饮食文化的杰出代表,素有"丝绸之路最早的方便面"美称。

4. 系统的村庄方志

盛世修史、明世修志历来就是中华民族的传统美德。[①] 天城素有"文化之村"美名。1999 年出版的《天城志》,述、记、传、录齐全。对天城历史文化、民俗风情都做了系统整理。

5. 罕见的百家姓村

21 世纪初,天城村人口接近 3 000,村民的姓氏却多达 97 个,在全国都罕见,是名副其实的"百姓村"。

由此可见,天城村确实是历史悠久,文化积淀深厚。可随着时代的飞速发展,无论是天城村,还是其他传统村落,人们虽有着"切切故乡情",但越来越多的人,却已是"望极天涯不见家""家在梦中何日到?"我们的家在哪里?这些村庄怎么了?我们发出灵魂拷问。

(五)天城村保护利用的初步做法及现实困境

从全国来看,自改革开放以来,我国现代化和城镇化快速发展,在市场经济体制下,农村各种优质资源迅速流向城市,最令人触目惊心的莫过于很多农村在地图上已被永远"抹去"。其中就包括一部分传统村落。据调查,2005 年存量为 5 000 个的古村落,到 2013 年只剩不足 3 000 个。

[①] 冯宇栋:《传统村落文化在乡村振兴中的利用实践研究》,武汉轻工大学博士学位论文,2022 年。

总体上看,受到年代久远、自然灾害、传承和保护意识不强等各种因素影响,传统村落数量快速下降,一些已严重到"再不保护就来不及了"的关键时刻。直面危急存亡的现实,2012年我国正式启动传统村落保护工作,结束长期以来传统村落"无人过问"的生存现状。从地图上看,传统村落是南多北少;少才显得珍贵,往往物以稀为贵,所以更应该保护好。天城也认识到保护传统村落的重要性,坚持"热爱家乡,美化家园,弘扬传统文化"的方针。

1. 初步做法

(1) 采取有效措施,保护历史遗产。制定规章制度,奖善罚恶,并通过县博物馆,聘用文物保护员,进行巡查。积极发动群众,活化特色文化。修建完善文化广场,组织成立天城村秦腔业余剧团和秧歌社火队等,利用农闲开展群众性文化娱乐活动。

(2) 强化生态修复,注重环境治理。尤其是正义峡,经过多年努力,日渐成为天城村后花园,为发展乡村旅游业打下了坚实基础。

(3) 加强保护宣传,弘扬地方文化。积极组织鼓励本地及吸引外地文艺爱好者,宣传弘扬天城的传统文化。像农民诗人侯继周,早年编写村志,年近古稀,不但热心文物保护,还组织天城热爱文化的人士编写《文化天城》,挖掘拯救天城历史文化。

(4) 本地许多民间协会,也广泛邀请各界人士采风,宣传天城自然风光、历史文化。

通过以上措施,保护利用天城村,也收到了一些成效。比如正义峡,通过宣传,已是声名远播。

2. 现实困境

目前,传统村落已度过缺乏保护、无人问津阶段,进入高质量发展新阶段。但有回乡青年调侃家乡"好山好水好无聊",这说明天城村的保护利用,还远跟不上时代节奏,依旧面临诸多问题挑战。与进入新发展阶段、贯彻新发展理念、构建新发展格局的总体要求还有不适应的地方。

(1) 空心化较严重,缺乏保护资金。城市现代化的发展使得大量村民离乡进城,诸多传统村落逐渐演变为"空心村"或者人口结构严重失衡的村落。国家统计局数据抽样调查显示,大量青壮年劳动力流入城镇,导致农村中从事农业生产的 60 岁以上的老年人占村落总人口 50% 以上。这种劳动力流失造成了村落人口结构的严重失衡。然而,大多数的村落文化是通过村民们的口口相传发生传播和继承的,这样一来村落人口结构比例的失衡,村民不再扮演原来所扮演的农民的职业角色[1];再加缺乏保护经费,保护工作更是举步维艰。天城,当年的百家姓村,如今常住人口只剩 476 人,村支书幽默地说,除了他,村里再找不到一个"80 后"。像天城醋、宝卷等因无人传承,都面临失传危险。

(2) 保护意识淡薄,措施难以到位。部分基层部门对传统村落的历史文化价值认识不够,缺少深入挖掘的积极性,甚至忽略保护传承,导致原居民在原址上"拆旧建新""弃旧建新",破坏了村落格局的整体风貌。

(3) 管理主体不明,政策有待创新。村落的规划、村建、产业等分别由不同部门管理,导致公说公有理,婆说婆有理,资源得不到有效整合。比如正义峡保护利用,就存在本地人没有能力,外地人进不来的问题。

(4) 缺乏行业专家,无法有效保护。清华大学教授楼庆西感叹"古村落的保护,比保护一个故宫更难"。传统村落属于活态文物,大多又分布在经济不发达的偏远乡村,专业人才非常缺乏,天城村也是如此,而且屋漏又逢连夜雨,2022 年遭遇百年不遇大洪水后,损失更为惨重。

以上问题,天城有,其他传统村落也有。面临新形势、新问题,如何去保护利用传统村落,这迫切需要我们去寻找问题、原因和答案。

(六) 传统村落保护利用的路径选择

村落是乡村居民聚居的主要形式。保护发扬传统村落文化在调节村民关系、保持稳定的村落社会结构及维护村落生产生活秩序等方面都发挥着重要作用,也对当代农村社会的有效治理具有较大的借鉴意义。[2] 通过对天城村以及传统村落的全面了解,我们可以看到,传统村落保护利用,给乡村的现代化转型奠定了一个撬动的支点。在此过程中我们需要重新审视生活的内涵,重新发现生命的价值,重新构筑乡村的未来。

2018 年 3 月 8 日,习近平总书记参加人大山东代表团审议时强调"要科学

---

[1] [美] 埃弗里特·M. 罗吉斯等:《乡村社会变迁》,王晓毅译,浙江人民出版社 1988 年版,第 67 页。
[2] 陈修岭:《基于乡村旅游市场发展的传统村落文化保护研究》,《昆明理工大学学报(社会科学版)》2019 年第 2 期。

把握各地差异和特点,精准施策、分类推进,不搞一刀切,不搞统一模式,注重地域特色,体现乡土风情,特别要保护好传统村落、民族村寨、传统建筑,以多样化为美,打造各具特色的现代版富春山居图"。因此我们必须要有清醒认识,传统村落的保护利用。不是单向度地怀旧复古。而是要以古人之规矩,开自己之生面。我们应当在开放性的思维中,充分激活乡土传统的文化精华,释放乡村文明的核心价值。不是一味迎合市场需求,任何破坏性开发、过度商业化变现,都需要警惕。保护利用的意义,在于造福乡民,引领文明进步。不是运动式地炒作刮风。文化的进步是一种生长、发育,它需要阳光沐浴。尤其在当下乡土文化复兴热浪扑面而来之时,我们必须要保持清醒头脑,防止肆意破坏以及无序发展等现象,务必尊重中国特色乡情,尊重农民发展意愿,切实保持文化自信与文化定力。

总之,传统村落的保护利用,既不能缘木求鱼"标本式保护",也不能涸泽而渔"破坏式开发"。保护好传统村落是一个千年命题。目前,我国传统村落已成为世界上规模最大的农耕文明遗产保护群。让传统村落,既留得住"形",又守得住"魂",更"活"起来。

1. 上下联动构建多维保护体系

传统村落保护利用涵盖政策设计、古建修复、产业发展等内容,涉及各方利益。天城村保护利用的困境之一就是,难以达成共识。俗话说"一个好汉三个帮"。因此,我们必须要整合政府、企业、高校和乡村社群等力量,建立"跨界合作"思维,构建多维保护体系。

(1)坚持党的领导。传统村落的保护利用离不开党的领导。乡村振兴离不开组织振兴,党的基层组织作为党工作最前沿,直接影响了乡村振兴战略实施成果。[1] 当前,我们在传统村落保护利用方面,还缺乏战略研究,各种保护利用侧重于"抢救"及技术性、物理性保护等"常规性"动作,往往会陷入"计划赶不上变化"的尴尬中。因地制宜、因时制宜是抢救挖掘村落文化的重要策略,[2]只有根据当地的实际情况和当下的社会背景,才能更好地保护和传承村落文化,推动村落振兴。因此,我们要及时摸排传统村落情况,做好顶层设计,走梯队式发展路

---

[1] 雷明、于莎莎:《乡村振兴的多重路径选择——基于产业、人才、文化、生态、组织的分析》,《广西社会科学》2022年第9期。

[2] 龚彦俊:《新农村建设中传统村落文化的保护和发展策略》,《四川建材》2020年第1期。

子,为村落指明"一村一策"发展方向。并积极探索以党建为引领,自治、法治、德治、智治"四治融合"的新型乡村治理模式,构建"智慧传统村落"综合管理服务平台,为保护利用提供治理保障。

(2) 做好村落整体规划。传统村落形态各异、独具风情,可以说是,十里不同天,百里不同俗。因此,我们不能各吹各的号,要落实国家政策,按照适应不同传统村落保护发展的思路,因地制宜、分类施策、制定规划。比如陕西青木川,整体规划始终按照要求,新建、扩建房屋必须控制在核心区周边,而且风格要确保和古镇协调统一。所以走进青木川,眼里是风貌严整,心中则"有山、有水、有故事、有乡愁"。

(3) 联合各界力量宣传。酒香也怕巷子深。传统村落保护利用宣传,绝不是靠几个人完成的,需要发动全社会来关注保护。众人拾柴火焰高。要鼓励媒体、高校,联合专家、企业家等,这些有影响力或有经济实力的群体,提高村落关注度。要通过学术交流、调研采风等方式总结成功经验。近年,天城村正义峡之所以有许多人慕名而来,就得益于摄影家的镜头、历史专家的考古研究、文人墨客的诗歌散文等。现在人人都在刷抖音。为此,要通过建设网站,开通 App、短视频等,也可以为村落保护利用献计出力。比如,天水麻辣烫的火爆,就是通过抖音短视频。2015 年,天城村为宣传历史文化拍摄了系列纪录片《话说百姓村》。有机会,还要积极促进传统村落价值的国际传播。

2. 良性互动提升生态宜居效益

传统村落不是文物保护单位,铁将军锁门,万事大吉。因此重视天城村等传统村落的保护,既要修复古建筑,保留乡村的原真性,也要尊重和满足村民对生活现代化的需求,重视人居环境的改造和提质升级。

(1) 做好硬件设施改造。传统村落要建得像个传统村落,前提是尊重村落空间肌理,就地取材,有石头的用石头,有木头的用木头,进行生产、生活、生态等方面的硬件设施和环境改造,以便和后期运营的产业、项目形成统一风格。比如英国库姆堡,坚持乡村最核心的吸引力就是最原始的风貌和现代化设施相结合,它虽然小而古老,但并不落后,村里的四星级酒店就是由建于 14 世纪的贵族庄园改造而成。村子周围还设有宽阔的赛车跑道、驾校、租车行及服务维修设施等,可举办各类汽车与摩托车赛事。古风与现代舒适相融合,是它享誉"世界最美的小镇"50年的原因所在。

（2）全面提升村容村貌。众所周知，安徽宏村，具有世外桃源般的田园风光、保存完好的村落形态，一方面，得益于宏村本身的天然优势；另一方面，归功于宏村始终坚持开展人居环境整治，注重提升服务水平，才取得如此显著成效。因此，要充分激发原住居民参与积极性，深入开展村庄整治，打造生态宜居美丽村落。像宏村一样，种好梧桐树，引得凤凰来。

（3）培育发展新的业态。在传统村落，要想实现保护良性互动和发展共赢，需要靠培育发展新的业态，比如民宿、康养、度假、休闲、"互联网＋"等新模式。昔日贫穷落后的九渡村就是典型例子，在打响"太行石头村，豫北小桂林"全域旅游品牌后，逐步形成餐饮住宿、水上游乐等相关产业，游客人数逐年增加，户均年收入皆在万元以上，实现了华丽转身。

3. 注重品牌突出主导产业特色

没有产业，任何村落都是死路一条，天城村也一样。传统村落往往以农耕为主，但大多在边远地区，规模农业很难发展，经济上维系不了保护利用，因此，必须在优化布局适宜的产业上下功夫。

（1）以生态农业为最基础的产业。比如有"法国最美丽村庄"之称的努瓦耶村，有旅游业、特色农业和葡萄酒三大支柱产业。努瓦耶村就是凭借特色农业和葡萄酒两大基础产业的繁荣发展，支撑起了旅游业。因此，传统村落可以发展生态循环有机农业、特色农业，建立特色品牌，来筑牢根基。

（2）以传统手工业为最突出特色。手工艺是人类对美的生活追求的结果，许多曾经非常熟悉的手工艺正在离我们远去。因此，依托村落独特资源，鼓励支持传统手工业，使有地方特色的生活用品工艺化、商品化，无疑是一条可走的路子。比如，苏州舟山核雕村，几乎家家从事雕刻生产制作，早在2017年，连年销售额就3亿元。如前所提，可以考虑将它做大。这样，不仅通过传统手工业的兴旺，提高了附加值，而且还促进了传统技艺的特色发展，形成"一村一品"。

（3）以旅游为最现实的发展手段。当前，旅游已成为一种普遍需求和习惯。比如，甘肃扎尕那村，就是依靠旅游发展起来的。因此，发展旅游业也是传统村落保护利用的一种有效方式。当前，我们可以利用天城村正义峡的独特优势，大力发展旅游业。如果视野放大,从远处构想,出天城村,东北可领略内蒙大漠风光,千年胡杨,探寻古居延海;西北可纵观酒嘉塞外雄关,敦煌莫高,长驱天山内外;西南可放眼祁连千年雪山,裕固风情,遍迹青海西藏;东南可尽览张掖七彩丹霞,马踏飞燕,泛舟黄河长江。

总之,无论从哪条道上走,我们都会路经天城村这个河西走廊最中间段的古老村庄,一览它的独特魅力。从近处构想,把天城村作为高台县的"后花园",可形成两条旅游路线:北线,紧靠黎山画屏,沙漠戈壁,胡杨漫天,长城烽燧古遗址,尽显边城豪情;南线,贯穿黑河全线,村落密集,湿地连片,沿途人文荟萃,既能赏乐善堡 600 年忠义班秦腔,又可寻高台文脉所在大湖湾崇文楼。正所谓,踏遍青山人未老,风景这边独好。旅游前景大有可观。

4. 深入挖掘活化文化遗产价值

在传统村落,一砖一瓦诉说历史,一石一木承载乡愁。但有些已开发的古村落,总有种"似曾相识"的感觉。为什么有的村落虽然火了,但没有真正"活"起来?比如天城正义峡,名声在外,但依旧不温不火。究其原因,就在于缺乏深挖活化本土文化的特质,简言之,就是"有文化没灵魂"。我们的身体跑得太快了,以至于我们的灵魂都跟不上。"优秀乡村文化能够提振农村精气神,增强农民凝聚力,孕育社会好风尚。乡村振兴,既要塑形,也要铸魂,要形成文明乡风、良好家风、淳朴民风,焕发文明新气象。"①可以从以下几方面进行尝试:

(1) 融合原生态与现代化。有些传统村落在保护利用过程中不但立足乡土特征提升村庄风貌,而且会将各类比赛、摄影、写生、非遗进村等文化创意活动延伸到乡村去。这对活化文化遗产是锦上添花。天城村也曾在正义峡口举行过首届大禹治水祭奠活动。人山人海,热闹壮观。只可惜神龙见首不见尾。要一代接着一代干,才能干出成绩。做任何事情,绝不可有始无终。

(2) 发展古村落民俗文化。广袤的中华大地正是由一个又一个村落构成,而村落便是那个缩小了的共同体,是一个安土重迁,生于斯、长于斯、死于斯的乡土社会。②传统村落是我们寄托乡愁的精神家园。那如何才能实现"望得见山、看得见水、记得住乡愁"呢?活化开发民俗文化,延续乡村文化脉络。如韩国旺

---

① 《习近平著作选读》第 2 卷,人民出版社 2023 年版,第 92 页。
② 费孝通:《乡土中国》,北京大学出版社 2012 年版,第 84 页。

谷村,主打传统民俗的品牌之道。大力发展文化旅游,将搓草绳、编麻鞋等民俗活动纳入其中。不仅保存了原始的饮食、节庆传统,而且改善了居民生活条件,让古村落焕发新活力。

(3) 实施数字化抢救工程。当前古建筑修复和非遗传承困难重重、进展缓慢,远水救不了近火,怎么办呢? 可通过三维建模、影像录制、村志编撰等方式,利用现代信息技术把传统村落中有价值的要素全面记录下来,实施数字化抢救工程,为将来修复传承保留基础数据。像《天城志》编撰初衷就是为了传承文化,1990年代,政府准备在正义峡修建水库,如果水库建成,那么有500多年历史的天城村就会被淹没水底,想到这些,世代居住于斯的老人们心头不免酸涩。乡村"赤脚医生"罗喜和农民诗人侯继周产生了一个想法,国家有史、地方有志、家庭有谱,能不能也给村修一个村志? 凭借这一信念,历时4年,水库最终未修,然而这部装帧精美的《天城志》却留了下来。这才有了全省第一部遵循新方志体例编纂的新型村志,为天城村留下了宝贵的历史文化资料。

5. 借助民约乡贤突破发展模式

(1) 提升乡规民约效能。高手往往在民间,浙江镇海十七房村,在环村的河岸边竖有一块"禁碑",禁止在河边放牧、堆杂物。如有人违反,就罚他给每家每户送一个馒头。因此,如今的十七房村,条条河流水洁如镜。由此可见,乡规民约传承着中华优秀文化的基因。无论是引导社会风气,还是推进村落发展,传统乡规民约中的现代价值都值得我们好好去发掘。

(2) 鼓励乡贤返乡创业。乡贤,是指"在新的时代背景下,有资财、有知识、有道德、有情怀,能够影响农村政治经济社会生态并愿意为之做出贡献的贤能人士"[1]。孔子说,社会发展可以分三步走。庶之、富之、教之。第一步庶之就是要人口繁盛起来。想让村落更好地活起来,必须要留住人,留住生活,才能摆脱"有村落没人气"的"空心化"宿命。紧接着怎样富之呢? 人才来引领。人才的作用,毫不夸张地说,在农村,甚至没有多少历史价值的破旧猪栏,也能在设计师的妙手中变身为网红民宿和酒吧。因此要不拘一格降人才,出台乡贤回家置产政策,让那些能人返乡,再造传统村落新辉煌。

---

[1] 胡鹏辉、高继波:《新乡贤:内涵、作用与偏误规避》,《南京农业大学学报(社会科学版)》2017年第1期。

(3) 引导盘活闲置资产。在天城村,农民拥有的土地、房屋等资产普遍闲置"沉睡",不但造成浪费,而且阻碍发展。因此,要探索突破产权制约的路径和模式,因势利导,通过闲置资产出租、入股、出让、认租等流转方式盘活它。比如,安徽省黄山市,就通过积极引导社会资本以租赁、承包、联营、股份合作等形式投资保护利用,形成了政府主导国企经营的"西递模式"等一系列村落发展模式。特别是西递村,村民人均年收入从2012年的13 273元增长到如今近5万元。由此可见,只有打破重重阻碍,找到适合自身发展的模式,村落保护利用才能有出路。

总之,传统村落是乡村的独特类型。把这一活着的历史文化传承接续下去,需要持之以恒。因此,我们要以"功在当代,利在千秋"的情怀,前不负古人创造,后不负来者期望。统筹推进传统村落保护利用,为中华文明持续发展增添动力,让古老的乡村彰显出新时代的魅力和风采。

二、山丹县老军乡硖口村

硖口村是古丝绸之路的重要驿站,古代中原通往西域的必经之地,是丝绸之路的咽喉要道。破口历史记载最早起于汉代,称泽索谷,刘昭帝(刘弗陵)始元二年(公元前85年),为防御匈奴入侵,置日勒都尉,屯兵设防、移民屯田。明清时期扩大防卫,属山丹卫管辖。明万历元年(1573),巡抚都御史廖逢节率兵重修加固硖口古城。明万历二年(1574),都司赵良臣在石碑上题名"硖口古城堡",至今已400多年历史。历史上的硖口城肩负着官吏接待、军粮供给、通邮通商等职能,政治军事、文化地位十分突出。

(一)村落基本信息

老军乡硖口村位于焉支山北麓,距县城40千米,南接绣花庙,北连新河驿,村域面积48平方千米,村庄占地5.67万平方米,硖口村户籍人口667人,常住人口285人,汉明长城与G30高速公路、312国道平行排列,横亘于东西两侧,交通十分便利,是古代丝绸之路的重要驿站,地处河西走廊的蜂腰地段。

(二)村落选址和格局

距今2 000多年前,硖口一带就有先民在此繁衍生息,并以兵防要地被封建王朝所重视。丝绸之路开通以来,这里成为东西来往的必经通道,其地理位置和战略地位日渐重要。自两汉以来,历代封建王朝在此屯兵防守,此地明朝以前有无城堡已无法考证,宋代这里一直是西夏国属地,石硖口筑城现有文献可考,始于明代。《甘镇志兵防堡寨》中,山丹卫所辖堡寨中就有硖口堡,并注:"硖口堡……与山丹卫并志。"山丹卫置于明洪武二十三年(1390)九月,距今已有600多年历史。

硖口村东西长400多米,南北宽300多米,呈长方形,加西边关城(外城),总面积约19万平方米。整个城垣开东西两门,仅一条东西走向的街道纵贯全城,与东西二门相连,成为全城的中轴线,将城内的民舍、衙府、寺庙、店铺、营房等建筑物一分为二,井然有序,布局严谨。

(三)传统建筑

1. 汉明长城

在山丹县境内绵延近200千米,壕式汉长城和土筑夯打的明长城,虽建于不同年代,但走向相近。汉长城在北侧,明长城在其里,两者相距10—80米,平行延伸。像这样不同历史年代修筑而至今留存较为完整的长城段在国内少见,为国家重点文物保护单位,被专家誉为"露天长城博物馆"。从进入硖口谷顺谷东山脚有开挖的汉壕沟,壕垄现存烽燧10座。据《甘州府志》记载,境内明长城有五处留有暗门,除此之外,其他地方均无豁口,暗门上建过城楼。南来北往的商客或行人通过时须经守兵稽查方能出入,山丹境内长城的修筑,是先民们为了这一带的边防安全、经济建设、交通畅通经过艰辛劳动创造的,是山丹先民创造的灿烂文化遗产,是古山丹人民智慧的结晶。

2. 锁控金川

距硖口古城东约一华里的硖谷中,明嘉靖三十二年(1553)四月鄢陵进士陈斐奉敕以"恤全陕前左给事中"身份观察河西兵防,途经硖谷,见此处两山对峙,地势险要,有一夫当关、万夫莫开之势,欣然奋笔在峡谷北壁上题下"锁控金川"四个大字,以示此地险要。后镌刻于高3米、宽2米的垂直石崖上,镌字面积1.68平方米,四个字各0.4平方米,成为胜迹。在"锁控金川"西边两山相峙处的羊鹿门石壁上还有镌刻的"天现鹿羊"大字和当年匈奴族、羌族牧人用腰刀镌刻在石壁上栩栩如生的岩画形态。

3. 过街楼

城内有一座过街楼,始建于明代,坐落于南北中心街道偏南。路两旁筑石条,砖石砌面的黄土夯筑墩台,间距4米。两台阶架过梁,铺木板,上建木结构小楼。过街楼悬一大匾,楷书"威镇乾坤"四个大字,古朴苍劲,端庄秀逸。

(四) 非物质文化遗产

1. 硖口宝卷

硖口宝卷是河西宝卷的重要组成部分,在硖口境内流传的约有五种,均为毛笔手抄本。宝卷是在唐代敦煌变文、俗讲以及宋代说经的基础上发展而成的一种民间吟唱的俗文学。宝卷受到话本、小说、戏曲等的影响,其内容包含儒、释、道的三教合一及各种秘密宗教,并有大量非宗教的历史人物、民间神话、传说和戏曲故事。其结构为散韵相间,说唱地点包括庙会、娱乐场所,甚至家庭院落。在电视文化出现以前,文化落后、交通闭塞的农村是宝卷流行的主要场所。

2. 洗毡

硖口村村民马祥福有一手洗毡技艺,靠此手艺养家糊口,在老军、陈户有一定的声望,所洗的毡有毛毡、毡帽、毡袄、毡鞋等,深受广大农牧民的喜爱,人称毡匠,现主要以洗毛毡为主。洗毡距今已有几百年历史,它是解决劳动人民生活生产所产生的一种技艺。在改革开放前,人民生活水平普遍低下,尤其是农村放牧人,一年四季在荒山野岭,刮风下雨只能依靠毛毡挡风遮雨,在河西一带放牧人都有毡袄、毡帽等物品。

(五) 保护与传承

1. 文化遗产保护与开发

(1) 古城修复与维护。硖口村有硖口古城这一重要历史遗迹,应对古城墙、城门、过街楼等建筑进行专业的修复和维护,保留其原有的历史风貌和建筑特色。同时,制定严格的保护措施和规定,防止人为破坏和过度开发。例如,对于古城内的建筑修缮,应采用传统的建筑工艺和材料,确保修复后的建筑与原有建筑风格一致。

(2) 文化展示与体验。在古城内设置博物馆、展览馆等场所,展示硖口村的历史文化、丝绸之路的发展历程以及古城的军事防御体系等。通过文物展示、图片资料、多媒体演示等方式,让游客深入了解硖口村的文化底蕴。此外,还可以开展一些文化体验活动,如传统手工艺制作、古装拍照、古代军事演练等,增加游客的参与度和体验感。

2. 旅游设施建设

（1）交通改善。加强与外界的交通连接，改善村内的道路状况，提高交通的便利性和可达性。可以修建连接主要景点的道路，设置清晰的交通标识和指示牌，方便游客自驾或乘坐公共交通工具前来。

（2）住宿与餐饮。发展多样化的住宿设施，包括特色民宿、乡村客栈、度假酒店等，满足不同游客的需求。民宿和客栈可以结合当地的文化特色进行装修和布置，提供具有地方特色的餐饮服务，如烤羊肉、山丹炒拨拉等当地美食，让游客在品尝美食的同时感受当地文化氛围。

（3）游客服务中心。建立完善的游客服务中心，提供旅游咨询、导游服务、票务预订、休息等服务。游客服务中心的工作人员应经过专业培训，具备良好的服务意识和专业知识，能够为游客提供准确、及时的信息和帮助。

3. 生态环境保护

（1）自然资源保护。硖口村周边有山脉、峡谷等自然景观，应加强对这些自然资源的保护，禁止乱砍滥伐、过度开采等行为。同时，开展植树造林、植被恢复等工作，提高生态环境质量。

（2）环境整治。加强村内的环境整治，改善卫生状况，建立垃圾处理和污水处理系统，保持村庄的整洁和美观。对周边的农田、河流等进行生态修复和治理，打造优美的田园风光和水乡景观。

4. 产业发展

（1）特色农业。结合当地的气候和土壤条件，发展特色农业，如种植中药材、特色水果、有机蔬菜等。可通过建立农业合作社、家庭农场等形式，提高农业生产的规模化和专业化水平。同时，开展农产品加工和销售，延长产业链，增加农产品的附加值。

（2）旅游商品开发。开发具有硖口村特色的旅游商品，如手工艺品、民俗文化纪念品、特色农产品等。可以组织当地的手工艺人进行培训和指导，提高他们的制作水平和创新能力，开发出具有较高艺术价值和实用价值的旅游商品。通过建立旅游商品销售平台，拓宽销售渠道，提高旅游商品的知名度和市场占有率。

5. 宣传推广

(1) 品牌建设。打造硖口村的旅游品牌,确定品牌定位和宣传口号,通过各种媒体渠道进行宣传推广。可以制作宣传册、宣传片、海报等宣传资料,在旅游展会、推介会等活动中进行展示和宣传。

(2) 网络营销。利用互联网和社交媒体平台,开展网络营销活动,如建立官方网站、微信公众号、微博等,发布乡村旅游信息、景点介绍、活动预告等内容,吸引更多的游客关注和了解硖口村。同时,可以与在线旅游平台合作,推出优惠活动和旅游套餐,提高硖口村的知名度和美誉度。

三、张掖村落文化对当地经济社会的积极影响

(一) 推动旅游业发展

1. 增加旅游吸引力

(1) 民俗文化旅游。张掖市各地的民俗文化丰富多样,如社火、顶碗舞、裕固族婚俗等,具有浓厚的地方特色和独特的艺术魅力。这些民俗活动不仅是当地居民的传统庆典方式,也成为吸引游客的重要文化景观。例如每年春节期间的社火表演,会吸引大量游客前来观赏,感受热闹喜庆的节日氛围,增加了张掖乡村的旅游人气。

(2) 非遗文化旅游。当地的非物质文化遗产,如麦秆画、刺绣、木雕等传统手工艺,以及民乐宝卷、皮影等民间艺术,为游客提供了丰富的文化体验。游客可以参观非遗工坊,了解这些传统技艺的制作过程,购买精美的非遗手工艺品作为纪念品,推动了非遗文化的传承和发展,也为当地带来了经济收益。

(3) 建筑文化旅游。张掖的乡村建筑具有独特风格,如北方"四合院"式的古民居,融合了地域特色和历史文化,具有较高的历史、文化、科学和建筑艺术价值。这些古民居成为重要的旅游景点,吸引游客前来参观游览,感受乡村的历史底蕴和建筑之美。

2. 丰富旅游产品体系

村落文化的多样性为张掖的旅游产品开发提供了丰富的素材。旅游开发者可以将村落文化与自然风光、休闲农业等相结合,推出多样化的旅游产品,如乡村文化体验游、民俗风情游、农耕文化研学游等,满足不同游客的需求,延长游客

的停留时间,提高旅游消费。

(二)促进文化产业发展

1. 非遗产业化

通过对非物质文化遗产的保护和开发,推动了非遗产业的发展。一方面,政府和相关机构对非遗项目进行扶持和推广,培养了一批非遗传承人,提高了非遗项目的知名度和影响力。目前,张掖市共有国家级非遗项目5项、省级非遗项目33项、市级非遗项目128项、县区级非遗项目385项,涵盖民间文学、音乐、舞蹈、戏剧、曲艺、竞技、美术、手工技艺、传统医药和民俗等多个门类。并且拥有国家级非遗传承人5人、省级非遗传承人56人、市级非遗传承人394人、县级非遗传承人447人。

另一方面,将非遗项目与现代市场需求相结合,进行产业化运作,开发出具有市场竞争力的非遗产品。例如,麦秆画、刺绣等非遗手工艺品,通过产业化发展,形成了一定的生产规模和销售渠道,不仅传承了传统文化,还创造了经济价值。

2. 文化创意产业兴起

以村落文化为灵感来源的文化创意产业在张掖逐渐兴起。艺术家和设计师们将乡村文化元素融入现代艺术创作和设计中,开发出具有地方特色的文化创意产品,如以张掖乡村风光、民俗文化为主题的绘画、雕塑、工艺品等。这些文化创意产品在市场上具有较高的附加值,为当地经济发展注入了新的活力。

(三)带动农业产业升级

1. 特色农产品品牌塑造

农耕文化是张掖村落文化的重要组成部分,当地的农产品在悠久的农耕文化传承下,形成了具有地方特色的品牌。例如,民乐县的小麦在当地有着悠久的种植历史,人们将小麦秸秆做成麦秆画,让小麦元素有更多的艺术表达,同时提升了当地小麦产业的知名度和附加值。此外,高台县的辣椒、人参果等特色农产品,也通过品牌建设,提高了产品的市场竞争力,促进了农业产业的发展。

2. 农旅融合发展

村落文化与农业的结合,促进了农旅融合发展。例如,一些乡村利用自身的农业资源和文化特色,发展休闲农业和乡村旅游,推出采摘、农耕体验、农家乐等项目,吸引游客前来参与。游客在体验农业生产过程的同时,也能感受到乡村文化的魅力,实现了农业与旅游业的良性互动,提高了农业产业的经济效益。

第三节　张掖乡村振兴与乡村旅游融合发展

张掖乡村旅游正焕发出勃勃生机。近年来,张掖市坚持把发展乡村旅游作为助推乡村振兴、增加农民收入、加快推进旅游业转型升级的重要途径,以创建全省乡村振兴示范区,打造农业农村现代化示范先行地以及"和美乡村"建设为抓手,加快乡村旅游基础设施和配套服务设施建设,着力打造乡村旅游品牌,切实推动文化旅游业发展同乡村振兴的有效衔接和融合,乡村旅游产业呈现出良好的发展态势。2023年,全市接待游客3910.17万人次,实现旅游综合收入211.31亿元。其中,乡村旅游接待游客1794.09万人次,实现旅游综合收入38.4亿元,乡村旅游现已成为我市旅游消费的新主流和推动乡村振兴、实现产业富民的新动能。

2023年,甘州区先后建成了多个乡村旅游重点项目,全区新建及续建重点乡村旅游项目19个,累计完成投资26.5亿元。在临泽县,2023年1—11月乡村旅游接待游客966.64万人次,实现旅游收入28.99亿元。数据显示,仅在2024年1—4月,甘州区的乡村旅游接待人数就高达303.14万人次,实现旅游收入9.09亿元。如今,张掖正踏上乡村振兴与生态旅游融合发展的伟大征程,一幅产业兴旺、生态宜居、农民富足的画卷正徐徐展开,它将为这片土地带来前所未有的机遇与活力,书写新时代的辉煌篇章。

一、临泽县倪家营镇南台村旅游提质增效

为全面贯彻落实市县关于旅游产业提质增效的行动部署,聚焦"提质量、增效益、强竞争、树品牌"目标任务,充分发挥南台村资源优势,抢抓市场先机,促进南台村旅游产业提质增效融合发展,拓宽群众增收渠道。

（一）发展现状

临泽县倪家营镇南台村地处临泽县南部,张肃公路 S18 线贯穿全境,著名的张掖七彩丹霞 5A 级景区坐落境内,全村辖 7 个合作社,共有群众 440 户 1 508 人。2023 年,全村经济总收入 81 219.29 万元,人均可支配收入 23 364 元,其中旅游业收入 10 980 万元,占全村经济总收入的 13.52%。随着丹霞大景区的快速发展,旅游业逐渐成为南台村的朝阳产业和支柱产业,越来越多的群众参与到旅游服务行业中,南台村旅游服务业也已到达 3.0 模式。经摸排统计,倪家营镇丹霞景区周边共有经营主体 269 家,其中餐饮类 109 家、住宿类 142 家、购物及其他类 28 家、个体摊位 54 家、床位 7 200 张,逐步形成了以七彩镇、乡情家园、梨园新村、丹霞口宾馆餐饮住宿为主,景区北门农特产品销售为辅的特色旅游服务集群,实现了从无到有、从少到多、从弱到强的转变,发展步伐呈现逐年加快的态势。2014 年该村被命名为"全国最美休闲乡村",2015 年荣获"中国乡村旅游模范村"称号,2017 年被省政府确定为全省 18 个重点建设特色小镇之一,2023 年获评市级"和美乡村"。

1. 顶层设计不断优化

成立旅游产业联合党委,由南台村文旅产业党支部牵头,抽调工作责任心强、创新思维活跃的镇村干部组建旅游产业提质增效工作专班,专人专职化开展旅游运营服务工作。注册成立丹山虹霞美宿管理有限公司,采用"业主＋公司"的经营模式,吸纳周边宾馆客栈加盟合作,通过公司引流旅客,切实提高游客入住率,提升游客满意度。围绕旅游服务品质提升组织梨园新村、乡情家园业主外出西安、成都等地培训学习先进经营理念,积极对接兰州知名设计院,组织乡情家园从业人员开展培训,力求提升南台村旅游业服务品质。至今,已整合经营宾馆 5 家,客房 150 间,累计引流 2 000 余人,创收突破 10 万元。

2. 配套服务持续提升

持续加强基础公共配套设施完善提升,争取财政衔接补助资金项目,加快乡情家园基础设施配套,在梨园新村新建游客服务中心 1 处、制作游客服务中心景观标识 1 个、布置全景导览标识牌 10 块、安装户外真彩移动电子屏 1 块、翻新公共景观和道旗标牌 90 余个。持续优化旅游服务环境维护管理,制定《南台梨园新村绿化区域种植管理规定》,明确物业公司、经营业主和居民住户责任义务,制度化落实日保洁和周扫除要求,不断改善梨园新村旅游服务环境面貌,提升颜值气质和对外形象。

3. 旅游业态丰富多元

全力打造"丹霞美宿"民宿专业村品牌形象,注册开通"七彩丹霞情有你""丹霞美宿"抖音、快手、微信短视频号,通过文字和视频方式推广丹霞美宿、美食、美剧和美娱等特色内容20余期;探索进行抖音区域业态推送,增加"丹霞美宿"业态曝光度和刷新率,助推知晓率和入住率双提升。规划打造南台彩虹夜市1处,主营地方特色小吃和网红美食,兼顾发挥集贸交易和休闲娱乐功能,弥补南台村"吃、住、行、游、购、娱"要素短板,日接待游客600人以上。

4. 旅游环境健康有序

制定《南台村乡村客栈经营管理服务办法(试行)》,成立经营业主管理委员会,建立最低房价约束制度,着力加强经营业态内部调控和自我管理。制定《南台村乡村客栈评星定级实施细则(试行)》,开展经营业动态星级评价,树立标准化规范化经营导向,营造争先树优的良好经营氛围,切实提升服务质量和水平,促进旅游产业健康持续发展。至目前,召开业主管委会会议3次,化解矛盾难题6件,开展动态评星定级2轮次,授星挂牌32家。

(二)问题与不足

随着南台村旅游产业的不断发展壮大,进一步加快了南台村产业结构调整,推动了全镇旅游产业化进程,提升了旅游产业化经营水平。但随着丹霞景区周边餐饮住宿服务业市场规模的持续扩大和外部经营环境的变化,南台村旅游产业也暴露整体规划、基础配套、同质竞争、品牌形象等诸多问题。

1. 规划水平尚待提高

发展大旅游的视野不够开阔,主动融入"一核四廊多点"空间布局,对接七彩丹霞、平山湖大峡谷、康乐草原等周边旅游客源市场,以及与其他兄弟村、兄弟乡镇合作机制不健全,合作领域渠道狭窄,部分旅游服务、旅游体验项目存在空心化、同质化问题,互动性、互补性不足,单兵作战、互相掣肘等问题不同程度地存在,区域协调发展、合作共赢格局还不健全,个别商户之间存在恶意竞争、相互压价,经营秩序管理不规范、不统一的问题,致使在淡季时竞相压价亏本经营,旺季时无序竞争房价虚高,严重影响了旅游产业整体效益的发挥。

2. 服务水平亟待提升

基础设施是旅游发展的第一要素。从当前发展现状来看，南台村旅游服务依然跟不上旅游市场快速增长的需要，不能满足游客多元化的需求。从硬件看，以游客为中心的地方特色餐饮、文化娱乐、消费购物等场所总量不足、层次较低，缺少上档次的夜景、夜市等，引不来、留不住游客。从软件看，旅游专业人才跟不上旅游发展的形势，规划策划、研发管理、宣传促销、配套服务等方面的专业团队极其"匮乏"，加之从业人员素质不高，专职、专业、有资质的导游等服务人员缺乏，远远不能适应旅游业发展的供给需要。

3. 产业融合有待深入

一方面，文化是旅游的灵魂，旅游离开文化就会"魂不附体"。南台村所在的倪家营镇地广物博，红色文化、民俗文化等资源富集，但对旅游资源挖掘深度不够，没能很好地依托各类资源优势激活旅游业发展。另一方面，旅游业已成为群众增收致富的朝阳产业和幸福产业，关联度高、带动力强。但在南台村促进旅游与文化、农业等方面的广度和深度上还有待加强。同时，南台村旅游发展依然处在初级阶段，产业化程度低，产业链条短，牵引拉动作用弱，加之旅游产品开发慢，对产品、游客、消费群体也没有精准定位，精品意识不强、特色不浓、吸引力不强，资源优势还没有真正转化为竞争优势、经济优势和发展优势。

4. 宣传推介还需加强

靓丽的品牌是旅游形象的"高颜值"，也是对外宣传的"大招牌"。尽管南台村在旅游宣传方面创新思路、精心策划，做了大量卓有成效的工作，但是发声太小、震撼不够、冲击不强，旅游目的地品牌效应和品牌形象还没完全释放和凸显，缺乏对旅游推介和品牌打造的战略性全局性专业规划和统一的文旅消费宣传平台。同时，缺少对本地特色超级 IP 的培育及对辨识度高、特色鲜明的景区品牌、节庆品牌、特色文旅商品品牌的打造，大大降低了文旅产品的核心竞争力和市场影响力。

(三) 措施与建议

面对外部经营环境的变化，南台村村民当前已意识到自身发展的短板和存在的问题，也在积极进行自我努力，寻求解决之道。针对当前经营发展困局，要从改善外部经营环境和增强内生发展动力两方面发力探讨解决思路。

1. 坚持科学规划引领,推动产业融合发展

发挥丹霞社区牵头抓总作用,及时协调解决各职能单位、监管单位、物业、业主之间的关系,通过探索建立"红色驿站""红色食堂"等阵地形成工作合力,打破各自为政的局面,进一步促进丹霞景区及周边旅游服务产业转变发展方式、优化产业结构、转换增长动能,加大县级对南台村旅游发展的政策支持,按照"景村一体化"的发展理念,支持丹霞景区与外围景区圈层联动发展,统筹推进南台村、七彩镇、丹霞口文旅小镇等景区周边业态发展,提质升级核心景区服务功能,充分发挥景区的联动带动作用,在旅游功能规划、辐射带动上应该有倾向性地"照顾"南台村,促进景村一体化发展,增强南台村旅游行业的内生发展动力,实现共惠共利。

2. 优化旅游服务模式,提升旅游对外形象

以丹霞社区为依托,坚持主动治理,通过走访调查、数据研判等方式,将接诉即办端口前移,聚焦商户、游客诉求量大、涉及面广的领域,每月有针对性地采取措施提前预防,加强隐患排查、梳理薄弱环节、补齐突出短板。同时,畅通反馈机制渠道,常态化开展行业监管及矛盾纠纷调处等工作,切实让游客放心、经营者舒心,并及时协调解决各类游客投诉,确保投诉有人接、有人管、有人办且高效落实,尽量把问题化解在当地,提升游客旅游体验感,吸引更多的游客入村旅游。

3. 做优旅游服务保障,扩大旅游品牌效应

持续巩固提升旅游产业提质增效成果,围绕"资源、客源、服务"三要素,以"走出去""引进来"的形式组织旅游服务经营者外出学习培训,充分借鉴其他地区的典型经验做法,稳步推进"丹霞美宿"品牌创建。发挥行业协会作用,在现有协会的基础上,推动 2.0 版、3.0 版民宿的融合发展,塑造主题鲜明、风格迥异、环境优美、服务温馨的乡村民宿客栈集群,满足不同消费群体的差异化、个性化需求。结合评星定级,通过以优带中促进发展、淘汰低劣减少短板的方式逐渐推动餐饮住宿以及商品销售网点提档升级。引导经营业主紧随旅游产业发展新形势,不断创新经营理念,提升服务质量,大力维护旅游消费市场价格秩序及经营秩序,按照淡季保本运营、旺季限高运营的方式共同维护好旅游市场秩序,形成行业自律,坚决杜绝恶性竞争,促进南台村文化旅游产业健康有序

发展。

4. 强化经营能力建设，提升旅游服务品质

坚持"全区域谋划、全产业联动、全要素配套"原则，以规范市场、提升质量、联合发展、增加收入为目标，进一步规范餐饮住宿业态，增强市场竞争力。依托旅游社会化服务中心建设，通过公司化标准化运营，统一提供布草清洗、客房保洁等社会化服务，有效解决人员不足、客房保洁不到位的问题，切实提升旅游服务标准及质量，并抓好丹山虹霞美宿旅游管理有限公司对村文化旅游产业的规范化运作，做好开拓市场、整合经营、品牌培育、服务保障等工作，不断优化旅游服务业态，依托丹霞花海、彩虹夜市、红山湾景区等旅游资源优势，大力拓展沉浸式、体验式、互动式消费新场景，布局品类齐全、链条完整的消费业态，策划推出游客喜欢、市场认可的文化旅游精品线路产品，加快构建"场景＋住宿＋多业态"的旅游小生态，着重在"吃、住、行、游、购、娱"方面下真功夫，真正让游客慢下来、留下来、住下来。同时，优化和创新推介宣传平台、方法和技术，运用大数据技术、视听技术等开展全方位、多形式、多层次宣传营销活动，加大宣传深度、广度和力度，不断提升南台文化旅游品牌知名度、美誉度和影响力。

二、肃南裕固族自治县发展生态旅游

（一）肃南裕固族自治县概况

肃南裕固族自治有以裕固族为主体，汉、藏、蒙、土、回、满、东乡、保安等13个民族聚居的多民族自治县，地势南高北低，分河西走廊前山倾斜平原区和祁连山中高山区两个形态单元，平均海拔3 200米。属高寒半干旱气候，年平均气温3.6℃。人口密度为1.51人/平方千米。水资源十分丰富，共有大小河流33条，石羊河、黑河、疏勒河三大河流横贯全境，总流域面积为2.15万平方千米。境内有天然草原17 093平方千米，可利用草原面积1.422万平方千米。森林和野生动植物遍布全境。全县森林覆盖率21.8%。有乔灌木树种24科43属103种，以青海云杉和祁连圆柏为主，林木总蓄积量1 611万立方米。天然植物有84科399属1 044种，其中有雪莲、冬虫夏草、高挂草、锁阳等名贵中药材。野生动物229种，国家一级保护动物有白唇鹿、雪豹、野牦牛、野驴、盘羊等12种，二级保护动物有白臀鹿、马鹿、兰马鸡、藏雪鸡、马熊、猞猁、狐、岩羊等38种。

（二）肃南裕固族自治县发展生态旅游的条件分析

1. 丰富的旅游资源

肃南裕固族自治县旅游资源十分丰富。有建于北魏时期的马蹄寺、文殊寺、金塔寺等遗迹，有裕固族等多个少数民族独特的民族风情，有石窟壁画艺术，有藏传、汉传佛教文化；有雪山冰川、大漠戈壁、森林草原、丹霞地貌等。形成了"雄浑壮丽的祁连风光、独树一帜的裕固风情、精美绝伦的石窟艺术、气势磅礴的丹霞地貌"四大旅游精品。

2. 有利的区位条件

肃南裕固族自治县地处河西走廊南部，祁连山中段北麓，横跨河西五市，东西长650千米，南北宽120—200千米，沿祁连山主脉呈一字横贯分布，县城所在地红湾寺镇，距甘肃省最大的客源地兰州市直距480千米，公路线607千米；距历史文化旅游名城张掖市直距71千米，公路线97千米。同时距东风航天城酒泉、国际旅游名城敦煌都比较近，交通便捷，可达性好，区位优势突出。

（三）肃南裕固族自治县特色旅游产品的开发

1. 地貌旅游资源

地貌是构成风景总特征的基本条件。肃南县大部为山区，这里的丹霞地貌特点十分突出。肃南丹霞地貌在张肃公路两侧，地势险峻，海拔高度在2 000米至3 800米之间，南北宽约5—10千米，东西约40千米。以交错层理、四壁陡峭、垂直节理、色彩斑斓而称奇。既有广东丹霞山的悬崖峭壁，也有峰林柱的奇、险、美，还兼有新疆五彩城的色彩斑斓于一体。从发展旅游业的角度看，肃南丹霞地貌景区是一个具有综合性和广泛开发前景的高质量景区。景区内或周边地区旅游资源非常丰富，能够满足不同层次旅游者的需求。

2. 水体旅游资源

水体对游人具有很大的吸引功能，因为水是自然地理环境的重要组成要素，是天然景观的基本造景条件。肃南县水资源较为丰富，主要水体有冰川、地表径流、地下水。肃南裕固族自治县全县有冰川964条，面积408.68平方千米，冰储量159.154亿立方米。其中最著名的"七一"冰川位于肃南县祁丰藏族乡祁文村境内，它是世界上距城市最近的可游览冰川，也是中国西部最典型、最壮观的大陆型冰川。"七一"冰川景观奇特，远望似银河倒挂，白帘悬垂；近看则冰舌斜伸，冰墙矗立,冰帘垂吊,冰斗深陷,神秘莫测。"七一"冰川气候独特,景色迷人,是开展登山探险、避暑休闲、科考研究等旅游活动的好去处,也是肃南县旅游资源体系的重要组成部分。

3. 自然保护区资源

我国已建立自然保护区 300 多处,绝大多数分布在少数民族地区。肃南县境内自然保护区面积 18 950 平方千米,有 59 种国家级野生动物,占甘肃省全部野生动物的 34.8%,肃南县横跨河西 5 个地级市空间范围,空间关系复杂独特,集雪山、森林、草原、沙漠等多种自然景观于一体,风光优美,生态环境极佳。在自然风景优美、人文风情浓郁的当地极其适合进行生态旅游业的发展。

4. 民族文化风情资源

肃南县是甘肃独有的少数民族——裕固族的主要聚居区,裕固族民歌、服饰、婚俗具有独特的民族风情。游览祁连玉文化产业园国家示范基地、体验以裕固族民族文化为主的中华裕固风情走廊、参观民族博物馆的民俗文化展示、观看音乐歌舞诗画《天籁·裕固》、购买民族手工艺品……独具特色的民族文化和民间手工艺品已成为当地对外交流和吸引外地游客的"王牌"。

(四) 肃南裕固族自治县发展生态旅游的对策

1. 让各类媒体成为旅游宣传的助推器

肃南裕固族自治县在多方征求意见的基础上,深入提炼出了肃南旅游的宣传主题,确定了"山水肃南·裕固家园"的品牌定位。积极培育构建了"中部裕固家园幽谷度假旅游区、马蹄寺石窟绝品民族风情旅游度假区、祁丰冰川探奇天池揽胜旅游区、皇城草原美景高原水趣旅游区、明花沙湖芦荡小鸟乐园旅游区"五大旅游板块,推出了"祁连风光游、石窟绝品游、裕固风情游、丹霞地貌游"四大精品。为了充分彰显"山水肃南·裕固家园"的特色风貌,使外界更好地了解肃南,扩大肃南知名度,宣传工作中要在政策、财力、物力等方面提供保障,创造必要的条件,成立宣传工作领导小组,具体任务,具体分工,增强宣传工作的主动性和创造性,调动社会各界宣传肃南的积极性,努力形成大宣传的合力。通过强有力的宣传工作,有效改变外界对肃南的传统印象,能有让游客们来到肃南后有"不看终身遗憾"的感慨,这样我们宣传的目的才真正达到。

2. 让"生态旅游"成为肃南裕固族自治县旅游的一张王牌

旅游业是典型的"眼球"经济,牌子响,才能人气旺。中国最美的六大草原之一、中国最美的七大丹霞地貌之一、世界上距离城市最近的可游览冰川——七一冰川、世界第三大峡谷——黑河大峡谷等,肃南有许多声名显赫的看点。面对如此优秀的资源,更应注重生态环境质量,着重发展休闲度假旅游,强化"生态旅游"的个性化,突出旅游项目的体验性,让"生态旅游"真正成为一张打得出去并能打得响的王牌。

(1) 加强草原综合治理。肃南裕固族自治县是维系河西地区和内蒙古西部可持续发展的"生命线"和"绿色水库",也是西北地区重要的生态安全屏障。肃南裕固族自治县的草原资源是祁连山生态环境的重要组成部分。保护好祁连山草原生态环境关系河西地区经济的可持续发展,需要从最大限度地减轻对草原的负荷;建立生态补偿机制;加大草原防火的扶持力度;加大草原毒草和虫鼠害防治力度;组成护草队,从事草原生态管护工作等方面入手,实现保护草原生态与经济发展的"双赢"。

(2) 增强生态环保意识,强化法制观念。生态旅游一定要加强环境立法和管理。要严格遵守《环境保护法》《森林法》《文物保护法》《野生动植物保护法》等与旅游密切相关的环境保护法律和法规,并针对旅游业对环境影响有潜在性、持续性和累积性的特点,完善相关规定。为加强生态资源保护,提高人们的生态环保意识,可组织自然保护区的管理部门,分别在重要地段设置大型"入山须知"标牌和自然保护区界牌,在道路沿途按测量的距离,分别设立保护区功能区标牌、护林防火标牌和路途方向指示牌,进一步明确保护区各功能区的范围,做好生态保护宣教工作。

三、山丹县李桥乡高庙村"农文旅"融合绘就"诗与远方"新图景

李桥乡高庙村地处山丹县五大特色旅游景区"掌心"位置,是去往焉支山和山丹马场两大特色旅游景区的必经节点,全县 S590 旅游风景线穿境而过,交通区位优势明显,发展乡村旅游和"路衍经济"资源禀赋丰富。依托这些优势,深入挖掘乡村旅游资源,聚力将高庙村打造成集特色餐饮、休闲娱乐、观光旅游、民俗体验等于一体的乡村旅游综合体。还紧抓机遇,组织实施了高庙村农文旅融合

发展产业园建设项目,产业园于2023年6月建成投入运营,当年接纳游客2万人次,营业收入200多万元。2024年,对这个产业园进行二期建设,是在已建成商业区、民宿区、文创展示等设施的基础上,规划新建小油坊、醋作坊、馍馍作坊等"沉浸式体验"作坊区,并让游客亲身参与制作工序,增强游客体验感。目前,正在对产业园区内现有设施设备进行改造提升,配套完善绿化、亮化及水、电、路、暖等基础设施,新建"乡味高庙"主题广场1处,规划设计彰显文化特色的生态停车场、网红打卡点等设施,不断推动农文旅融合提质增效。

为留住游客,高庙村还将产业园所有资产整体移交山丹县农投公司负责运营,继续引进山丹老席、油糕、搓搓、炒拨拉等山丹特色小吃,在产业园创办名人文化工作室,引进山丹烙画、剪纸、麦秆画、刺绣等具有浓郁山丹特色的非遗产品和文化创意产品入驻园区,组织开展山丹宝卷念唱、秧歌演出等文化活动,构建"吃住行游购娱"全产业链,不断丰富旅游业态和人文内涵,持续放大产业园资源效益。

在产业园内引进特色美食也是高庙村留住游客而采取的措施之一,特别是美食山丹罐罐席,慕名而来的游客更是络绎不绝。山丹罐罐席是山丹人对民间传统宴席的一种称谓,其融合了百家的智慧及养生理念、传统文化、国学理论、宴席酒文化等诸多方面。菜品主要以烹饪牛、羊、鸡肉为食材,形式上凸显传统特色,菜肴呈现出淳朴之态,口味浓郁且厚重,咸甜酸辣各种滋味一应俱全。自入驻农文旅融合发展产业园以来,游客越来越多,生意也越来越好,旺季时每天人流量300多人。

以旅兴农,以旅强农。高庙村还充分利用高庙村独特区位和交通优势,发挥党支部带头引领作用,采取"村集体+特色产业+闲置农房"的模式,着力推动农村宅基地改革,至目前,产业园有偿租用农户闲置宅基地5户,累计带动20户群众发展种养业,吸纳60多名村民就近务工,户均增收3万元以上。如今,山丹县高庙村乡村面貌焕然一新,乡村旅游业态日渐丰富,村民收入不断提升,正在农文旅融合发展的道路上阔步前行。

四、肃南县马蹄藏族乡大都麻村推进乡村旅游产业发展

(一)大都麻村旅游产业发展优势

大都麻村坐落在祁连山北麓,"都麻"一词是藏语发音,是藏族文化中一种用

炒面酥油捏成的塔状的供品或祭祀用品,因与这里的山形极其相似,故大都麻村有此称谓。这里山清水秀、民风淳朴、石窟遍布、藏传佛教文化渊源深厚,构成了独具藏族特色的绚丽画卷和开发旅游的有利条件。大都麻村在2016年被国家农业部评为"中国美丽休闲乡特色民居村",成为大都麻村发展旅游的一个"金字招牌"。

1. 自然环境优势

大都麻村位于我市4A级旅游景区马蹄寺所在地,东与黄(黄草沟村)横(横路沟村)肖(肖家湾村)三村接壤、西临马蹄寺景区、南依祁连山、北靠瓦房城水库,大都麻河穿村而过,境内既有享誉石窟艺术界的国家重点文物保护单位金塔寺石窟和上、中、下观音洞等著名旅游景点,又具雪山、森林、丹霞、草原、沙漠等多种自然风貌,是全省独具特色的旅游净土、文化故园和避暑胜地,野生动植物随处可见,人文景观和自然景观浑然天成,呈现出"峻秀、神奇、厚重、神秘"的特点,置身其中步步皆景、处处如画,远眺祁连雪山熠熠生辉、原始森林郁郁葱葱、高山草原连绵起伏,近看牧人策马扬鞭、牛羊成群、碧水蓝天相映成趣,勾画出独具特色的绚丽画卷。特别是秋天的大都麻村,山水相映、色彩斑斓、风光旖旎,仿佛置身童话中的梦幻世界。

2. 人文旅游资源优势

大都麻村人文旅游资源丰富,藏传佛教遗址遍布景区,上、中、下观音洞石窟群名扬河西,金塔寺石窟享誉全国。金塔寺是全国重点文物保护单位马蹄寺石窟群的重要组成部分,位于大都麻村居民点西南3.1千米处,东西两窟修建在离地60多米高的红岩绝壁上。自北朝开窟以来,历经1 600多年,是河西地区乃至全国开凿最早的佛教石窟寺之一。特别是其中的彩塑飞天,别具一格,栩栩如生,国内独一。上观音洞也称"观音洞上寺",大小9座石窟分布于一座峻拔的孤峰顶巅之岩石侧壁,东首三窟中尚存文物遗迹;中观音洞又叫"观音洞中寺",共有7个洞窟,均开凿在极为高峻的峭壁;下观音洞又称"观音洞下寺",北距中观音洞约2千米,现有窟龛4座,其中一大窟为北朝系中心柱窟,窟内四壁不开龛,中心方柱分两层开龛造像,四壁绘有佛、菩萨、十八罗汉、四大天王等壁画,为明代风格。这些丰富历史遗迹,是大都麻村发展旅游的得天独厚的人文资源优势。

3. 社会旅游资源优势

社会旅游资源指特定社会文化地域中，对旅游者产生吸引力的人群及紧密联系的事物和活动，包括民情风俗、人际关系、传统节庆、民间生活方式、特有的民族服饰与文化艺术形式等，是以人为载体的一种社会现实。大都麻村总人口327人，藏族占90%以上，有少量的汉族、裕固族居住，由于信仰、宗教、语言和长期社会历史发展的环境相似，形成了婚姻、丧葬、节日、饮食、居住、服饰、礼节等方面都带有鲜明藏族特色的村落，大都麻村人勤劳勇敢、热情好客。大都麻村可开发的旅游商品种类丰富，既有高原草膘牦牛肉、羊羔肉等肉制品，酥油、曲拉等特色奶制品，野山菇、野菜等天然绿色食品，也有当地牧家乐挖掘开发的特色风干肉、牦牛肉南瓜煲、高原蹄筋、麻花羊排、特色烤羊腿、野蘑菇炖小鸡、黄焖羊羔肉、草原锅仔等10余种特色小吃，旅游产品有浓郁的藏乡特色，这里的人们爱唱原生态藏歌，爱跳欢快的锅庄，喜欢策马扬鞭、青稞烈酒，形成了独特的地域文化。

4. 区位优势

以张大路、G227线等干道为依托，大都麻村景区近可以吸引张掖各县区的本土游客，远可以吸引酒泉、嘉峪关、武威乃至青海的域外游客，交通线处于1—3小时的黄金时间段。随着马蹄寺景区的火爆，大都麻村景区也逐步成为周边省市游客旅游的新窗口。同时，大都麻村周边各乡村旅游景区也提供了拱卫带动作用，如甘州区乌江镇大湾村和元丰村、临泽县化音村磨沟、山丹窝窝自驾营地等，特别是2023年金塔寺景区逐步向社会开放，每年游客接待人数在3万人次左右，预计今后的游客继续呈井喷式发展。

5. 旅游机遇优势

近年来，随着市场需求多元化，旅游行业格局经历了从传统观光游一元主导，到文化体验游、休闲度假游、研学知识游、康养体育游等多种业态"群雄逐鹿"的变化。大都麻村景区具有独特旅游资源，可谓占尽天时地利，如何在这条乡村旅游"黄金赛道"上脱颖而出，需要挖掘出它吸引人的"杠杆"。此外，中国刮起乡村旅游休闲风，为其提供了独特时机。特别是三年新冠疫情以来，"微度假"已成为许多游客的出行习惯。有业内人士认为，新冠疫情带给旅游市场最大的改变，在于游客对个性化、独特化、定制化旅游产品的需求与日俱增。加上现在国家的大政方针,各种优惠政策的扶持,可以说是前所未有的。

(二)大都麻村旅游产业发展存在的主要问题

1. 旅游基础设施不完善

受地理因素制约,大都麻村发展旅游面临着许多制约因素。大都麻村与外界联系的有4条通道,除了金马路,其他道路通行条件较差,旅游旺季时交通运输能力不足,影响旅游者流入。可供居住的民宿屈指可数,商店仅有1个,域内及道路沿线缺少休闲娱乐场所,没有吸引游客的娱乐项目。旅游商品缺乏特色,销售额占旅游收入的比重十分低。

2. 乡村旅游业态比较单一

大都麻村的乡村旅游项目主要以农家乐、牧家乐、民宿等为主,缺乏特色化体验,虽然在节假日客流量较多,但是在其他时间游客就比较少,游客留不住、难再来凸显,旅游产业难以持久发展。且受限于季节、天气、道路等因素,不拓展其他营收渠道,仅靠节假日营收难以维持下去。

3. 旅游业从业人才缺乏

大都麻村发展旅游业面临许多亟待解决的问题,特别是人才问题。目前村上经营5家牧家乐,仅仅能解决"吃"的问题,村上愿意从事旅游服务行业的年轻人较少,现有人员往往缺乏专业培训,对旅游认知不足,也缺乏旅游经营者应具备的管理经验,对于乡村旅游的文化挖掘、规划运营、产业开发、营销宣传等方面缺乏了解,经营项目单调,服务质量不高,远不能满足游客需求。

4. 宣传营销力度不足

做好旅游宣传工作是开发旅游业必不可少的条件。虽然偶尔可以在抖音、快手等平台上看到有旅游博主推荐大都麻村景区,但无论数量和质量都差强人意。目前大都麻村景区的宣传力度不足、宣传投入较少、宣传方式落后,景区知名度较低,缺乏长期持续的大规模宣传,这些都严重制约了大都麻村旅游业的发展。

(三)大都麻村旅游开发的对策和建议

1. 加强项目建设,加快推进基础设施建设

结合乡村振兴、和美乡村建设、全域无垃圾、农村人居环境改善、厕所革命等专项工作,不断加大乡村旅游基础设施建设及景区景点开发力度,着力改善游客

接待、停车、环卫、通信等基础条件,配套建设服务设施,通过特色种养、开办牧家乐、特色民宿观光旅游等方式促进庭院经济工作落实落地,做到庭院经济与宜居宜业和美乡村建设相结合,实现经济效益、生态效益双丰收,不断打造农牧民群众增收致富新亮点。

2. 发展新质生产力,赋能乡村文旅产业升级

发展新质生产力,将丰富的乡土文化资源转化为经济发展的新优势,这些文化资源是特色文化产业发展的依托,也是乡村旅游吸引力的核心所在。升级新产品新业态,开发新的产品和服务,结合当地特色的文创产品、饮食文化、服饰文化、民间艺术工艺品等,举办民族文艺演出,举行地方文物展示、民间手工艺品展,举办传统节庆活动,不断丰富大都麻村旅游的文化内涵,树立特色鲜明的旅游形象,全方位、多角度地展示大都麻村的美丽风光、历史文化、民族风情,打造"藏族古村落、摄影写生基地、自驾露营基地、野营探险基地"的旅游定位。积极开发具有民族特色的文创产品,开发旅游线路产品,推动大都麻村从观光式旅游过渡为度假式深度体验游,其产品逐渐向多元化、融合化和个性化方向发展。以满足游客的精神需求,新质生产力赋能新产品、新业态,让游客从留下来到想再来。

3. 加快人才培养,提高旅游服务质量

实施乡村旅游带头人示范工程,重点培训乡村旅游经营户、乡村旅游带头人、能工巧匠传承人和乡村旅游干部四类人才,全力提升从业人员的法律意识、安全意识、服务意识,不断提高服务水平和接待水平。通过与专业经营团队合作来补齐短板,加大引进、培养力度,积极解决人才短缺问题。同时,建立标准化服务体系,实现服务的人性化、品牌化、标准化服务。加强对旅游市场监管,建设诚信旅游,营造良好的旅游服务环境。每年针对旅游管理及从业人员开展相关培训,以优质的服务质量保证旅游业的整体水平和效益不断提高。

4. 注重宣传推介,稳步拓展旅游市场

加大宣传推广力度,坚持线上线下相结合,加强与新兴媒体合作,全面提升大都麻村特色文旅知名度和影响力。加强宣传促销,提升整体形象,充分重视不同层次的消费需求,建设和改造现有旅游产品和旅游线路,开发更多面向大众的旅游项目,实现旅游业的跨越式发展。线上主要采用微信、微博、抖音、快手等短

视频平台,通过拍摄实地景色、特色节目、旅客游玩场景等短视频在各个平台播放,增加曝光度,打造"网红"景区。

回归山水田园,寻觅乡愁诗意。选择远离城市喧嚣,欣赏田园风光、享受特色美食、体验当地文化的乡村旅游,已成为游客市民打卡的一种新常态。坚持文化旅游首位优势产业定位,持续开发乡村旅游产品,培育丰富乡村旅游业态,配套完善基础设施,全力实施"文旅+""+文旅"发展战略,加快推进全域旅游生态圈建设,助推旅游业提档升级。相信越来越多的人将会在张掖美丽的田园风光、农耕文化、乡情乡愁中寻找到属于自己的"诗与远方"。

第七章 生态旅游规划

"生态旅游"一词,由世界自然保护联盟(IUCN)于1983年提出。生态旅游是以可持续发展为理念,以实现人与自然和谐共处为准则,以保护生态环境为前提,依托良好的自然生态环境和与之共生的人文生态,开展生态体验、生态认知、生态教育并获得身心愉悦的旅游方式。[①] 生态旅游承载着人类对自然的敬畏之心和对可持续发展的殷切期望。生态旅游规划是一份指引人类与自然和谐共生的蓝图,它犹如一座桥梁,连接着游客对原生态美景的向往和大自然脆弱生态平衡的保护。在全球生态环境面临挑战的当下,科学合理的生态旅游规划显得尤为关键,它需要我们深入剖析每一片土地的生态价值,考量每一处自然景观的承载能力,融合当地的人文特色,为生态旅游发展勾勒出清晰路径,确保旅游活动在自然的怀抱中有序开展,既满足当代人对旅游体验的追求,又不损害子孙后代享受自然馈赠的权利。

第一节 生态旅游规划的意义与制定依据

生态旅游被视为一项可持续的旅游发展理念,它远不只是关注环境保护这一方面,更是渗透到了旅游业的方方面面,旨在实现经济、生态、社会综合效益的最大化。这一理念以多种形式体现,从旅游目的地的规划和管理,到旅游者的行为和供给者的服务,都将生态旅游理念贯穿其中,努力实现对环境、社区和经济

---

① 王立龙:《国家公园生态旅游的本土化路径研究》,《中国生态旅游》2022年第2期。

的双赢。① 生态旅游作为一种可持续的旅游模式,正逐渐成为人们关注的焦点。生态旅游规划从作用意义来看,它是协调旅游开发与生态保护的关键纽带,能确保自然环境的可持续性,同时提升当地社区的经济与社会福祉。生态旅游规划的制定需要对生态资源的科学评估、对社会经济状况的精准剖析和对政策法规的严格遵循。

一、生态旅游规划的作用和意义

(一)确保发展的有序性

生态旅游的发展需坚持明确的功能定位和发展方向,实施差别化保护措施,完善基础设施和公共服务,打造生态旅游精品,探索人与自然和谐共生的可持续发展模式。② 生态旅游发展规划的制定和实施,使生态旅游发展纳入有计划、有步骤发展的轨道,并使之得到较顺利的发展。生态旅游发展离不开经济社会的发展,生态旅游发展须建立在全国和地区经济社会发展的基础上,得到社会上各个方面的支持,因此生态旅游发展须与经济社会的发展相适应,不能超越经济社会发展的程度。

生态旅游不仅可以提供美丽的自然风景和丰富的文化体验,还可以促进当地社区的经济发展和社会进步。通过生态旅游,游客可以深入了解当地的环境、文化和生活方式,从而增进对环境保护和文化传承的认识。这种综合效益不仅体现在经济层面,还包括对当地就业的提升、经济效益的创造,以及对当地居民生活质量的改善等。生态旅游的发展也为当地创造了更多就业机会,增加了经济收入,从而带动了整个社区的发展。③ 从我国生态旅游发展的实践看,在我国生态旅游发展的过程中,生态旅游发展规划的制定相对滞后,特别是全国的、长期的生态旅游发展规划的制定。因而,地方的、旅游区的生态旅游发展规划往往缺乏较为明确的方向和目标,致使生态旅游发展中出现一定的盲目性和无序性。

---

① 马勇、周倩:《中国式现代化视域下生态旅游产业生态圈构建与价值共创研究》,《旅游论坛》2023年第2期。
② 张韵君、刘安全:《绿色技术创新视阈下生态旅游变革的理论逻辑与实践指向》,《延边大学农学学报》2021年第2期。
③ 覃建雄:《现代生态旅游学》,科学出版社2018年版,第56页。

例如,在生态旅游区建造上出现了趋同化,一处兴建了某种主题或特点的生态旅游点后,其他地方不顾自身特点和条件都盲目跟从,导致过多过滥,使经营效率明显下降,甚至陷入经营困境。

(二) 确保和其他行业的配合发展

生态旅游业的特点之一就是它与许多部门和行业有密切的关系。这里主要的部门和行业有交通运输业、邮电通信业、商业、服务业、供水供电供气业、医疗保健业、饮食和娱乐业等。如果这些部门和行业不能与生态旅游业同步发展,生态旅游业的发展就会寸步难行。要解决生态旅游业与这些相关部门和行业的同步发展问题,单靠各个部门和行业是不行的。这个问题须靠国家和各地政府通过制定生态旅游发展规划来加以解决,使多层次、多部门、分散营运的各类相关部门加速实现整合,使这一现代化"社会—经济—环境"的边缘组合系统走向资源合理配置、供需匹配,在市场竞争中将更为有利。

(三) 确保资源有效利用和结构配置的合理性

我国生态旅游资源极为丰富,可开发和利用的生态旅游资源非常多。但是,从投入产出的角度看,生态旅游资源有一个有效利用的问题。在一定地域内,在一定时期中,并不是生态旅游资源开发得越多越好。生态旅游资源的开发和利用应与一定地域和一定时期的生态旅游发展状况相适应,与一定的客流量相适应。生态旅游资源开发利用偏少,不能构成对旅游者更大的吸引力,不能满足旅游者的需求,会形成对生态旅游发展的阻碍;而超越生态旅游发展的需要,就会导致所开发生态旅游资源的闲置。虽然生态旅游资源的开发应有一定的超前性,从而使生态旅游发展有较大的后劲,但是也不能超过一定的限度。为保证所开发的旅游资源有效利用,应根据生态旅游发展的现状和今后的发展趋势,做好生态旅游发展规划。开发什么样的生态旅游资源、开发多少、什么时候开发、开发的规模有多大等,都应制定明确的规划,并按照规划有计划、有步骤地实施。

生态旅游资源的有效利用与生态旅游资源的合理结构密切相关。生态旅游资源的类别很多,在一定地域和一定时期,生态旅游资源存在着一定的结构问题。生态旅游资源结构合理,就可以使生态旅游资源得到有效利用;反之,必然得不到有效利用。因此,要使生态旅游资源保持一个合理结构,就需要制定有关生态旅游的发展规划。

（四）确保行业可持续发展

生态旅游业发展要以生态旅游资源为凭借。生态旅游资源，特别是那些不可再生的生态旅游资源，如诸多的自然资源和人文生态资源，一旦被过度消耗或破坏，就会永久地消失，进而影响到生态旅游业的可持续发展。党的二十大报告指出："必须站在人与自然和谐共生的高度谋划发展。要加快发展方式绿色转型，发展绿色低碳产业，倡导绿色消费，推进以国家公园为主体的自然保护地体系建设，实现碳达峰碳中和。"[1]对此，对生态旅游资源的开发必须有计划、有步骤地进行，对一些已被开发利用的生态旅游资源，为了防止其过度消耗和破坏，还必须制定开发建设保护规划。此外，生态旅游业的发展与生态环境有着非常紧密的关系，如生态旅游地的海滩、湖泊、河流、小溪等，都不能受到污染和破坏，否则，生态旅游业就失去了可持续发展的条件和基础。因此，有关地方和部门必须按照规划的要求和规定做好生态环境的保护规划。

二、生态旅游规划的制定依据

（一）可持续发展目标

生态旅游规划的目标定位在生态旅游业的可持续发展，其内涵有三个：一是限制性条件，即开发的限制性前提是保护生态旅游资源及其生态环境。为了保护，开发要限定在生态环境和资源可承受范围内，超出这一范围，保护就成了一句空话，因此，生态旅游开发应该是在强度上的控制性开发，在方式上的选择性开发。二是最大效益，即生态旅游规划的近期目标是获得最大的效益。这一最大效益不是三大效益中的某一效益最大，而是三大效益协调发展所呈现的综合效益最大。三是可持续利益，即生态旅游规划的远期目标是获得可持续的最大效益。这一可持续效益是建立在经济可持续、社会可持续、环境可持续基础上的整体三大综合效益的可持续。

（二）系统和保护观点

生态旅游规划应持系统的观点，从系统的角度明确保护的对象及关键。

---

[1] 习近平：《高举中国特色社会主义伟大旗帜　为全面建设社会主义现代化国家而团结奋斗——在中国共产党第二十次全国代表大会上的报告（2022年10月22日）》，《求是》2022年第21期。

1. 系统的观点

生态旅游规划应将规划对象视为一个系统,这一系统是由生态、社会和经济复合而成。

(1) 组成上,生态旅游是一个复杂系统,是投影叠加在自然生态、社会、经济三大系统交汇区之上的,即整个系统是分为两个层次的,三大系统为基础层次系统,生态旅游系统是高层次系统。

(2) 关系上,生态旅游系统对三大基础系统有依赖关系,一方面,生态旅游系统要获得效益,必须依赖于三大基础系统;另一方面,三大基础系统呈相互紧密联系的关系,意味着相互协调,在协调的三大系统基础之上,生态旅游才有可能获得最大的综合效益。

(3) 实际操作上,生态旅游发展规划必须全面考虑三大基础系统中各个要素,如保护,不仅要保护生态环境,还应保护社会环境及经济利益。我们反对以牺牲环境换取经济发展,同样不主张因保护环境而压制经济发展。

2. 保护的观点

在生态旅游规划中应强化"自然保护"主题。过去人们曾把生态环境保护与经济发展看成相互对立的两极,只有矛盾的对立,无统一可言,即两者不可兼得。近年来,在可持续发展思想指导下,生态旅游资源的保护与社会经济的发展相结合,走"持续稳定、协调发展的道路"已成为人们的共识,许多生态旅游资源丰富的边远地区已把发展生态旅游看成是一种支持自然保护工作的重要手段,同时也是生态旅游区可持续发展的途径。生态旅游保护对象应包括自然生态、人文生态及当地社会经济利益三大方面,每个方面的保护都对生态旅游业可持续发展起着特殊的作用,生态资源环境及社会文化是旅游业可持续发展的资源基础,其中生态环境是资源的物质载体,社会文化是资源的精神内涵,而经济利益则是保护动力。保护动力是指人们的自觉行为总是由其内在的动力驱动,保护行为也是如此。保护动力又往往与保护者的切身利益紧密联系,如环境是他们发展旅游业获取经济效益的基础,保护这一基础就意味着保护了他们的经济收入,保住自己的经济收入这一切身利益就成为人们保护生态旅游环境与资源的动力。

(三) 保护性开发原则

生态旅游是一个复杂的系统,要实现在经济、环境和社会文化方面的可持续发展需要各个利益相关者的参与合作,通过最大化各方的优势,最小化各方的劣势,达到共同推动自然保护地生态旅游的可持续目标。[①] 为实现生态旅游可持续发展的目标,保护是基础。我们把"保护"作为生态旅游规划的首要原则,并从影响保护的各主要因素入手,总结出生态旅游资源保护性发展规划的八大原则。

1. 控制环境容量原则

在生态旅游规划和开发中,应遵循生态规律,具体体现在遵循生态容量这一基本规律上。生态旅游环境及资源对其旅游开发和利用都有一个承载力的范围,超出范围,生态旅游环境及资源就会受到破坏,为此,应建立环境容量标准。应该把旅游活动强度和游客进入数控制在环境及资源的承载力范围内。

2. 原汁原味原则

在生态旅游规划和开发时,要尽量保持生态旅游资源的原始性和真实性,具体表现在不仅保护大自然的原始韵味,而且保护当地特有的传统文化、民族风情等,避免因开发造成自然和文化污染。另外,旅游接待设施应与当地自然及文化协调,保证当地自然与人的和谐的意境不受损害,提供原汁原味的"真品"给游客。

3. 依法开发原则

生态旅游开发必须遵循相应的保护法律规范,如自然保护区的开发必须遵循《野生动物保护法》《水法》《森林法》和《自然保护区管理条例》等。当然,生态旅游开发方面的法制还不够健全,今后应不断完善。

4. 资源和知识有价原则

在生态旅游规划和开发中,只有充分认识"资源有价",开发者、管理者、旅游者才会自觉地去保护它;只有让资源占生态旅游开发效益的一部分股份,资源的保护才有经济支撑。"知识有价"能减少传统大众旅游的粗放型开发,避免开发中的破坏,同时还能避免管理低水平所带来的影响或破坏。

5. 防治"三废"和节约资源原则

在生态旅游规划和开发中,在其基础设施、服务设施的设计与实际运作中应尽量做到不向环境排放废物,把旅游对环境质量的不利影响控制在环境承载力

---

① 李佳、和智璇:《自然保护地生态旅游利益相关者的演化博弈——以中国犀鸟谷石梯村为例》,《旅游科学》2024年第10期。

范围内。

节约资源,即开发中采用"消耗最小"为准则,具体表现为:一要节约自然资源;二要适度消费,提倡使用诸如太阳能、风能、潮汐能等可再生资源,倡导在基础设施修建中尽量采用当地石材。

6. 资金回投原则

为将保护环境及资源落到实处,生态旅游业所得的经济收入的一部分应回投到环境中,用于保护和消除因旅游造成的对环境的不利影响,保证其具有永续利用的潜力。例如,尼泊尔政府将60%的旅游税收返回用于改善当地居民生活和环境保护。

7. 环境教育原则

生态环境治理作为乡村振兴战略的重要组成部分,直接影响人民群众的获得感和幸福感,良好的生态环境是农村的最大优势和宝贵财富。[1] 生态旅游与传统大众旅游最大的差异之一是对游客的环境教育功能,要使游客在愉悦中提高环保意识。要将生态环境保护放在首位,以保障旅游活动的开展不会对大自然生态环境造成破坏,所以,为实现这一目标的首要任务便是强化环境保护的宣传和教育。[2] 故而要进一步加强乡村旅游目的地生态文明教育,加大生态宣教力度,这不仅需要环境意识、环境知识、环境技能等方面的宣传教育,更需要从心理学视角关注影响环境行为的其他因素,以及这些因素之间的传导机制,[3]结合经营者、村民和游客等主体的思维方式、生活习惯和发展诉求来增强其对乡村环境保护的道德认同和行为自律,进一步提升社会生态文明意识。秉持"山水林田湖草是生命共同体"理念,结合当地思维方式、生活习惯和精神诉求来增强村民对乡村环境保护的道德认同和行为自律,通过文化熏陶、舆论约束、礼法引导等方式,将环保内化为村民的环境道德规范并外化为其环境自觉行为。[4] 在生态旅游开发时,必须认真考虑在生态旅游区中设计一些能启迪游客环境意识的设

---

[1] 习近平:《论"三农"工作》,中央文献出版社2022年版,第250页。
[2] 吴晓华、王威:《农史视角下我国现代农业生态化发展路径研究》,《宝鸡文理学院学报(社会科学版)》2023年第3期。
[3] 吴大磊、赵471康、石宝雅等:《农村居民参与垃圾治理环境行为的影响因素及作用机制》,《生态经济》2020年第1期。
[4] 潘加军:《非正式制度视域下的乡村环境治理路径创新》,《求索》2021年第5期。

施和旅游项目,如生态环境教育中心等。

8. 社区居民参与原则

生态旅游的发展会激发当地居民的创业热情,推动农村旅游、民宿业等新业态的兴起,为区域经济带来新的增长点。因此,市场运行动力机制推动着生态旅游与区域经济的良性互动,为区域经济的可持续发展注入了强劲动力。[①]"发展生态旅游的目标是追求旅游目的地的生态、经济和社会的和谐共生,而要保证这一目标的有效性并最终实现,必须让社区参与进来,开展基于社区参与的生态旅游活动。"[②]社区居民参与生态旅游业,可增强地方特有的文化气氛,提高资源的吸引力;更为重要的是让社区居民真正从旅游中受益。这是实现社区居民脱贫致富的有效途径,且有利于生态环境的保护和生态旅游资源的自觉保护。

(四)适宜的开发模式

1. 综合开发导向模式

传统旅游开发均以"资源""客源"或"资源客源"为开发导向发展当地旅游业,但其后面往往潜藏着一个危机,即进一步发展的后劲问题,也就是旅游业的可持续发展问题。究其原因,主要是保护问题。为此,保护是旅游业发展的主导因素,无论是资源型、客源型,还是"二源型",都应该增加保护的考虑,形成"保护+资源""保护+客源"及"保护+资源+客源"的综合开发导向模式。

近几年,一些本来以其闻名于世的资源发展起来的热点旅游区域开始出现降温。例如,云南的西双版纳,以其特有的热带雨林和傣族风情吸引国内外游客,但由于开发利用旅游资源过程中不注意保护其"绿色"自然环境和"原汁原味"的民俗风情,旅游业出现了滑坡。因此,保护旅游资源就成了旅游业可持续发展的关键。

2. 综合开发投入模式

从传统的资金投入认识误区的分析中,可以清楚地认识到,要使生态旅游业可持续发展,其开发的投入不应该只考虑单一的资金投入,资源及知识的投入也

[①] 张毓利、徐彤:《全域生态旅游建设能否助力区域"绿水青山"与"金山银山"兼得?——基于福建的经验分析》,《干旱区资源与环境》2023年第1期。

[②] 佟敏:《基于社区参与的我国生态旅游研究》,东北林业大学出版社2006年版,第1页。

应一并考虑,形成生态旅游特有的"资源＋知识＋资金"的综合开发投入模式。这一模式应从以下几个方面来理解。首先,承认资源有价,让资源在生态旅游业经济效益中占一定股份,使人们在认识上珍惜和保护环境及资源,实践上回投资金用于维持和保护环境及资源。其次,在知识经济时代,应充分认识知识对旅游开发的价值,知识是有"价"的,这个价值体现在生态旅游资源开发规划设计中的特色挖掘、主题创意和宣传促销等方面。在资源导向型的旅游地,旅游资源开发后的"增值"效应正是生态旅游开发中知识有价的体现;在客源导向型的旅游地,以出奇制胜的创意建成的主题公园火爆的经济效益就是知识有价的体现。最后,资金投入。上述三方面,缺一不可,资源和知识投入是发展生态旅游业的前提因素,资金投入是保证因素。

3. "循环"开发模式

为解决生态旅游业中的环境保护及资源问题,首先,应将生态旅游开发过程广义化,即旅游开发包括生态旅游规划、开发建设、管理和监测全过程。其次,生态旅游开发过程中的四个环节间的关系模式应是环状的。生态旅游开发由规划、建设、管理、监测四个环节组成,与传统大众旅游开发相比,多出了"监测"环节,而这一环节,正是沟通规划、开发建设与管理之链。有了监测这个链,就能不断地向其他三个环节反馈信息。生态旅游区建成运行一段时间后,根据监测反映出来的问题,再进行优化设计规划,使生态旅游区更为完善。同时定时地为生态旅游区注入生命的新内涵,增加对游客的吸引力,使生态旅游区的生命周期延长,这本身就是避免对生态旅游环境及资源的浪费。最后,通过监测后反馈的信息,充分认识生态旅游规划设计建设和管理中存在的生态旅游环境及资源的保护问题,再有的放矢地落实在进一步的优化规划设计和管理中,把环保建立在监测提供的科学依据上,进行有针对性的保护。

第二节 生态旅游规划的技术体系

生态旅游作为旅游业的一种高级形态,是 21 世纪以来国际旅游发展的新趋势,此理念强调在保护环境的前提下,通过旅游活动促进人与自然的和谐共生,实现经济、社会和环境的可持续发展。① 科学合理的规划是保障生态旅游可持续发展的关键,生态旅游规划的技术体系是指导生态旅游资源评估、开发模式选择、环境保护措施落实以及游客体验优化的重要指南。它以专业的技术手段和方法,为生态旅游绘制清晰蓝图,使生态旅游规划从概念走向实践,确保每一步都坚实可靠,推动生态旅游向着高质量、可持续的方向发展。

一、资源调查与评价

(一) 生态旅游资源调查

1. 调查内容

生态旅游资源调查的目的,是查明各类可利用的生态旅游资源,全面系统地掌握生态旅游资源的数量、质量、分布、组合状况、成因、价值,为生态旅游规划提供基础依据。调查内容可分为以下四部分:资源存在区的环境条件;自然生态旅游资源与人文生态旅游资源的数量、类型、分布、规模;邻近地区相关资源的调查;开发现状调查。另外,生态旅游资源调查,按工作目的可分为专项调查和综合调查两类;按调查深度可分为初步调查、重点调查、评价调查三类。

2. 调查步骤

(1) 收集现有资料。充分收集分布于各部门的现有资料,如地质、地理、林业、地矿、园林、文物、统计等部门及行业组织,大都积累有一定专业系统性的资料和图纸。

(2) 现场勘察。通过考察、采访、观测、测量、物探、摄影摄像、调查填表、标本采集、样方调查、无线电跟踪等方法,进行实地踏勘、挖潜、校核。根据具体情况,现场勘察工作可分为粗线条勘察(获得总体印象,便于部署)、重点研究勘察、比较评价勘察三类。

(3) 整理归纳。进行资料(基础资料、环境资料、社会经济资料、现有设施资料)归纳整理、旅游资源资料汇总,进行地图编制。

(二) 资源评价

1. 生态旅游资源分类

生态旅游资源分类,是以资源客观上存在的同质性、差异性为依据,按一定

---

① 李广宇、王新:《乡村振兴背景下黑龙江省县域休闲农业和生态旅游的发展转型研究》,《商业经济》2024年第10期。

目的进行资源集合排列的科学区分过程。按资源的科学特性与实用目的的不同组合方法,可产生多种分类系统。生态旅游资源分类主要有三种:按生态旅游资源的成因,可分为自然生态旅游资源和人文生态旅游资源;按生态旅游活动的性质,可分为参与型资源、运动型资源、专题型资源(如科学考察等生态旅游资源);按旅游体验的对象,可分为自然旅游资源、历史(文化)旅游资源、社会(真实生活)旅游资源三大类。

2. 生态旅游资源基础评价的方法

生态旅游资源,具有客观实在性与社会需求性(吸引力)双重特征性。因此,生态旅游资源评价,在基础评价层次上应以客观实在性为主要评价内容,如规模(面积、覆盖率)、质量(年代、水体流量、含沙量)等。生态旅游资源基础评价的主要任务,是评价旅游资源实在性的固有价值,其意义在于调查掌握恒定的这部分基础性价值,因而在评价方法上应摒弃主观美感评价,注重客观调查与技术性评价鉴定。因此,基础评价标准普遍具有一致性。这种评价的逻辑依据、任务、评价标准,与《中国旅游资源普查规范》十分相近。从技术上看,生态旅游资源基础评价的方法,可以参照《中国旅游资源普查规范》所提供的方法。

(三) 资源开发评价

开发评价是生态旅游资源评价的后一个层次,是在考虑客源条件、区域社会经济条件、区位条件、规划战略意图的基础上以及规划过程中的政府、开发商和当地社会自主制定评价标准的基础上,来评价资源在开发上的综合价值。该评价主要用于规划区的整体定位,以及区内各点的开发定位。

由于这一层次的评价涉及面广,不定性因素很多,受各区社会经济发展的战略意图的影响很大,目前尚难建立成熟的定量标准。但其中有两点最为活跃:一是市场对生态旅游活动的兴趣变化,导致资源开发价值的变化;二是规划战略意图对资源开发价值的影响。各种生态旅游活动之间,从互补、兼容到排斥,具有不同的相关性。一旦规划战略确定,如"强化本地区的滑雪运动特色",就意味着该地旅游者会参与一些其他相关活动,如雪橇、溜冰、烧烤、温泉浴、室内竞技等。与该类活动有关的各种因子权重就会提升,用地规模的重要性也会相应提高;如换成以"垂钓活动"为特色,则会排斥滑雪活动。可见,在生态旅游资源的开发评价这一层次上,评价难以建立统一标准,且是一个规划战略互动的过程,并需要多次反复。

二、区域区位分析

（一）激发条件

生态旅游包括自然观察、生态探险、野生动植物保护、环境教育等多种方式。通常在自然保护区、国家森林公园、生态农业区等区域开展。游客体验生态旅游，可以获得身心的放松，也能在游玩中体验学习生态知识，培养对自然的保护和热爱之情。[①] 人类回归大自然的愿望以及对其生态环境和旅游资源的好奇与探索本能，是生态旅游发生的内因；客观环境的自然、人文差异，是生态旅游发生的外因。在现代社会物质技术条件的基础上，在旅游者自身的经济与时间条件的支持下，激发生态旅游的产生。

（二）交通区位与可进入性

对外交通的现有种类、设施及频率，内部交通的布局、密度、等级与公交水平，内外交通的衔接关系，内部交通的联运（水、陆等）水平，是交通区位与可进入性的研究内容，其主要衡量标准应包括时效、公交化程度。

（三）城镇依托关系

城镇，是人口与社会经济的聚集地，邻近资源县的中心城镇，既是客源市场的重要来源，也是信息中心、交通枢纽和技术、资金、能源、商品物资的供应源。大多数旅游者在前往旅游地的过程中，要经过这个"前院"。另外，资源区内部城镇居民点的作用不可低估，它常常是资源地开发的供应与保障中心，如通信、电力、加油、给水、污水处理等，一般离不开邻近村镇，它还提供劳力、物产、文娱、医疗、治安、养护管理等，从而成为资源县的"后院"。生态旅游资源丰富的地区，通常社会经济条件落后，因此应充分依托城市和乡镇。在一般情况下，可因地制宜地采用"游山水之间，食村镇风味，住城镇中心"的模式，以解决我国现阶段资金短缺、设施落后、环境破坏、季节闲置的旅游发展通病。

（四）市场范围的界定

生态旅游市场范围的界定受多种因素影响。从地理角度讲，既可以是当地

---

① 李广宇、王新：《乡村振兴背景下黑龙江省县域休闲农业和生态旅游的发展转型研究》，《商业经济》2024年第10期。

市场,如某山区周边居民到本地山区生态旅游景点游玩;也可以拓展到国内其他地区,如沿海城市居民前往内陆生态资源丰富的地区旅游;还可以涉及国际市场,如外国游客被本国独特生态景观吸引前来。从目标群体看,包括自然爱好者,他们对观赏独特的生态系统如热带雨林、珊瑚礁等有强烈兴趣;探险爱好者热衷于生态探险活动,如在生态保护区内进行野外生存挑战;还有环保意识较强的人群,他们希望在旅游过程中支持生态保护项目。从产品类型方面界定,生态旅游市场包括生态观光市场,主要是观赏自然风光;生态度假市场,是在生态环境良好的地方休闲度假;生态科普市场,比如以生态知识学习为主题的旅游活动、在湿地保护区学习鸟类知识等。可以说,"引力模型"是描述生态旅游地与客源地关系的一种常用数学模型。其基本原理是引用"万有引力定律",即两物体间的吸引力与物体的质量成正比,与物体之间的距离的平方成反比。

三、市场分析

(一) 市场需求调查

1. 生态旅游市场需求

生态旅游市场是指生态旅游供需关系的总和,也称生态旅游客源市场。生态旅游市场需求,是指生态旅游客源市场愿意付出一定代价换取生态旅游产品的实际需求。其特点是不仅愿意按一定价格购买,而且会付出闲暇时间,所购买的是一种回归自然的经历。以自然生态环境和风俗民情等为生态旅游对象,对大部分生态旅游资源地区而言可形成"优质低价"产品,其"优质"表现为优质的生态环境难于在城市中用巨额资金创造出来。"优质低价",必然带来长盛不衰的旅游市场需求量,这一规律已被生态旅游发展实践所证明。

2. 主要需求指标

生态旅游需求指标,是表征需求发展状况的度量工具。指标种类很多,可根据具体研究目的设计选择。生态旅游规划经常需要的指标主要有两大类:第一类是衡量来访旅游者实际状况的指标,如旅游人次、人均消费、人均停留天数等;第二类是用于衡量客源市场需求潜力的指标,如出游率、重游率、开支率等。生态旅游人次是指一定时期内来到生态旅游目的地的生态旅游者人次总数。人均消费是指一定时期内生态旅游者消费总额与生态旅游人次之比,也即生态旅游者消费额的算术平均值。人均停留时间是指一定时间内生态旅游者在旅游目的地停留时间的算术平均值。出游率是指一定时期内一个地区的出游人次与其人口的比率。重游率是指来生态旅游地的旅游人次与旅游人数之比，即旅游者来目的地旅游次数的算术平均值。生态旅游开支率是指生态旅游开支与其年均收入之比率。

3. 生态旅游市场调查

市场调查的目的，是摆脱个人有限的经验和主观臆断，以正确的方法主动收集、掌握与规划决策相关的生态旅游市场需求信息。具有针对性的客观的需求信息，是生态旅游规划科学决策的重要依据。市场调查的内容极为广泛。其中，支持生态旅游规划决策的主要调查内容包括客源地市场环境、市场需求、市场潜在需求、产品组合、顾客评价等。

(二) 市场预测

1. 预测程序

生态旅游市场预测，是对旅游市场未来需求的展望与推测，是依据对生态旅游市场发展规律的认识，从过去、现在来推测未来的过程。生态旅游市场预测的一般工作过程是：(1) 明确预测目标，确定预测对象(如时间、地域、内容和需求指标)；(2) 收集资料，分析掌握预测条件；(3) 选择预测方法或预测模型，并制定相应的调查方案；(4) 针对性地开展市场调查，收集掌握第一手实践调查资料；(5) 对宏观市场及规划区市场范围进行需求预测；(6) 按需要进行进一步的细分市场预测；(7) 分析预测结果，进行可靠性分析与成果校核修正。

2. 预测类型

生态旅游市场预测，可按不同的划分标准分成多种类型。按预测时间，可分为短期预测、中期预测、长期预测；按预测范畴，可分为环境预测、行业市场预测、企业市场预测；按逻辑方法，可分为定性预测(如需求调查法)、推理预测(如成本率法)、定量预测(模型法)；按数学方法，可分为时间数列法、相关分析法等。

四、目标制定

(一) 地位与产品定位

1. 确定生态旅游的地位

生态旅游不仅可以直接获取大量外汇，而且该外来资金在旅游地多次周转后,间接地带动起当地其他产业部门的经济发展。生态旅游收入的乘数效应(Multiplier Effect)是评估生态旅游业对这种经济带动作用的有效方法。生态旅游乘数效应是指生态旅游发展所导致的社会经济收入与旅游直接收入的比值。

2. 生态旅游产品的定位

生态旅游产品定位的任务,是在生态旅游资源特色、生态旅游市场需求调查分析综合的基础上,确定主导性的优势生态旅游产品及其适销主要目标市场。生态旅游产品的定位,是一项具有挑战性的、艰巨的但不容回避的工作。该项工作的目的,是在生态旅游市场条件下提高生态旅游资源的配置效率,增强生态旅游系统要素的有效组合所产生的吸引力,通过筹划、创造拳头产品来增强旅游经济的增长优势,提高开发启动的成功率。

(二) 规划目标制定

生态旅游规划的最根本依据,是生态旅游系统的运动、发展规律,即与生态旅游系统相关的各种事物的过程与现象的必需的、普遍的、稳定的、重复的联系,其在内容上、形式上是客观的。规划目标,作为一种生态旅游发展的管理工作的参照,现实中只能以抽象的描述形式来反映事物的基本方面,不可能对具体事物进行完整的写真,这种遗漏必然地使规划目标的制定工作受到制约。另外,生态旅游发展规律,具有一定的阈值,即该规律借以发生的客观条件的最低和最高极限。生态旅游系统的发展规律,只能在这一阈值内发生作用,超出这一阈值,规律会失去原有的必然性。生态旅游规划一旦超越了这种规律的作用阈值,就会夸大旅游规划的作用而受到客观规律的惩罚。要解决发展规律与规划目标之间的矛盾,一是要对生态旅游系统全面把握,并尽可能在量上进行科学预测,规划目标尽可能靠近能达到的水平;二是在规划目标不能降低的前提下,重点研究增强手段直至与现实目标相匹配。

五、结构布局

(一) 布局原则

1. 主导性原则

综合决策与主导因素相结合,依据最优越的资源和区位条件,通过聚集布局效应,提高规模效益,突出整体优势,强化与其他生态旅游区的差异,以利于塑造特色鲜明的市场形象。

2. 完整性原则

聚集效应有一定的阈值,聚集一旦超越其承载力,会出现一系列的负效应。适度分散、均衡发展,是结构布局的另一方面。布局结构,除了有中心基地、核心景区,还需包含入口区、次级中心、辅区、过渡区等,使各区之间分层次、连成片(或带),形成完整、丰满、具有多种适应性的功能整体。

3. 分工协作原则

按同一性或差异性所划定的各区,须按各自的特殊条件形成自己的优势,并以此分工为导向,形成本区的相关配套旅游产品,变单一功能为相关功能群。同时,专业化发展要服从于全局整体需要,形成各区之间扬长避短、优势互补、功能耦合的分工合作体系。

4. 可持续性原则

生态旅游规划及总体布局,不仅要立足现状,解决实际问题,更要着眼发展,为中、远期的布局变化创造有利条件,为可持续发展考虑。例如,若是在推进农业生态旅游项目开发阶段过度追求利益而忽视资源环境承载力,则很有可能会出现资源过度消耗、环境污染加剧以及生态系统失衡等诸多问题。这样,既会影响自然保护地的生物多样性、破坏生态环境,又会对农业生态旅游的可持续发展产生影响。[1]

(二) 空间布局的结构

布局,可分为宏观布局、中观布局、微观布局三个层次。宏观布局,主要指生态旅游发展在空间上的总体轮廓和部署,取决于对全局发展起主导作用的关键性外部条件、关键性资源、关键性市场、关键性制约以及特殊优势等因素。中观布局,主要确定各生态旅游区在地域空间内部的配置与部署关系,通过聚集与均布、联结与疏离、优先与兼顾等关系的战略抉择,形成内部结构布局。微观布局,则在具体分析各点的潜力和制约的基础上,着重研究点与点、点与中观甚至整体的相关性,通过比较与调整,使全区各点形成性质分类、功能分区、成组布局、整

---

[1] 吕尧:《基于生态保护红线的自然保护地管理体系构建问题探析》,《农业与技术》2020年第8期。

体最优的多维网络结构。

第三节 生态旅游规划的支持和保障体系

生态旅游规划的实施需要全方位的支持与保障体系。生态旅游规划的支持和保障体系涵盖政策法规的保驾护航、资金投入的有力支撑、专业人才的智慧引领、科技应用的创新推动以及社区参与的积极配合等多个关键环节。它确保生态旅游规划在复杂的现实环境中得以顺利推进,有效平衡旅游发展与生态保护之间的关系,为生态旅游的持续健康发展筑牢根基。

一、交通设施

生态旅游不仅提供自然风光的欣赏,还能够让消费者深入了解当地的文化、历史和民俗风情。现代消费者越来越注重个性化和定制化的旅行体验,他们希望能够根据自己的兴趣爱好和需求定制旅行路线和行程。生态旅游业务可以通过提供个性化的旅游产品和服务,满足消费者的个性化需求,提升消费者的满意度和忠诚度。[1] 所以,一个生态旅游区交通运输设施的完备、便利程度决定着旅游目的地的可进入性程度。可进入性,不仅是开发旅游资源和建设旅游地的必要条件,也是衡量旅游业发达程度的重要标志。生态旅游交通与道路规划的基本原则是"进得去,散得开,出得来,有特色"。这不仅包括进、出旅游区的对外交通条件,也包括旅游区内部活动的交通条件。

(一) 航空交通

航空交通的出现,特别是喷气式大型客机的使用,大大缩短了空间距离,为进行远距离旅游、国际旅游提供了前所未有的条件。航空交通虽然成本高、耗能大,但由于具有快速、省时、可跨越各种天然障碍的优点,旅游者能在短时间内到距离遥远的旅游地旅行。特别是对于距主要客源市场较远的旅游地,有无航空

---

[1] 娄海灵:《四川民族地区区域经济协调发展研究——以凉山彝族自治州为例》,《商业经济》2012年第16期。

交通条件,甚至是能否较大规模地发展国际旅游业的前提条件。

(二) 铁路交通

铁路交通具有载运量大、运价低、受气候变化影响小、安全系数高、污染小等突出优点。作为旅游交通工具,铁路交通经济、舒适、安全、方便,游客在车厢内还可以欣赏沿线的自然风光。目前,铁路运输是中国国内长距离旅游的运输骨干。修建铁路工程造价高,受经济和地理条件限制,不能在短期内修建延伸。因此,在目前我国经济发展水平条件下,如果仅仅是为了发展旅游业而修建铁路,从经济原则讲,是不可行的。应当肯定的是,铁路的修建将提高西部地区生态旅游地的进入性。青藏铁路的修建,穿越神秘的"世界屋脊"青藏高原,极大地促进了这一地区生态旅游业的发展。

(三) 公路交通

公路交通是最重要和最普遍的短途运输形式,其突出的优点是灵活性较大,对自然条件适应性强,公路建设投资少见效快。其不利的方面是运载量小,速度慢,运费较高,受气候影响较大等。因此,公路交通较适用短期和短途旅游。例如,目前进入川西生态旅游区的唯一交通即公路交通,甚至深入生态旅游区内部,如九寨沟、四姑娘山等。但公路等级普遍还不高,加上沿线山地灾害时有发生,导致交通时断时通,直接制约了游客客流量的增长。因此,应逐步提高道路等级,改善道路状况。

另外,我国目前也广泛修建从旅游中心城市到著名风景区的高等级公路,以缩短旅行时间,增加游览时间。例如,北京—十三陵、昆明—石林、贵阳—黄果树等高等级公路。四川省目前已建成成都—重庆、成都—都江堰、成都—乐山、成都—雅安、成都—绵阳 5 条高速公路,显著缩短了成都至各大景区的旅游时间。在中远期,也可以考虑将高速公路逐步延伸至川西生态旅游区,为川西生态旅游的发展筑起快速通道。

在生态旅游区内部,则不宜修建公路。公路建设会破坏自然景观和植被、干扰野生动物的活动。大量汽车进入景区,还会带来汽车尾气污染、噪声污染、交通拥挤等环境问题。在已经修建公路的景区(如九寨沟),则必须实施一系列管理办法,完善交通服务机制,例如,禁止自带车进入景区;在景点附近要规定车辆低速行驶,以减少污染,提高安全系数;在景区内不得随意鸣笛;等等。目前,九寨沟内已引进使用绿色环保型巴士提供沟内交通服务,而禁止非景区经营的汽车,包括各旅行社专车、交通车、各单位团体的大小车进入,从而降低了污染,有效改善了景区内的交通状况。

(四) 水路交通

水路交通具有运载量大、耗能少、成本低的优点。从旅游角度看,江河两岸往往是旅游资源集中的地方,如长江三峡、漓江。轮船航行的过程也是旅游欣赏的过程,船上旅游的安闲和舒适,是其他旅游交通设施所难以比拟的。在川西生态旅游区,水上交通设施使用较少,在部分景区,可以考虑有限制地开发水上观景活动。开展水上观光,应严格禁止使用机动船,避免噪声污染和油污染。

(五) 特种旅游交通

特种旅游交通分为三类:第一类,用于景点、景区或旅游区内的专门交通工具;第二类,在景区或景点内某些特殊地段,为了游客安全或节省体力而设置的缆车、索道、渡船等;第三类,带有娱乐、体育、辅助老幼病残旅游者和欣赏意义的特种旅游交通,如滑竿、轿子、马匹、骆驼等。

在生态旅游区内,应该开辟专门供游客散步、赏景的游览步道,用碎石、石板或木板筑成,步道闭合成环线,沿线设置指示标牌和解说牌。指示标牌上注明游览线路,解说牌则标明该景点的名称、特色、主要动植物的图片等。游道的设计要充分考虑到游客的安全问题。例如,在有台阶的地方应用较醒目的颜色加以区分,避免游客摔倒;较危险的地方一定要设置警示牌和栏杆;另外,可以考虑为残疾人士设计一条无障碍通道,体现对各类人士的关怀。九寨沟、黄龙的游览步道采用的是悬空式木板桥,既便于游客近距离欣赏美景,又不对自然景观和植被造成破坏,是较为成功的例子。需要改进的是指示标牌和解说牌的配置与设计,指示标牌和解说牌的制作材料应选用天然材料,如树干、木板、石板、石头等,体现自然野趣。除此之外,在有些景点可以提供游人选择的长距离、道路较粗糙、风景各异、游人不多的徒步旅行道路。在游人住宿区,还可以开辟公园式步道,这些步道配置有低矮的路灯及优雅的音乐,可以供游客夜间使用。

在旅游地交通建设规划中,特种旅游交通"索道"的建设争议最大。一种意见认为,索道安全、省时、省力,便于旅游者活动和旅游业的发展;另一种意见则认为,索道有损风景区的自然美,破坏了自然景观的完整性与和谐性。近年来,全国各大风景区都先后建成了索道,包括一些世界自然遗产(如黄山、泰山、峨眉山)在内。可以认为,在生态旅游区应尽量少修建索道,索道的最大弊端是使旅游区的自身面貌受到不同程度的破坏。建旅游索道,需要修建上下站房和铁塔、立支架、埋电缆等,在施工中,不可避免地要劈山炸石、砍伐树木,使自然风貌受到损坏。另外,索道若设计不当,可能与自然景观不协调,影响自然的原始野趣。当然,与修建盘山公路相比,索道要优越得多。索道在空中架设,能适应各种自然条件,在地面无须建桥梁、涵洞,不需要开辟大量土石方,只需少量支架,而且支架间距长,一般为 500—1 000 米,直线爬坡仰角可达 45°。如前所述,生态旅游区内不能修建公路,因此,在某些地方可能确实需要修建索道,以解决游客运输问题。如果确实需要修建索道,则一定要坚持与景观协调的原则。首先,索道选线要隐蔽,尽量避开景观敏感度高的地带。如黄山索道的选线(从云谷寺到北海)较为隐蔽,比较成功;泰山索道线路(从中天门到南天门)隐蔽性就差一些,如果选择在沿后山的上山小路走向,则较现在的线路更为合理、隐蔽。其次,索道建设中,尽量不破坏自然风貌,变砍伐树木为移植树木,上、下站站房的建筑风格和色彩要与周围的自然景色相协调。总之,要尽最大可能降低对自然美的破坏。

二、服务设施

生态旅游服务设施,是指为旅游者生态旅游活动提供服务所需凭借的物质条件。生态旅游服务设施是根据旅游接待体系规划所提出的要求,进一步确定相应硬件设施的风格、面积、位置和用地,其内容主要涉及游人村、住宿设施、餐饮设施等硬件设施的建设安排。

(一) 游人村(游人中心)

游人村,也称游人中心,集游人解说中心、环境教育中心、接待站、咨询处、管理处、购物、餐饮、生态停车场等于一体,既是游人活动集中区,也是景区管理中心。在景区入口处附近选址修建游人解说中心,提供多媒体展示和咨询服务,迎接旅游者并向他们介绍生态旅游区的自然资源和文化价值、旅游者的行为规范以及野外露营探险活动安全指南。游人解说中心的建筑物既要与自然环境融为一体,又要考虑地方特色,与所在地域的自然和历史环境条件相协调。例如,在阿坝州小金县四姑娘山景区,可以将游人解说中心建在沙坝镇,在游人解说中心展示四姑娘山的三个主题：一是景观资源（冰川、冰缘地貌、高山湖泊、峡谷、飞瀑、原始森林、高山草地及嘉绒藏族人文景观），二是动植物资源（植被垂直带谱、珍稀植物、珍稀野生动物等），三是四姑娘山传说。

（二）住宿设施

一般旅游区，往往都要修建大量的豪华宾馆。但现在国外宾馆建设的普遍趋势是高层建筑日益减少，以不超过10层为宜，越来越多地突出民族风格，尊重地方风俗习惯。在生态旅游区，生态旅游者追求的是回归自然、放松身心，因此不需要大兴土木修建豪华建筑。生态旅游区内不宜修建任何永久性住宿设施，临时性的住宿设施高度以不超过三层为宜，尽量保持自然特色，如仿造动物居巢建旅馆，像墨西哥的蟹巢式沙丘公寓、肯尼亚的鸟巢式树上旅馆；九寨沟的藏式小屋则独具民族特色。住宿设施的规划建设主要考虑三方面问题：一是根据旅游需求预测床位数；二是从保持自然特色和民族风格的角度研究住宿设施的位置、风格、密度、用材、级别与类型；三是考虑生态环境保护与未来扩建的可能性。

（三）餐饮设施

一般旅游区都有各种类型的餐饮设施，如绿色食品厅、豪华餐厅、地方风味餐厅、快餐厅等。应创建绿色饭店，饭店设置有清吧、酒吧、咖啡厅、自助餐厅、茶楼等。餐饮消费是游客开销较大的方面，因此要有足够数量与质量相称的餐饮设施。同时，餐饮废物也是景区环境的污染源之一，废油、废水、废烟的随意排放，会污染水体和空气，影响游客体验；随意丢弃的塑料食品包装袋造成令许多景区头疼的白色污染。解决这些问题除了加强管理、治理与教育外，最根本的办法是堵住污染源。

在生态旅游区内，应沿着游道规划一定范围、一定数量的就餐区域，在此区域内布置餐饮点、分类垃圾箱、凉亭和座椅等设施，这既是游客就餐区（游客只能在此区域内就餐），也是游客休息区。就餐区内的各餐饮点应以提供成品或半成品的无油烟、包装易解的快餐食品和可回收包装的饮料（瓶装、罐装饮料）为主，不使用塑料包装袋。在生态旅游区外（入口以外），可以划定范围较大的较为集中的餐饮区，布置各种风格的餐厅，提供多种各国、各民族的风味食品。

三、基础设施

生态旅游基础设施也称为辅助设施。一个国家或地区基础设施不配套、不足或缺乏,将影响旅游活动的顺利进行,甚至连正常生活都不能保证,其结果将使当地旅游资源的原始吸引力被大大削弱或完全抵消。正因为如此,旅游基础设施是旅游设施的一个重要组成部分,主要包括供水系统、供电系统、通信系统、排污系统和安全救助系统及与此有关的所有设施。为了支持生态旅游的进一步发展,需要对生态旅游基础设施合理布局,并努力改善设施水平。

(一)供水系统

旅游区供水是否充足,是影响该旅游区能否正常运转的重要条件。生态旅游者对旅游地及景区的供水量和水质都有较高要求。因此,供水应不间断,而且要方便、充足、水质良好。旅游区往往需水量大,旅馆每间房每日耗水量达1.4—1.6吨,一些体育设施,如游泳池也要消耗大量的水。同时,要对高峰用水做准确的预测,以保证满足高峰时期游人的要求。为了提供足够的水,往往需要沿河修建水坝,铺设输水管道网络。例如,在生态旅游集镇修建自来水厂,以保证生活、科研、生产、消防用水;在设立有餐饮和住宿设施的生态旅游景点可修建利用山区泉水的管道供水系统,水质应达到生活饮用水卫生标准。

(二)供电系统

旅馆客房一般耗电是每间房每天每小时3.25—3.75千瓦。电力系统也对旅游形象影响很大。必须保障供电平稳且连续,有必要建设高压供电网或预备发电设备。要对高峰用电负荷做准确的预测以满足高峰用电需求。供电电源种类应同目标市场游客的使用习惯相一致,因为游客(特别是外国游客)可能使用各种类型的电器,包括电吹风、电动剃须刀、电动牙刷、电脑等。在旅游区的每个旅馆和居住设施中根据电压等级或许需要安装变压器和稳压器。电力系统设施的布局与建设应注意不破坏景区的景观效果和植物资源,最好铺设地下供电网。

(三)通信工程

高效的通信工程体系,是满足游客对外联络需求和当地人民生活需要的基本设施。旅游地通信和旅游景区的通信,必须依托区域通信体系的整体发展而发展。区域通信主要包括普通电话、电视电话和图文传真。普通电话分固定和移动两种。固定电话有家庭电话、磁卡电话、IC卡电话、投币电话等多种类型;移动电话有模拟移动电话和数字移动电话两种。这些通信方式都离不开基站和网络的建设。在使用光缆传输的基础上,应加强移动通信建设步伐,满足旅游者特别是国际旅游者的通信需求。移动通信应加强数字移动网无线基站的建设力度,实现国际性自动漫游。

(四) 排污系统

废物(生活污水、固体废物)的排放不仅直接污染环境,而且危害游客的健康,因此应建立排污设施,制定一系列管理措施。游人住宿区和居民生活区的生活污水,都必须经过处理后才能排放,因此必须建污水处理站,并铺设污水排放运输管道。对分散的污染源,采取地埋式污水处理设施。在游览道沿途设置分类垃圾箱,由专人负责清运、回收。加强环保意识教育,要求旅游者将固体废物集中袋装交出入口专人统一处理。在距游人村 2 千米处建垃圾回收中转站,将垃圾集中运往垃圾处理厂处理。地面、水面、绿地做到全日保洁,随脏随扫。景区内及景区外沿线厕所应全部实现水冲式,粪便采用沼气池无害化处理,厕所间设隔板和门,有专人打扫和管理;厕所公共信息符号标志清楚,并用中英文对照书写;厕所布点应恰当,一般为 1 千米左右一个;位置应较为隐蔽,不能妨碍景观及游人视线;造型、用材应与景观协调。

(五) 安全救助绿色系统

游客的安全是旅游发展赖以存在的基础,作为旅游从业人员应意识到忽视安全将对整个行业带来的危害。当然,保护旅游者不仅是警方的责任,也应得到当地社会各方的关注和共同努力;旅游安全也不仅是旅游目的地的责任,也是整个国家乃至全球面临的共同问题。

生态旅游区往往地处偏僻,旅游活动又带有探险色彩,建立完善的安全救助系统显得尤为重要。景区管理部门应联合当地政府的公安、武警、稽查成立联防治安队或保安队,维护景区的正常秩序,及时处理纠纷、预防犯罪、抢险救援。在观光危险地段,要设置防护栏杆和警示性标牌,提醒游人注意安全。雨季还要定期派人员加以维护。洞穴观光需要给游人配发安全帽和训练有素的导游,严格设置观光路线,标示警戒区段。水上活动要配备救生衣、救生艇,漂流河段应配置护漂人员,船只、器械要定期检查、维护。徒步探险的游客应装备卫星电话或小型发报器,一旦迷失方向或发生险情,可以及时和管理局取得联系。在经济条件许可的情况下,可以考虑配备小型救援飞机,以执行紧急救援、运输任务。另外,还有必要设置医疗救护站,在旅游者遭受意外伤害或突发疾病时可以进行及时、专业的处理急救,并且和各级医疗机构联合开通生命绿色通道,以保证游客的生命安全。

四、游览娱乐设施

游览娱乐设施是指供旅游者参观、游览或娱乐的场所,不仅包括各种博物馆、美术馆、民俗展览、园林、纪念馆等,这些设施往往是当地旅游吸引物的重要组成部分,还包括歌舞厅、夜总会、游乐场及其他各种为丰富旅游者的旅游生活而提供的参与性娱乐设施。游览娱乐设施不宜布置在生态旅游区内部,以免造成对自然环境的破坏,应布置在区外的游人活动集中区(游人村)附近。

可以设计具有生态教育意义的游人解说中心、生态资源展览馆、博物馆等游览场所;开辟野餐场地、攀岩场地、骑马场地等娱乐场所。各片区可规范建设生态绿道、骑行道、补给站等户外运动旅游设施,依托村落社区配置购物、餐饮、住宿、向导、露营基地等接待设施,完善徒步旅游基础设施,提供自然疗养或疗愈、森林徒步、湖滨湿地徒步、动植物观赏,提供以自然资源为基础的农场和生态保护体验型旅游产品。

五、购物设施

购物设施包括旅游纪念品商店、工艺品商店、旅游用品商店等。购物设施,特别是一些小摊点,不能随意布置在游道两侧,应集中布置在入口处,如九寨沟的购物区就规划在入口处的广场边沿。在购物区,还可以向游客租借或出售野外旅游所需设备,如户外露宿卧具(帐篷、睡袋、防潮垫)、背包(装载必备家当的工具)、野营厨房厨具(炉具、炊具)等。

六、从业人员的教育和培训

提高生态旅游服务人员的专业化水平,提升游客的生态素养也是推动生态旅游可持续发展的重要环节。[①] 目前,作为旅游人才输出"摇篮"的各大院校,也

[①] 李广宇、王新:《乡村振兴背景下黑龙江省县域休闲农业和生态旅游的发展转型研究》,《商业经济》2024年第10期。

多是重理论轻实践,没有真正形成行业亟须的特色鲜明的应用型人才培养模式,无法保证复合型农村旅游管理人才的持续供给。[①] 加上农村地区的教育资源相对匮乏,缺乏专业的旅游管理类专业课程和培训机构,无法为当地培养和输送旅游管理人才。乡村振兴是一场持久战,本地人才的培养更为重要,要积极开展培训计划,增加当地农民的旅游管理知识,鼓励本地大学生返乡创业就业,提高农村旅游行业的自我"造血"能力。当地的高职院校也要致力于复合型旅游管理人才的培养,培养更具实践能力的复合型人才,做好人才输出的保障工作。[②] 旅游业是充满激烈竞争的行业,如何在竞争中占据优势,关键是有无高质量的从业人员。为此,应将旅游人才培养作为一项中心工作来抓,使旅游人力资源开发与旅游发展同步上台阶。在发展生态旅游时,应建立生态旅游教育与生态旅游协调发展的良性循环机制。

(一)管理人员的教育和培训

1. 培训目的

使培训对象对生态旅游的性质、特点、经营和管理等有全方位的认识,实施生态战略;对生态旅游及其与旅游业可持续发展关系有清晰了解;加强有关生态经济理论、生态管理学习;提高环境保护与管理意识,以便在改革中,选拔生态素质高的人才进入管理层次,建立经营的新机制和生态管理新模式。

2. 师资

聘任业务能力强,并且有生态理论与生态旅游知识的高级教师;聘请省内和国内有关生态环境保护学等专业的专家作为兼职教师或做专题授课与咨询;各生态旅游区间互派优秀管理人员讲学等。

3. 培训对象

市县文旅局、生态旅游区干部以及生态旅游区所辖县、乡、镇、村的基层干部;涉外饭店、星级宾馆、旅行社总管和经理;交通、商贸等总负责人或总管等。

4. 培训内容与措施

有关生态学、生态经济学和环保等基础知识;生态旅游的性质和特点及与其

---

① 韦辉:《农村生态旅游经济与健康产业的融合发展》,《山西财经大学学报》2023年第2期增刊。
② 韦渺、谭继算:《乡村振兴背景下生态旅游与绿色农村融合发展研究》,《农村经济与科技》2023年第19期。

他产业的关系；生态旅游经营、管理和旅游可持续发展理论等；本地旅游业中有关生态旅游与生态环境的重要问题等。

5. 培训方式

培训、轮训制，举行专题讲座、研讨会，组织考察学习，各旅游区互派干部"留学"等多种方式。

（二）投资者与经营者的教育和培训

1. 培训目的

全面掌握生态旅游区开发原则、评价标准、市场需求等；提高环保意识，了解生态环境的重要性与可持续发展理论；加强法治观念，了解有关政策、法律规范等，且遵守有关"行为准则"；学习生态旅游有关知识，全方位提高综合文化素质。经培训考试合格，发给从业许可证，才准许运作，且应定期轮训提高。

2. 师资

环境生态学和规划设计等学科专家，包括环保局、林业局、文旅局、建设与规划局等部门领导和专业技术人员。

3. 培训对象

各生态旅游区的投资者，各生态旅游区经营主要负责人、经理等。

4. 培训内容

有关环境生态学与生态经济学的理论、环保知识及可持续发展理论；自然保护区与森林公园规划设计、旅游规划设计、生态旅游规划设计；生态旅游区开发、经营原则；环境保护和自然保护区的有关政策、法律规范；经营者的职业道德和行为规范等。

5. 培训方式

短期培训、轮训、专题讲座等方式。

（三）导游人员的教育和培训

1. 培训目的

了解环境保护与生态旅游有关知识；全面掌握自己所在的生态旅游区自然环境、自然资源和人文景观概况及特色；提高文化素质，包括自然知识、人文历史、地理和环境保护等知识；较熟练地掌握外语，能有一定听、说（译）能力；培养有环境意识、责任心强的生态旅游导游和专业领队。经培训、考核合格才准上岗,且进行定期轮训。

2. 师资

旅游学校高水平的教师;高校和科研单位有关专业的专家;省内外高技能优秀导游等。

3. 培训对象

旅行社和景区导游;文旅局有关工作人员。

4. 培训内容

旅游资源类型、特色与环境关系;生态学理论、生态旅游与环保知识;导游服务质量、接待宾客礼仪、咨询服务;旅游外语会话等。

(四) 服务人员的教育和培训

1. 培训目的

增强生态旅游和环境保护意识;接受新知识、新观念,增强服务意识,提高服务技能;完善服务程序,提高服务质量标准。其中包括岗前培训、定期考核、颁发合格证书,且与评定技术职称、聘任、持证上岗结合起来。

2. 师资

环保局与文旅局有关领导;宾馆、饭店总管和经理;生态环境、环境保护教学有关教师等。

3. 培训对象

旅游住宿和餐饮服务员;宾馆、饭店和客房服务员;景区服务员等。

4. 培训内容

有关生态旅游与环境保护知识;服务指南,旅游服务标准;旅游心理学及礼仪等。

5. 培训方式

旅游淡季轮训、现场传授和表演、报告会。

第四节　生态旅游规划的编制

随着人们对自然环境的珍视以及对独特生态体验的追求,合理规划生态旅游变得至关重要。每个地区的旅游特色都是不同的,在进行旅游规划时必须考虑到地方的实际情况。要综合评判该地区的旅游优势,把握旅游企业、居民以及社区的经营水平,这样才能够选到最合适的经营项目,在发展的过程中形成特色。否则市场将会出现同质化竞争的局面。①

一、规划编制程序

生态旅游规划编制工作的一般程序是:明确任务与工作准备,成立规划领导小组和编写小组,进行基础资料收集和调查,资源评价与旅游市场分析,机会风险分析与战略制定,结构布局与分项规划大纲,总体优化调整与分项规划编制,对规划编制的评审,等等。在实际操作过程中,这一程序尚存在多路径、多次数的反馈过程,具体方式因规划方的经验和评审方的要求而异。生态旅游规划编制主要有以下程序。

(一) 成立规划领导小组和编写小组

领导小组成员由所在地的地方政府和相关部门领导组成,同时吸收所在地社区有威望的群众代表参加。领导小组应首先确定规划的思路和预期应达到的目标。编写小组成员由多学科的专家组成,包括总体布局、生态环保、自然科学(地质地貌、动植物保护)、社会科学、历史文化、民俗民风、基础设施、市场营销、经济和财务分析等方面的专家。

(二) 基础资料的收集和调查

对当地与生态旅游相关的众多因素进行全面调查,内容包括自然环境概况、社会经济现状、现有旅游服务设施和基础设施、进出通道状况、土地利用和社会经济发展模式、当前地方政府的国民经济和社会发展政策与计划、地方政府的投资能力、当地居民对发展生态旅游的想法。在资料的收集和调查中,对现有和潜在的旅游吸引物和活动以及环境特征进行编目和评价尤其重要,应全力发展本地区独特的、具有丰富内涵的自然文化特征的旅游吸引物。

(三) 资料分析和综合

资料分析和综合是规划制定的重要程序,本阶段的主要任务是进行旅游市

---

① 谷称:《乡村生态旅游高质量发展思考》,《合作经济与科技》2024 年第 12 期。

场分析和环境分析。

旅游市场分析包括分析现有的客源市场和当地旅游业发展情况，以及建立在现有或未来的旅游吸引物和其他因素基础上的潜在市场。市场分析应考虑游客到达旅游区所需时间和费用，确定游客的种类、数量和市场目标。由此，规划人员可以对旅游区的住宿、餐饮、交通等服务设施，水电、通信、安全等基础设施，以及劳动力的需求情况做出预测，并对可能产生的经济、社会和环境影响进行评估。

环境分析重点在于确定旅游发展地区和景观的容量控制，在对各种调查研究资料进行综合分析的基础上，对经济、社会、环境等诸多因素进行平衡，理清这些因素之间的相互关系，并对发展旅游业的重大机会和制约因素进行充分论证。

(四) 完成规划

编写小组应当首先以简略的形式准备若干可供选择的规划方案，邀请有关专家和社区群众代表对这些方案进行评估，通过选择和比较，确定一个既能够实现旅游业发展目标，带来经济效益；又能够将旅游业对环境和社会文化的负面影响降至最小，并能实现可持续发展的方案。规划的制定要始终遵循自然规律和经济规律，克服主观意志，清除因小团体和部门利益驱使而造成对环境损害的各种不利因素。由于旅游业是一个不断变化的行业，规划的目标应按近期(1—5年)、中期(6—10年)和远期(11—15年)三个时段确定。近期目标应当十分具体，中期和远期目标通常可以概括一些，以便根据将来的变化情况进行完善和修订。规划文稿完成后，由旅游区地方政府邀请有关学科专家对规划进行评审。规划经评审修改后，报请主管部门批准，并正式纳入本地区国民经济和社会发展总体规划中。

二、总体规划的编制

(一) 总体规划的性质、任务与期限

1. 性质

总体规划，指在一个地域综合体(多为一个法定范围)内的生态旅游系统的发展目标和实现方式的整体性部署。该规划经相关政府审批后，是该地区各类部门规划和生态旅游开发、项目规划的依据。

2. 任务

总体规划的主要任务是，以区域生态旅游战略规划为依据，结合社会经济发展规划、国土规划和城市规划，综合研究旅游资源、市场形势和发展条件，确定生态旅游在本地国民经济中的地位和发展目标，并对如何实现目标做出整体性部署。通过主要旅游市场分析，确定特色、布局、容量和有关规划指标，统筹安排旅游产品"经历"体系、生态旅游支持保障体系的协调发展，处理好远期与近期、保护与发展等全局性关系，以引导规划区内的旅游事业在市场竞争中稳健、全面的发展。

3. 规划期限

一般近期规划为1—5年，中期规划为6—10年，远期规划为11—15年。同时应当对远景发展做出轮廓性规划安排。

（二）总体规划的基本原则

1. 供需匹配原则

生态旅游总体规划须综合平衡生态旅游产品开发与支持体系、保障体系建设的关系，使生态旅游系统在市场需求与供给的动态平衡中健康发展。

2. 资源保护原则

严密规划，严格实施资源保护措施，特别是对野生动植物的保护。要进行乡村旅游资源的整合，挖掘和保护各地区的独特自然资源和人文资源，如民族风情、历史遗存和农业文化遗产，形成各有特色的旅游产品。同时，优化资源分布，根据区域特点制定差异化的旅游发展策略，避免资源的过度开发和同质化竞争。[1]

3. 循序渐进原则

生态旅游项目开发、设施建设的进度应与旅游者到达的人次、类型、消费相匹配，分阶段逐步开发，按时序合理分配各种资源。

4. 综合利用原则

最大限度地利用现有设施，新建或改建设施尽量能服务于多种需要。

5. 地方特色原则

充分反映本地区独有的地理条件和生态环境，尽可能使用本地建筑材料，保护和表达本地历史与民族风情。

---

[1] 李广宇、王新：《乡村振兴背景下黑龙江省县域休闲农业和生态旅游的发展转型研究》，《商业经济》2024年第10期。

6. 机构协调原则

生态旅游规划的所有方面及其实施过程,必须通过有组织、相互协调的众多政府部门及其下属机构共同努力才能完成。

7. 技术经济合理原则

生态旅游设施与服务部门应能满足目标市场需求,同时应尽量与国内标准与国际标准接轨,一方面不应造成成本过高,另一方面应满足目标市场的安全、卫生、舒适的要求标准。

三、项目规划的编制

(一) 项目规划的性质、特点与任务

1. 性质

生态旅游项目规划,是指对具体生态旅游功能单位的发展所做的详细管理规定或直接做出具体安排和规划设计。项目规划经有关部门审批后,是生态旅游项目开发立项、设计审批、经营管理的依据。

2. 特点

生态旅游项目规划具有实施可操作性、内容生动性、技术经济合理性的特点。

3. 任务

生态旅游项目规划的任务是以总体规划为依据,融立项研究、策划创意、规划设计、经营管理的科学技术、政策法规和创造性于一炉,详细安排和规划设计具有市场吸引力、有利于资源可持续利用、技术经济科学合理的旅游功能单位。

(二) 项目规划的基本原则

1. 资源保护原则

生态旅游资源保护战略通过项目实施才能真正落到实处。

2. 经济可行性原则

投资额、回收期望须充分考虑旅游市场的实际消费承受力、市场竞争风险因素。

3. 设施集中利用原则

应形成完整、集中、设计精良的生态旅游服务中心或游人村,能有效发挥基础设施、服务设施的作用,且有利于管理。

4. 协调性原则

对项目层次,各形象要素需特别关注相互间的纵横协调性,共同形成一致的整体形象。

5. 独特性原则

环境与地区文化特征,如民俗风情往往能形成与旅游者生活环境的对照,成为吸引旅游者的重要因素。鼓励创新旅游产品,开发多元化的体验项目,如农业科普游、农耕文化体验、民俗活动、农产品加工与品鉴等,让游客在享受休闲的同时,学习农业知识,感受乡土文化。此外,运用现代科技手段,如 AR/VR、大数据分析等,提升旅游体验的科技感和互动性。[①]

(三) 项目规划编制的内容

1. 规划内容

随着现代生态旅游市场竞争的加剧,为减少生态旅游项目开发的风险,完整的项目规划通常需要经历以下技术过程,涉及诸多内容。研究总体规划要求,进行项目可行性研究、概念性规划,进行大型项目的控制性详细规划,实施项目的修建性详细规划、主要景点和游憩项目的规划设计、投入产出分析与规划调整以及项目筹资等。实际上,具体生态旅游项目之间存在很大差异。某些生态旅游项目的内容专一,投资极少,风险不大,其项目规划的内容可视项目的需要选择上述内容中的几个单项。某些项目涉及面十分广泛,而客观上所能调动的技术力量常十分有限,这时规划可以按实际需要分为几个阶段,但内容必须符合当地有关部门的管理规定。简言之,生态旅游项目规划的具体内容要根据项目的具体情况来确定。但不可否认的是,我国在生态旅游项目规划层次上,目前的设计市场管理状况与设计水平,与"适度超前发展"的生态发展战略要求,以及与我国生态旅游资源的质量相比,差距悬殊,令人担忧,不少地方已不幸铸成了难以挽回的错误。现实中我们经常遇到这样的情况,当某一地区的旅游规划完成时,就宣告了对该地区生态环境破坏的开始。随着市场竞争的日趋激烈,生态旅游产品质量的提高与产品升级,要求设计技术、设计管理水平相应提高,生态旅游项

---

① 李广宇、王新:《乡村振兴背景下黑龙江省县域休闲农业和生态旅游的发展转型研究》,《商业经济》2024 年第 10 期。

目规划的内容之间、规划人员之间的技术整合已刻不容缓。生态旅游项目规划应尽快摆脱市场的"建设规划",或脱离环境规划支持的"产品规划"的不利局面,将主要的技术过程,通过技术联合而发展成一个"同步反馈"的整合性规划过程,使生态旅游系统通过生态旅游规划整合为一个整体。

2. 规划成果

生态旅游项目规划的成果通常包括规划文本、规划附件(包括各种生态研究报告、基础资料等)。在详细规划中还需有现状与各种分析图、详细规划总平面图、各项专业规划图,以及反映规划设计意图的透视图等。

第八章　生态旅游体系构建

随着人们对环境保护和可持续发展关注度的不断提升,传统旅游模式面临深刻变革。生态旅游体系的构建是经济发展、环境保护与文化传承有机融合的关键路径。这一体系涉及旅游资源的科学规划、生态环境的严格保护、游客体验的优质塑造以及当地社区的积极参与等多重要素。

第一节　生态旅游者

生态旅游者不是普通的过客,而是大自然的朋友,与飞鸟走兽为邻,和花草树木为伴。在这片生态乐土,感受自然脉搏,开启心灵净化之旅,共同守护珍贵的绿色世界。

一、生态旅游者概念

生态旅游者是生态旅游活动的主体,是生态旅游形成和发展的关键性因素。由于目前国内外理论界对生态旅游的内涵尚未形成一个明确的统一说法,因此人们对生态旅游者的界定和理解也有所不同。有的定义比较接近,只是侧重点不同;有的定义则大相径庭,在内涵和外延上都有很大差异。

世界自然基金会(World Wildlife Fund,WWF)是研究生态旅游较早的国际机构,其研究人员伊丽莎白·布(Elizabeth Boo)认为,生态旅游者是指那些以风景和野生动、植物为特定目标,为实现学习、研究、欣赏、享受等目的而到受干扰比较少或没有受到污染的自然区域进行旅游活动的旅游者。国际资源组织于1992年在给出的生态旅游的定义中认为,生态旅游者是指"以欣赏自然美学为初衷,同时表现出对环境的关注"的那部分旅游者。生态旅游者是在不损害当地生态系统或地域文化的情况下访问、了解、鉴赏、享受自然及文化的旅游者。而按照原国家环境保护总局自然保护司司长杨朝飞的理解,真正的生态旅游者既要到自然中去放松、消遣、休闲、娱乐,又要具有比较高尚的道德标准,在其进行旅游活动的同时要爱护自然、保护自然,不能因其旅游活动而给当地的自然环境和生态系统造成破坏和污染;生态旅游者还应该通过生态旅游更多地了解自然,向自然学习更多知识,从而更自觉地保护自然、保护生态。

综上所述,不难发现,目前对生态旅游者概念的理解上主要形成三种有代表性的观点。

一是从市场的角度出发,将生态旅游者定义为:到生态旅游区,以消费生态旅游产品为其旅游活动主要内容的旅游消费者。这种以是否到生态旅游区购买并消费生态旅游产品为标准来判断旅游者是否是生态旅游者的定义,最大的好处是便于对生态旅游者的数量及相关指标进行统计,有利于旅游企业和旅游地研究生态旅游市场,为其生产经营提供有力依据。事实上,目前各方对生态旅游者的统计都是依此定义进行的。

二是从心理学的角度出发,认为生态旅游者是指那些具有一定生态和环保知识并能在其旅游活动中随时体现出其生态和环保意识的旅游者。这个定义既不强调进入生态旅游区,也不强调购买生态旅游产品,而是强调旅游者应具有生态和环保意识,并且这种意识会体现在旅游者于不同的时期、不同的地点所进行的不同类型的各种旅游活动中。我们认为,这个定义更能反映生态旅游的内涵。因为生态环境是一种全球性、系统化的概念,是指地球上的一切生物和非生物要素自然状态下构成的相互制约、相互依存的环境。因此只有当所有的或大部分的旅游者都具有生态和环保意识,并能自觉地在此意识的指导下进行旅游活动,才能将旅游业对全球生态环境的不利影响降到最低程度,也才能实现旅游业的可持续发展——这是开展生态旅游的初衷。当然这种依据心理学的观点,从观念意识角度对生态旅游者进行定义的方法在很大程度上只有理论上的指导作用和研究价值,缺乏在统计度量上的可操作性。

三是对前两种定义的综合,认为生态旅游者是指那些具有生态和环保意识,愿意并能购买生态旅游产品的旅游者。这一定义避免了生态旅游产品的消费者不是真正的生态旅游者和具有生态保护意识的消费者不一定购买生态旅游产品的矛盾,将具有生态保护意识和消费生态旅游产品在同一个旅游者身上统一起来,在这种定义之下的生态旅游者更被严格地限制为一个较小的群体。但在实际的工作中仍然不得不将所有进入生态旅游区或购买生态旅游产品的旅游者统计为生态旅游者,因为是否具有生态保护意识仍然是难以衡量和统计的。

从生态旅游的范畴来看,生态旅游者还有广义和狭义之分。广义的生态旅游者是指到生态旅游区的所有游客。这类界定具有很好的统计学意义,具有统计上的可操作性,但只是对旅游者行为现象的部分概括,并没有真正体现生态旅游的内涵,而是将生态旅游与自然旅游等同起来,忽视了生态旅游的兴起与发展是人们环境意识增强的结果,没有体现"生态"的含义,不能确保旅游者是否具有生态意识和环保知识,其进入生态景区后的活动是不是生态活动,是否有保护环境的行动。狭义的生态旅游者是指到生态旅游区的那些对环境保护和当地社会经济发展负有一定责任的游客。狭义的生态旅游者不便于统计的需要,但反映了生态旅游的真实内涵,同时涉及生态旅游者的本质特征,把生态旅游者与传统旅游者区别开来,有利于旅游者自觉地要求自己,成为一名真正的生态旅游者。

二、生态旅游者与传统大众旅游者的差异

区分生态旅游者与传统大众旅游者,可以有助于我们更好地理解和识别生态旅游者。传统大众旅游者是相对于生态旅游者而言的,尽管生态旅游者的产生与传统的大众旅游者有密切联系,但传统大众旅游者主要是进行传统的游览观光和度假;生态旅游者则是传统大众旅游者当中不满足于那些受人为影响过多的旅游景观,而把目光投向原始古朴的自然区域、原汁原味的特色文化,从事符合生态旅游原则的旅游活动的那一部分。所以,生态旅游者的产生跟传统大众旅游者有密切联系,他们同属于旅游者的范畴,但两者之间又有着明显差异。

三、生态旅游者的形成

生态旅游者的形成,既取决于他们所具有的客观条件,又取决于旅游者主体的主观条件,且对其进行生态和环境教育的培养也非常重要。

(一) 生态旅游者形成的客观条件

生态旅游者形成的客观条件涉及社会生活的各个方面,主要包括生态旅游者因素和生态旅游地因素两个方面,它们相互联系、相互作用,统一构成了旅游者进行生态旅游的客观基础,这些是生态旅游者得以形成的必要条件。

生态旅游者因素主要指可自由支配收入、休闲时间、身体状况及家庭人口结构等。这些因素是形成旅游者的一般客观条件。对生态旅游者来说,还有一些特殊要求,即生态旅游由于管理和保护需要更多的人力和物力,总体来看花费要比传统大众旅游高一些;由于生态旅游目的地往往距离中心城市较远,因此也需要花费更多的休闲时间。另外,由于生态旅游主要在大自然中进行,对体力的要求较高,因此身体状况成了能否参与生态旅游的重要生理性因素和决定性因素之一,尤其是登山探险旅游、自行车旅游、海洋生态旅游等形式对身体素质的要求更高。通常,老年人外出生态旅游的比例极低。

生态旅游地因素包括旅游地自然资源环境、社会环境,以及旅游地的可进入性、信息资料与物质条件等。1983年首次提出的"生态旅游"概念认为,生态旅游地即那些相对古朴、原始的自然区域。[1] 我国生态旅游地分为两类:一是自然生态旅游地;二是以自然为主,自然与人文共生的生态旅游地。后者指人类干扰程度较轻或自然与人工生态系统镶嵌分布但以自然景观要素为基底的地域。有社区的自然保护区与自然遗产地属于后者。[2] 旅游地的自然资源环境是指具有生态美的旅游资源环境,是吸引生态旅游者的重要因素。旅游地社会环境即一个旅游地的社会、政治、经济现状等,其对生态旅游者的形成也有直接和间接的影响。首先,旅游者有一个共同的心理需求,那就是追求安全、舒适和友善的旅游社会环境;其次,生态旅游地的社会、政治、经济等发达程度将影响到旅游交通业、住宿业等旅游服务业的发展以及都市化进程,这些因素也会对生态旅游者产生一定影响。

(二) 生态旅游者形成的主观条件

生态旅游者形成的主观条件主要从旅游者的旅游动机和生态意识的觉醒两方面加以说明。

---

[1] Lascurain C.: The Future of Ecotourism, *Mexico Journal*, 1987(1).
[2] 朱元恩、卢晓琴、康文星:《生态旅游地的界定》,《地理与地理信息科学》2007年第6期。

1. 旅游动机

旅游动机是直接推动人们进行旅游活动的内部动因,生态旅游者参加生态旅游的动机主要是为了满足其"回归大自然"的心理需求。关于影响生态旅游者旅游动机的因素,可归纳为生态文化、民族习俗、价值观等社会文化因素以及家庭与社会阶层等社会群体因素。

2. 生态意识

生态旅游者与一般的旅游者在内涵本质上的最大不同点在于生态旅游者具有一定的生态意识。生态旅游者的产生是人们现代生态意识觉醒并达到一定水平时的必然结果,是人类生态意识演进的必然产物。较高的生态意识是生态旅游者区别于一般大众旅游者的重要特征,也是形成生态旅游者必不可少的重要条件。

四、生态旅游者的培养

具备了生态旅游者形成的主客观条件,生态旅游者就可能产生到大自然中去的旅游行为。但作为一名合格的生态旅游者,还应具有较强的环境意识,这种意识不是与生俱来的,而是需要教育和培养的。只有合格的生态旅游者进行生态旅游时,才能够真正实现生态旅游的目标、扩大生态旅游的队伍和提高全民的环保意识。

(一) 培养内容

生态旅游者的培养主要包括两方面内容:自然知识和环境意识。自然知识是提高环境意识的基础,通过理解自然,达到欣赏自然,进而保护自然。

1. 自然知识

自然知识包含地质地貌、江河湖海、气象气候、动物植物、宇宙繁星等丰富内容,涉及这些组分的起源、构成、规律、特点及价值等各个方面。对某个生态旅游区而言,主要是深入洞察自然生态资源的性质、类别、成因与造景机制,切身体验所在社区的风俗习惯与社会文化。

2. 环境意识

环境意识包括两个方面内容:一是人们对生态环境的认知水平,即环境价值观念;二是人们参与保护生态环境行为的自觉程度。环境价值观念的树立是环境保护行为的前提,而环境保护行为是环境价值观念的反映。基于全球变暖以及物种数量减少,群众对全球环境问题的日益关注。国家也日益注重生态旅游必须转变向尊重和保护生态环境,并在旅游的过程中以教育和娱乐相结合的方式增强公众的环保意识。① 培养环境意识就是要使人们认识到,自然界是包括人类在内的一个有机整体,人类必须遵从自然规律,合理地调节人与自然的物质和能量交换,从而达到人与自然的和谐共存与共同发展,意识到生态旅游区中各组成部分的有机联系及相互间固有的物质和能量交换规律、人类活动对其自然平衡的破坏作用和当地社区社会文化的可能负面影响,维护自然的调节能力和社会文化的纯洁性,把人类对自然、社会和文化环境的影响限制在其调节能力允许的范围内。

(二)活动指南

广袤的大自然给生态旅游者提供了宽阔的舞台,他们在其中可进行丰富多彩的活动,如野生动物观赏、自行车旅游、漂流、徒步旅行等,每一类活动都有其内容特点、注意事项与要求,如森林旅游时如何防止被毒蛇咬伤、野外怎样更安全地选择宿营地、搭盖帐篷的方法和技巧、观赏野生动物的工具选择,如何做到旅行过程中不使旅游对象受损害等。生态旅游者只有熟悉这些知识,掌握其要点与技巧,才能真正体会到大自然的挑战和乐趣,达到预期效果。

(三)培养途径

生态旅游者的培养是一个系统、综合的过程,需要社会和个人的共同努力,有效的途径主要有旅游者平时的自我学习、社会教育和生态旅游区现场教育。

1. 自我学习

学习是指人不断获得知识、经验和技能,形成新习惯,改变自己行为的较长过程。通过直接的书本内容学习与间接的实践活动学习,提高环境意识,改变破坏环境的行为,养成爱护环境的好习惯。

2. 社会教育

社会与政府也应从可行的方式出发,引导全社会公民去了解、认识并关心环

---

① 李广宇、王新:《乡村振兴背景下黑龙江省县域休闲农业和生态旅游的发展转型研究》,《商业经济》2024年第10期。

境及相关问题,例如在大、中、小学校、幼儿园开设自然保护课程和在已有课程中渗透自然保护的内容,举行绿色夏令营、科普活动周,寓教于乐,出版教科书和其他各种读物,并且利用广播、电视、报纸杂志等媒体,调动多方面的社会力量,采取丰富多彩、生动活泼的教育形式,营造形成强大的社会舆论,把生态意识上升为全民意识,使热爱自然、保护自然成为人类的共同意愿。另外,政府及相关方可以把握新媒体时代的机遇,例如制作生态旅游宣传片和微电影,利用各类传媒平台广泛传播,展示当地独特的自然风光和文化魅力,吸引更多游客关注;设立生态旅游形象大使,通过明星代言和形象宣传,提升生态旅游品牌知名度和美誉度;参与国内外旅游展会和推广活动,积极拓展海外市场,吸引国际游客来当地体验生态旅游,促进经济发展。①

3. 生态旅游区环境教育

生态旅游区是游客参加生态旅游的场所,生态旅游者完全可以在这些大自然的场所里进行最形象的自我教育和社会环境教育。生态旅游区在旅游者旅游过程中为其提供信息和学习机会,是"旅游+环境教育"式的双重行为,是在生态旅游区进行的现场教育,旅游者会在享受之余学到和感受到很多有益的东西,自觉培养起环保意识和热爱大自然的高尚情操。从事生态旅游导游职业的人往往是动物学家、植物学家和生态学家,他们既是导游,又是环境教育的老师,同时还鼓励互动式参与。旅游者广泛接触大自然,融入当地的人文生态环境中,既充分欣赏、享受生态旅游区的生态环境,又积极充当生态环境的保护者。在生态旅游区,其现场教育主要是通过建立旅游区的环境解说系统,利用环境解说的各种方式进行的。在生态旅游与环境教育开发过程中,当地政府和旅游企业以身作则,从自身做起,倡导绿色生活、绿色出行、绿色居住。同时,也鼓励当地社区居民使用绿色产品,参与环保志愿活动。教育和解释是生态旅游的重要组成部分,环境保护的参与者不仅仅是生态旅游经营者和管理者,同时也是生态旅游者和当地社区居民。②

---

① 李翠兰:《促进广东省区域经济协调发展的财政支出研究——基于"一核一带一区"的发展战略》,《商业经济》2021年第1期。
② 谢雨萍:《旅游业发展与环境保护——实现与环境相适应的可持续发展》,《社会科学家》2003年第103期。

第二节 生态旅游市场

当今世界,生态旅游市场正以前所未有的活力蓬勃兴起。它像是一扇通往自然宝藏的大门,为那些渴望远离尘嚣、拥抱生态之美的旅行者敞开。从茂密的热带雨林到广袤的草原,从湛蓝的海洋到巍峨的山脉,生态旅游市场涵盖了大自然赋予我们的无数瑰宝。它不仅满足了人们对未知世界的好奇,更在发展中守护着这些珍贵的生态环境,让每一次旅行都成为对自然的礼赞,成为人与自然共生共荣的生动实践。

一、生态旅游市场机制

(一)生态旅游市场的发育特点

1. 基础市场大而实际规模小

从希望参加生态旅游活动的人来看,其基础市场是非常大的,世界上有许多人都乐于参加具有生态体验功能的自然旅游活动。据调查,向往自然旅游的人数至少占旅游者总数的70%,另有20%的人喜欢休闲度假旅游,10%的人喜欢文化旅游。但是从目前的情况看,喜欢自然风光但缺乏较高环境保护意识的旅游者却大有人在,在近期还是难以形成高素质的生态旅游队伍,这极大地束缚了生态旅游市场的发展。

2. 要求参与者有较高的环保意识

"环境教育(Environmental Education)是以跨学科活动为特征,以唤起受教育者的环保意识,使他们理解人类与环境的相互关系,发展解决环境问题的技能,树立正确的环境价值观与态度为基础。"[1]生态旅游是以保护生态环境为目标的自然旅游,它强调在体验自然的同时要对保护自然做出贡献,这就要求生态旅游者必须有较高的环保意识和觉悟,并能在保护生态环境方面付诸行动。能否为保护生态环境做出贡献,是衡量游客是否为生态旅游者的基本标准。

---

[1] 范恩源、马东元:《环境教育与可持续发展》,北京理工大学出版社2004年版,第9页。

3. 生态旅游市场正在成长且发展很快

生态旅游是一种特种旅游,特种旅游是一种细分的市场,它的发展已成为旅游市场发展的主流。生态旅游是发展最快的一种旅游,特别吸引那些关心环境,并希望了解地方生态状况和风俗文化的游客;生态旅游代表了迅速扩展之中的旅游细分市场;生态旅游市场正在成长,人们的主要兴趣与自然环境和文化传统有关,他们往往为边远的尤其是敏感的地区所吸引。这表明生态旅游是一种"正在成长"且发展很快的旅游市场,它随着生态教育的加强,特别是城市化和现代化进程的加快,必将逐渐扩展。

4. 生态旅游的开展

旅游空间生产力是维持空间机体的功能或能力。[①] 按照生态旅游在空间上的分布特点,它多集中于敏感、偏远地区,包括原始森林、内陆草原、海滨湿地、地球两极等难以到达的生态敏感区。在这种地区开展生态旅游业,尤其要进行精心规划和管理,即使只有很少的游客对这种旅游感兴趣,也应对他们提出更高的要求。只有这样,才能在保护环境和文化的同时,为偏远地区带来经济发展的空间。到偏远地区的路途长,消费支出较高,因此目前参加偏远地区生态旅游的游客,大多是经济富裕者,这和大众旅游形成了明显的反差。

(二)生态旅游市场的培育

1. 培养素质高、责任感强的生态旅游者群体

旅游者不仅要热爱大自然,愿意返璞归真,而且应当具有很强的环境保护意识,有保护自然、保护环境、保护文化的知识和素养,还必须是愿意用自己的实际行动实施保护与改善环境的人,经常被称为"负责任的旅游者"。实际上,热爱大自然的人比较多,而懂得保护环境,自觉地、真心真意地保护生态环境的人却相当有限。针对这种状况,在开展生态旅游时必须进行有效宣传,说明生态旅游的实质、特点及需要注意的事项,加强培养符合生态旅游条件、具有高素质和高度责任感的旅游者群体。

2. 培养既懂得旅游开发经营又懂得保护环境的高素质开发商

生态旅游的发展需要借助于生态资源,以及对这些资源进行必要开发所形

[①] 郭文:《旅游空间生产:理论探索与古镇生产》,科学出版社2015年版,第55页。

成的可以向市场销售的生态旅游产品。但是,和其他旅游资源不同的是,生态旅游资源更加脆弱,对它的开发须讲究科学,必须采取一切措施使生态平衡不遭破坏,无论何时都得遵循"在保护的前提下开发,在利用中保护"的原则。生态旅游开发商必须懂得只追求经济利益,只追求眼前利益,急功近利的做法是难以保证旅游业的可持续发展的。因此,培养一支既懂旅游开发经营又懂得环境保护的高素质开发商队伍,是建立生态旅游市场的重要条件之一。

3. 培养对环境保护有诚意的经销商

一般地说,旅游经营商是在向旅游者提供服务的过程中获得经济利益的,而且,也会尽量通过各种途径提高经济效益,这是理所当然的。然而,从事生态旅游的经营商,不仅应当是个懂经济的行家,更应当是个虔诚的环境保护主义者,保护环境应当是他们始终坚持的信仰和经营原则,甚至能够做到当其获取经济收益的手段、方式与环境保护发生冲突时,可以毫不犹豫地舍弃自身的经济利益而保全环境和生态。

目前,一些专门经营生态旅游线路的旅行社,通过一切手段提高旅游者的环境保护意识,如在组团出游时对旅游者进行专门的培训,讲解注意事项,并印制有非常详细的"行为规范"和"行动指南",还有的专门为当地人编写生态旅游的宣传提纲和行动指南。

4. 取得生态旅游目的地居民的理解和支持

生态旅游除了要保护环境之外,还有一条重要的原则,就是通过生态旅游的开展使当地居民确实在经济上受益。尊重当地居民的主体性,努力让老百姓在参与环保治理中获益,是构建人与自然和谐共生的关系的应有之道。破解自然保护和民生发展难题需高位推动,也有赖于基层创新。[①] 许多经验证明,让旅游地居民参与生态旅游区的管理和服务,如在导游、卫队、环卫、宿舍管理、餐厅服务、工艺品加工等方面为他们创造更多的就业机会,使他们的生活得以改善,会直接或间接地引起他们对环境保护工作的重视,激发他们参与环保的积极性,减轻因对资源需求而破坏环境的压力。当然,当地居民参与生态旅游的管理和服务也必须经过严格的培训。

---

① 宇强:《拉市海:环保后如何平衡好民生》,《瞭望新闻周刊》2019年第5期。

5. 建立健全生态旅游管理机制

生态旅游有其特殊性,为保护生态旅游的正常进行,不仅要有开发商、经营商和旅游者的共同努力,更为重要的是,需要有健全的生态旅游的管理机制:这包括有完善的管理机构与人员进行各个环节的监督和检查。同时,还需要有比较完善的法律规范来规范企业行为和个人行为。所有国际组织制定的开展生态旅游的标准、条件以及一些行业组织制定的行为规范都应当纳入本行业的管理机制中,并以通告形式向社会公布。

二、生态旅游市场营销

(一) 生态旅游市场调查

生态旅游市场调查就是以科学的方法、客观的态度,有效地搜集、分析与研究与生态旅游市场营销有关的问题所需的信息、资料,以了解现实的生态旅游市场和潜在的生态旅游市场,并为生态旅游市场经营决策者提供客观依据的活动。通过生态旅游市场调查,能够了解生态旅游市场总体态势和游客对规划区域生态旅游产品的需求状况,为规划者提供第一手材料和可靠信息,并为充分利用旅游资源寻找客源市场和途径。

一般来讲,生态旅游市场调查的主要内容有五个方面,即生态旅游者规模及构成调查、旅游动机调查、旅游行为调查、旅游价格调查和生态旅游市场规模的调查。

(二) 生态旅游市场细分

生态旅游市场细分是指在对生态旅游市场进行调查的基础上,依据生态旅游者在需要、欲望、行为、习惯等方面的差异性,把所面对的生态旅游市场的整体划分为若干个生态旅游者群的市场分类过程。进行生态旅游市场细分,有助于规划者更清晰地认识市场,发现新的市场机会,策划出适销对路的生态旅游产品,有针对性地制定和调整生态旅游市场营销组合策略。

1. 市场细分标准

(1) 按地理环境进行细分。这种方法是细分旅游市场最常用的一种方式,地理因素包括地区(国际、国内、城市、农村、沿海、内地等)、地理方位等。如按照是否来自国外/境外可以分为"国内生态旅游市场"与"国际生态旅游市场",其中国际生态旅游市场又可依据对某一旅游目的地重要程度排序细分为一级市场、二级市场和机会市场。一级市场指的是一个目的地国接待的游客人数在接待总人数中占比例最大的两三个国家或地区的生态旅游市场；二级市场是指在一个目的地接待总人数中占相当比例的生态旅游市场；机会市场被认为是一个旅游目的国计划新开辟的市场，其特点是该市场的出国旅游人数每年增加，但到本国的人数还少。

(2) 按人口属性进行细分。有关人的具体变量有很多，例如年龄、性别、职业、收入水平、教育状况、家庭人口、家庭生命周期、国籍、民族、社会阶层等。经营者和管理者可以根据自身的客观情况，选择一个或几个变量来划分生态旅游市场。如根据年龄划分，有青少年生态旅游市场、中年生态旅游市场和老年生态旅游市场等；根据婚姻状况划分，有已婚者生态旅游市场和未婚者生态旅游市场。

(3) 按心理因素进行细分。生态旅游者在心理上也具有许多不同特征，如生活格调、个性、性格、兴趣、价值取向等，如果按照这些特征来对生态旅游市场进行细分，可称为"心理细分"，只是这类因素是难以用数字来表示的，而且由于分析问题的角度不同，对心理因素的判别往往也会有很大差异。

(4) 按组织形式进行细分。根据旅游活动方式的不同，可将生态旅游市场分为团队生态旅游市场和散客生态旅游市场。通常，生态旅游者为了寻求融进大自然的刺激性，他们大多愿意选择散客的方式出游。

2. 市场细分的步骤

生态旅游市场细分与其他的旅游产品市场细分一样，一般要经过以下 5 个步骤。

(1) 确定市场范围。选择市场范围的出发点必须是市场需要状况，应当结合旅游地的经营目标和资源条件，分析复杂多样的需求状况，从中大致明确规划区域所能提供的生态旅游产品的市场范围。

(2) 排列出潜在生态旅游者的各种需求。根据与地理环境、人口属性、心理和组织形式等分类因素有关的特征，结合以往进行生态旅游市场营销活动的经验以及类似生态旅游产品已有的市场反应，排列出所定市场范围内潜在生态旅游者对一定生态旅游产品的各种需求。特别是要了解生态旅游者对市场上类似生态旅游产品的不满意之处,也即了解消费者未被满足的需求。

（3）选出市场细分的依据。根据抽样调查的方式,将排列出来的需求向不同类型的生态旅游者征询意见,从中挑选出他们最迫切的需求项目集中起来,再选择其中一些因素作为市场细分的依据。为了保证被调查的生态旅游者具有代表性,一是要尽可能考虑生态旅游者的地区分布、人口特征和购买行为等方面的情况;二是要求被调查者人数尽可能比较多。

（4）进行市场细分。根据不同生态旅游者需求的具体内容差异,按照一定的市场细分方式,将所确定的市场范围划分为几种不同类型的顾客群,经进一步考察与验证后,最后划定各细分市场。

（5）综合评价。对划定的各细分市场进行全面细致的分析,特别是对它的规模、潜力、经济效益和发展前景等做出评价,以利于生态旅游经营管理者能正确选择生态旅游目标市场。

（三）生态旅游市场营销战略和策略

在确定了目标市场之后,就应当制定相应的生态旅游营销战略与策略,以鼓励、说服更多的游客到规划区域开展生态旅游活动。生态旅游市场战略是站在全局的角度,对生态旅游区和旅游企业如何适应变化的生态旅游市场所做的具有长期性的计划与谋略,它对整个营销活动起指导性作用。生态旅游市场策略是营销主体用来实现局部性、阶段性目标的工具,通常涉及具体的营销措施。营销战略与策略的制定,可使整个生态旅游营销活动有法可依、有章可循。它对生态旅游营销主体的行为有着极大的影响和制约作用,是营销活动全面开展的起点,因而在整个生态旅游营销活动中占有极为重要的地位。

1. 生态旅游绿色产品策略

生态旅游产品的开发是整个营销过程的基础,只有设计出高水平、高知识含量、高品位的生态旅游产品,才能吸引游客进行消费。生态旅游产品策略主要指旅游企业根据生态旅游市场的特点,结合自身优势制定其生态旅游产品政策,同时根据产品生命周期的特点,延伸现有产品或开发新产品,努力做到"人无我有,人有我特,人特我新",在市场竞争中处于主动地位。旅游产品的生命周期是指产品经开发进入市场后,直到被市场淘汰从而再无生产的可能和必要为止的全过程。作为生态旅游产品,其市场生命周期大致可分为投入期、成长期、成熟期和衰退期4个阶段,每个阶段都会受到诸多内外环境因素的影响。生态旅游营销主体应清楚地认识到这些因素及产品所处的市场生命周期阶段,有针对性地采取相应策略。

2. 生态旅游绿色价格策略

价格策略是营销组合中又一项重要组成因素。价格策略包括价格制定政策和价格管理政策,前者主要考虑如何对生态旅游产品制定适宜的价格来恰当反映旅游产品的价值以及供求关系,以及当市场诸多要素变动后生态旅游产品价格的调整;后者则是从维护消费者和生产者角度出发,对旅游产品从制定、执行到调整所做的各种监督和管理措施。生态旅游企业在制定绿色旅游产品价格时要树立"污染者付费""环境有偿使用"和"能源节约"观念,把企业用于环境方面的支出计入成本,成为绿色价格构成中的一部分,因此,绿色产品的定价通常应高于非绿色产品的价格,即应略高于一般旅游产品的价格。但是也有学者指出,生态旅游产品的价格如果制定过高,可能会丧失一部分潜在游客。绿色旅游产品作为一种全新的产品,其定价不仅要考虑包括资源价值在内的成本构成,还要考虑目标消费者的心理和实际购买力。这就对生态旅游企业的定价策略提出了挑战,如何在两者之间找到平衡显得尤为重要。价格优势也有赖于广泛的宣传,如新加坡旅游局针对一些游客觉得本地旅游产品价格高的说法,在宣传册中详细标明支出,与附近的中国香港、马来西亚等国家和地区对比,证明本地区是物美价廉的旅游市场,收效显著。

3. 生态旅游绿色分销策略

分销渠道是连接旅游产品和旅游消费者的桥梁,合理的分销渠道不仅能将旅游产品顺利地销售,还能节约流通成本,从而达到绿色营销目的。主要包括产品销售渠道选择、产品营销中介建立以及产品销售渠道计划制定三个方面的策略。目前,互联网已成为旅游产品分销的重要途径。随着旅游市场竞争的日趋激烈,旅游营销渠道正由单一组织结构逐渐复杂化、联合化。旅游中间商须具备丰富的旅游经营组合经验,以及相关的硬件设施,在旅游个性需求日益明显的时代,组建专门从事生态旅游的旅行社进行营销与管理势在必行。

4. 生态旅游绿色促销策略

绿色促销是宣传、推介生态旅游产品的重要手段,对激发绿色旅游需求,提高生态旅游产品的市场印象度、知名度和美誉度起着重要作用。向生态旅游者（潜在和现实生态旅游者）介绍生态旅游产品、提供服务，激发其潜在需求或重复购买，以此来扩大生态旅游产品的市场占有率。其内容包括：旅游产品营销计划的制订、促销人员的培训、旅游产品的广告促销、旅游企业的公关销售及售后服务。生态旅游产品的宣传促销十分讲究技巧，用心设计促销技巧会起到事半功倍的效果。主要有：向生态旅游团队分发事先准备好的、具有艺术形式的宣传促销材料；准备好生态旅游视听演示材料，并巧妙地确定其使用时间、地点和有效方法；在生态旅游者所在地区的杂志、报纸和电视、广播电台做广告；在以旅游批发商和其他旅游行业组织为对象的旅游行业出版物上刊登生态旅游广告；参加全国和地区旅游交易会，并设展台专题介绍本区生态旅游项目；赴特定的生态旅游目标国家和地区，为当地的旅行社举办推销讲座；邀请并接待旅游批发商和旅游作家、专家、摄影师来本地参加生态旅游活动或学术研讨会，将活动内容及照片刊登在杂志、报纸上；编辑出版反映生态旅游的指南、导游图等；把有关生态旅游的信息存入国际、国内传播网络，供生态旅游者随时查阅。

第三节　生态旅游资源

在地球这颗蓝色星球上，生态旅游资源宛如璀璨明珠般镶嵌其中。从亚马逊雨林那遮天蔽日的繁茂植被、丰富多样的物种，到非洲大草原上奔腾的兽群和壮丽的落日；从北欧冰川那纯净而神秘的白色世界，到东南亚珊瑚礁海域的五彩斑斓与灵动，这些生态旅游资源是大自然数十亿年精心雕琢的杰作，它们不仅是视觉盛宴的源头，更是生态平衡的关键所在。它们召唤着人们，开启一场亲近自然、敬畏生命且保护生态的奇妙旅程。

一、生态旅游资源概念及其内涵

（一）旅游资源的概念

旅游资源是一个国家或地区发展旅游业的基础，旅游资源的研究一开始就是旅游研究的重要组成部分。虽然对旅游资源的概念尚无公认的说法，但综合分析各种对旅游资源的定义会发现,学者们在某些方面对旅游资源有着较为一致的理解,如强调旅游资源的吸引功能、作用对象,指明旅游资源的基本内容,说明旅游资源与旅游业的联系等。基于学术界对旅游资源概念的一些共识,旅游资源的概念可以表述为:旅游资源是指存在于一定地域空间,具有审美、愉悦价值和旅游功能,能够吸引人们产生旅游动机并实施旅游行为的因素的总和。它们能够被旅游业利用,并且在通常情况下能够产生社会效益、环境效益和经济效益。所以,旅游资源又称作"旅游吸引物(因素)"。

（二）生态旅游资源的概念类型

在生态旅游发展不够成熟的今天,由于生态旅游概念本身存在争议,致使作为生态旅游对象的生态旅游资源还没有一个被普遍认同的概念。生态旅游学界通过对生态旅游资源概念界定的争议,使学者对生态旅游资源概念的内涵和外延的认识不断深入。人们对生态旅游资源概念的界定也呈阶段性,出现了自然型、自然＋人文型和综合型3种生态旅游资源概念。

1. 自然型概念

生态旅游传至中国后,我国有一部分学者在生态旅游资源最初概念的界定中也严格按生态旅游的最初要点,即生态旅游的对象——生态旅游资源是"自然景物"来思考,认为只有自然的生态系统才是生态旅游资源,出现了只有自然保护区、森林才算生态旅游资源地、才能作为生态旅游资源的局面,由此引出了自然型生态旅游资源概念。森林生态旅游是生态旅游的主要形式,森林公园和自然保护区是我国生态旅游资源的主体。从微观区域生态角度认为:生态旅游资源,就是按照生态学的目标和要求,实现环境的优化组合、物质能量的良性循环以及经济和社会的协调发展,并有较高观光、欣赏价值的生态旅游区。我国保护自然资源和自然环境的就地保护设施(自然保护区、自然公园:包括人工生态系统保护区和文化遗产保护区),多数都有比较丰富的生态旅游资源。生态旅游资源主要是指可供游人开展生态旅游活动的自然生态系统,它包括各类自然保护区、各级森林公园、自然动植物园、复合生态区和人工模拟生态区等。生态旅游资源主要是以自然生态系统为主要内容,其开发利用的主要目的是为了加强自然环境的保护,促进社区经济可持续发展,生态旅游目的地主要包括自然保护区、森林公园、风景名胜区、自然动植物园、复合生态区以及人工模拟生态区等。

2. 自然+人文型概念

对我国而言,悠久的历史文化已经将自然的山山水水熏染了浓浓的文化味,这些区域处处闪烁着人与自然和谐的"生态美"光芒。这些附在物质景观上的文化不仅是生态旅游资源,还是其灵魂,是旅游开发时需要发掘的、深层次吸引游客的精髓。因此,我国生态旅游学者认识到我国的生态旅游资源不仅仅要包括具有"自然美"的大自然,还应该包括与自然和谐、充满生态美的文化景观,从而出现了自然+人文型生态旅游资源概念。生态旅游资源是一个天人合一的开放系统,其定义的核心是生态旅游产品,只要有开发为生态旅游产品潜力的事项,无论是自然的还是人文的,无论是有形的还是无形的,都可以视为生态旅游资源。凡是能够造就对生态旅游者具有吸引力环境的自然事物和具有生态文化内涵的其他任何客观事物都可以构成生态旅游资源。生态旅游资源即以自然生态景观和人文生态景观为吸引物,满足生态旅游者生态体验的、具有生态化物质的总称。

3. 综合型概念

在自然型、自然+人文型概念研究过程中,有些学者过于重视生态旅游资源中的自然和人文景观而忽视将生态旅游作为一项产业与旅游业和生态旅游效益的关系。因此,这些学者在定义的过程中参照了旅游资源的定义,提出了生态旅游资源与旅游业和生态旅游效益之间关系的综合型概念。生态旅游资源,是指以生态美吸引游客前来进行生态旅游活动,为旅游业所利用,在保护的前提下,能够产生可持续的生态旅游综合效益的客体;生态旅游资源可以理解为自然界和人类社会,凡能激发生态旅游者旅游动机并能为生态旅游业所利用,产生经济效益、社会效益和生态效益的客观存在。

二、生态旅游资源的分类

(一)自然生态系统旅游资源

1. 森林

森林一词具有丰富的内涵。从生态学角度来看,森林是一个生态系统,是指以乔木为主体具有一定面积和密度的植物群落,是生物系统与环境系统之间进行能量流动、物质循环和信息传递,并具有一定结构的特定功能总体。

人类社会发展到今天,森林的旅游价值正在日益为人们所认识和利用。风景秀丽、气候宜人的森林旅游价值如下：(1) 由于富含负氧离子，能使人消除疲劳，促进新陈代谢，提高人体免疫能力；(2) 一些植物分泌的芬芳和气味能够杀菌和治疗某些人体疾病；(3) 森林的美景能给人以美的享受，陶冶情操；(4) 森林中千姿百态的景物可以激发人的想象力和创造力；(5) 森林中蕴含的大自然奥秘能够激发人们更深层次地认识生命的价值，热爱自然，树立自然的环境意识，是回归大自然的理想场所。从分布上看，森林可分为热带森林、亚热带森林、温带森林和寒带森林，其中热带森林的旅游价值较高：一是因为热带雨林生长繁茂；二是因为当今旅游客源多不位于热带，热带森林的不少生态现象均为"奇观"，从而对游客产生吸引力。从外貌上看，森林可以分为常绿阔叶林、常绿针叶林、落叶阔叶林、落叶针叶林及针阔混交林，其中针叶林树种的平展树枝、塔形树冠具有较高的旅游审美价值。

森林生态旅游与森林旅游有些不同。森林旅游是指到林区所从事的任何形式的旅游活动，不管这些活动是直接利用森林还是间接以森林为背景，都属于森林旅游的范畴；而森林生态旅游则是符合生态旅游理念的森林旅游活动。森林生态系统以其丰富的自然景观、良好的生态环境、诱人的野趣及独到的保健功能，使越来越多游客被其所吸引，成为最重要的生态旅游对象之一。

森林生态系统内的景观资源包括自然与人文两方面。自然景观有地貌类、水文类、气象类、生物类。其中生物类景观最为突出，类型也极为丰富，包括植物群落景观、古树名木景观、珍稀动植物景观、奇花异草景观等。它们与自然地貌形态相结合，呈现出物种组成、林相结构在水平地域或垂直分布的不同植物景观，并随气候、季节而变化。人文景观可能有林业生产活动、革命遗址、水库大坝工程、民俗风情、生态文化现象等。

由于森林生态系统的环境复杂性，因而能开发出不少活动项目，如野营、野餐、登山、赏雪、观鸟、滑雪、狩猎、骑马、划船、漫步、垂钓、漂流、探险、摄影、野外生存训练、森林度假、观光和科学研究等，较为典型的形式有森林景观欣赏游、森林浴、植物观赏（奇花异草观赏、珍奇树木观赏、植物物候观赏）、野生动物观赏以及野营等。

2. 草原和草甸

草原是指在半干旱气候条件下，以旱生和半旱生多年生草本植物为主的生态系统,是最重要的陆地生态系统之一,在全世界分布广泛。世界草原总面积约5 000万平方千米,占陆地总面积的33.5%,它是一种地带性的植物类型,可分为温带草原与热带草原两类生态系统。热带草原表现为草被上散生稀疏的乔木,即热带稀树草原;温带草原主要表现为禾本科植物连绵成片分布,缺乏散生乔木,是最典型的草原,旅游审美价值极高。城市绿化中,多模仿此种草坪。另外还有一种在湿生条件下形成的草甸,草甸据其生境又可分为河流旁的泛滥草甸、次生的大陆草甸及高海拔山地上的高山草甸,其中高山草甸夏秋之际特有的"五花草甸"景观具有极高的旅游价值。我国草原主要分布于温带内蒙古高原、黄土高原及新疆,高山草甸大面积分布于我国西部高海拔地区,这些区域同时为我国牧场所在地,结合牧民浓郁民族风情,是生态休闲度假的好去处。内蒙古的锡林郭勒、呼伦贝尔,四川的阿坝等都是备受关注的草原草甸生态旅游地。

生活在草原的游牧民族,在漫长的岁月长河中,不断与居住地区的自然环境相适应,创造、发展了与农业文化、工业文化并列的牧业文化,也称为草原文化。牧业文化是动态文化,具有开放性、包容性、崇尚力量,在服饰、饮食、住宿、行走等方面均与其他民族有所不同。如我国的蒙古族游牧在南起长城、北抵大漠、东达兴安岭、西越贺兰山的广袤土地上,形成了独具魅力的草原文化。

草原生态旅游是以草原生态系统为旅游对象的生态旅游产品。依托辽阔的草原,可以开发的系列生态旅游活动项目有:动植物资源观赏、特定地表景观观光、草原文化生态旅游、草原休闲度假、草原越野旅游等。另外,在草原生态旅游过程中还可以组织游客参加骑马、赛驼、射箭、摔跤、垂钓、自行车马拉松、登山、野营、美食、科学考察、生态牧业考察、人工植被重建等活动,增加参与性和趣味性。

3. 山地

山地生态系统是由山地中各类生物有机体与无机环境共同组成的一个自然综合体,它包括了众多的子系统,如山地森林、高山灌丛、高山草甸、冻原和流石滩等。由于人类对山地的干扰较平原小,因此山地的景色更自然。海拔较高的山地成为开展登山旅游的理想场所。千姿百态的山地地貌,又是自然生态美的重要组成因素,尤其是我国的石灰岩、花岗岩和砂岩山地,风景更是绝佳。广西桂林的喀斯特峰林景观、安徽黄山和陕西华山的花岗岩造型、湖南张家界的砂岩峰林、福建武夷山和广东丹霞山的丹霞地貌景观名闻中外,东北的长白山和五大连池则以火山地貌景观而著称。

4. 荒漠

荒漠是指在干旱、极端干旱地区降水量不足200毫米的条件下,地表裸露或植物生长极为贫乏之地,即所谓"不毛之地"。按其地表组成物质,分为岩漠、砾漠、沙漠、泥漠、盐漠等,其中以沙漠分布最广,砾漠(戈壁滩)次之。荒漠是陆地生态系统中最为脆弱又非常重要的子系统之一。全球的干旱和半干旱地区占到陆地表面的47%,这些地区不仅拥有丰富的生物多样性资源,还生活着大约2亿人口。由于荒漠特殊的景观及其内部的植被、文化遗迹、居民生活方式吸引着旅游者前往,因此荒漠地区成为重要的旅游目的地之一。

荒漠生态系统是一种独特的生态系统,干旱是其特征,荒漠中的气候、自然景观以及人类的生产生活方式都显著区别于其他生态系统。在荒漠地区旅行,首先体验到的是气候。荒漠深居内陆地区,远离海洋,加上地形闭塞,四周高山阻挡了海洋的湿润气流深入,造成这里终年处在极端干燥的气候条件下,辐射强烈,日照充足,一年晴天的日数可占70%以上。降水稀少,年降水量通常不超过250—300毫米,最少的只有数10毫米,而蒸发量却比降水量大15—20倍,这是由于高温、风速大和云量低所造成的。

沙漠是较典型的荒漠景观。千姿百态的沙丘,细沙随风如流水般涌动,沙漠的瀚海风光以及"海市蜃楼"都充满了神秘的色彩。沙漠里还有在风力吹拂作用下或人从沙山向下滑动时发出各种声响而得名的鸣沙山。沙漠地区极富吸引力的景观有:"鬼斧神工"的雅丹景观、独特的旱生植物、荒漠地区人类最主要的聚居地——荒漠绿洲以及荒漠遗址等。

荒漠生态旅游是以荒漠景观为对象的旅游项目。近10年来,利用荒漠进行旅游开发的前景十分诱人,已逐步为各国政府所重视,如阿尔及利亚、突尼斯、俄罗斯等。

5. 湿地

湿地是介于陆地和水生系统之间的过渡带,《国际湿地公约》规定的重要湿地是指潮湿或湿水状的土地类型,它是一种处于水陆交接带的特殊生态系统,主要包括淡水和咸水沼泽、草泽、泥沼、滩涂、洼地积水区等,以其高度的多样性、独特性而与农田、森林并列为世界三大生态系统。湿地生态系统物种丰富,不仅在维持当地生态平衡和为一些珍稀动植物(特别是水鸟)提供野生境等方面有不可替代的作用,而且也显示出其作为旅游资源的开发潜力。

湿地生态旅游是以湿地生态系统为旅游对象的生态旅游产品。湿地被称为"地球之肾",生机盎然,神秘而妩媚,是许多鸟类等动物的栖息繁衍地,具有开展观鸟生态旅游的优越条件。湿地自然观光游、湿地休闲旅游、湿地生态科普教育等,都是湿地旅游的主要形式。

我国湿地类型多、数量大、分布广、区域差异显著、生物多样性丰富,为湿地生态旅游提供了优越的资源基础。如四川若尔盖、黑龙江扎龙、杭州西溪、江苏盐城、江西鄱阳湖湿地等都是湿地生态旅游的代表。

6. 水域

水域主要包括河流、湖泊、温泉及海洋和海岸。河流从其段位上,可分为源头、上游、中游、下游及入海口(外流河)。其中最有旅游价值的是源头、上游及入海口。大河的源头往往位于高海拔的高原地,如我国的长江、黄河的源头均位于青藏高原。不仅源头特有的迷人风光对游人有吸引力,而且探大江大河之源,也具有较高的科考价值;上游河流多呈"V"形态,与两侧近乎直立的山地构成具有险峻之美的峡谷景观,是人们探险、漂流、观光向往的地方,如我国的长江三峡。上游河流往往多瀑布,气势宏大的瀑布历来都是旅游的佳品。有的河流的入海口与海潮共同构成了巨大的潮差,显示了自然界的壮丽之美,如我国的钱塘江大潮。世界著名的亚马孙河、恒河、多瑙河、伏尔加河、尼罗河等均有较高的旅游价值,我国的长江、黄河也被辟为黄金旅游线路。

地面上陆地积水形成的比较宽广的水域称为湖泊。湖泊以其烟波浩渺的旷远之美及与周围山地森林共同构成的"山清水秀"的景色,再加上湖滨的湖水潜在的游泳、潜水等水上娱乐功能,使湖泊成为对游客具有很大吸引力的旅游目的地。欧洲的日内瓦湖、中国咸水湖中面积最大的青海湖、淡水湖中面积最大的鄱阳湖、最深的长白山天池等湖泊所在地都是著名的旅游胜地。太湖及云南滇池则辟为中国国家级旅游度假区。不仅天然形成的湖泊具有极高的旅游价值,服务于人类农业灌溉的水库,即人工湖泊也成为生态旅游开发利用之地。

温泉是指水温超过 20℃ 的泉水。由于温泉是地表水渗透后循环到地表深部,经地温加热,且溶解了大量的矿物质和微量元素,用于沐浴对身体有显著的医用疗效和消除疲劳的功能,故人类很早就将温泉所在地辟为疗养之地,如我国著名的华清池。随着旅游业的发展,人们又进一步开发温泉,使温泉的旅游价值得到了很大程度提升。现在全国各地均能见到的温泉疗养度假区,是游客享受大自然的颇佳选择。

海洋和海岸在生态旅游中作用最突出的是海滨地带。海滨是指滨海的狭长地带,主要指平均低潮线与波浪作用所能达到最上界线之间的地带,由四部分组成:(1) 固态的海滩(根据其质地分为砾滩、沙滩和泥滩);(2) 液态的海水;(3) 气态的空气;(4) 绿色的腹地。海滨的旅游价值较早为人们所认识和利用,其中热带优质沙滩海滨所特有的充足的阳光(Sun)、温暖的海水(Sea)及优质的沙滩(Sand)被誉为旅游资源中的上品"三S"。"三S"特有的度假功能使不少海滨地成为世界著名旅游胜地,如美国的夏威夷、泰国的帕塔亚等。中国近几年也大力开发海滨旅游资源,我国12个国家级旅游度假区,除少量在内陆地区外,绝大部分均建在东南沿海的海滨地区。

海洋生态旅游是利用海洋环境开展的生态旅游活动。21世纪是海洋的世纪,海洋和海岛的开发是未来经济发展的大趋向,而与"海"有关的特色旅游项目的开发,亦将成为21世纪旅游休闲业发展的一大新热点。海洋生态旅游产品依据海洋空间的划分标准可分为海滨、海面、海底、海空等不同形式。目前利用海洋资源广泛开展的旅游项目主要有海水浴、日光浴、沙滩体育、海鲜品尝和海货购买、帆船运动、滑水、邮轮、潜水、滑翔等。另外,近些年一些特色生态旅游活动在世界各地开展起来。

(二) 人与自然相伴相生的生态系统旅游资源

1. 农业类

农业是人类文明的起点,是人类社会适应自然、改造自然的最初方式,"农村""田野""农事"是都市人对原生农业生态环境回归的向往。乡村生态旅游是一种具有丰富实践性和较高体验性的旅游活动类型。乡村生态旅游可通过直接品尝农产品(蔬菜瓜果、畜禽蛋奶、水产等),或直接参与农业生产与生活实践活动(耕地、播种、采摘、垂钓、烧烤等)实现,如"做一天农夫""当两天渔民"等活动,从中体验农民的生产劳动和农家生活,并获得相关的农业生产知识和乐趣。

(1) 农耕文化。我国的农耕文化源远流长，"重农抑商""耕读为本"的传统思想代代相传。历经数千年浸润，形成了中华文明和文化的重要组成部分——农耕文化。不同民族在不同时期、不同自然条件下创造了各不相同的乡村景观，但无论是江南的水乡还是塞北的山寨，无论是桂林的龙胜梯田还是天山下的绿洲，优美的乡村景观都有一个共同点：那里的生产与生活顺应了自然生态的发展规律；生态平衡尚未遭受破坏；出于生活需要的人工构筑物朴实无华，与环境相协调在景观中，展现出人与自然的和谐美。传统的耕作方式既保留了传统文化，也保护了环境，蕴含着深厚的生态文化。因此，与自然环境相适宜的农耕文化方式是一种极为重要的人文生态旅游资源。在漫长的农业耕作历史中，人类适应并利用自然生态发展规律，逐渐形成了农耕文化与简朴自然的生活方式，成为农事活动与生态文化的完美结合。

(2) 田园。田园风光指的是传统农业顺应大自然、适应大自然、与大自然共同营造的具有一定规模和审美价值的种植景观。根据种植作物的不同，可以分为乔木、矮树、灌木与草本四类，其中矮树及草本种植景观旅游价值最高。矮树种植景观有温带水果的桃、梨、苹果等果园。果园中春之花、秋之果不仅具有观赏价值，而且其采摘过程中的参与及品尝活动更具生态旅游价值，因而近几年果园旅游成为农业旅游的重头戏。草本种植景观也十分具有旅游价值，一是因为作为人类主食来源的小麦和水稻种植广泛，具有一望无际的规模效应；二是这些种植景观具有明显的季相变化，春季绿油油、秋季黄灿灿，随风起伏，既有绿的气息，更有丰收的喜悦。尤其是山区的水稻梯田，沿着高山随地形有规律的弯曲而呈现的特有韵律，极具审美价值。我国云南元阳哈尼族人所建的梯田堪称人间一绝，有"元阳梯田甲天下"之美誉。

(3) 牧场。在草原地区，大规模地放牧牛、羊等动物所形成的动物与自然环境和谐的牧场景观，对久居闹市的城市人来说堪称世外桃源：那"风吹草低见牛羊"的景象，历来为人们所称颂；那万马奔腾的气势不仅场面壮观，更有深刻的精神文化价值；农牧民特有的游牧生活，也具有深刻的顺应自然的人生哲理和地方特色。上述种种均对游客回归大自然有着独特的吸引力。我国东北草原牧区、内蒙古牧区及高山草甸牧区均以此作为吸引游客的生态旅游资源。

(4) 渔区。渔区泛指渔业生产的区域。从范围上看，主要是以海上和湖上的捕捞区为主,例如位于东海舟山群岛附近的海域,盛产大黄鱼、小黄鱼、墨鱼和带鱼,是我国著名的渔场之一。从类型上看,渔业也随着社会经济的发展由单纯的捕捞发展为放养,近几年又发展了不少鱼塘,与人们喜爱的钓鱼休闲活动结合起来。如今的钓鱼已不满足于自然水域的耐心等待,钓鱼活动移入了鱼塘,将观鱼、钓鱼、品尝鲜鱼融为一体的渔业生态旅游备受游客喜爱。

(5) 农家。远离城市以农业为主要生产方式的传统农村居家生活,对日趋现代化、远离大自然的城市人有着特殊的吸引力。其原因有三个方面:一是传统农家生活以大自然为背景,过的是一种人与自然和谐的生活;二是传统农家位于偏僻之地,交通不便,使其形成与当地环境和谐的地方性特色,其民族风情保留较为浓郁;三是传统农家具有的好客传统,给竞争激烈、人情淡漠的城市人带来一种久违的亲切感。我国作为一个发展中国家,不少地区仍保留着传统农业生活方式,民族风情浓郁,其农家生态旅游大有发展前途。

2. 园林类

(1) 中国古典园林。中国园林是效法大自然的山水画的立体再现,建园的目的主要基于人们亲近自然的愿望与需求。为了真切地感受大自然,择地建园以"虽由人作,宛自天开"为其最高境界。这就要求:一方面,所有造园景物都要尽可能多地载有自然信息,如园中地形地貌顺其高低起伏,花石树木顺其原形,不修剪造型。中国园林这种以自然式为主的风格在世界上独树一帜,被称为"自然或山水园林"。另一方面,中国园林还有深刻的精神文化和审美情趣,即追求自然景物中引申出的精神文化内涵,如中国园林中喜种的"松、竹、梅——岁寒三友",从各自的自然特征中体现了园主崇高的精神追求。

(2) 城市公园绿地。城市里最适合发展生态旅游的地方,包括公园、高尔夫球场、公共绿地等。这样看来,城市生态旅游资源具有人造自然的特征。有些学者认为生态旅游的理念与城市环境格格不入,但开展城市生态旅游可促进生物多样性的保护。加拿大绿色旅游协会认为在城市旅游中注重生态旅游原则在某种意义上来说对环境有更积极作用,因为相对于荒野而言,城市更能吸纳旅游业的影响。

3. 民俗类

(1) 传统民俗生态文化。民俗是社会群体后天养成、长期沿袭所共有的行为方式。起先是在不自觉的情况下产生,以后经过长期的持续,在形成过程中又不断地受到自然环境、文化环境和经济环境影响而成为的独具地方特色的民俗。民俗生动地体现着一个民族的民众的生活习惯、行动方式、伦理观念以及心理结构等方面的传统特点,是构成民众生活文化的主体与核心。民俗生态旅游资源范围广泛,包括人类生活的各个领域和各个层面,并通过心理的、语言的和行为的方式表现出来。据其存在和表现形式可分为:物质民俗资源,包括生产民俗、消费民俗和流通民俗,如采集、居住和通信等;社会民俗资源,包括村落、礼俗和岁时节日民俗,如乡规民约、成年礼俗和节日等;精神民俗资源,包括信仰、祭祀民俗和口承语言民俗,如民间信仰和民俗谚语等。民俗生态旅游资源,无论是物质表现形式的、社会表现形式的还是心理表现形式的,都在民俗事象的表层之下蕴含着十分丰富的深层心理和思想背景,体现着不同民族、不同地区的人民在长期的生产劳动、社会生活中积累下来的与自然协调共处、和平发展的经验。如云南哈尼族地区的"梯田文化"、珠江三角洲地区的"桑基鱼塘",无一不是各族群众与自然环境协调共处的结晶。

(2)俭朴自然的生活方式。俭朴自然的生活方式也是一种生态文化。如藏族游牧人常年维持清贫生活,它是整个部落社会成员的共同生活,人们心甘情愿维持普遍的清贫生活,并不刻意追求财富,过奢侈生活,这已成为做人的准则和普遍认可的道德规范。因此,对于游牧人来说,最珍贵的物品也是最平常的,它们都是自然界所拥有的,山石、水土、植物、动物等是这些地区常见的,而别的社会视为宝贝的金、银、钱、财等珍稀物,游牧人并没有特别看重。因为在传统的牧业社会里,金钱并没有特殊意义,人们的交易是物物交换。在这里人们遵循着一条古老的人际相处原则:人类皆兄弟。不仅要与人类共享财富,而且要考虑到同一环境中其他生物的需求。在部落地域既留有家畜食用的草场,也留出足够的草地供野生食草动物食用。正是因为对获取财富持一种淡漠态度,也就减少了人际之间为利益的竞争,竞争的淡化又促使人际之间形成互助、协商、和平的道德风尚。这样的处世态度,也维护了该地区生态环境的完整。这种俭朴的生活方式蕴含着丰富的生态文化,使外面的人类对其永远充满着好奇和向往之心,也是一种重要的生态旅游资源。

(三)自然保护生态系统旅游资源

这一类的旅游资源通常是指在极端的环境条件下人类难以涉足,或即使涉足,影响也在其承受范围内的北极、南极及高海拔山岳冰川等区域,从而使其原生生态系统得以较为完善地保留下来。这些区域随着人类科技、经济及旅游发展,已日益成为一种重要的潜在生态旅游资源。

1. 北极地区

北极地区指以北极点为中心,北极圈以内的广大区域,其主体是世界四大洋中面积最小的北冰洋。北冰洋是一个非常寒冷的海洋,洋面常年不化的冰层占其总面积的 2/3,厚度多在 2—4 米,冰层相当坚硬,可行驶车辆和降落中型飞机。北极圈半年是极昼,半年是极夜,极夜的严冬气温极低,最冷月平均气温达−40℃左右,而且越靠近北极点气候越寒冷,冰层也越厚,极点附近冰层厚达 30 米。北极圈的北冰洋上有许多岛屿,主要岛屿有格陵兰岛、斯匹次卑尔根岛、维多利亚岛等。由于严寒,其生物种类极少,植物以地衣、苔藓为主,动物主要有北极熊和海象、海豹、鹿、鲸等,但数量不多。生活在那里的人主要为因纽特人。在严酷的环境条件下,因纽特人的日常生产生活也极具特色,对生活在温暖地区的人有巨大的吸引力。

2. 南极地区

南极地区指位于南极圈范围内的南极洲,南极洲是世界七大洲中最寒冷的冰雪大陆,包括南极大陆及附近的大小岛屿,1820 年代以前还不为人所知。南极洲四周被太平洋、大西洋和印度洋所包围,平均海拔 2 350 米,其中冰层厚 2 000 米左右,是世界上最厚的冰库。南极洲气温很低,年平均气温−15℃以下。即使在夏季,气温仍在−0℃以下,比北极更为寒冷,有"世界寒极"之称。南极不仅酷冷,也是世界上风暴最频繁、最大的地方。有的地方一年有 340 天的暴风雪,其风速比台风大 3—4 倍。

在如此严酷的气候条件下,几乎见不到绿色植物,只是偶尔在背风的石头下有少量地衣和苔藓。南极的动物种类虽稀少,但数量可观,如企鹅。此外,还有鲸、海豹、海狮、海象等动物。南极地区是目前地球上唯一没有常住居民的大洲,只有一些科学考察站。我国于 1985 年也在此建立了科学考察站。现在有不少国家成批地组织科学家前去进行科学考察,这块未开垦的处女地对生态旅游者有较大的吸引力。

3. 山岳冰川

南北极均存在巨厚的冰层,属大陆冰川。在地球表面高海拔山地区域,由于气候寒冷,当降雪积累的量超过消融量,积雪逐年增厚,经一系列物理过程,冰在重力的作用下向下滑动形成山岳冰川。山岳冰川的寒冻风化和侵蚀作用,使所在地的山峰棱角分明,山脊呈"刃"状,山谷呈"斗"状,在白雪和冰川覆盖下具有极高的观赏价值。

山岳冰川地区气候酷冷、多变,气势宏大的冰川随处可见。在此,大自然的洁美和严酷融为一体,使生活在山岳冰川附近的居民常把它奉为神,畏惧和敬慕之情使他们拜倒在大自然的山岳冰川之下。如青藏高原喜马拉雅山上的珠穆朗玛峰是世界最高的山岳冰川,被当地人奉为"朗玛"女神峰位于尼泊尔东侧的喜马拉雅山已经开发了以直升机为交通工具的生态旅游,欧洲著名的阿尔卑斯山岳冰川也在很早就成为旅游的胜地。

第四节 生态旅游资源开发

生态旅游资源是大自然馈赠的瑰宝和人类与自然和谐共生的杰作,正等待我们去开发。从神秘莫测的原始森林、波光粼粼的湿地湖泊,到独具特色的生态农业景观,这些资源蕴含着巨大潜力。然而,开发过程需兼顾保护与利用,在满足游客需求和促进经济发展的同时,守护好生态平衡,这是生态旅游资源开发面临的重要使命与挑战。

一、生态旅游资源开发原则

(一) 保护性开发原则

生态旅游是一种可持续发展的旅游。在一个地区开发生态旅游,进行项目引进,需要充分估计当地环境和文化的敏感性,将对当地生态旅游资源的保护放在第一位,开发应服从于保护,在保护的前提下进行开发。资源得到妥善保护,开发才能获取收益;开发取得收益,反过来又可用于保护工作。

当开发与保护出现矛盾时,开发应服从于保护。生态旅游可持续发展的关键是生态旅游区承载力的控制。在自然保护区开发生态旅游项目,必须有效地控制游客容量。自然保护区的生态平衡主要取决于人对保护区环境和资源影响的方式和强度,以及大自然消除这种影响的能力。当自然保护区游客数量达到使自然环境和自然资源遭到破坏而靠自然力又不能恢复的数值时,这个数值就是该保护区的游客临界容量。自然保护区管理者必须在特定时间内,对承载自然单元进行监测,以取得各项科学数据,把游客容量控制在保护区临界容量之下。

1. 环境评估与环境监控

规避保护区开发的风险需要在开发之前开展环境影响评估。环境影响评估有法定的环境评估和非正式的环境评估。无论采取哪一种评估,评估的内容都包括生态、社会、文化和经济的评估。

如果开发项目确实有必要,要制订降低环境影响的计划。旅游者的心理容量、生理容量和旅游区的环境容量皆有阈值,当超过这个阈值时,不但干扰旅游者的体验过程,更主要是破坏旅游区自然生态系统。因此,生态旅游开发与传统旅游开发不同之处在于,生态旅游必须实施环境监控。通过建立包括环境负面影响评估、容量评估,以及允许接受的变化程度等环境反馈机制,既不影响旅游者希望所选择的旅游区质量期望值,更让旅游者体验其所选择的旅游区"物超所值"的感知。

2. 原汁原味

在旅游开发时要尽量保持旅游资源的原始性和真实性,具体表现在不仅保护大自然的原生韵味,而且保护当地特有的传统文化,避免因开发造成文化污染,避免把城市现代化建设移置到旅游景区,旅游接待设施应与当地自然及文化协调,保证当地自然与人类和谐的意境不受损害,提供原汁原味的"真品"和"精品"给游客。

3. 多元参与

政府、企业经营者、专家、社区居民等都应该参与到生态旅游服务中,可以利用多方力量增强生态旅游资源保护与开发的动力,使各方真正从旅游中受益。同时,在推动生态旅游可持续发展时,既要创造必要的条件,又要在生态补偿上实现多元化,吸引更多参与者加入,结合当地实际,探索"旅游+农业""旅游+研究""旅游+数字化""旅游+文化""旅游+康养"等旅游新模式。[①] 利用大数据、

---

① 朱广冰:《"旅游+"业态创新对封开县乡村振兴的推动作用》,《广东蚕业》2024年第2期。

云计算等现代技术,建立生态旅游管理体系,实现旅游资源的智能化管理和服务。政府应当积极倡导并激励龙头企业发挥其在生态旅游产业中的引领作用,特别是在资本、项目、税收、信贷等关键领域,应实施更为优惠和倾斜的政策,以期推动生态旅游产业的稳健、可持续发展。[1] 完善旅游公共服务设施、建设游客服务中心、加强供水供电保障和建设智慧旅游平台,深入实施旅游标准化战略,加强旅游标准管理。[2]

4. 环境教育

生态旅游与传统大众旅游最大的区别之一就是对游客的环境教育功能。欲使游客在愉悦中提高环保意识,旅游开发时,就必须认真考虑在旅游区中设计一些能启迪游客环境意识的设施和旅游项目,如环境解说系统等。

5. 依法开发

旅游开发必须遵循相应的保护法规,如自然保护区的开发必须遵循《野生动物保护法》《森林法》和《自然保护区管理条例》等。当然,旅游开发方面的法制不够健全,这方面的工作以后会不断充实。

6. 资源和知识有价

旅游开发综合投入的新思路应贯彻到旅游开发之中。只有充分认识"资源有价",开发者、管理者、旅游者才会自觉地去保护它;只有让资源占旅游开发效益的一部分,这种保护才有经济支撑。"知识有价"能减少传统大众旅游的粗放型开发,避免开发中的破坏行为。

7. 清洁生产和节约资源

清洁生产就是要最大限度地减少旅游企业向环境中排放的污染物,使整个生产过程成为一个少污染或无污染的"清洁生产"体系,把旅游对环境质量的不利影响控制在环境承载力范围内。节约资源,即开发中采用"消耗最小"的准则,具体表现为:一要节约自然资源;二要适度消费。提倡使用诸如太阳能、风能、潮汐能等可再生资源,建筑时尽量采用砖瓦、石头、沙子等不会造成污染的建筑材料。

---

[1] 石大英:《乡村振兴背景下柴达木生态旅游的财税政策研究》,《西部财会》2023年第10期。
[2] 唐珮莹、赵苑妤、庄伟光:《探索生态旅游赋能乡村振兴实现路径——以广东云浮市为例》,《广东经济》2023年第11期。

8. 资金回投

为了使保护资源环境落到实处,旅游所得的经济收入要回投到环保中,用于保护和修复因旅游造成的对环境的破坏,保证其具有可持续利用的潜力。

9. 技术培训

保护欲落到实处,旅游从业人员的保护意识、保护素质是保证。在从业人员技术培训中,过去仅注重旅游业的操作培训,关于生态旅游及环境保护方面的培训很少,甚至没有。而没有保护意识和保护知识的人是难以承担保护性的生态旅游服务之责任的。

(二) 生态系统整体性原则

生态系统整体性原则可以体现在生态旅游区游憩设施的建设之中,生态旅游区的游憩设施是整个自然保护区环境中的一个有机组成部分,它们是一个统一的整体,游憩设施与保护区周围环境之间存在着相互影响和相互作用。"自然界所有生物都有其生命价值和生存权利,人类应该尊重它们的存在。"[1]因此,生态旅游区游憩设施的数量和种类的选择必须慎重,其开发建设都应遵循自然规律,不应该破坏其他物种的生存环境,同时这些设施应尽可能地同周围环境相协调,体现它们之间的整体协调感。

在以保护自然美为主要目标的生态旅游地,任何改变自然景观的项目都应该经过深思熟虑:无论是修建一条小道还是搭建一个亭子,生态旅游地建设工程管理的基本目标就是将对自然景观的改变降至最低程度,对一些设施的设计要求除了注重美观性,更强调与环境的融合性。

(三) 地域性原则

在整个生态系统中,总会形成占有特定地域空间的自然环境。不同地区,具有各不相同的地域环境特点,分布着不同的生物群落。分析生态系统的空间置换可以发现,正是来自其他地点的能量和物质材料的输入和输出状态,最终导致环境网的异常和生物结构的变化。利用生态系统的地域性原则,从地域性特点着手,分析和解释采用地方性材料和技术的优势所在。即由于生态系统的空间交换作用的影响,减少外来物质的引入,有助于减少对原有生态系统的破坏。同

---

[1] 南文渊:《藏族生态伦理》,民族出版社 2007 年版,第 2 页。

时,用地方资源生产来满足地方需要,也是颇为合理的经济方式。地域性原则在生态旅游开发中主要体现在乡土风格的创造和乡土材料的使用上。

体现乡土特色是生态旅游景区中使用最多的建筑风格。影响生态旅游区设施风格的因素主要有材料、色彩、屋面、建筑体量等,其中材料对风格的影响最大。在高原、山地和森林地带,乡村式建筑的各种结构要素——原木、木材、石头等,与周围环境相和谐,营造出一种原始质朴的生态美。天然材料能否赋予生态旅游区的建筑以原始特征,这完全取决于怎样巧妙地使用它们,应该充分发挥材料本身的自然性。当地所产的石材如果被加工成规整尺寸的切割石块或水泥块的样子,或者将当地的圆木加工成像电线杆一样整齐的商用材料,就完全失去其天然特色。

改变基地条件的任何设计方案都会导致灾难性后果,因为自然性很容易消失,而人工性却容易留存。例如,一个生态旅游景区选用石质栅栏还是木质栅栏应取决于每种材料对本土的适用性。一般来说,在不产石材的地方引进石材作为材料是不合适的,除非可以使用本地石料建造栅栏;而在某些地区,当地丰富的木材资源使木材成为更合适、更经济的建材。只有这样,设计出来的设施才能与当地环境更好地融合,同时节约成本。

(四)减法原则

减法原则是对自然原始型旅游资源在时间与空间上的统筹规划。这类资源主要以风景名胜古迹、自然山水、景观环境、森林区域为载体,由于自然天成和历史积淀,其资源本身就已形成对旅游者强大的吸引力。因此,在生态旅游规划设计的过程中,既无须移植、汇集各地自然人文景点,也不一定要引入高科技的、代表时尚潮流的休闲娱乐项目,而是要根据现有资源特征,最大限度地为旅游者创造时空差异、文化差异的感受。

生态旅游资源大多属于自然资源,如动物资源、植物资源、生物资源、土地资源、水资源和气候资源等。这些资源是当地生态系统的物质组成部分,并在系统中体现出各自相互和谐的物质形态和运动形态。人类活动的介入,将对现存稳定平衡的生态系统产生影响。因此,对那些自然景观较为良好的生态旅游地的开发设计,运用减法原则进行规划设计,尽可能地减少影响自然美的人工雕琢,要通过减少人工雕琢之类的减法来增加强化自然之美。

二、我国生态旅游开发的基本思路与目标

(一) 生态旅游开发的基本思路

中国生态旅游开发的基本思路是,全面贯彻落实科学发展观,坚持以旅游业可持续发展为根本,转变开发观念,创新开发模式,提高开发质量。全面实施以生态环境保护为主的生态旅游开发战略,大力保护、积极培育和合理利用旅游资源。在切实保护生态环境的基础上积极发展生态旅游,确保生态旅游地生态和景观的完整性,自觉遵守旅游地的文化习俗。依靠政府推动作用,走分级管理、系统开发的生态旅游开发之路。不断开发多层次的生态旅游产品以满足社会多元化需求,努力促进生态旅游业发展与社会经济进步相适应,以实现生态旅游开发的奋斗目标。

(二) 生态旅游开发的基本目标

在规划指导下,使适宜生态旅游开发的旅游资源丰富的地区,都建设适度配套的基本的旅游基础设施、接待设施和服务设施,使生态旅游成为中国旅游的重要组成部分,使中国成为世界重要的生态旅游目的地国。经过努力,争取全国具有自然和文化生态吸引力的主要旅游目的地,基本实现生态旅游开发与经济、社会文化、环境相协调。在旅游经济发展的同时,生态旅游区的文化环境基本稳定,保证所有利益相关者,尤其是当地社区、旅游者、旅游企业、保护区的综合收益最大化。

三、生态旅游资源可持续发展策略

(一) 资源保护与管理

1. 生态系统监测

建立长期生态监测系统,跟踪生态旅游资源的健康状况,如水质、土壤质量、生物多样性等指标。如在一些湿地生态旅游区,定期检测水质的酸碱度、含氧量,观察鸟类和水生生物的数量变化。

2. 承载量控制

确定各个生态旅游区域合理的游客承载量。如一个国家公园,通过分析景区内的步道容量、野生动物栖息地的敏感性等因素,计算出每天或每年能够接待

的游客最高数量,避免过度开发和使用导致生态破坏。

3. 分区规划

将生态旅游区域划分为核心保护区、缓冲区和旅游活动区。核心保护区严格限制人类活动,只允许必要的科研监测;缓冲区可以进行一些对生态环境影响较小的活动,如生态教育;旅游活动区则集中开展旅游服务设施建设和旅游项目。

(二) 社区参与

1. 利益共享机制

通过就业机会、股份合作等方式,确保当地社区从生态旅游发展中受益。比如,在一些山区生态旅游项目中,当地居民可以参与到民宿经营、手工艺品制作销售等环节,分享旅游收益。

2. 社区教育与培训

开展生态保护知识和旅游服务技能培训,提升社区居民素质,使其更好地参与生态旅游。如定期组织村民学习动植物保护知识、接待礼仪等课程。

(三) 旅游产品开发

1. 生态教育型产品

开发以生态知识学习为主题的旅游产品,如自然观察之旅、生态科普讲座等。像在森林生态旅游中,可以设置专门的自然教育步道,游客在导游的带领下认识不同的植物和动物,了解森林生态系统的运行规律。

2. 绿色体验产品

推广低碳、环保的旅游体验活动,如徒步旅行、自行车游、无动力水上活动等。以海滨生态旅游为例,为游客提供海上皮划艇项目,这种无污染且低碳的水上运动在让游客享受美景的同时,减少对海洋环境的影响。

(四) 政策与法规保障

1. 立法保护

国家制定严格的法律法规保护生态旅游资源,明确禁止破坏生态环境的行为并制定相应处罚措施。例如,对非法捕猎野生动物、破坏珍稀植物的行为给予严厉的法律制裁。

2. 激励政策

提供财政补贴、税收优惠等政策,鼓励旅游企业采用环保技术和可持续发展的经营模式。比如对使用清洁能源的生态旅游度假村给予税收减免。

总之,生态旅游的本质在于通过科学的规划和开发,保护生态为宗旨,在农村地域内充分利用自然生态、文化传统及农林景观资源,为游客打造集休闲度假、娱乐观光于一体的服务体系。此外,生态旅游的发展不仅有助于农村生态环境的改善,更是提升农村居民经济收入、实现经济可持续发展的有效途径。[1]

---

[1] 路双萍:《乡村生态旅游景区农户获得感影响因素研究》,烟台大学博士学位论文,2023年。

第九章　生态旅游与可持续发展

生态旅游与可持续发展正重塑着现代旅游的面貌。在全球旅游业蓬勃发展的当下,生态旅游以年均10%—15%的增长率迅速崛起。每年,数以亿计的游客涌入大自然的怀抱,寻求独特的生态体验。这一趋势背后,是可持续发展理念的有力支撑。据统计,超70%的旅游目的地在规划中强调了生态保护与可持续发展的融合,因为它不仅关乎当下旅游资源的合理利用,更决定着未来我们是否能继续领略地球生态之美。

第一节　生态旅游可持续发展核心要义

可持续发展是可持续的经济、生态、社会协调的过程,在注重社会经济发展的同时,关心生态保护和社会和谐,不能以破坏生态为代价来发展经济。在可持续发展系统中,不能做出超出生态可承受能力的行为,而是要通过生态环境保护和资源协调一致的方式来发展经济,给子孙后代留下可以持续发展的社会生态环境。[①]

一、生态旅游可持续发展概念

生态旅游是自然旅游的一种方式,与可持续发展密切相关。生态旅游可以促进旅游业可持续发展,是保护环境、维护生态平衡的最佳旅游方式,是实施可持续发展战略在旅游领域的最佳选择。旅游业的可持续发展要求生态旅游在保

---

① 周洵:《"两山"理论下青海生态资源可持续发展研究》,《中国集体经济》2024年第32期。

护旅游资源及其环境、保护生物多样性、对民众进行生态教育、规范民众道德和行为等方面，具有比其他旅游形式更突出的作用。所以，生态旅游本身就是旅游业可持续发展的重要基础，是持续旅游发展的核心，也是持续旅游的一种方法。为了解生态旅游与旅游业可持续发展的关系，首先要弄清楚生态旅游可持续发展概念。

严格地说，生态旅游与可持续发展是两个不同的概念，两者既有相似之处也有不同之处。其相似之处包含：(1)使对环境的制约最小化，不损害自然环境，维持生态环境的可持续性；(2)使地方经济收益最大化，尊重当地的文化和传统；(3)使旅游者的满意度最大化；(4)使区域或地域文化很少受到干扰；(5)使旅游者为环境保护做出积极贡献；(6)形成适宜的经济管理体制。其不同之处在于，生态旅游是满足未来可持续发展的一种形式，属于一种可持续的旅游活动，属于实际运作活动；而可持续发展是一种全面的思路，协调发展人类社会和经济环境，它是旅游业可持续发展的指导思想、方针政策，是一种发展目标和方向，具有整体运作和理性思考的特征。

(一) 生态旅游可持续发展的运作场所

生态旅游可持续发展的运作场所是自然当中的生态旅游目的地，包含自然保护区的试验区、以森林公园和自然景观为主的景区、湿地和文化旅游项目。这些生态旅游区和景点以生态旅游为基础，形成了保护生态环境和生物多样性的区域单位。

(二) 生态旅游是旅游可持续发展的重要方式

可持续旅游发展最好的方式是生态旅游，这是一种对环境负责的旅游方式。在众多的旅游方式当中，很多都和可持续发展没有直接联系，许多传统旅游方式忽视对环境的保护，片面追求经济利益，破坏了生态环境。总结旅游开发的经验和教训，人类开始认识到一定要有一种既能直接接触自然，又能保护生态环境的旅游方式，这就是把环境保护作为主要责任和义务的生态旅游。

但有人持不同的观点，认为生态旅游也会破坏生态环境。造成这种误解的原因，主要是对生态旅游的概念不清晰，混淆了生态旅游与自然旅游两者的概念。事实上，生态旅游是以保护生态环境为主要任务，提出在享受生态乐趣的同时，用实际行动保护环境免受破坏。研究生态旅游可持续发展的概念，一定要把它与旅游方式视为一个整体来考虑。

（三）生态旅游可持续发展是合理、有序、科学开发旅游资源的过程

所谓旅游资源合理、有序、科学的开发，就是要坚持适度原则，按照原则合理开发利用旅游资源，尤其是在脆弱的生态区域。区域环境被破坏后很难恢复，因此开发一定要适度，不能对资源进行破坏和掠夺性开发。只有对自然资源进行合理开发，才能使生态环境良性循环，完成旅游业可持续发展的目标。合适、有序、科学地开发旅游资源，一方面可以使当代人享受旅游资源，另一方面可以确保后代旅游和开发的权利不被损害。

二、生态旅游可持续发展内涵

1. 生态旅游可持续发展的重点要求维持自然生态系统的可持续发展

生态旅游的目标是整个自然生态系统，自然生态系统的可持续发展将成为生态旅游可持续发展的主要内容。生态系统是生物群落及其环境在给定空间内相互作用的连续统一的整体，由生物和非生物两个主要部分构成。系统内的生物群落即生命系统，包含生产者、消费者、分解者；非生物环境即非生物系统，包含阳光、空气、土壤、水、无机材料等，两者构成了一个相对稳定的系统结构。在这个世界上，不管是哥斯达黎加的热带雨林还是肯尼亚的野生动物保护区，抑或是澳大利亚的原始土著部落、欧洲各国和新西兰的国家级公园，假如这些地方没有丰富的自然资源，没有独特的生态系统，没有多样性的生物和迷人的自然风光，怎么能吸引大批的旅游者？在我国，森林公园、风景名胜区、世界自然遗产等1 100多个自然保护区，构成了生态旅游的主要地区。因此，优美而丰富的自然环境是生态旅游的主要资源。自然生态系统经不起耗竭性消费，因此不管是旅游开发者、经营管理者还是旅游者，都不能推卸保护自然生态环境的责任，一定要在生态旅游实践中去了解自然、保护自然。这种生态环境保护包含自然生态系统的正常发展改变和周期稳定性的维持，同时保持人与自然的和谐，尊重地方文化。

2. 生态旅游可持续发展包含促进区域旅游可持续发展的目标

推动生态旅游经济和社会的可持续发展是生态旅游的核心目的。具体体现在旅游景区内，则包含个人的个体标准和社会的经济、文化标准两个方面。旅游

区的居民是旅游社会文化的核心组成部分。要维持好自身发展,当地居民直接参与管理服务是必要的:从经济视角看,一方面,会增加他们的经济收入,从而为发展出力;另一方面,开阔他们的眼界,提高素质,进一步与现代文明接轨。从全面性来看,一方面,生态旅游的健康发展有利于推动经济的不断增长,不断为当地的经济发展和改革注入新的资金和活力;另一方面,增强旅游开发者和管理人员、旅游者和当地居民对保护自然环境的认识。这不仅使旅游者和当地居民自觉保护自然环境;还有利于促进社会福利的公平分配,增加就业机会;更将有效地促进生态旅游以及社会和文化发展的全面进步及协调发展。

三、生态旅游可持续发展要求

（一）生态旅游对环境的制约作用要控制在适当范围内

把生态旅游对环境的制约控制在适宜的范围内,是生态旅游可持续发展的核心所在,也就是对环境承载力的控制。承载力是指在一定条件和一定的时间内人类活动的自然环境或生态系统的缓冲阈值。人们对于环境系统的自我调节水平,直接关系到自然环境的发展和旅游资源的开发。它是生态旅游可持续发展的核心指标,是从方针政策目标向具体目标转变的关键。尽管生态旅游的可持续发展也和其他指标有关,如当地居民的生活质量有没有因为生态旅游的发展得到提高、资源消耗和资源的贡献是不是得到优化等,但从本质上说,这些指标是由环境的控制力和约束力直接或间接影响的。所以,在生态旅游的发展过程中,一定要确保可再生资源系统的恢复,以及在可以补偿恢复的范围内减少消耗。假如损耗超过了再生能力,可再生资源最终将耗尽。非可再生资源要尽可能地减少消耗,适当地进行重复利用,并用高科技水平发展它的替代品。只有实现对生态资源的有效利用,才能确保生态旅游的可持续性,既达到当代生态旅游的需要,又不损害子孙后代的利益。

（二）实现旅游地经济效益、生态效益、社会效益三者的协调与统一

生态旅游应推动经济与社会、资源与环境的协调发展,完成经济、生态、社会"三者利益"相互和谐发展。首先,应获得适当的经济利益。如上所述,旅游业的一个核心目标是提高人的生活质量。生态旅游作为旅游业的核心组成部分,在经济发展中发挥着核心作用。发展生态旅游,借助于适当开发、利用环境资源,

获得一定的经济收益,一方面能满足旅游者对于旅游经济的需要,另一方面也能满足旅游开发者及当地居民的需要。在发展中国家,经济发展是实现可持续发展的核心条件,也是生态旅游可持续发展的核心因素,如果没有投资者和开发者的经济支持和帮助,单纯的保护环境工作是很难完成的,但是如果不能解决对资源的浪费和过度使用问题,那可持续发展也是不可能实现的。其次,减少对自然资源的使用和浪费。开发生态旅游要坚持适度原则,尽量保证生态环境的完整性和一致性,从而取得良好的社会效益。生态旅游主体由旅游者、开发者和当地居民三部分组成。旅游者直接从旅游中获得更高的生活质量,达到追求知识的满足,完成自我完善和享受的目的;旅游开发者和当地居民则更多地分享旅游收益。当然,这个份额应该是公平的,只有三个主体的需求都得到满足,生态旅游才可能获得可持续发展。这三个利益在相互促进的同时,又相互制约。良好的经济效益和社会效益是获得生态效益的基础;优化生态效益和经济效益,又能进一步促进社会效益的增加。其中任何一方受到影响都会在短期或长期内对可持续发展的其他两个领域的发展产生影响,进而制约旅游的可持续发展。与此同时,因为生态旅游可持续发展的特殊要求,三者之间如果出现矛盾的话,首先要把保持良好的生态效益放在第一位。

（三）充分发挥生态旅游对生态环境伦理教育的功能

生态旅游作为环境教育的主要形式,也是实现环境教育的有效途径之一,二者相辅相成,相互促进,不仅有利于拓展社会环境教育的新领域,也有利于推动生态旅游的可持续发展。[①] 生态旅游作为一种旅游产品,具有核心的生态理论教育意义。其一,生态旅游活动的主体众多,包含决策者、开发者、经营管理者、生态旅游者、当地居民,因为宣传和教育的作用,教育的目标是非常多的;其二,生态旅游环境教育效果比其他方式更直观、生动、有趣,它为旅游者提供一个美的感官享受和神秘的冒险旅行的经验,向人类展示自然科学的美景,为旅游者提供了一个接触大自然的机会,使旅游者对自然生态的复杂性、多样性,人与自然的共生,脆弱的自然环境有深入的理解和认识。生态旅游环境教育,有助于培养和增加人们对环境保护知识的了解,增强旅游者的环境保护意识,提高人们的整

---

① 周洵:《"两山"理论下青海生态资源可持续发展研究》,《中国集体经济》2024年第32期。

体素质,使人们在享受自然美的同时,牢固树立自然和谐的生态伦理观念。因此,教育意义非常深远。

总之,生态旅游是当代旅游的发展方向,它以自然生态系统为主体思想理念,关注环境保护,承担某些生态责任。与通常的旅游一样,生态旅游是经济、社会、文化等的综合,因此,旅游目的地的经济、环境、文化等领域会受到一定影响。可持续发展自从实施以来,因为生态旅游的进一步发展和保护,推进了旅游业的可持续发展,对于旅游业和社会的进步具有重要意义,不容忽视。

第二节 生态旅游可持续发展研究方法

随着人们对环境和资源保护意识的日益增强,如何科学地研究生态旅游可持续发展的路径、模式和影响因素,成为推动这一绿色旅游模式前行的关键所在。生态旅游可持续发展研究方法,涉及多学科交叉融合,从生态学、经济学到社会学、管理学等,每个学科都为我们提供了独特的视角和工具。

一、生态旅游可持续发展的研究思路

(一)坚持以保护为主,保护、开发、利用三者统一的原则

实施生态旅游可持续发展策略及方针政策的核心是确立生态旅游的理念,保护生态旅游资源和生态环境免受破坏和污染,使得保护和开发形成良性循环,实现旅游目标的可持续发展。资源保护越完善,开发使用潜力越大。生态旅游资源的开发、利用应以保护为主。在生态旅游的开发和管理中,一定要遵循以下四个原则。

1. 树立生态旅游可持续发展的资源利用观

开发和管理生态旅游资源,需要有长远的发展前景和规划,品位不高以及需要培育和开发的资源应该留到以后再开发,随着科技的发展和进步,再进行适度、循序渐进地开发和利用。因此,自然资源的开发、利用程度与科技水平和发展速度密不可分。适度地开发和管理生态资源,应在资源可持续发展观的引导下,进行长远的规划和部署。

2. 树立对自然界的责任感和道德观

生态伦理学一方面承认人类的利益,用人类的道德标准处理人与人之间的联系;另一方面同样承认地球上其他生物的权利。人与自然的关系应该是和谐的,而不是征服与被征服的关系,人类应该把自己看作自然的一部分,是不可分离的,应该将保护自然资源和保护人类结合起来。只有保护生态旅游资源,才能保护当代及子孙后代拥有生态资源和享受环境的权利。生态旅游是一种负责任的旅游,参与的人都应该拥有一种对大自然的责任感和道德感。

3. 把保护生物多样性放在第一位

缺乏经济价值不仅是许多物种的特征,而且是许多群落(如沼泽、泥塘等)的特征,但它们却具有其他方面的价值,如生态价值。如果以单一的经济利益为目标,任意毁掉那些没有商业价值的物种和群落,那就会破坏大地系统的完整性。因此,为了确保整个生态系统的完整性和生态旅游的可持续性,人们应该以保护生物多样性为核心,将其放在第一位。

4. 建立与后代休戚与共的思维模式

生态旅游的开发者和管理者一定要确保当代人的发展,不应损害后代人的利益,对生态旅游资源的使用不应该给后代人造成伤害。既要关注代际公平,确保子孙后代能同等地享有当代优质的生态资源,同时要兼顾当代居民的生存权与发展权。环境正义与环保主义最大的区别是重视环境中生活的人群,生态旅游可持续发展的前提是公平与和谐,本质是人与自然、人与人之间的协调发展、互利共存,涵盖自然、社会、经济、文化各个方面的可持续发展。[1] 生态旅游资源是全人类的共同财产,当代人应承担和维持子孙后代财产的道德责任。从代际共享的视角看,生态旅游资源的开发、管理与恢复、保护(后代利益)同样关键。因此,当代人应该为后代人留下一个健康的环境,为子孙后代积累足够的资源,这样才能真正为改善子孙后代的生态环境做出贡献。

(二)适度、合理、科学地开发生态旅游资源

在生态旅游资源的开发过程中,环境尤其是脆弱的生态环境,很容易受到人类活动的影响,而且破坏后难以恢复。因此,一要进行适度开发。所谓适度是适

---

[1] 是丽娜、王国聘:《湿地旅游的生态伦理属性及其价值选择》,《南京林业大学学报(人文社会科学版)》2019年第1期。

当地开发和发展,以尽全力保护生态环境;所谓科学发展,是参考生态旅游资源与发展规则,有序地开发和利用。二要合理使用开发所得收入。生态旅游实质上是借助出售自然生态资源以获取经济利益。有专家指出,出售某些自然资源的行为积极与否,完全取决于出售后的收入做什么用了,是用于奢侈浪费,还是用于教育投资或改善环境质量。假如当代生态旅游资源的一部分收入是用来补偿生态环境建设的资源消耗,那么对未来是有益的,科学又合理。

(三)合理划分功能区,有序地确定区域和生态旅游线路

开发生态旅游资源,可参考《自然保护区条例》中的原则,将所有自然保护区划分为核心区、缓冲区和试验区,严格规范区域作用以及环境保护要求。在核心区和缓冲区不能进行旅游、考察活动,只有在试验区内才可以从事科学研究、教学、旅游等活动,不能造成环境污染、浪费资源或对景观形成破坏,污染物排放量不能超过国家和地方标准。其他的自然旅游区,如森林公园、风景名胜区、国家湿地等,也应有类似的功能分区规划标准。这对保护区的环境和生态免遭破坏以及实施可持续发展有重要意义。自然保护区、风景名胜区等旅游自然保护区是生态旅游的主要场所,旅游活动要遵循自然规律,并且要按照生态旅游产业发展规划设计区域旅游线路。

(四)实施生态恢复和保护措施

当代人类活动对生态旅游环境有着根本性的制约,主要是因为人们对于自然界没有形成正确的价值观:一是人们认为生态资源是无限的;二是人们认为本身浪费的是无限的大自然,对自己没有影响。基于这种误解,人们把自然看成是生态资源的储存库和垃圾回收站。事实上,生态旅游只是社会与自然之间能量和物质的转化过程。假如停止这一过程,将不利于动植物未来的发展,也不利于人类未来的发展。所以,在开发和管理生态旅游资源时,一定要坚持适度合理地开发,切实保护自然生态资源和环境,对已破坏的生态资源应采取一定的生态修复措施。现在,大多数人都意识到环境保护的重要性。生态环境如果遭到破坏,需要及时地进行生态恢复,采取一定的保护办法,如对现有的设施、景观进行改造,进行植被恢复,开展生物多样性保护活动等。

生态旅游景观是景区景观和生态环境的核心组成部分,因此,对景观区的布局方式、建筑高度和周围的背景、杂树、颜色、材料、民族特色等应制定统一标准,

使建筑和自然融为一体。对于需要进行景观综合治理的地方,应拆除或重新包装造成植被破坏和水土流失的旅游设施,应由建筑部门在规定时间内予以修复。任何单位不得侵占生态旅游用地。在自然保护区的生态保护中,应采取定点、定时、定期、定量的管理方法;旅游者不得进入禁止进入的区域;在旅游区,要防止游人爬树、摘花和破坏野生动物栖息的场所。此外,为保护生物多样性和减少濒危物种消失,专家应研究珍稀濒危物种的保护方法,参考濒危物种的分类,提出有效实施生物多样性保护的办法。

(五)遵守"区内旅游、区外服务"的原则

按照自然保护区和风景名胜区的规定,通常旅游接待服务设施均应建于风景区大门之外,大门之内只能作为游览场所,这就是"区内旅游,区外服务"的原则。过去,有不少自然风景区尤其是自然保护区的旅游服务设施,如宾馆、酒店、购物中心、管理用房等都集中在景区内,甚至集中在景点最密集的中心区,结果造成了严重的环境污染和破坏,使景观质量大大下降。为了提高生态环境质量,恢复原有生态面貌,对那些布局错位的服务设施要按照"区内旅游、区外服务"的原则进行必要的改善和优化。

(六)强化环境管理,增强环保意识

根据国内外风景名胜区的环境现状,旅游开发者、旅游经营者与旅游管理者的不当行为是造成环境污染以及生态环境破坏的重要因素。生态旅游环境的优劣主要取决于旅游开发者、经营管理者的环境保护意识和管理水平高低,因此,管理者一定要加强管理,增强职工的环境保护意识,控制和改善生态旅游目的地的环境污染问题。加强环境管理的办法有以下几方面。

第一,严格要求投资者提高环境保护意识和环保技术水平,严格检验投资方案的可行性。为了在某些程度上限制投资者的数量和旅游开发者的数量,政府应该对生态旅游商品的研发目的和发展规划进行严格的审查。

第二,环境资源评价和环境审计。环境资源评价是环境保护和管理的一种方式,是人类参与决策的过程,包含行政部门和环境保护组织。他们借助于研究、管理和监测,以及人类的有效参与,确认生态旅游的风险,确定环境负担,提出合理的生态旅游管理办法。例如,针对区域范围之内的生态资源、水资源、土地资源、生物资源等进行全方位评估,确定各方面资源的承载能力及其限制条件,在这一过程中可以综合运用生态调查、环境监测、生物数据分析等多种手段进行环境与资源承载能力评估。[①] 环境审计是政府有关部门以环境法律法规为依据,监督和检查公司是否开展了与生态旅游相关的活动。环境审计一般包含三个步骤:环境审计评价、检验、核查。这对生态旅游的实施、生态环境的保护和可持续发展的实现具有关键作用。

第三,对旅游者的生态旅游教育和管理。在某种程度上,游客生态环境意识的增强,是旅游目的地实行可持续发展战略的关键,因此,要对进入生态旅游区的游客进行有效、及时的生态旅游教育。其主要方法有:一是增加基础设施建设,如增加生态景观解说系统、垃圾收集系统,增加环境保护和健康的标志;二是灵活运用不同媒介,利用环境教育旅游者,包含门票、旅游图和宣传手册等;三是增加生态旅游商品的比例,包含天然食品和饮料等;四是制定相应的处罚措施;五是提倡"只拍照片,只留下脚印"的文明出行,如在旅游区内设置环境保护标语,要求旅游者将垃圾放入垃圾袋内,然后交给工作人员处理;六是在条件允许的情况下,可以在公园内展示生态旅游环境知识的录像。

第四,在旅游生态地所在的城市,设立自然学校或建立生态博物馆,教育年轻人了解和保护生态环境,增强环境保护意识。

第五,强化法制建设以及管理。为了对生态旅游景观进行更好地开发和运作,研发生态旅游商品,完成生态旅游目的地的管理,有关部门应制定相关法律规范,使旅游业有法可依,减少或杜绝乱采乱摘、任意捕猎等行为。生态保护区的开发和利用,应严格按照环境保护法的规定,明确哪些部分禁止开发、哪些部分可以开发及开发的规模大小、开放的季节、容纳游客的数量等。例如,明确规定哪些地方禁止火种、打猎和毁坏树木,不能随意丢弃垃圾。除法律手段外,经济手段也可用于景区的管理,例如,有些景区对游客收取押金,在游毕没有破坏环境的前提下方可退还;有的地方通过增加或降低门票价格来调控旅游者数量,这些都是有效的管理方法。

(七)制定生态旅游环境规划

开发生态旅游和推动旅游业可持续发展应做好生态旅游的开发利用和规划。

[①] 马卓然、申强:《农文旅融合发展模式与路径——以北京市平谷区北寨红杏为例》,《中南农业科技》2024年第4期。

近几年来，我国很多旅游专家在生态旅游规划和设计领域取得了丰硕的研究成果，并参与了很多生态旅游区的规划设计工作。如陈传康先生结合垂直带谱回归游和地段地理学等理论，参与了北京门头沟百花山、密云区云蒙山和云南省禄劝县轿子雪山等景区的生态旅游规划工作，从中总结出了工程诱导、划区保护、相邻两区生态系统叠加成新的生态系统的新型规划方法，尽可能地保持原生态系统。

二、生态旅游可持续发展的评价指标体系

(一) 评价指标体系构建原则

生态旅游产业可持续发展的全面目标是实现社会和自然的和谐发展。生态旅游产业的可持续发展的基本原则如下。

1. 全面性原则

生态旅游可持续发展应该全面覆盖各部分指标系统，不能有偏向和忽视。联合国可持续发展委员会认为可持续发展评价指标系统包含四个部分：社会、经济、环境和体制。英国政府部门将可持续发展评价指标系统的目标分解，将可持续发展作为总目标，又将其分为四个层次。美国政府部门的可持续发展目标：健康与环境、经济繁荣与自然资源平等、保护自然、生态资源管理、社会可持续发展、人类参与、人口、国际责任、教育。生态旅游可持续发展的评价指标系统应覆盖整个目标，具有全面性，一个国家或地区应结合自身现实状况，明确生态旅游可持续发展的概念和目标，指导可持续发展行为。

2. 科学性原则

科学性原则要求科学地进行概念的界定，计算方法、信息来源、权重确定和计算水平都要依据科学性原则。一是生态旅游可持续发展的目标要与国家或地区的实际状况相结合；二是生态旅游可持续发展指标的设计和选择一定要以环境资源理论、经济理论、生态理论、统计理论为依据，保证指标设计的稳定性和科学性；三是按照科学的原则和标准，确保评价指标系统的标准与规范相一致。

3. 定性和定量相结合原则

构建生态旅游可持续发展评价指标系统应全面，一些指标可以量化，如反映经济发展速度，可使用国内生产总值的增长率；反映森林资源，可使用森林覆盖率等。然而，有些指标难以量化表达，需要设计一些定性指标来表达。因此，生

态旅游可持续发展评价指标系统需要由定量指标和定性指标组成,定量指标则作为主要指标。

4. 引导性原则

生态旅游可持续发展评价指标体系在评价社会、经济、资源、环境的同时,应结合可持续发展的方针政策和目标,适当地跟踪指标的权重改变,并通过优化指标权重来引导生态旅游可持续发展的政策和目标设计。

5. 综合性原则

生态旅游可持续发展问题可以从多个视角表达出来,将每个视角都确定为指标是不现实的,可参考方针政策和目标的核心问题来选取有代表性的指标,指标一定要简单、通俗、易于收集,或者从现有来源获得。与此同时,因为每个指标只能代表一个可持续发展领域,为了达到一致的评价标准,就要采取多种科学的方法来全面地处理这些指标。

(二) 评价指标体系的内容与框架

1. 评价指标体系内容

生态旅游产业的可持续发展牵扯到自然科学和社会科学等多个学科,涉及政治、经济和社会各方面,因为指标众多,可分为社会、资源、环境、区域经济和智能支持5个子系统。在每个类别中,都有具体的评价指标,是一套适用性强、针对性强、切实可行的生态旅游产业可持续发展结构评价指标系统。

(1) 社会子系统。社会可持续发展是可持续发展的直接目标。只有社会可持续发展,不同国家和地区的人民权利才能得到公平对待,才能不断提高人类的生活水平,使人类和社会发展全面进步。

(2) 资源子系统。资源的可持续使用是可持续发展的基础。资源具有独特性和多样性,就生态旅游景区而言,旅游资源是旅游的吸引物,是进行旅游的基础和前提。旅游资源不仅包含景区的自然资源和地理资源;也包含景区的地理位置、各种生活资源和能源资源,以及其他旅游资源的支持和帮助。

(3) 环境子系统。生态环境的可持续发展是生态旅游产业可持续发展的前提。在旅游产业发展当中,资源的利用和废弃物的排放有允许的容量或承受能力,这主要是指在发展、开发生态旅游活动中,使用资源或排放废物不得超过环境的容纳和承载能力。

（4）区域经济子系统。区域经济的可持续发展是生态旅游业可持续发展的条件，只有经济的持续发展，才可以减少人均收入差距，为科技的发展提供经济基础，给生态旅游产业的发展提供必要条件，提高资源的使用效率，促进人与自然的协调发展，实现人类的可持续发展。

（5）智能支持子系统。智力支持是促进旅游业可持续发展的动力系统，由国家或区域的教育能力、科学技术能力、管理和决策能力构成，教育能力是智能支持系统的基础，科学技术水平是智能支持系统的核心，管理和决策能力是智力支持系统的灵魂。

2. 评价指标体系框架

指标体系框架是指标体系组织的概念模式，它有助于选择和管理指标所要测量的问题，即使它没有抓住现实世界的本质，也提供了一种便于研究真实世界的机制。不同的指标体系框架之间的区别在于它们鉴别可以测量的问题、选择并组织要测量问题的方法和途径，以及证明这种鉴别和选择程序的概念。目前，可持续发展指标体系主要框架模式可以归纳为5种，即压力-响应模式、基于经济的模式、社会-经济-环境三分量模式或主题模式、人类-生态系统福利模式、多种资本模式。可持续发展研究还处于起步阶段，还没有专门用于生态旅游可持续发展指标体系的框架模型。生态旅游可持续发展是一个复杂的系统，不能完全用以上的模式来评价，但可以在一定程度上说明问题。根据可持续发展评价指标体系内容，可以采用资源-社会-经济-环境-智力支持五分量评价模式来构建生态旅游可持续发展评价指标体系。

三、成功应用多种研究方法进行生态旅游可持续发展研究的案例：哥斯达黎加的生态旅游研究

（一）案例背景

哥斯达黎加是全球生态旅游的先驱国家之一，拥有丰富的生物多样性和多样的生态系统。该国在生态旅游可持续发展方面的成功经验值得深入研究。

（二）研究方法及应用

1. 实地观察法

研究人员深入哥斯达黎加的各个生态旅游景点，如蒙特维多云雾森林保护

区。他们观察游客的行为模式,包括游客在自然环境中的活动路线、停留时间、与野生动植物的互动方式等。通过这些观察,了解游客活动对生态环境可能产生的影响,如发现游客离开指定路径会对植被造成破坏,为后续的管理提供依据。

2. 问卷调查法

针对游客、当地社区居民和旅游从业者设计不同的问卷。对游客的问卷主要涉及旅游动机、对生态保护的认知程度、对旅游服务质量的评价等内容。从大量游客问卷反馈中得知,大部分游客是被哥斯达黎加的自然风光和生态资源吸引而来,且对生态保护有较高的关注度。对于当地居民的问卷则侧重于了解他们从生态旅游中获得的经济收益、对生态旅游发展的满意度以及在生态保护中的参与程度等。调查结果显示,当地居民通过参与生态旅游相关工作(如提供住宿、餐饮、导游服务等)增加了收入,并且大部分居民支持生态旅游的可持续发展。

3. 访谈法

与当地政府官员、旅游企业经营者和生态保护专家进行深入访谈。政府官员介绍了国家在生态旅游政策制定和资源管理方面的措施,如设立严格的保护区管理制度、对生态旅游项目进行环境影响评估等。旅游企业经营者分享了在经营过程中如何平衡经济效益和生态保护的经验,例如一些企业采用生态友好型的建筑材料建设旅游设施,减少对环境的破坏。生态保护专家则提供了生态系统监测和保护的专业意见,如通过长期监测野生动物种群数量和栖息地变化来评估生态旅游活动对生态系统的干扰是否可控,确保其可持续性。

(三) 数据分析与模型构建

收集旅游收入、游客数量、生态环境指标(如森林覆盖率、水质、生物多样性指数等)等数据,建立综合评估模型。研究发现,在过去几十年里,哥斯达黎加的生态旅游收入持续增长,同时生态环境指标保持稳定甚至有所改善。这表明该国在生态旅游可持续发展方面取得了良好平衡,为其他国家和地区提供了范例。

第三节　生态旅游可持续发展管理

生态旅游可持续发展管理不仅仅是对旅游活动的简单规范,更是涉及生态平衡、经济发展、社会文化传承等多方面的复杂协调机制。如何在生态旅游的发展进程中,通过科学有效的管理,实现生态、经济与社会文化的和谐共生?这是摆在我们面前的重大课题。这一课题的探索,关乎着生态旅游能否真正成为可持续发展的产业典范,为子孙后代留下绿水青山和丰富多彩的旅游体验。

一、生态旅游管理的相关内容

(一)生态旅游管理概念和原则

1. 生态旅游管理概念

生态旅游管理是指以生态学理论和管理学为指导,对生态旅游系统进行管理,以便在向旅游者提供满意的生态旅游产品和服务的同时,长时期地维护旅游区的生物多样性、生态整体性及其生态服务功能和美学价值。生态旅游管理的目的是维护旅游区的生态系统不受旅游业及其相关活动的过度干扰和人为破坏。由于生态系统是生物要素和环境要素在特定空间的组合,所以,生态旅游管理的实质就是对环境要素和与其相适应的生物要素进行有效管理。生态旅游管理是各个不同学科背景研究人员共同关心的问题。生态旅游管理问题之所以吸引众多研究人员的关注,是由于人们期待着生态旅游的实践能够符合(或应当符合)可持续发展的理念,期待着生态旅游作为特殊形式的旅游活动可以承担保护环境、维护生物与文化的多样性、促进社区经济发展等责任。有人提出,应从主体角度对生态旅游管理要素的特征进行把握,这些主体包括旅游者、旅游经营者、旅游地社区、旅游地政府、国际保护组织和学术界。有人认为,生态旅游管理的目标包括自然生态目标、持续发展目标、支持保护目标和环境教育目标;也有人主张,通过评估当前旅游形式、确定旅游预期情境、基于旅游需求的类型制定管理对策、制定正式管理策略文本、实施与反馈修订等步骤,建立起我国的生态旅游管理战略体系。

2. 生态旅游管理的原则

生态旅游管理的原则大体上包括区域管理原则、政府介入原则、量度依赖原则和信息传播原则等。

(1)区域管理原则。就生态旅游目的地而言,生态旅游管理应该坚持区域管理原则。因为:一方面,旅游活动具有特定的空间属性;另一方面,生态旅游发展具有多目标与多主体的特性。从生态旅游管理的实践看,在管理职能上,区域规划领域比区域组织、领导与控制等其他管理职能成熟很多,但这并不能说明其他管理职能就不重要。生态旅游管理既不是单纯的企业经营管理,也不是单纯的地方行政管理,既需要规划,也需要协调与控制。生态旅游管理需要旅游者、旅游经营者、社区居民、地方政府的共同参与,各种管理职能不可能由任何单一主体独自承担。旅游者生态体验的满足、地方经济利益的获取、生态环境的保护等目标的实现不可能由任何单一的主体独立实现。从某种意义上讲,与生态旅游活动密切相关的各行为主体既是生态旅游管理的主体,也是生态旅游管理的对象。

(2) 政府介入原则。通过所有利益相关者的积极参与和共同努力,将形成有关生态旅游标准的制定、管理和监督的共识,加强地方共识,确保生态旅游的发展与地方经济、文化和社会伦理相容。[①] 首先,政府介入可以使生态旅游产业更好地满足旅游者的需求。有人主张由政府高层考虑旅游规划与管理问题,原因在于旅游者旅程的特殊性。旅程不是一个单一的产品,它的组成成分由各种目的不同、经济结构不同的组织来提供,旅游产品开发需要这些组织之间的协调与合作,而政府介入这种协调与合作中具有举足轻重的地位。其次,生态旅游资源与生态环境的保护需要政府介入。有人认为,资源脱离型旅游产品,由于其产权明晰,因此其保护较多依赖市场机制。而资源依托型旅游产品,离开了资源其本体就一文不值,由于构成这类产品主体部分的资源在产权上往往不够明确,其保护就必须纳入国家特殊政策之下。强调政府介入的原则,有利于解决在生态旅游资源产权不清的情况下如何有力地保护生态资源与环境的问题。最后,从生态旅游发展需要取得经济效益的角度看,也离不开政府介入。政府主导的积极作用在于,政府利用行政体制动员掌握的经济资源,可以决定超前发展与优先发展的部分;政府在旅游法规、规章、条例方面的作为,可以促进旅游业的健康发展;政府可以有力地担负起协调社会各方面力量的职能。

(3) 量度依赖原则。生态旅游管理是一种依赖于量度的管理,把量度标准与管理手段相结合,避免了生态旅游管理始终停留在概念化、观念化的层面上。

---

① 覃成林、郑云峰、张华:《我国区域经济协调发展的趋势及特征分析》,《经济地理》2013年第1期。

与生态环境保护相关联的量度概念可以用来表明旅游活动确实存在一个内在的、可以确定的极限,在这个限度范围内就不会使生态环境出现恶化或变化的情况。与旅游者生态感知与审美体验相关联的量度,可以用来解释旅游消费行为与满意程度之间的关系。与社区接纳能力相联系的量度,可用来预期社区居民对生态旅游效应可能做出的各种反应。量度是随着时间周期和管理方式变化而变化的,从管理学角度讲,任何管理都需要一定的假设,对量度的依赖,实际是生态旅游管理对管理假设的依赖。

(4)信息传播原则。很多人认为,将生态原则引入旅游管理,外行很难把握,因为除了专业概念相对复杂以外,管理操作上对各方的要求也有很大差异。近年来,政府与旅游企业之间各种关于生态旅游的研讨活动与日俱增,这些活动反映了政府和学术界竭力传播真正科学意义上的生态旅游信息的努力。只有当生态旅游主要利益相关者确实意识到各自的利益与生态环境息息相关,意识到自己的行为可能对生态环境造成影响,并随时准备承担自己应尽的责任时,生态旅游管理的有效性才有可能迅速提高。向旅游者增加收费,对游览人数进行限制,在管理手段上简单易行,但是未必能够得到旅游者的认同。并且,对于旅游经营者和社区居民的生态旅游管理措施,同样需要得到被约束对象在理念上的认可,才能达到预期的管理效果。另外,在发展生态旅游过程中,把旅游经营者必须承担的责任从社区居民和旅游者的责任中区分开来也是个难题。因此,生态旅游管理必须重视生态保护与生态持续利用等信息的传播,以生态理念的信息传播作为生态管理的必要前提,通过信息传播来加强不同群体之间的认同与默契。

(二)当前我国旅游管理中存在的主要问题

1. 传统的旅游管理体制已经难以适应旅游管理的要求

目前,我国绝大多数的旅游管理体制还是沿用计划经济体制下的机制,观念保守,基本属于社会公益事业的范畴,不能严格按企业来要求。当前,国家对旅游资源保护的财政拨款十分有限,国际援助和社会赞助杯水车薪。管理经费和职工薪金部分靠财政拨款,部分靠自筹自支,有的完全实行自筹自支。这种管理体制和经营机制导致许多地方旅游资源的闲置与浪费;另外,开发和经营中的无序、低效以至破坏,严重困扰着资源环境的保护和旅游业以及地方经济的发展。

2. 多头管理,多重目标

我国旅游区依据其资源的状况,可能分别归建设、林业、环保、文化、文物、地质、旅游等部门行使管理权。有的还成立了相应的行政管理机构,如风景名胜区、国家森林公园、自然保护区管理委员会(或管理局)、文物管理委员会(或文管所)等,作为国家资源所有者代表实施管理权。旅游区名义上属于国家所有,但实际上中央、省(份)、市、县、乡各级政府及其部门都能出面操作。往往在同一旅游地内存在条块分割、各据一方的情况,地方、部门、单位、个人在利益的驱动下,有法不依、执法不严,貌似建设、实为破坏,名为保护、实为垄断的现象极为常见。各个部门分别从各自不同的角度对旅游区实施管理,这些管理在一些环节上,有时会和地方利益发生冲突;部门之间由于工作角度不同,在一些问题的认识和处理上也经常有分歧,这些管理的交叉,使旅游管理难以实现统一的管理总目标,而成为各种管理目标相互妥协的产物。

3. 市场化运作过程中带来的部分消极影响

在我国社会主义市场经济体制的构建过程中,反映在旅游管理中的就是部分旅游资源的市场化运作。尽管市场化的运作形式多种多样,其利弊问题还有很大争议,但由于我国经济处于剧烈的转轨时期,旅游资源开发和管理的法规体系不够健全,在市场化的运作过程中,的确存在各种各样的问题。例如,旅游地当地居民的利益受到不同程度的损害,经营者无视政府的管理,片面追求经济效益,忽视旅游地的保护和作为公共资源的社会效益,等等。

4. 利益分配机制有待理顺

旅游区的相关利益者呈现多主体化和多层次化,相互之间的利益关系极为复杂。各相关利益者的利益要求不同,满足各自利益的方式与途径也不相同。在实际运行中,多元化的相关利益主体、多样化的利益需求、多方式的利益实现途径,构成了一个错综复杂的利益网络。在旅游区的经营管理过程中,各种矛盾的归结点在于利益的分配问题,即各个利益主体在旅游区经营管理中义务和利益的分配问题。现实情况往往是,对于保护、宣传、科研等公益性事业,各个利益主体都不愿意承担责任,但对经营效益的分配则争夺得非常激烈。这种局部和短期利益的争夺显然不利于保障旅游区的保护和永续利用。

5. 管理队伍及管理人员素质亟待提高

生态旅游的兴起,使得旅游者抛弃了过去大众旅游的那种只讲旅游数量的观念,而转向了追求旅游质量,这就要求旅游管理人员在旅游管理上更加科学、更加严谨。由于生态旅游在我国刚刚兴起,各方面的旅游管理人员的培养和培训都很不够,所以在生态旅游管理实践中,出现了很多好心干坏事的现象。例如,有的生态旅游区为了提高生态旅游地的吸引力,在生态旅游区建设大量娱乐场所,非但没有提高旅游区的经济效益,还破坏了生态旅游区的原貌,降低了生态旅游区的品位,结果适得其反。

二、生态旅游管理的科学化

(一)进一步加强旅游管理科学理论研究

1. 加强旅游管理科学理论研究的必要性

任何实践活动都离不开理论的指导,而科学的理论指导是旅游管理发展的前提条件。从世界旅游强国的旅游业发展经验来看,它们在重视旅游实践的同时,大量的专家、学者对旅游理论的深入研究和积极拓展也是旅游业发展的重要因素。旅游业在我国起步晚,旅游管理还存在着这种或那种混乱,特别是生态旅游的兴起,对旅游管理理论更是提出了全新的要求,这就要求我们更加重视旅游管理科学理论研究。

2. 加强生态旅游管理科学理论研究的途径

(1)大力学习国外旅游业的先进经验和理论。国外旅游业发展较早,在旅游业的发展和旅游管理的实践中有大量的经验和教训值得我们学习和借鉴。加强国际合作与交流,借鉴国际先进的生态旅游开发经验,引进国际先进理念和技术,对于提升我国生态旅游资源利用与保护水平具有重要意义。[1] 因而,学习国外的先进理论和经验,是我国旅游管理少走弯路、尽快成熟的重要途径。另外,随着我国加入世界贸易组织,我国的旅游管理如何进一步与世界接轨也是我国旅游管理的重要课题,这同样要求我们积极学习国外先进的管理理论。

(2)重视我国传统文化研究。我国文化源远流长,享有五千年文明古国的

---

[1] 更群东主、羊进拉毛:《国家公园生态旅游可持续发展的多元主体共治模式——对黄河源国家公园的考察》,《青海民族大学学报(社会科学版)》2024年第4期。

美誉。商周文化、汉唐盛世等辉煌历史,展示了中华民族高度的管理艺术。在悠久的中国古代文化中,也存在着大量的生态保护和生态管理的思想。现代旅游管理是科学与艺术的结合。发达国家的现代旅游管理理论虽然可以引进和学习运用,但管理艺术,特别是决策艺术纯属"智慧",难以传授和引进。故国外先进的管理理论虽然可以引进,但在引进理论的同时必须考虑我国的国情。因为管物和管人不同,人的行为受传统文化影响,将国外的管理理论生搬硬套到我国,肯定会产生许多冲突。所以,在引进国外先进旅游管理理论的同时,我们也必须加强对我国传统文化的研究,建立起具有中国特色的生态旅游管理理论才是我国生态旅游管理理论研究和发展的必然途径。

(二) 建立和加强生态旅游管理机制

1. 建立科学的生态旅游管理机制

生态旅游管理不同于传统的大众旅游管理,其管理目标与管理主体(含对象)的多元化特征,决定了其管理手段的复杂性。生态旅游的管理手段包括教育手段、政策工具、法律手段、利益驱动、社会舆论、公众参与决策等。由于这些管理手段是针对不同的对象,以不同的强度及方式被加以运用的,因此,在管理效果上也会表现出或即时或迟滞,或显露或隐蔽等不同的结果。生态旅游管理内在机制的探索,就是要解释各种管理手段如何在各个主体之间被运用,以什么样的方式发挥作用,其作用效果又有怎样的影响力。因此,完善的生态旅游管理机制,应充分考虑旅游行为约束、生态消费引导、生态教育、参与规划开发决策、示范效应、舆论与政策调整提案、法律约束、行政干预、政策引导、政策评价、法律教育、社会舆论等各方面内容,处理好各方面关系。

2. 加强生态旅游管理的具体措施

(1) 建立生态旅游区的基础数据管理。生态旅游管理包括生态环境管理(简称"环境管理")和旅游管理两方面。但是,在我国的许多生态旅游地,环境管理普遍较为薄弱,生态旅游破坏生态环境的现象屡见不鲜,因此,须加强我国的环境管理。生态旅游环境管理须搜集一定的基础数据,才能做到心中有数。例如,对景物或景点而言,应搜集微气候、微地形、岩性、土质、排水条件、生物个体或种群的生理生态特征等具体数据;对景区而言,搜集的具体数据应包括气候与微气候、地形与微地形、水文状况、生物种类组成及其空间分布、种群间的相互关系、垃圾污染、土壤污染、水质状况、大气污染、噪声污染及土壤侵蚀等数据;对生态旅游区而言,搜集的具体数据应包括气候、地形、水文、群落与生态系统类型、土壤物理特征、生态系统类型的空间分布、垃圾污染、土壤侵蚀、水质状况、大气污染、噪声污染及生物多样性、各种污染的空间分布等。

(2) 加强生态旅游环境变化的指标管理。生态旅游环境变化的指标管理包括度量指标管理和控制指标管理。生态旅游环境变化是指随着时间推移,生态旅游环境在结构和功能方面所发生的变化。它包括自然变化和人为干扰情况下环境的变化,而且人为干扰在环境变化中起着越来越重要的作用,因此,生态旅游环境管理重点考虑后者。生态旅游环境变化可细分为景观变化与环境质量变化,前者一般采用生物多样性、植被覆盖率、景观破碎度、土壤扰动及地表侵蚀、水文特性的变化及由此引起的旅游景观价值、生态保护作用、生态服务功能等的变化等指标表示;后者采用环境评价因子,如对水体、土壤、大气、噪声等污染指标进行评价。为了控制环境恶化并使其质量达到一定标准,须确定生态旅游区环境变化的控制指标,这些指标主要包括生态指标、环境指标、设施建设和布局标准、环境美化标准、客流量指标等。

(3) 生态旅游单位及其边界管理。生态旅游区,是天然自然环境或相对没有被干扰或污染的自然区域,主要有自然保护区、森林公园、国家公园等,它们或是单个景观或是多个景观的组合,所以,景观管理是生态旅游管理的核心单位。景观是一个由地质地貌、气候、土壤、水文、动植物等组成的地域综合体,具有一定范围和相对稳定的边界。景观边界划分可依据景观组成成分的同一性、景观结构的同一性、发生发展过程及条件的同一性等方面来进行。对景观及其组合而成的单位或地域的管理可借助景观生态学原理,强调生物多样性、生态整体性的管理;而对景观内各组成成分的管理,建议建立旅游景观等级系列:景物、景点、景区、景观,并确立不同等级单位的管理对象、范围、目标、要求及其负责人与工作任务等,对应的划分指标有待进一步研究确定。

(4) 选择科学的生态旅游管理手段。遥感(RS)、地理信息系统(GIS)、全球定位系统(GPS)及信息网络都是新兴的科学技术,它们在生态旅游管理中将发挥重要作用。借助遥感手段,可以提供旅游资源环境状况的动态信息,为计算旅游资源所承受的压力及预测其发展趋势提供数据,为生态旅游的可持续发展评价提供科学、客观的数据；GIS 和信息网络可为旅游管理、决策、规划和导游等提供数据与工具；GPS 不仅能为科学考察、野外探险等生态旅游简单、快速地提供定位数据，确保游客安全，而且其高精度测量能为旅游资源环境调查和旅游规划提供定位数据。因此，利用 RS、GIS、GPS 和信息网络技术可以大大改善现有的生态旅游管理手段，促进生态旅游真正实现可持续发展。

（5）强化生态旅游的合作管理。不同于传统的旅游管理和单纯的环境管理，生态旅游管理更强调合作的重要性，其要求生态学家、社会经济学家和政府官员在旅游区进行合作。生态学家能够用生态学知识更深刻地理解生态环境问题，理解生态系统的结构、功能和动态的整体性，强调收集生物资源和生态系统过程的科学数据，强调一定时空尺度上的生态整体性和可恢复性。社会经济学家更强调旅游区的经济发展目标，能够制定旅游业稳定和多样化的发展战略。政府官员的重点应该放在如何把生态环境保护和旅游发展纳入法制体系，如何用法律和政策来促进生态旅游的可持续发展。

（三）建立一支高水平旅游工作者队伍

对人员的培训，是人力资源开发的范畴，也是旅游资源开发的重要内容。因为，旅游服务质量和管理水平的高低在一定程度上会起到增添或减少旅游资源吸引力的作用。现在，旅游区的竞争从某种意义上来说也是人才的竞争。生态旅游区要发展规范的、高质量的生态旅游，要保证生态旅游区的可持续利用，就必须重视人力资源的开发，培训和培养具有生态保护专业知识的导游人员、服务人员和管理人员，避免"生态盲"从事生态旅游服务与管理工作。

1. 高水平队伍建设的意义

人是生产要素中最活跃的因素，在生产力发展过程中，一切物的因素只有通过人的因素才能加以开发和利用。一个行业、一个企业都主要靠人来组织和管理，其发展的进度及经营状况的好坏最终取决于管理人员和从业人员的素质高低以及他们的工作积极性、主动性和创造性。若没有高水平的管理人员和从业人员，就不可能使我国真正成为世界的旅游大国。所以，建立一支高水平的旅游管理和从业人员队伍是我国旅游业发展的需要，对提高旅游业的管理水平和服务质量，具有重大的战略意义。

（1）满足旅游业规模扩大对人才的需要。随着我国国际旅游业的发展，所需要的从业人员日益增加,我国旅游业对专业人员的需求量更是大幅增长。由于旅游业在我国起步较晚,旅游人力资源开发尚处于探索、实践阶段,还未形成完整的体系和规模。与旅游业的初期相比,人才培养虽有较大进展,但旅游从业人员中仍有一定比例的员工未经过专业培训或缺少专业培训。旅游人才的匮乏,与作为朝阳产业、迅速发展的旅游业极不相称。只有建立一支高水平的旅游管理和从业人员队伍,才能保障我国旅游业的顺利发展。

(2) 适应现代科学技术发展的需要。现代科学技术日新月异,新技术的出现不仅推动着旅游产品的更新换代,而且使旅游经营和管理手段更加现代化。例如,办公的自动化、旅游设施及各种经营管理技术的不断进步,必须有相应的高水平的管理和从业人员与之相适应。

(3) 体现市场竞争的要求。旅游业的市场竞争是人才、价格、产品和营销的竞争。价格、产品和营销又是由作为经济活动主体的人所主导和决定的。旅游业经营管理水平与服务质量的竞争集中表现为旅游人才的竞争。市场竞争的焦点是人才资源的竞争,要想在竞争中取胜,首要任务是培养有经验、有能力、高素质的员工队伍。这就要求在旅游经营中,必须注重人力资本,重视智力投资。当今旅游业已步入专业化经营时代,谁拥有高质量的专业人才,谁就能在激烈的竞争中取得优势。建立一支高水平的旅游管理和从业人员队伍就为旅游企业积蓄潜能、增强市场竞争力提供了先决条件。

(4) 符合旅游管理与服务质量的标准。旅游行业的管理和从业人员,是旅游业发展必不可少的"软件",整个旅游业的发展,除了旅游设备、旅游设施等硬件设施要提高外,行业的"软件"水平的高低也起着决定性作用。有效的管理能对企业的人、财、物进行合理的计划、组织、指挥、协调和控制,在确保业务经营活动正常开展的情况下,达到企业的经营目标,取得满意的经济效益。因此,建立一支高水平的旅游管理和从业人员队伍,对旅游管理和服务质量的提高有着重要意义。

2. 管理人员和从业人员的素质要求

旅游业是劳动相对密集的一个产业部门,旅游业为游客提供的信息、游览、住宿、餐饮、交通、购物、娱乐等服务均由劳动者亲身提供,因而,旅游业对从业人员的要求与其他行业有所不同,尤其是 1980 年代末期以来,随着新的生产方法、新的技术、新的消费理念、新的管理方式的不断产生并与旅游业相融合,旅游业的经营模式也有了很大变化,旅游业的竞争更趋向多样化。在这种情形之下,对旅游业管理人员和技术服务人员的素质提出了更高的要求。

(1) 旅游经营管理人才的素质要求。① 具备精深的业务经营才能。旅游经营管理人员是旅游经营活动的组织者和管理者,必须对旅游经营业务有较深入的了解,并具备较强的市场竞争意识,要针对旅游经济活动运行的特点采取不同的管理方式,引导旅游企业参与激烈的市场竞争;要建立市场机遇意识和品牌竞争意识,注重对市场的敏锐观察,善于捕捉市场信息,及时抓住市场机遇,在竞争中注重品牌培养,放弃过去那种靠低价格打天下的低质扩张手段,以较低成本的优质服务来吸引游客,实现集约化经营。② 具备较强的创新意识和科学的思维方法。创新是旅游业的生命之所在,旅游业的经营要求常变常新,这就需要管理者善于提出新问题,开拓新领域,不断开发出新的产品,以便在激烈竞争中取得有利地位。此外,旅游经营管理人员还应具备科学的思维方法,在对待一个问题时要善于从多角度全面综合地加以考虑,做出最佳决定。③ 具备较强的领导能力。管理人员应具备的领导能力主要是指组织能力和决策能力,组织能力是指管理者有效地将员工搭配组合,使员工高效地完成既定任务的能力。现代企业离不开完备的组织,只有将企业全体员工组织整合起来,为了同一目标共同努力,才能形成巨大的合力,否则,整个企业就如同一盘散沙,毫无竞争力可言。所以,管理者应该成为企业中的组织核心。此外,旅游经营管理人员还应具备较强的决策能力,因为决策的正确与否关系到企业经营状况的好坏。对于企业的管理者来说,决策是一项重要职能,管理者必须对当前形势有较为清醒的认识,并对今后的发展趋势有较准确的判断,才能做出正确的决策。

(2) 旅游技术服务人才的素质要求。旅游业因其劳动密集型产业的性质,直接面对旅游者服务的技术服务人员数量较多,因为是人对人的服务,所以旅游服务质量的好坏,旅游者对服务的满意程度都与旅游技术服务人员的素质密切相关。① 强烈的服务意识。旅游业是服务业中的一个产业部门,这就决定了身处旅游业第一线的技术服务工作者必须以全心全意为旅游者服务为己任,要从内心建立起乐意为旅游者服务的热情,只有真正地愿意为人们服务才能做到对旅游者无微不至的照顾和关心,得到旅游者的首肯。否则,就会使工作浮于表面,旅游者也不会感到满意。② 良好的个人修养。旅游业是一个面向大众的服务行业,因而旅游技术服务人员在工作中会遇见各种类型的人,并且旅游业中环节较多,往往容易发生因游客的误解和不满而导致其与工作人员争执的事件。在这种情况下,要求旅游工作者具有良好的个人修养,无论在何种环境之下都应克制忍让,奉行"顾客永远正确"的宗旨,不卑不亢地加以处理,否则一味与顾客讲道理、分责任,即使是顾客方面的责任也会使旅游企业形象受到损害。所以,在旅游日益大众化、日益普及的今天,旅游技术服务人员应切实加强个人修养,以适应工作中出现的各种情况需要。③ 熟练的服务技能。新时期旅游与早期旅游不同,旅游者对旅游活动报以极高的期望,而且旅游者对旅游的需求动机日益多样化,这就需要旅游服务人员采用多种服务技能才能有效满足旅游者的旅游需求。掌握一定的服务技能是对技术服务人员的基本要求,技术服务人员应熟练掌握标准化的服务技能,并在此基础上对游客开展个性化服务,这是对新时期旅游技术服务工作者的较高要求。所以,旅游服务人员要熟练掌握服务技能,并针对旅游者的需要开展个性化服务,做到速度与效率、标准化服务与个性化服务相统一。

3. 建立一支高水平的旅游管理和从业人员的具体措施

(1) 建立一定规模的旅游教育机构。无论是从事旅游管理人才的教育工作还是旅游企业职员的培训,各级旅游教育机构是必不可少的中坚力量。旅游院校依规模、档次不同可分为旅游高等院校、旅游中等专业学校及旅游职业中学。在发展旅游教育的过程中,要注意各类旅游院校的设立与当地旅游发展状况相协调,在有条件的地方,旅游教育工作的开展可以适度超前于旅游业的发展,避免旅游教育成为旅游业发展的瓶颈。在建立旅游教育机构时,对开办旅游教育机构的资格审批要从严把关,避免因师资力量不足、教学设备缺乏而培养出质量低下的旅游管理人员和从业人员。此外,还应注意教育机构结构层次的合理性,高等院校、旅游中专、旅游职业中学应保持金字塔式结构,数量由少到多,不能一哄而上。合理开展研究生、本科生、专科生、职校生等各个层次的旅游人才培养,使之结构合理,避免造成人才之间的过度竞争,增加旅游企业的人力资源成本。

(2) 开展多种形式的旅游管理人员和旅游企业人员培训。旅游业的发展,仅有豪华的设施和先进的技术装备是不够的,更要有员工的个体素质和企业的群体素质。旅游管理机构和旅游企业通过内部的提升、调职和外部的招聘,可以获得基本适应服务工作和管理工作的员工,但这些员工能否胜任本职工作,还要看其是否具备从事服务工作和管理工作的能力,这些能力必须由企业对员工加以培训才能形成和提高。① 人员培训的类型和方法。旅游从业人员培训形式和方法很多,按培训性质划分,包括岗前培训、在岗培训、转岗培训、晋升培训、技术等级培训;按培训对象划分,包括职业培训和发展培训;按培训内容划分,包括知识培训和能力培训;按培训地点划分,包括内部培训和外部培训。② 改进旅游培训的方法。旅游是一项实践性非常强的工作,除了掌握基本的理论知识外,更多的还是在实践中学习。传统的旅游教育方法只注重理论学习,而对实践能力则重视不够,这就造成了许多旅游院校仅靠粉笔、黑板、讲台和旅游理论家来培养学生,很难想象这样培养出来的学生能有较强的动手实践能力,其结果往往是学生进入企业工作时还要从头再学旅游业的服务技能,这样的旅游教育方法是不科学的。放眼国际上著名的旅游院校,它们的教学手段是多样化的,如有实际参观、动手实践、实地教学等;从教育设施来看,这些高等院校都有自己的酒店、旅行社,这就在理论学习之余为学生提供了较多的实践机会,锻炼了学生的动手能力,提高了学生的职业素养。所以,我国在旅游教育的方法上也应多元化发展,不能单靠书本的理论知识,应该在动手实践中学习。这样培养出的学生才是旅游业发展真正所需要的人才。

(3) 建立宽松的旅游人才流动机制,加强旅游管理和从业人员的竞争。这主要从旅游人才的招募和建立宽松的人才流动机制两方面入手。① 招募旅游人才。旅游人才的招募是为给旅游业中一定的岗位选拔出合格人才而进行的一系列活动,是旅游人力资源引入的主要方式,是将优秀人员招入旅游业,并将其安排在合适岗位上的过程,是旅游业人力资源开发成功的关键。因此,发展旅游业要特别关注优秀人才的招募状况,应严格遵循任人唯贤原则和量才适用原则,并在程序上本着公开、公平和公正的原则进行,程序的公正是选拔到真正合格人才的重要保证。② 建立宽松的人才流动机制。宽松的人才流动机制的建立是引进人才的一个重要环节。实践表明,某一行业的人员流动性越强,其生命力也就越旺盛,单位或企业员工综合素质的提升就越迅速。旅游业十分重视工作人员的从业经验,需要工作人员具有较为丰富的阅历。因而从整个行业的长远发展来看,旅游业应该建立一套灵活的流动机制来促进人力资源的不断升级和更新。流动机制包括内部流动机制和外部流动机制两个方面。内部流动机制即员工在单位或企业内部不同部门、不同岗位间的流动,而外部流动则指员工在不同的单位、企业或不同的行业间进行流动。流动机制的建立,一方面有助于形成旅游人才在行业范围内的最佳配置;另一方面有助于激励旅游企业留住人才,全速发展。

第四节　生态旅游可持续发展策略

生态旅游是大自然与人类需求完美结合的产物,承载着人们对绿水青山的向往和对古老文化的探寻。生态旅游不仅为游客提供了亲近自然、舒缓身心的机会,也为当地经济发展和环境保护之间找到了一种微妙平衡。然而,生态旅游的可持续发展面临诸多挑战。旅游活动的过度开发可能会破坏生态系统的平衡,大量游客的涌入或许会对当地文化造成冲击,不合理的经营模式可能使自然资源面临枯竭的风险。在这样的背景下,生态旅游可持续发展策略的制定显得尤为关键。

一、生态旅游可持续发展的对策

在当前的经济和社会环境下,发展生态旅游是必然的,但怎样解决发展中的问题和矛盾,怎样实现可持续发展,就需要从我国的具体情况出发,加大环境保护力度和政府部门的宏观调控力度,全面发挥社会团体、旅游媒体的宣传作用,使生态旅游可持续发展的理念深入人心;有规划且有重点地开展生态旅游经济系统的建设,使经济活动和环境保护相互结合,从而达到经济、社会、生态环境和综合收益的最优。

(一)更新价值观念

要摆脱和解决当前生态旅游所遇到的问题和挑战,要以科学发展观指引,摒弃旧思想,将可持续发展的思想引入生态旅游,树立起正确的资源观、产业观、价值观,建立起全新的观念体系,并且在生态旅游主体层,即决策者、经营管理者、旅游者、当地居民4个层面上形成符合各自身份、各有侧重的观念表现。

面对世界形势和中国旅游业的发展,生态旅游开发、利用的思想须建立在理论和实践的基础上,以可持续发展观为指导,以市场经济为背景,引入科学文化内涵,进而构建全面正确的社会体系。

1. 以可持续发展思想为指导

可持续发展是一种新的发展模式,它以持续的资源环境为支持,将经济发展和环境保护紧密联系在一起,强调经济发展与环境保护的协调与平衡。生态旅游发展产生的巨大经济收益对促进社会发展和保护生态环境有积极作用,这决定了它的意义和旅游开发价值。因此,在生态旅游发展进程中,首先要落实可持续发展观。

2. 以市场经济为背景

在市场经济日趋成熟的形势下,发展生态旅游应以市场经济为背景。在现有的经济条件下,没有市场调研的决策行为很难被市场认可。因此,生态旅游发展的新观点一定要立足于现实的经济环境条件,适应市场经济的发展。

3. 引入科学文化内涵

生态旅游是以现代科技为根本的产业,目的是不断满足大众的生态文化需要。在生态旅游商品的规划、设计、开发、运营和管理方面以及科学文化要求方面,比其他任何形式的传统公共旅游要高。科学技术的支持以及科学知识的普及为生态旅游优质的服务提供了保证。它也为资源的可持续发展提供了根本保证。科技文化内涵的引入对生态旅游活动主体转变观念具有十分重要的作用。

观念上的更新具体到实践中,有以下4个层面的表现:

(1) 决策层。目前中国生态旅游的决策层主要是政府机关,决策者转变观念尤为重要。首先,决策者要认识到不能把经济最大化作为生态旅游的第一个目标,而应将促进区域经济的可持续发展作为首要目标。从这个视角看,任何决策都一定要以促进经济、社会和生态环境三大效益的提高为目标,重视生态环境的可持续性,不要片面追求单一的经济效益。其次,决策者不仅要真正认识到生态旅游同其他产业一样也会消耗资源、产生垃圾,但它绝不是传统意义上的"无烟产业""低投入高产出劳动密集型产业"和"非耗竭性消费";还要认识到生态旅游对资源、环境可能产生的负面影响及其他客观存在的某些不可持续的特性。只有这样,决策层才能用客观辩证的观念来解决生态旅游发展中的问题,改革目前发展中的不合理部分,制定出切合实际、合理有效的新政策。最后,决策者须改变旅游是单一性产业的观念,树立大局思想,在宏观决策和调控上寻求各级的协调。在从各省份的生态旅游发展到市(区)、县、乡(镇)的生态旅游的过程中,一方面要把握全局,另一方面还要考虑到县城和乡镇的发展。从行业来看,要照顾旅游组织机构以及中介的利益,如景点管理、旅游组织机构和其他相关利益,旅游业的发展离不开与旅游相关联行业的配合,如交通、服务和投资等,要全面重视关联行业的发展。只有树立"整体"的思想,才能做出科学、合适的决策。

(2) 经营管理层。生态旅游的发展在很大程度上依靠经营管理者的科学管理与良好经营,为此,经营管理者有必要做以下转变:首先,改变资源无价值的观念,强化生态成本意识,自觉地将生态成本纳入经营管理成本。只有这样,才能使经营管理的每一个环节都朝着有利于环境保护的方向发展。实现这一观念的转变,一方面须依靠教育宣传;另一方面须通过改革现行不合理体制,从而使这一观念走向深入。其次,改变对旅游者有求必应的传统观念,特别是对旅游者提出的过高要求,如享受娱乐和生活设施设备、高档食品、高档住宿和其他不符合生态旅游宗旨的需求应予以拒绝。这与"客户是上帝"的宣传思想有很大差别。

(3) 旅游者。旅游者是生态旅游活动中的消费者,观光、游览、考察、学习、疗养等是他们的旅游动机。树立生态平衡观,摒弃被动旁观自然的态度,秉持尊重、保护自然并与之和谐共生的理念,是每位旅游者保护生态与环境资源应具备的根本认知。否则,旅游者对自然的欣赏只会更多地停留在观光的肤浅层面,很难深入对旅游资源的主动保护。因此,生态旅游的参与者应建立起以保护环境为己任的新观念,努力增强环境保护意识。

(4) 当地居民。作为生态旅游开发的重要受益者,除了同旅游者一样应树立起生态资源平衡的自然观之外,他们更应强调全新资源观的树立。比如,沙漠、戈壁、雪野、森林、草原、高山、峡谷、民居、古城等一些对旅游者来说是极富吸引力的旅游资源。因此,在当地居民中确立起这种全新资源的观念是很重要的一项内容。旅游地居民应树立起资源持续有效利用的观念,从当代人及后代人的角度出发,保护好、利用好资源。只有当地居民的自我环保意识增强了,才能从自身做起,从而促进生态旅游资源的有效利用和保护。

(二) 体制、机制创新

在生态旅游发展中会面临制约和不足之处,因此,须不断加快行业创新的速度,用可持续发展的观点为生态旅游营造出优异的外部环境,具体包括以下几方面改革和创新。

1. 经济制度、机制的改变与创新

为了在宏观和微观环境中实现生态旅游的良好发展,我们一定要明晰产权关系、改革成本核算方法和收益分配体制,增加项目资金的投入和管理。

(1) 明晰产权关系。有效配置经营权和所有权,可以解决产权关联不清、权利和责任不明等问题。景点的开发和管理要逐步实行企业化运作,政府部门要尽快从具体的管理中脱离出来,更好地行使服务、规划、管理和监督的职能。在有条件的地方,可按照自身的现实状况,引入承包经营等不同的经营开发模式。例如,开展生态旅游的浙江浙西大峡谷、白马崖等景点,就是通过私营业主进行经营,政府机关负责运作中的监督和管理。同时,行业还应加强对生态旅游产品的开发和创新,提升生态旅游产品的质量和服务水平,满足不同游客的需求,推动生态旅游的可持续发展。通过所有利益相关者的积极参与和共同努力,将形成有关生态旅游标准的制定、管理和监督的共识,加强地方共识,确保生态旅游的发展与地方经济、文化和社会伦理相容。[①]

(2) 改革成本核算方法。目前生态旅游同其他旅游一样,在成本核算上存在一些缺陷,即资源开发经营中的环境成本未纳入成本核算体系中,这是造成环境问题的一个机制根源。在环境经济学中,环境成本是指某一项商品在生产活动中,从资源开发、生产、运输、使用、回收到处理商品,解决环境污染和生态破坏所需的全部费用。在生态旅游发展的过程中,环境成本主要是指在旅游资源开发和利用过程中造成的直接资源损失代价、环境污染和生态破坏,进行治理和恢复的费用总和。改革目前的成本核算方法就是要建立起综合性的环境资源与生态经济核算体系,进行科学的资源评估,把这部分环境资源成本纳入生态旅游成

---

① 覃成林、郑云峰、张华:《我国区域经济协调发展的趋势及特征分析》,《经济地理》2013年第1期。

本核算体系,以真实地反映生态旅游成本和生态旅游产品的价值。

(3)调整收益分配制度。生态旅游收益包含直接收益和间接收益。直接收益,即门票收益、景点内部的旅游服务收益;间接收益,即生态旅游关联产业的经济收益。调整目前的收益分配制度,一要在旅游开发管理者和当地居民之间制定合适的政策,使收益向当地居民倾斜,如给予居民适当的补贴;与此同时,积极吸纳当地人参与景点的各项事务,使他们迅速摆脱贫困和落后。二要减轻经济负担,即适当降低和减少景区压力,减少旅游区上缴税收的压力;要加大反馈强度,用旅游业带来的税收来促进投资发展。

(4)增加保护资金投入。在生态旅游发展中,可加大资本投资保护力度,借助股票市场以及其他市场经济方式来实现投资者多元化。此外,我国还应争取国家有关的投资项目,提升旅游收益水平,增加资金来源方式,确保生态旅游资源资金的通道顺畅。因此,政府部门应控制好保护区的旅游收益水平和比重,有效控制生态旅游开发的规模。

(5)其他方法。在生态旅游发展中,可利用税费等其他经济手段进行有效调控,比如按照中国的国情对环境资源税收体制进行分析和研究,如森林资源税、水资源税、环境生态补偿税等。此外,支持和帮助生态工程实施,制定有效的保护办法,对管理好的公司进行鼓励和适当减免,也可利用金融、信贷等经济杠杆调动旅游开发经营部门保护环境和治理污染的积极性。

2. 管理体制、机制的改革与创新

改革目前生态旅游发展中管理体制、机制存在的问题,主要从资源管理、开发规划管理、经营管理三个方面进行探讨。

(1)资源管理。资源管理体制改革体现在以下方面:首先,把一些生态旅游资源作为资产进行配置和管理,尽快从计划管理分配资源模式转化为资源的市场配置模式。生态旅游资源主要由各类景观要素构成,即将植物、动物、水、空气、土壤、地形、化石等,按照不同的特点划分为可再生资源、不可再生资源及恒定资源。生态旅游的自然资源有以下特点:一是它能够被经营,可以给所有者带来社会、经济和环境效益,这就是其作为资产的主要特征;二是生态旅游资源的性质、周边的地理环境和文化区域的特点,只有在特殊的区域才可以再现和创造出来,并在以前的基础上呈现出不一样的景致,所以,有限的生态旅游资源具有稀缺性;三是不同国家和地区的生态旅游资源的所有权是明晰的。然而,因为传统的价值观和资源管理方式根深蒂固,自然资源的资产管理理论本身还不完善,实践经验也在一定程度上制约了资产管理进程。总的来说,这是生态旅游资源管理的发展方向,对这种资源进行资产化管理,有利于解决生态旅游资源被无偿使用的问题。其次,要进行认真、细致、有效的环境影响评价论证。环境影响评价即环境效益评估(Environmental Impact Assessment,EIA)。如果 EIA 能有效应用于旅游资源的开发管理中,就可以在一定程度上减少没有发展潜力或者产生大量消极环境作用的生态旅游开发项目的实施。通过环境影响评价可以降低项目的运营成本,减少投资损失,同时还可以帮助确定旅游环境容量,这对于生态旅游开发的实时监控和环境评估等后续管理具有十分重要的意义。最后,建立区域环境容量监测系统,测定游客承载量。通过对区域环境承载饱和度的测定,一方面可以确定资源目前的承载状况以及是否受损害,以便及时对游客的流量进行有效控制,保证资源利用在承载范围内波动;另一方面,可以有助于制订生态旅游产品促销计划,有效避开客流高峰,促进淡季销售,实现淡旺季均衡。

(2)开发规划管理。发展规划是一项全面的系统工程,涉及经济、社会、环境资源等方面问题,按照生态旅游资源的特点进行科学规划和合理布局,是实现生态旅游可持续发展的第一步。要实现可持续发展,一要保护生态环境的多样性、物种种类的多样性、自然景观的多样性和资源的可持续性;二要实现生态旅游地社会、经济环境的协调发展。首先,在布局上要对旅游资源进行详细的调研、分析和评价,通过对资源的基本构成的分析,在充分考虑资源的状况、特性和空间分布的同时,综合旅游资源环境容量、资源潜力和环境敏感性及其他限制条件,恰当地选择开发规划的模式。由于我国各地具体条件不同,开发规划模式的选择应结合实际情况进行本土化变通,使之符合实地的具体情况。其次,在产品的设计和规划研究中,要在环境容量允许的条件下进行适当的设计,这对吸引和有效转移游客具有非常重要的意义。特殊的地理位置是影响规划的根本条件。特定的地理环境可设计出具有不同情感表达特色的生态旅游商品。在旅游商品规划营销和推广计划当中,依据景观设计的标准和规则,可设计不同的作用区。例如,加拿大国家公园的生态旅游功能分区包括自然环境区、集中游憩区、野生游憩区和野生保护区等。最后,在开发范围与程度上,要以科学技术知识、文化水平、人们对自然环境和经济形势的认识和需求为参考,从自然生态的可持续发展视角,合理有序地进行深层次多方面的分析和探讨。

(3) 经营管理。经营过程的管理对生态旅游的可持续发展有着重要影响,主要表现在旅游服务、旅游者行为管理上。旅游服务管理包含设施服务、餐饮服务和导游服务。生态旅游服务的目标主要是为旅游者和旅游的展览活动提供一个积极快乐的生态旅游环境,并将对自然环境的损害保持在最小限度内。因此,在全部的服务管理流程当中,都要全面综合地使用生态学基础原理和方法,尽可能实现生态化管理。旅游设施管理生态化具体表现在:① 旅馆建设生态化。从旅馆的建设到使用都遵循生态学原理,修建规模较小的设施,以与周围的自然环境相协调;利用太阳能、风能、水能等生态手段,减少大量污染。② 餐饮服务生态化。重点是将产生的废水、废物等进行及时的生态化处理,避免垃圾堆积、污水横流,对景区造成污染损害。③ 导游服务生态化。即要引入大量的生态环境知识。这就要求对导游进行专业培训,使其具有一定的生态学、环境学知识,如辨识动、植物,了解地形地貌成长过程;熟悉当地具有特色的自然文化知识和环境保护知识,以便为游客提供周到的生态服务,如介绍生态知识,引导游客学会欣赏景区的独特风光和丰富的自然、人文景观,倡导环境保护理念,促进游客自觉地维护景区的生态环境等。旅游者行为管理同样也是旅游管理的核心组成部分。旅游者在旅游过程当中的行为会对当地的旅游环境产生直接影响。旅游的管理方式包含宣传教育、制度约束和服务示范。宣传教育是最为直接的方式,如树立导游牌、知识牌,以及导游讲解、发放宣传资料等都可以对旅游者起到有效的教育宣传作用。制度约束即制定相应的规章制度,明确规定旅游者的权利与义务以及违反相关制度的后果,这可以在一定程度上对旅游者起到有效的约束作用。服务示范是指经营管理者理顺权责,在为旅游者提供优质服务的同时,做出生态管理的榜样,为生态旅游做出贡献。

3. 建立综合决策机制

每一项制度的实施都是借助某一个特定的方式和相关的政策来实施完成的,因此,建立科学、合理的决策机制是非常重要的。综合决策是指生态旅游政策的制定必须综合其他社会经济政策、环境政策、管理规划政策,经过全方位系统考虑后再做出决定,使各项决策既符合经济效益和社会公平的需要,同时又能保证生态旅游的可持续发展。具体到旅游资源环境政策的制定,一要综合考虑资源环境的承载力及政策实施后可能产生的不良影响,并制定配套的补偿措施;二要从实际出发,注意区域经济的实际承受能力。为使综合决策更为科学、合理,在决策时须加大公众参与力度。另外,决策群体的组成应考虑到各有关方面的人员,既要有旅游管理部门、资源环境部门的决策者与管理者,还要有相关学科的专家、学者;既要有一线旅游从业人员,还要有旅游者和当地居民代表。只有这样,才能保证决策群体的合理和规范,才能有效打破部门分割的局面,实现科学决策。当然,影响科学决策、合理决策的因素还有其他,诸如决策群体的资源环境意识、科学知识水平等因素。但目前首先要解决的是决策的机制问题,机制问题解决了,决策者综合素质的提高才能直接在决策中发挥作用。

(三) 加强宣传教育

宣传教育对生态旅游的可持续发展具有重要的内在驱动作用,它会直接影响服务水平的高低,因此,应进一步增强生态旅游可持续发展的宣传力度。

1. 教育内容和渠道方面

其主要包括:更新教育的具体内容,增强大众的生态旅游可持续发展的思想和观念,为大众不断提供更丰富的科学技术知识、环境保护科学技术和系统的科学知识,及时弥补知识框架和结构的缺陷和不足。与此同时,加强景区的生态职业教育,使更多人知道生态旅游最基础的概念和内涵。扩大人们接受教育的渠道:专业技能的定期培训;借助报纸、电视、网络、广播等媒体进行全面宣传,完善人们的生态环境保护意识;旅游广告牌、多媒体传播以及导游的及时宣传等。

2. 教育对象方面

这主要是加强对四大旅游主体的教育,即决策者、旅游从业人员、旅游者和当地居民。总体上应通过学校教育来实现,同时对不同主体还应采取不同的方式:对决策者主要通过高级研讨会、专题讲座等形式,强化其生态旅游可持续发展战略思想;对旅游从业人员和当地居民主要通过长、短期学习培训,提高其生态旅游的从业能力和素质修养;对旅游者则主要通过多种媒体进行宣传和引导,帮助其确立正确的生态伦理道德观,从而形成自觉的生态化旅游行为。

（四）强化科技支撑

科学技术是第一生产力。对于生态旅游发展也是如此，因此，增强科学技术的支持是生态旅游可持续发展的又一重要对策。生态旅游的发展综合生态学、生物学、经济学、市场营销、社会学、管理学、可持续发展观和系统科学等，不同学科的发展直接为生态旅游的发展提供智力支持和帮助。从规划时的基础调研，包括动植物资源、风景名胜资源及旅游价值的勘查，到管理中的环境监测，包括建立资源动态数据库、气象监测、环境监测生物资源消长变化、地貌保护、动植物保护、安全保护、景点选址保护，再到生态恢复、燃料结构调整等，没有一个能离开科学技术的支持而进行。所以，必须加强相关科学技术的理论研究与实践应用，只有这样，才能及时、科学地解决生态旅游发展过程中产生的各类问题。为了加大科技支撑的力度，一要从思想上高度重视科学技术对生态旅游发展的重要作用，大力普及有关科技知识，增强人们的科学意识，提高人们的知识水平；二要加大科研投资力度，促进相关科研工作的顺利开展；三要加快科研成果的转化，通过建立示范区、同步教育与培训等手段进行实践活动，为成果的大规模转化创造条件。

（五）健全法制保障

中国的旅游行业是一个巨大的产业，其对环境的影响是一点一点累积起来的。该行业现在还处于起步阶段，会面临非常多的机遇和挑战，因此，借助法律规范来规范和引领生态旅游的发展方向及运行具有非常重大的意义。首先，生态旅游行业的法制还不够健全，应该加快制定相关的法律制度，不断解决措施落后和不足问题。按照当地的自身状况和有关体制的发展现状，并考虑到环境自身的制约因素和未来发展潜力，不断地积累经验，实时地处理管理中出现的问题，及时补充和修改相关法律条款，借助现场问卷调查和座谈会的方式，对相关问题进行一定的优化和调整，满足人们持续变化的需求。其次，在环境执法过程当中，对严重违反法律规范的行为要做到执法必严，对不符合可持续发展理念的行为，一定要进行严厉的制裁，用法律武器来保护生态旅游环境。

（六）弘扬生态道德

旅游业是以人为对象而开展的服务业，因此，旅游业需要在生态旅游思想的指导下，按照生态旅游的规则和标准来实现旅游业未来可持续发展的要求。生态道德的实质是一种"危机道德",其思维方式是将人与自然统一起来。人的行为凡是有利于人-社会-自然生态系统进化的就是道德的,反之就是不道德的。生态道德承认自然物有其自身固有的权利和价值,这些权利和价值是不以人的意志为转移的。自然界有其自身的运行规律,这些规律对人类来说是不容亵渎的。

在生态旅游的全过程中,对旅游开发者、经营者、旅游者等人群要积极倡导以下生态道德理念。首先,在旅游过程当中,旅游者需要提升自身文化和道德水平,自觉地担负起保护生态平衡的责任。其次,旅游开发者要认识到,旅游资源及旅游环境既有为人类旅游服务的天然义务,又有自身不可剥夺的权利,尤其是在旅游资源的运营管理和保护方面。旅游资源与环境的开发不得超过旅游环境的容量,不能超过旅游资源本身的可再生能力。最后,对旅游经营者来说,不能以单纯追求经济效益为中心,要认识到旅游资源与环境的非经济价值,特别是其在审美、认知、科学研究、文化、教育、心理和精神陶冶、人格塑造等方面的精神价值,以及在维护生态系统平衡方面的固有价值。良好的生态道德可以使人们在受到规章制度约束的同时,自觉地考虑自身行为对环境的影响,依靠自身内在的信念和社会舆论的作用,运用生态道德的规范和原则,自发地调节自身的行为,从而在保证自身享受环境、认识环境的同时,还能达到保护环境的目的。所以说,构建生态道德观念是推动生态旅游发展的重要保障。

二、生态旅游可持续发展的反思与超越

(一)树立"以人为本"的生态旅游理念

这里的人主要是指生态旅游者和当地的居民,旅游开发、旅游经营应以旅游心理学和旅游文化学等理论为指导,认真研究旅游者的心理倾向、审美偏好、消费理念,切实关注与广大旅游者自身利益紧密相关的问题,如旅游中的服务质量、旅游安全、民俗文化等问题,为游客提供充满人情味的高品质旅游服务。

传统的旅游主要关注的是旅游的经济效益,忽略了生态环境效益的发展。生态旅游可持续发展的目标是增强大众的生态思想和社会责任感,以此来维持后代的生态旅游环境水平,促进旅游业未来的发展,使中国生态旅游一直维持生命力。社会上一部分人认为发展旅游业的目标是促进经济增长,旅游只要是能

赚钱的，就达到旅游的意义了。这种庸俗的观点影响了旅游学术研究的健康发展。曾经一段时期以来，旅游学者更关注的是怎样进行营销，忽略消费者的需求。真正的旅游研究应关注旅游学科的综合分析，提倡文化关心。旅游者在旅游过程中是最大的消费群体，从购买的旅游产品到旅游体验的就餐、游玩、购物娱乐等，都有很多空间进行消费，其无疑是旅游活动过程中的重要组成部分。与此同时，任何一种旅游活动都是一种体验，借助旅游活动的经验，可以促进人的全面发展。生态旅游者与传统旅游者、环境保护人士的区别在于，传统旅游者不注重生态思想和环境保护知识的获得，只追求自身的旅游体验；环境保护人士关注环境的保护工作和活动，而忽略了旅游带来的体验和作用；生态旅游者是需要具备环境保护的思想和环境保护的意识，他们购买生态旅游产品，对服务的需求不甚高，并且积极和当地人沟通，学习当地的民俗文化，积极主动地参与环境保护工作。

科学发展观是以人为本的。就生态旅游领域而言，这里的人指的是生态旅游者，生态旅游的分析一定要全面地体现以生态旅游者为核心的思想，而不是只关注旅游公司经济收益的增加。从世界旅游业发展的视角来看，发达国家生态旅游的发展是为了让公民的整体素质和生活水平可以不断地进步和发展，而不是简单地追求经济收益，或者说盲目地以赚钱为目的开发当地的旅游资源。发展旅游业是为了创造美好、和谐的生活环境，促进人与社会的共同进步与和谐发展。在中国，专家和学者较少对生态旅游进行专项分析，大多数专家仍在关注或分析旅游产业的发展或者生态旅游资源的开发。因此，我国生态旅游科学的研究要进行深刻的自我反思和改变，如关注生态旅游的开发价值、意义和人的发展，还要多关注哲学、社会学、文化学、美学等的分析研究，从而在源头上解决旅游中体现的功利主义问题。

(二) 加强环境保护与教育的生态旅游宣传

环境保护的宣传教育是生态旅游管理的重要任务，也是增加大众对生态旅游重要性了解的一种方式。现在，我国生态旅游正处于一个新的发展阶段，人们对生态旅游环境认识不足，部分开发商片面追求经济效益，忽略对环境的保护。因此，应高度重视生态旅游的宣传教育工作。

首先，针对旅游者进行生态环境教育活动。生态旅游最重要的目标之一是培养旅游者的环境保护思想和理念,使旅游者知道什么样的行为会对生态环境造成损害,怎么做是正确的。因此,要对旅游者进行生态环境教育,如在生态旅游区设立专门进行生态环境教育的组织机构或者教育部门,通过专业的讲解员进行现场宣传和讲解来了解生态环境保护注意事项。

其次,开展对当地居民的生态环境宣传教育工作。加强当地居民对环境保护的认识。生态旅游需要当地居民的积极参与,同时,应积极改善当地人的生活条件。因此,专家、学者要定期对当地居民进行生态旅游资源和环境保护知识的普及工作,引导当地居民保护环境和资源,共同维护旅游地生态环境的可持续发展。

最后,要对外来投资者进行生态环境的宣传和教育活动。生态旅游区需要并欢迎外来投资者,但是,也要加强对外来投资者的生态环境宣传教育工作,要让投资者知道哪些行为既损害了旅游区的利益,也损害了他们自己的利益,使投资者了解到生态保护的重要性。

(三) 树立科学的生态旅游消费观

生态旅游的发展一方面要保护本地的自然资源和自然环境,另一方面要为促进经济和社会的发展做出贡献。生态旅游的发展要实现经济增长和资源节约的平衡。科学的生态旅游消费概念是指满足旅游者本身的需要,维持生态旅游观点、消费方式、消费框架和消费行为。从生态旅游市场的现状来看,迫切需要提高生态旅游者的素质和生态旅游活动的水准,培养旅游者科学的消费观,抵制旅游的奢侈和享乐主义,回归旅游的生活意义。

树立科学的消费观,首先,转变传统旅游的消费思想,推广和普及健康的消费思想和消费方式。其次,树立可持续旅游消费的思想。旅游是一个崇尚健康、回归自然、珍爱环境和资源、节约能源的活动方式,旅游者须树立积极的消费思想,进行可持续的旅游消费。在旅游业发展的过程中,不可避免地会出现旅游异化的现象。随着旅游活动的进一步普及,旅游业的发展将出现多元化趋势。因此,对旅游异化现象要从不同角度进行全面探索,从根源上限制该现象的发生,充分发挥旅游在促进人的全面发展、构建和谐社会中的作用,以确保旅游业的可持续发展。

(四) 合理控制生态旅游区的容量

为实现生态旅游环境的长期和谐发展,必须调节好生态旅游环境的承受力,全面关注生态旅游区的环境容纳水平。在旅游开发之后，如果当地的环境得不到很好保护，这种平衡就会被破坏。通常是到了旅游淡季，就需要花费人力、物力和财力来修复旅游旺季所带来的损害，使生态系统得以恢复，迎接下一个旅游旺季的到来，维持旅游景点的可持续接待水平。

总的来说，一方面政府需要积极推进"带薪休假"制度，减小旅游旺季带来的旅游者方面的压力，使旅游者不再受可支配收益水平和闲暇时间的制约。在相关方针政策和法律规定的允许范围内，生态旅游区可以采取调整价格的措施，一些潜在的旅游者可能会因旅游价格变化而改变自己的出行计划。另一方面，在旅游旺季的时候，通过大众媒体开展生态旅游区的宣传活动，根据旅游交通运输及负荷状况，对旅游区进行科学的预测，提醒旅游者或潜在旅游者可能发生的状况。旅游者以及潜在旅游者通过媒体可以了解到可能出现的自然环境和生态损害的后果，让旅游者选取一条合适的线路，如可以选取与生态旅游区相似的地方，有的景区虽然名气不大，但是它们的整体效果差不多，而且价格比较低廉，游客也相对较少。因此，选取与生态旅游区类似的景区是分流游客的一个非常好的方法。

此外，还有其他减轻景点压力的方法，避免景点负荷从而造成环境方面的损害。比如，旅游景点应调查旅游者的不同需要，让旅游者适当分流。这就意味着旅游者可以合理安排时间，既避免了旅游者的走马观花，又为旅游者提供了其想要体验的旅游景区，缓解了因旅游者大量涌入而对景区产生的破坏。

生态旅游区以多种多样的方式对旅游者进行分流，以减小生态旅游区的压力，包括强化旅游宣传，增加旅游需求和接待能力，缩小淡季和旺季的区别。其主要方法有以下三点：一是引进设施来对人流进行合适的调控，主要在生态旅游景点的门口和售票口等进行设置，景点一旦负荷，就不能继续进入；二是国家相关部门允许进行合适的收费，这意味着旅游区的费用包含维修的费用，可以按照现实的旅游景点的交通运输、旅游价值和旅游容纳水平等情况进行适当收费；三是从空间上引导旅游者，防止旅游者借助非旅游的方式进入景区，对旅游者的数量进行一定的控制。

综上可知，恢复旅游景点不是一个临时项目，而是一项长期而持久的工作。该工作一方面需要旅游景区管理者实施正确的方针，另一方面需要生态旅游者积极进行协调和配合。旅游景区不仅需要本身的修复能力,还需要相关部门投入人力、物力和财力,对受到损害的生态系统进行维护和恢复;同时,当地居民也要加强与相关部门的合作力度,宣传环境保护的重要性,不断学习环保知识,帮助恢复景区的生态平衡,确保生态旅游环境的可持续发展。

参 考 文 献

著作类

[1]《习近平著作选读》第 2 卷,人民出版社 2023 年版。

[2]习近平:《论"三农"工作》,中央文献出版社 2022 年版。

[3]《十八大以来重要文献编选》(上),中央文献出版 2014 年版。

[4]费孝通:《乡土中国》,商务印书馆 2019 年版。

[5]费孝通:《论人类学与文化自觉》,华夏出版社 2004 年版。

[6]任映红:《现代化进程中的村落文化——当代温州村落文化研究》,黑龙江人民出版社 2005 年版。

[7]佟敏:《基于社区参与的我国生态旅游研究》,东北林业大学出版社 2006 年版。

[8]马东元:《环境教育与可持续发展》,北京理工大学出版社 2004 年版。

[9]郭文:《旅游空间生产:理论探索与古镇生产》,科学出版社 2015 年版。

[10]南文渊:《藏族生态伦理》,民族出版社 2007 年版。

[11]陈光明:《城市发展与古城保护——以苏州古城保护为例》,湖南人民出版社 2010 年版。

[12]朱飞:《森林生态旅游研究》,北京工业大学出版社 2021 年版。

[13]陈白璧、丘甜、华伟平:《乡村生态旅游研究》,厦门大学出版社 2021 年版。

[14]李辉:《生态旅游规划与可持续发展研究》,北京工业大学出版社 2021 年版。

[15]陆向荣:《我国森林公园生态旅游开发与发展》,北京工业大学出版社 2021 年版。

[16]刘廷兰:《民族旅游生态补偿研究内涵路径及法制保障》,中国经济出版社

2021年版。

[17] 郭勤华：《宁夏村落文化研究》，宁夏人民出版社2021年版。

[18] 汪榕：《云南民族文化概览》，云南美术出版社2021年版。

[19] 袁丽红、覃丽丹：《广西民俗》，广西人民出版社2021年版。

[20] 罗梅：《村落与个体：三江傈僳族民歌传承调查研究》，新华出版社2021年版。

[21] 吴必虎：《荆楚传统村落》，海天出版社2020年版。

[22] 赵芮、邓晓华等：《客家村落的传统文化与变迁》，厦门大学出版社2020年版。

[23] 蒲娇、唐娜：《冯骥才传统村落保护话语》，天津大学出版社2020年版。

[24] 黄源成：《历史赋能下的空间进化——多元文化交汇与村落形态演变》，厦门大学出版社2020年版。

[25] 袁志超：《生态保护视野下的河北省生态文化旅游发展研究》，河北科学技术出版社2020年版。

[26] 高明：《可持续生计目标下的旅游生态补偿研究：国际比较、路径选择与制度保障》，中国旅游出版社2020年版。

[27] 邓华：《生态文明思想下的旅游环境教育》，吉林人民出版社2020年版。

[28] 徐虹、杨德进、于海波：《京津冀乡村旅游振兴生态开发方略研究》，中国旅游出版社2020年版。

[29] 杨竹青、吕宛青：《旅游服务生态系统价值共创理论与实证》，中国旅游出版社2020年版。

[30] 胡金龙：《旅游开发背景下漓江流域土地利用变化及生态效应研究》，企业管理出版社2020年版。

[31] 夏燕平：《中国村落》，中国广播影视出版社2019年版。

[32] 金炳镐、闵文义、孙振玉：《中国民族理论研究》，中央民族大学出版社2019年版。

[33] 李秀芳：《村落白族文化传承机制研究——以大理湾桥为例》，吉林大学出版社2019年版。

[34] 王展光、蔡萍：《黔东南民族建筑木结构》，西南交通大学出版社2019

年版。

[35] 陈蜀花：《生态旅游理论与实践研究》，吉林出版集团股份有限公司2019年版。

[36] 戴友榆：《旅游学生态旅游与低碳旅游视角》，航空工业出版社2019年版。

[37] 冯凌、甘绵玉、王烁：《生态旅游与市场化生态补偿研究》，旅游教育出版社2019年版。

[38] 刘静艳、王雅君、黄丹宇：《基于社区视角的生态旅游可持续发展研究》，华中科技大学出版社2019年版。

[39] 陈蕊：《地域文化特色中新农村生态旅游设计的保护与开发》，辽宁大学出版社2019年版。

[40] 鲁芬、明庆忠：《基于能值-生态效率模型的旅游景区生态化水平测度与评价研究》，云南大学出版社2019年版。

[41] 戴学锋：《全域旅游》，中国旅游出版社2019年版。

[42] 冯凌、梁晶：《生态旅游与可持续发展》，旅游教育出版社2018年版。

[43] 陈格：《生态旅游的可持续发展研究》，北京理工大学出版社2018年版。

[44] 陈薇：《生态旅游与可持续发展理论探析》，四川大学出版社2018年版。

[45] 段爱明：《体育文化与生态旅游融合发展理论与实践》，上海交通大学出版社2018年版。

[46] 刘静佳：《生态文明建设视阈下云南旅游产业的转型升级》，云南大学出版社2018年版。

[47] ［美］罗吉斯、［美］伯德格：《乡村社会变迁》，王晓毅、王地宁译，浙江人民出版社1988年版。

[48] 覃建雄：《现代生态旅游学》，科学出版社2018年版。

论文类

[1] 习近平：《共谋绿色生活，共建美丽家园——在2019年中国北京世界园艺博览会开幕式上的讲话》，《中华人民共和国国务院公报》2019年第13期。

[2] 习近平：《高举中国特色社会主义伟大旗帜　为全面建设社会主义现代化国家而团结奋斗——在中国共产党第二十次全国代表大会上的报告（2022

年10月22日)》,《求是》2022年第21期。

［3］费孝通:《中华文化在新世纪面临的挑战》,《文艺研究》1999年第1期。

［4］冯骥才:《传统村落的困境与出路——兼谈传统村落是另一类文化遗产》,《民间文化论坛》2013年第1期。

［5］宋小霞、王婷婷:《文化振兴是乡村振兴的"根"与"魂"——乡村文化振兴的重要性分析及现状和对策研究》,《山东社会科学》2019年第4期。

［6］刘军民、庄袁俊琦:《传统村落文化脱域与保护传承研究》,《城市发展研究》2017年第11期。

［7］顾世春:《习近平生态文明思想对生态中心主义的四重超越》,《理论导刊》2022年第1期。

［8］杨天宇:《赫哲族传统工艺鱼皮艺术现代化发展研究》,《绿色包装》2022年第4期。

［9］唐娇、刘怿、寻轶:《基于文化寻绎的古村落保护与旅游开发研究——以广东从化份田古村为例》,《城市建筑》2021年第4期。

［10］李彦雪、许大为、宋杰夫等:《全面推进乡村振兴背景下黑龙江省美丽乡村建设分类》,《北方园艺》2021年第24期。

［11］谢雨萍:《旅游业发展与环境保护》,《社会科学家》2003年第5期。

［12］孙艺惠、陈田、王云才:《传统乡村地域文化景观研究进展》,《地理科学进展》2008年第6期。

［13］黄震方、陆林、苏勤等:《新型城镇化背景下的乡村旅游发展——理论反思与困境突破》,《地理研究》2015年第8期。

［14］刘馨秋、王思明:《中国传统村落保护的困境与出路》,《中国农史》2015年第4期。

［15］邓娜:《文旅融合赋能传统村落振兴的脉络与问题审视》,《湖州职业技术学院学报》2023年第4期。

［16］刘沛林、叶芳羽、刘瑞瑞等:《乡村振兴视域下乡村旅游高质量发展的理论逻辑与战略路径》,《旅游导刊》2023年第3期。

［17］樊海佳:《文旅融合视角下河南传统村落旅游开发研究》,《农村经济与科技》2023年第6期。

[18] 唐承财、刘亚茹、万紫微等：《传统村落文旅融合发展水平评价及影响路径》，《地理学报》2023年第4期。

[19] 王觅：《文旅融合背景下的传统村落公共空间营造与对策研究——以福州闽安村为例》，《福建建筑》2022年第8期。

[20] 褚洪敏：《乡村振兴战略下沂蒙传统村落文化保护研究》，《沂蒙干部学院学报》2022年第1期。

[21] 唐承财、万紫微、刘蔓等：《基于多主体的传统村落文化遗产保护传承感知及提升模式》，《干旱区资源与环境》2021年第2期。

[22] 杨忍、陆进锋、李薇：《珠三角都市边缘区典型传统村落多维空间演变过程及其影响机理》，《经济地理》2022年第3期。

[23] 许青：《复合生态系统视域下国外农业文化遗产保护利用及其启示》，《吉首大学学报（社会科学版）》2022年第2期。

[24] 游小培：《农村成人文化教育：非线性教育的社会价值——以浙江省农村成人文化教育为例》，《职教论坛》2009年第34期。

[25] 梁寒燕：《技术赋能背景下的乡村振兴建设研究——以安徽省特色VR小镇为例》，《湖北农业科学》2022年第2期。

[26] 黄丽、言瑶：《乡村振兴视域下桂北传统村落文化保护与活态传承研究——以桂林市灵川县传统村落为例》，《桂林航天工业学院学报》2022年第1期。

[27] 陈修岭：《基于乡村旅游市场发展的传统村落文化保护研究》，《昆明理工大学学报（社会科学版）》2019年第2期。

[28] 龚彦俊：《新农村建设中传统村落文化的保护和发展策略》，《四川建材》2020年第1期。

[29] 雷明、于莎莎：《乡村振兴的多重路径选择——基于产业、人才、文化、生态、组织的分析》，《广西社会科学》2022年第9期。

[30] 胡鹏辉、高继波：《新乡贤：内涵、作用与偏误规避》，《南京农业大学学报（社会科学版）》2017年第1期。

[31] 海笑、覃建雄：《"两山"理论背景下西南民族地区乡村生态旅游开发RMP分析——以安宁河流域为例》，《农村经济》2020年第12期。

[32] 尚子娟、莫一梅：《利益相关者视域下乡村生态旅游共生模式与路径研究》,《产业创新研究》2024年第3期。

[33] 赵娜、宋娟：《乡村振兴背景下生态旅游发展现状及对策研究》,《农村经济与科技》2023年第16期。

[34] 唐玮杰：《基于SWOT分析的江苏如东乡村旅游转型升级研究》,《江苏商论》2022年第12期。

[35] 詹伟鹏、蔡晨璐：《乡村振兴背景下乡村生态旅游发展对策研究——以福建平潭青观顶村为例》,《农学学报》2023年第3期。

[36] 辛本禄、刘莉莉：《乡村旅游赋能乡村振兴的作用机制研究》,《学习与探索》2022年第1期。

[37] 周超、樊虎：《多维视角下民族地区规模性返贫风险的表征、缘由及对策》,《民族学刊》2022年第8期。

[38] 李小敏、杨义：《乡村振兴背景下农村旅游产业发展路径的探讨》,《市场周刊》2024年第1期。

[39] 刘源、张晶、王洋华：《乡村振兴战略视域下农村康养旅游产业发展路径研究》,《国际公关》2024年第4期。

[40] 蔡亚男：《关于我国农村地区生态旅游与经济发展有效融合思考》,《旅游纵览》2022年第15期。

[41] 吴彦辉、潘冬南：《广西边境民族地区旅游发展赋能乡村振兴作用机理与发展策略》,《广西民族研究》2023年第4期。

[42] 厉新建、宋昌耀、张安妮：《旅游业新质生产力：难点与方向》,《旅游导刊》2023年第5期。

[43] 王立龙：《国家公园生态旅游的本土化路径研究》,《中国生态旅游》2022年第2期。

[44] 马勇、周倩：《中国式现代化视域下生态旅游产业生态圈构建与价值共创研究》,《旅游论坛》2023年第2期。

[45] 张韵君、刘安全：《绿色技术创新视阈下生态旅游变革的理论逻辑与实践指向》,《延边大学农学学报》2021年第2期。

[46] 吴晓华、王威：《农史视角下我国现代农业生态化发展路径研究》,《宝鸡文

理学院学报(社会科学版)》2023年第3期。

[47] 吴大磊、赵细康、石宝雅等:《农村居民参与垃圾治理环境行为的影响因素及作用机制》,《生态经济》2020年第1期。

[48] 潘加军:《非正式制度视域下的乡村环境治理路径创新》,《求索》2021年第5期。

[49] 张毓利、徐彤:《全域生态旅游建设能否助力区域"绿水青山"与"金山银山"兼得?——基于福建的经验分析》,《干旱区资源与环境》2023年第1期。

[50] 吕尧:《基于生态保护红线的自然保护地管理体系构建问题探析》,《农业与技术》2020年第8期。

[51] 娄海灵:《四川民族地区区域经济协调发展研究——以凉山彝族自治州为例》,《商业经济》2012年第16期。

[52] 韦辉:《农村生态旅游经济与健康产业的融合发展》,《山西财经大学学报》2023年第2期增刊。

[53] 韦渺、谭继算:《乡村振兴背景下生态旅游与绿色农村融合发展研究》,《农村经济与科技》2023年第19期。

[54] 朱元恩、卢晓琴、康文星:《生态旅游地的界定》,《地理与地理信息科学》2007年第6期。

[55] 李翠兰:《促进广东省区域经济协调发展的财政支出研究——基于"一核一带一区"的发展战略》,《商业经济》2021年第1期。

[56] 字强:《拉市海:环保后如何平衡好民生》,《瞭望新闻周刊》2019年第5期。

[57] 朱广冰:《"旅游+"业态创新对封开县乡村振兴的推动作用》,《广东蚕业》2024年第2期。

[58] 石大英:《乡村振兴背景下柴达木生态旅游的财税政策研究》,《西部财会》2023年第10期。

[59] 唐珮莹、赵苑妤、庄伟光:《探索生态旅游赋能乡村振兴实现路径——以广东云浮市为例》,《广东经济》2023年第11期。

[60] 章梦霞、肖学健、李田:《基于CiteSpace的我国乡村民宿研究进展知识图谱分析》,《绿色科技》2023年第5期。

[61] 文化和旅游部、公安部、自然资源部等：《关于促进乡村民宿高质量发展的指导意见》，《中华人民共和国国务院公报》2022 年第 25 期。

[62] 是丽娜、王国聘：《湿地旅游的生态伦理属性及其价值选择》，《南京林业大学学报（人文社会科学版）》2019 年第 1 期。

[63] 马卓然、申强：《农文旅融合发展模式与路径——以北京市平谷区北寨红杏为例》，《中南农业科技》2024 年第 4 期。

[64] 覃成林、郑云峰、张华：《我国区域经济协调发展的趋势及特征分析》，《经济地理》2013 年第 1 期。

[65] 梁发超、刘诗苑、刘黎明：《基于分形理论的乡村聚落景观空间特征及演变——以厦门市为例》，《应用生态学报》2017 年 8 期。

[66] 秦琪：《黑龙江省传统村落乡村景观研究》，东北林业大学博士学位论文，2020 年。

[67] 王翼飞：《黑龙江省乡村聚落形态基因研究》，哈尔滨工业大学博士学位论文，2021 年。

[68] 李可：《黑龙江流域村落文化景观研究》，东北林业大学博士学位论文，2021 年。

[69] 侯翠阳：《鄂伦春族乡村文化景观保护研究》，东北林业大学博士学位论文，2020 年。

[70] 潘婷：《赫哲族乡村文化景观保护规划研究》，东北林业大学博士学位论文，2020 年。

[71] 杨建斌：《传统村落动态保护与更新设计方法研究——以兰州青城镇为例》，兰州交通大学博士学位论文，2017 年。

[72] 冯宇栋：《传统村落文化在乡村振兴中的利用实践研究》，武汉轻工大学博士学位论文，2022 年。

[73] 路双萍：《乡村生态旅游景区农户获得感影响因素研究》，烟台大学博士学位论文，2023 年。

报纸类

[1] 李晓、王斯敏、成亚倩：《保护传统村落，守护乡土文化之根》，《光明日报》

2019年7月9日。

［2］张颐佳、黄馨怡：《携手共进，走好乡村振兴之路——十八洞村带动周边7个村共同发展》，《湖南日报》2023年12月25日。

［3］刘沛林、刘瑞瑞：《乡韵"活"起来：让文化传承生生不息》，《湖南日报》2023年8月31日。

互联网资料

［1］张志铭：法治视野中的法律解释，载正义网 http://www.jcrb.com/zyw/n31/cal40549.html，2003年10月16日。

［2］第六批中国传统村落名录公布！云南累计列入达777个位列全国第一，载云南网 https://yn.yunnan.cn/system，2023年3月21日。

［3］杨元崇：湘西州十八洞村入选"全国十佳"，载湖南省人民政府门户网 www.hunan.gov.cn，2024年4月5日。

［4］文化和旅游部等17部门关于印发《关于促进乡村旅游可持续发展的指导意见》的通知，载文化和旅游部网站，2018年11月18日。

［5］湘西土家族苗族自治州文旅广电局：关于州政协十三届二次会议第24号提案的答复，载湘西土家族苗族自治州人民政府网 www.zxxx.gov.cn，2024年2月4日。

［6］揭秘泸沽湖畔的摩梭人至今仍然保留着走婚制，载深圳新闻 www.sznews.com，2020年1月14日。

后　记

"长风破浪会有时，直挂云帆济沧海"，每一部著作的问世，都是很多人用辛勤劳动换来的。在完成《乡村旅游视角下传统村落文化保护与生态旅游可持续发展》这本书的撰写后，心中感慨万千。在研究与撰写的过程中，我们深入诸多传统村落，那里的一砖一瓦、一草一木都仿佛在诉说着古老的故事。我们既看到了传统文化在岁月长河中的璀璨光芒，也看到了它们在现代发展浪潮中面临的挑战。这些村落承载的不仅是居民的生活记忆，更是民族文化的瑰宝，它们值得被保护、被传承。同时，生态旅游作为连接传统村落与现代发展的桥梁，其可持续发展的重要性日益凸显。我们深知每一个观点、每一项案例分析都承载着村落未来发展的希望，都可能为乡村振兴之路点亮一盏明灯。在这一过程中，我们得到了许多人的帮助。感谢那些热情接纳我们调研的村民，是你们让我们触摸到最真实的村落生活。感谢各界专家学者，你们的研究成果为我们提供了深厚的理论基础和研究思路。希望本书能为乡村振兴事业、传统村落文化保护传承和生态旅游的可持续发展贡献一份微薄之力，让传统村落再次焕发生机与活力，在现代社会中找到属于它们的独特价值。

"雄关漫道真如铁，而今迈步从头越"，对乡村旅游视角下传统村落文化保护与生态旅游可持续发展研究即将转入新的阶段，拙作的出版仅仅是对这些年科研成果的一个总结，而致谢又是对多年研究岁月的释怀。回归山水田园，寻觅乡愁诗意，选择远离城市喧嚣，欣赏田园风光、享受特色美食、体验当地文化的乡村旅游，已成为游客打卡的一种新常态。创新传统村落保护思路，应将物质文化与非物质文化、自然生态环境、物种资源等有机结合起来，真正实现多部门齐心协力、齐抓共管的新格局，让"望得见山、看得见水、记得住乡愁"的美好愿景成为现实。由于成书匆匆，在思路整理、结构安排、文字表达方面都有着太多遗憾。按照尼采"手艺的严肃"之要求,我们的活儿确实做得不够精致,尚未真正具备"那种能干匠人的严肃精神,这种匠人先学习完美地建造局部,然后才敢动手建造巨大的整体"。但也正如尼采所说:"书一旦脱稿之后,便以独立的生命继续生存了。"本书不足恳请专家和读者多予批评指正。虽然留在本书中的缺失与遗憾暂难补救,但好在对传统村落文化保护与生态旅游可持续发展的研究绝无止境,今后我们将努力写出更令读者满意的理论研究著作以弥补今日缺憾。

本书共九章,第一作者蒋兴国,负责搭建全书的整体框架和研究思路,统筹安排各章节的内容,收集与筛选原始资料,并承担前言、第一章、第二章、第四章、第五章、第六章的第一节和第九章的撰写工作(共计24万字)。同时,根据专家的反馈意见,对著作进行进一步修改和优化。第二作者高丹,负责第三章,第六章的第二、三节,第七章,第八章及后记的撰写工作(共计13.8万字),并对书中涉及的相关专业内容提供准确的解释分析和部分具体案例研究;协助第一作者进行全书的校对与审核工作;检查内容的逻辑连贯性,数据的准确性、规范性等。

2024 年 12 月 6 日

图书在版编目(CIP)数据

乡村旅游视角下传统村落文化保护与生态旅游可持续发展 / 蒋兴国,高丹著. -- 上海 : 上海社会科学院出版社, 2025. -- ISBN 978-7-5520-4778-3

Ⅰ. K928.5; F592.3

中国国家版本馆 CIP 数据核字第 2025MN6003 号

乡村旅游视角下传统村落文化保护与生态旅游可持续发展

著　　者：蒋兴国　高　丹
责任编辑：熊　艳
封面设计：黄婧昉
出版发行：上海社会科学院出版社
　　　　　上海顺昌路 622 号　邮编 200025
　　　　　电话总机 021 - 63315947　销售热线 021 - 53063735
　　　　　https://cbs.sass.org.cn　E-mail:sassp@sassp.cn
排　　版：南京展望文化发展有限公司
印　　刷：上海龙腾印务有限公司
开　　本：710 毫米×1000 毫米　1/16
印　　张：23.75
字　　数：381 千
版　　次：2025 年 7 月第 1 版　2025 年 7 月第 1 次印刷

ISBN 978 - 7 - 5520 - 4778 - 3/K・485　　　　　　　　定价：138.00 元

版权所有　翻印必究